Kärnten. Das große Reisehandbuch

DIETER BUCK

Kärnten.

DAS GROSSE REISEHANDBUCH

Verlag Carinthia

Alle mit einem ★ gekennzeichneten Sehenswürdigkeiten und Attraktionen wurden vom Autor als besonders sehenswert hervorgehoben.

Gestaltung: Pliessnig/TextDesign
Satz & Repro: TextDesign GmbH, Klagenfurt
Lektorat: Mag. Martina Fürpass-Manges, Klagenfurt
Druck: Carinthian Bogendruck GmbH, Klagenfurt
Fotos: © Dieter Buck
Fotos: © Marion Unterkircher/Martin Assam auf den Seiten: Titelfoto, 28 (1), 32 (1), 64 (3), 68 (1), 70 (2), 84 (1), 92 (1), 108 (1), 112 (1), 116 (3), 128 (1), 140 (2), 148 (1), 158 (2), 159 (1), 164 (2), 184 (1), 208 (1), 220 (1), 224 (1), 228 (1), 232 (2), 236 (1), 260 (2), 264 (2), 270 (1), 278 (2)
Kärnten-Karte im Innencover: Kartographie Moser

ISBN 3-85378-561-1

http://www.verlag.carinthia.com

Inhalt

Liebenswerte Details wie dieser bescheidene Blumenschmuck sind überall in Kärnten zu finden.

Vorwort

Hört man das Wort Kärnten – an was denkt man da? Oft gerühmt worden ist der Dreiklang von Sonne, Wasser und Bergen. Da ist was dran. Von allem etwas und von allem das Schönste. Und wegen der fast sprichwörtlichen Sonnengarantie der Alpensüdseite wird das Land auch »Sonnenland« oder »Sonnenstube Österreichs« genannt.

Herrliche Seen gibt es, die alle Arten von Wassersport zulassen, ein Traumland für Wassersportbegeisterte. Rund 200 Badeseen sind es und der Wörther See, die »Riviera Österreichs«, und die anderen Badeseen erreichen im Sommer Temperaturen bis zu 28 °C! Insgesamt sind es fast 1300 Seen, »Land der tausend Seen« wird Kärnten deshalb auch genannt.

Berühmt sind die Berge, beginnend mit den Hohen Tauern im Norden bis zu den Karawanken und den Karnischen Alpen im Süden – schon 1802 schrieb J. A. Schultes, dass »Kärnten Naturschönheiten, die man in der Schweiz noch preisen würde«, besitzt. Und nicht zuletzt: Kärnten als Land mit einer reichen Vergangenheit hat auch zahlreiche historische Bauten, Museen und Kunstschätze aufzuweisen.

Nicht umsonst schwärmt der sangesfreudige Kärntner mit dem Lied »Mei Hamat is a Schatzale« von seinem Land. Denn das Land ist tatsächlich ein Schatz, nicht nur für die Einheimischen, sondern auch für den Touristen! Darum zählt Kärnten zu den beliebtesten Reisezielen in Österreich.

Ich wünsche allen Leserinnen und Lesern bei der Lektüre dieses Führers und vor allem beim Bereisen Kärntens ebenso viel Freude, wie ich sie beim Recherchieren und Schreiben hatte.

Dieter Buck

Von Kärnten und den Kärntnern

Abendstimmung am Ossiacher See

Prächtiger Blumenschmuck: Blickfang für das Auge (oben)
Tradition modern aufgefasst: Strohmann zum Erntedankfest im Herbst (links)

Kärnten auf einen Blick

Größe	9533 km^2
Anteil in Österreich	11,4 vH
Dauersiedlungsraum	24,2 vH
Höhenlage	56 vH liegen über 1000 m Seehöhe
Länge der Landesgrenzen	689 km
davon gegen Slowenien	170 km
Italien	109 km
Osttirol	93 km
Salzburg	125 km
Steiermark	192 km
Politische Bezirke	10
Städte mit eigenem Statut	2
Ortsgemeinden	132
darunter Stadtgemeinden	17
Marktgemeinden	38
Ortschaften	2820
Einwohner	563.000
darunter Ausländer	33.000
Römisch-katholisch	441.000
Evangelisch	56.000
Niedrigster Ort	Lavamünd 348 m
Höchste Stelle	Großglockner 3797 m
Größte Nord-Süd-Ausdehnung	70 km
Größte West-Ost-Ausdehnung	160 km
Sonnenstunden jährlich	2000 Stunden
Sprachen	deutsch und slowenisch

Nutzungsarten in Kärnten

Ackerland/Intensivbewirtschaftung	66.900 ha
Wiesen	79.100 ha
Weiden	33.900 ha
Almen und Bergmähder	146.700 ha
Wald	446.100 ha
Verbaute Fläche	3300 ha
Unproduktive Fläche	66.300 ha
Seen	1270 ha
darunter Badeseen	200 ha
Kärnten ist nach Nö und Stmk das drittwaldreichste Bundesland	

Quelle: Amt der Kärntner Landesregierung, Lichtenberger

Durch das Land

GEOGRAFIE

»Dieses Land hat viel und hohes Gebirg, dazwischen aber schöne große Täler und Böden. Dieses Land hat auch schöne große Wälder von Fichten-Lärch-Zirmbenholz, doch seynd die meisten Wälder nur im hohen Gebirg. Es ermangelt auch nicht an schönen Thälern und fruchtbaren Böden, allerley gutem Getreid, Vieh-Weid, großer und kleiner Viezucht. Es hat auch viele Seen und Bäche, so alle fischreich sind; unter den Flüssen ist der vornehmste die Traa (Drau), Lateinisch Dravus und auf Windisch Drava, genannt; dieser rinnt durch das ganze Land Kärndten, in welchen auch alle andere Flüsse und Bäche lauffen.«
J. W. Valvasor, 1688

Kärnten liegt im Süden der Ostalpen, südlich des Alpenhauptkammes, ist 9533 km^2 groß und hat etwa 563.000 Einwohner. Es ist das südlichste Bundesland von Österreich. Es ist von der Form her fast rechteckig und grenzt im Westen an Osttirol, im Osten an die Steiermark, im Norden an Salzburg und die Steiermark und im Süden an Italien und Slowenien. Das Land ist von West nach Ost etwa 160 km lang, die Nord-Süd-Ausdehnung beträgt rund 70 km. Seine Landesgrenzen sind 689 km lang, davon verlaufen 279 km gegen Slowenien und Italien. Von der Landesgrenze entfallen 46 % auf Grate, Kämme und Gletscher, 26 % auf Gebirgsrücken, 13 % auf Gebirgshänge, 12 % auf Flüsse und Bäche und 3 % auf Talböden.

Kärnten hat eine in sich geschlossene Landschaft, wie sie nur selten vorkommt, die ringsum von Gebirgen umgeben ist. Der Anteil an der Fläche Österreichs beträgt 11 %, Kärnten ist damit flächenmäßig das fünftgrößte und von der Bevölkerungszahl her mit einem Anteil von 7 % das sechstgrößte Bundesland Österreichs. Klagenfurt ist mit fast 100.000 Einwohnern die sechstgrößte Stadt Österreichs.

Das Land ist aufgeteilt in 10 politische Bezirke: die Städte Klagenfurt und Villach und die Bezirke Feldkirchen, Hermagor, Klagenfurt-Land, St. Veit an der Glan, Spittal an der Drau, Villach-Land, Völkermarkt und Wolfsberg; es gibt 132 Ortsgemeinden und 2820 Ortschaften.

Kärnten liegt im westlichen Teil noch in den Hohen Tauern, im Osten jedoch ziehen die Alpenketten auseinander und die Berge werden niedriger; hier gibt es breite Täler und Becken. Hier wird auch die Drau,

die alle Gewässer Kärntens gesammelt hat, zum breiten Fluss. Kärnten hat einen bedeutenden Anteil an den Südalpen, und seine Berge umschließen das größte Becken der Alpen, das Klagenfurter Becken.

Am Nordwestrand Kärntens in den Hohen Tauern befindet sich der höchste Berg Österreichs, der Großglockner, der von vielen weiteren Kärntner Gipfeln über 3000 Metern umgeben ist. Die größten Gebirgsgruppen innerhalb der Hohen Tauern sind die auf Salzburger und Osttiroler Seite liegende Venedigergruppe und die Glocknergruppe. Weitere markante Massive sind die Schober-, die Sonnblick-, die Ankogel- und die Hafnergruppe. Östlich der Hohen Tauern, etwa in der Mitte des Landes, liegen die Nockberge, die ein Teil der Gurktaler Alpen sind. Es sind sanft gerundete Berge, worauf auch der Name hinweist (Nock = flache Kuppe). Östlich der Nockberge kommen die Gurktaler Alpen, danach die Sau- und die Koralpe, die noch über 2000 m hoch sind. Die Südgrenze des Landes wird von den Karawanken und den Karnischen Alpen gebildet, die Höhen von über 2000 m erreichen, nur im Südwesten liegen noch einige Gipfel, die höher als 2500 m sind.

Der größte Teil des Landes (45 %) ist bewaldet, der Anteil des Grünlandes beträgt 32 %. Die restlichen Flächen sind Ackerland und Gebirge.

Landschaftlich weist Kärnten große Unterschiede auf, was es auch touristisch so interessant macht. Normalerweise unterscheidet man das Bundesland in Ober- und Unterkärnten. Mit Oberkärnten meint man die Gegend von den Hohen Tauern bis etwa Villach. Hier findet man überwiegend eine Hochgebirgslandschaft von seltener Großartigkeit, und die Namen der Berge und Berggruppen wie Großglockner, Ankogel, Sonnblick, Hochalmspitze, Reißeck- und Kreuzeckgruppe, Gailtaler und Karnische Alpen vergehen dem Bergsteiger auf der Zunge. Dazwischen liegen die Täler von Drau, Gail, Möll, Lieser und Malta.

Das 1570 km^2 große Klagenfurter Becken ist die größte inneralpine Beckenlandschaft in den Ostalpen und erstreckt sich mit einer Länge von 75 Kilometern von Villach bis zum Lavanttal. Durch die guten Klima- und Bodenverhältnisse ist hier eine vielseitige Landwirtschaft mit Ackerbau und Viehzucht möglich. Hier gibt es auch städtische Zentren, von denen Klagenfurt und Villach am meisten Bedeutung erlangt haben. Das Becken ist auch der Kern des Landes, sein Zentrum in geschichtlicher, verkehrsmäßiger und wirtschaftlicher Sicht. Im Klagenfurter Becken liegt das Zollfeld, ein uralter Siedlungsboden und

In vielen Gegenden Kärntens werden die Wiesen noch bis an die Waldgrenze gemäht. (oben) **Die Drau, der »Schicksalsfluss Kärntens«** (links) **Herbststimmung** (rechts)

der wohl geschichtsträchtigste Teil Kärntens. Außer dem Wörther See, der quirligen »Riviera Österreichs«, findet man noch zahlreiche weitere Badeseen, außerdem Klagenfurt, die Landeshauptstadt mit ihren zahlreichen Einkaufsmöglichkeiten und jeder Menge Kultur. Hier und in Kärntens »zweiter Hauptstadt« Villach erlebt der Tourist urbane Vitalität. Im Zoll- und Krappfeld ist die Landwirtschaft besonders ertragreich, hier arbeiten auch leistungsfähige und spezialisierte Großbetriebe. Bedingt durch den Waldreichtum gibt es auch eine bedeutende Holzindustrie.

Das östlich davon liegende Unterkärnten ist eher ein flachwelliges Hügelland, sieht man von dem Gebirgszug der Karawanken und den mächtigen Massiven der Sau-, der Pack- und der Koralpe einmal ab.

Kärnten besteht nicht nur aus Bergen. Zwischen ihnen findet man grüne Talbecken und Seen. Sie können eng und fast fjordartig sein wie beim Weißensee. Andere wie der Wörther See sind in eine liebliche, weite Hügellandschaft eingebettet.

Insgesamt haben die Flüsse und Bäche des Landes eine Gesamtlänge von 8000 km. Der zentrale und wichtigste Fluss des Landes, auch »Schicksalsfluss Kärntens« genannt, ist die Drau.

Das Haupttal Kärntens ist somit das der mächtigen Drau, die alle Gewässer sammelt. Sie entspringt am Toblacher Feld in Südtirol und tritt beim Tiroler Tor nach Kärnten ein. Das Tal der Drau wurde von Villach bis Völkermarkt entlang der Karawankenkette durch das Aufstauen des Flusses in eine einzigartige Seenlandschaft verwandelt, die mittlerweile fast natürlich gewachsen aussieht. In diesem Bereich wird das Drautal als Rosen- bzw. Jauntal bezeichnet. Danach verlässt die Drau Kärnten in Richtung Slowenien.

Weitere Landschaftsgebiete in Kärnten sind das Möll-, Pölla-, Lieser-, Malta-, Lesach-, Gail-, Gegend-, Metnitz-, Gurk,- Görtschitz-, Wimitz-, Glan-, Lavant- und Vellachtal sowie das Lurn-, Krapp- und Zollfeld.

DIE PFLANZENWELT

Kärnten erstreckt sich von Höhen von etwa 350 m bis hin zu Gipfeln knapp unter 4000 m. Das Land besitzt deshalb eine recht unterschiedliche, der jeweiligen Höhe angepasste Vegetation. Hierbei spricht man zwischen 400 und 600 Metern von der kollinen Stufe. Zwischen 600 und 1200 Meter befindet sich die montane, danach kommt bis zu 2600 Meter die subalpine und anschließend die alpine Stufe mit dem alpinen Ödland. Einige Pflanzen stammen als Relikt aus der Zeit vor der letzten Eiszeit wie die Frühlings-Lichtblume, die erst 1911 entdeckt wurde und nur an einem einzigen Standort – auf der Gerlitzen – vorkommt.

Die Tallagen sind vor allem landwirtschaftlich genutzt. Insbesondere das Lavanttal und das Klagenfurter Becken sind fruchtbar, hier wird hauptsächlich Mais angebaut, man findet Nussbäume und viele Obstbaumwiesen. In sehr sonnigen Lagen gibt es sogar noch einige vereinzelte Weinberge in Kärnten. Abhängig von der Lage ist der Getreideanbau. So kann man an den Südhängen im Gailtal noch in 1200 m Höhe Mais und bis 1600 m Roggen anpflanzen. Große Gebiete sind von Wald bedeckt – mit einem Waldanteil von rund 45 %, vor allem Fichten und Lärchen, ist Kärnten eines der waldreichsten Bundesländer Österreichs.

Im Frühjahr blühen Schneerosen und Schneeglöckchen, später dann Alpenveilchen, Türkenbund, Enziane und andere Blumen. Enzian ist übrigens eine Pflanzenart, die unzählige Unterarten aufzuweisen hat – 35 Arten sollen es sein! So findet man fast das ganze Jahr über blühende Enziane. Ebenfalls im Frühjahr brechen mancherorts in großer Zahl die Krokusse sowie die verschiedenen Primelarten auf.

Pflanzen des Herbstes sind die Eisenhutarten, wobei der Echte Eisenhut, eine tiefblaue Pflanze, oft in der Nähe der Almhütten zu finden ist, wo er als Giftpflanze vom Weidevieh verschmäht wird.

In tieferen Lagen gibt es auch sehenswerte Moore, Relikte aus der Eiszeit. Die größeren Moore des Landes sind Flachmoore, also verlandete Wasserflächen. Hier wachsen Seelinsen, Simsen und Riedgräser. Auch im Verlandungsgebiet der Seen findet man Flachmoore. Zwischen dem Ossiacher und dem Wörther See gibt es viele Hochmoore, in denen man Haarmoos, Bärlapp, Moosbeeren, Heidekraut und Krüppelkiefern findet.

Bis rund 800 m Höhe wächst ein Mischwald (Birke, Buche, Tanne, Fichte, Bergahorn, Grauerlen), danach kommt die Zone des Nadelholzes. Knapp 90 % des Waldes sind Nadelwald. Insbesondere die Fichte, die sich

den Standortbedingungen am besten anpassen kann, nahm schon immer große Flächen ein. So bestehen heute ca. 70 % der Waldfläche aus Fichten.

Die Waldgrenze, die subalpine Stufe mit Zirben, Lärchen und Krummholz, liegt im Osten und Südosten bei etwa 1700 Metern, sie kann aber auch etwas höher oder niedriger sein – beispielsweise steigt Fichten- und Lärchengehölz auf der Südseite der Hohen Tauern bis zu 2100 m Höhe hinauf.

Auf die subalpine folgt die alpine Vegetationsstufe. Bäume – Zirbelkiefern, Latschen und Lärchen (bis 2400 m) – gibt es in dieser Höhe nur noch vereinzelt. Bis in die Höhe von 2200 Meter findet man Zwergsträucher aus Heidelbeeren, Preiselbeeren, Alpenazaleen oder die Netzblättrige Weide. Über der oberen Waldgrenze liegt die Zone der Almen (ca. 1700–2300 m). Dort wachsen auch Alpenrosen. Sie haben zwar ein etwas brüchiges Gezweig, aber eine herrliche Blütenpracht. Nicht umsonst nennt man die von ihnen überzogenen Hänge auch Almrausch. Der Hirte liebt sie nicht besonders, denn sie wird vom Vieh nicht gefressen.

Zur herrlichen Alpenflora gehören beispielsweise Zwergalpenrose, Alpenleinkraut, Steinbrecharten, Gemswurz, Silberwurz, Edelraute, Alpenaster, verschiedene Enzianarten, Gletschernelken u. a. Oft sieht man auch die großen goldgelben Blüten der Arnika. Ihre Blütenblätter werden gesammelt und in Schnaps angesetzt. Dieser wird gegen Gelenksschmerzen und Rheuma zum Einreiben verwendet.

Zu den wenigen blühenden Pflanzen, die sehr große Höhe vertragen, gehört das Edelweiß, wohl die »Symbolpflanze« der Alpen schlechthin. Diese »Königin der Alpenpflanzen« bevorzugt kalkige Felspartien. In den Hochgebirgsregionen zu finden sind der Alpenmannschild, der Rote Mannschild, der Zwergmannschild, die Silberdistel, eine Pflanze, die man auch in tiefen Regionen sieht, und der Gletscherhahnenfuß; er ist Europas am höchsten wachsende Blütenpflanze.

Oberhalb der Schneegrenze liegt die nivale Stufe, auch Moos- und Flechtengürtel genannt. Hier sind die Lebensbedingungen am härtesten, es überleben nur die genügsamen Moose, Flechten und Algen.

Die Lebensbedingungen in den Alpen sind hart, die Pflanzen müssen sich anpassen und überraschen immer wieder – auch im Hochgebirge – durch den Reichtum der Arten, die Üppigkeit und die Farbenpracht der Blüten. Wer die Alpenpflanzen bewundern will, ohne deshalb gleich auf die Berge steigen zu müssen, kann dies am Klagenfurter Kreuzbergl, wo in einem alten Steinbruch ein botanischer Garten eingerichtet wurde, oder im Alpengarten am Dobratsch machen.

Der Eisenhut ist zwar eine prächtige Blütenpflanze, aber hoch giftig. (linke Seite)
Flechten gehören zu den ältesten Lebewesen der Welt. (oben)

Auch kleine Blüten haben ihren Reiz. (links) **Es soll 35 verschiedene Arten von Enzianen geben.** (Mitte) **Im Herbst ist die Zeit der Beeren gekommen.** (rechts)

Herrliche Teppiche von Alpenrosen erfreuen den Wanderer auf seinen Touren.

Kärnten hat einige botanische Besonderheiten aufzuweisen. Viele Arten sind sehr alte Pflanzen, die in den unvergletschert gebliebenen Landesteilen die Eiszeiten überdauern konnten oder die nur hier vorkommen, wie die bis zu 1 m hohe Krainer Lilie, das Obir-Steinkraut, Zois' Glockenblume oder Wulfens' Primel.

Die berühmteste Blume ist sicherlich die »Blaue Blume Kärntens«, die Wulfenia; ein Überbleibsel des Tertiärs vor 60 Mio. Jahren. Eigentlich ist sie ein Weideunkraut – das Vieh frisst sie nicht, und gegen Tritte ist sie unempfindlich (der alte Name für sie ist Kuhtritt) – und wächst sonst nur in Albanien, Syrien, Afghanistan und im Himalaja. In Kärnten findet man sie am Gartnerkofel bei Hermagor bei der Kühwegalpe. Sie ist eine staudige Alpenpflanze mit einem etwa 30 cm hohen, haarigen Stängel und zählt zur Familie der Braunwurzgewächse. Ihren Namen hat sie von ihrem Entdecker, dem Naturforscher *Franz Xaver von Wulfen* (19. Jh.). In jüngster Zeit ist die Pflanze gefährdet, denn sie benötigt wohl Verbiss und Tritt, und durch die zurückgehende Weidewirtschaft fehlt ihr dies.

Eine weitere Besonderheit ist die Große Teufelskralle, die ihren einzigen Fundort in Kärnten auf der Kühweger Alm an der Nordwand des Garntnerkofels hat. Eine Seltenheit in den Gailtaler und den Karnischen Alpen ist auch die Trichterlilie, und das Obir-Steinkraut kommt in Österreich sonst nur noch an zwei isolierten Fundorten im Hochschwabgebiet vor. Bei Lendorf im Drautal gibt es die »Wunderblume Kärntens«, die Gelbe Alpenrose. Sie hat hier ihren einzigen Platz in Mitteleuropa; ansonsten findet man sie nur noch in Südosteuropa und im Schwarzmeerraum.

DIE TIERWELT

In Kärnten gibt es natürlich die »normalen« Tierarten, wie sie überall im Alpenbereich vorkommen, es gibt aber auch ein paar Besonderheiten: Rund 150 Spezies leben fast ausschließlich in Kärnten. Zu ihnen gehören der Alpen-Apollofalter, eine Schließmundschnecke, die Karawanken- und die Rollassel, die Kärntner Schmalbrustameise und die Kärntner Gebirgsschrecke.

Insgesamt soll es 51 Fischarten, 14 Lurcharten, 12 Arten von Kriechtieren, 155 Arten von Brutvögeln und 68 Säugerarten geben, allerdings ist auch zu lesen, dass allein in den Hohen Tauern rund 10.000 Tierarten vorkommen sollen. Rekordhalter sind die wirbellosen Tiere, von denen es 14.000 Spezies geben soll.

Besonders reichhaltig ist die Vogelwelt. So findet man Alpendohlen, Alpenbraunelle, Birkenzeisig, Buchfink, Alpenmauerläufer, Erlenzeisig, Rauhfußkauz, Steinhuhn, Steinadler u. a.

Im Nationalpark Hohe Tauern lebt der sehr seltene Drei-Zehen-Specht; seine Anwesenheit erkennt man an den zeilenförmigen Hackspuren in der Baumrinde. In höheren Waldregionen (1500–1900 m) findet man die Ringdrossel. Der Schneefink brütet sogar in Höhen von 3000 Metern seine Eier aus. Schneehühner ergreifen mit lautem Rattern Flucht vor dem Wanderer und tragen nach der Herbstmauser ein weißes Kleid. Auer- und Birkhühner gehören zur Gattung der Hühnervögel, die um die Jahrhundertwende noch reichlich vorhanden waren. Auerwild lebt in von Lichtungen durchsetztem Nadelmischwald bis zu 1400 m, Birkhühner findet man an der etwas offeneren Waldgrenze, vorzugsweise in den Zwergstrauchbeständen. Wer Glück und Geduld hat, hört ihren Balzgesang schon von weitem, mit noch mehr Glück kann man die Tiere bei ihrem Tanz sogar beobachten! Ganz weit oben sieht man in den Hohen Tauern gelegentlich lautlos die majestätischen, einst fast ausgerotteten Steinadler kreisen; nicht ganz so selten sind die Gänsegeier und die Weißkopfgeier. Im Winter ziehen sie in den Süden (Balkan). Gelegentlich entdeckt man auch Mönchs- oder Bartgeier. Sie sind die Gesundheitspolizei der Natur, da sie das verendete Vieh suchen und fressen. Schwäne und verschiedene Entenarten findet man in großer Zahl an den Seen. Hier brüten auch Haubentaucher. In der Nähe von Gewässern lebt der Graureiher und an den Oberläufen von naturnahen Flüssen der Flussuferläufer und der Flussregenpfeifer.

Leider immer weniger werden die Schmetterlingsarten, als Beispiel seien der Kleine Fuchs und das Tagpfauenauge erwähnt, die bis in die Gipfelregionen zu finden sind. In den Wäldern leben der Gelbringfalter, der Birkenspinner und im Unterland als Seltenheit der farbenprächtige Augsburger Bär. Einer der schönsten, der Große Schillerfalter, zeigt sich meist nur vormittags. An trockenen Standorten lebt der Schmetterlingshaft. Schön gezeichnet sind das Blutströpfchen und der Schwalbenschwanz.

Im Wald in den tieferen Regionen lebt das »übliche« Wild wie Hasen, Rehe und Hirsche. Zahlreich ist das Niederwild. Zu den Antilopenarten zählen die Gämsen. In den Kalkalpen sind sie recht häufig, in den Zentralalpen jedoch kommen sie nicht ganz so oft vor.

Wieder eingebürgert hat man in den sechziger Jahren des 20. Jhs. den bereits ausgestorbenen Steinbock – in den Hohen Tauern lebt heute die größte Steinwildkolonie der Ostalpen mit 120 Tieren.

Natürlich gibt es in den Bergregionen Murmeltiere – sie gehören wohl mit zu den bekanntesten Vertretern der Tierwelt der Alpen –, deren Pfeifen der Wanderer schon von weitem hört, und die er nur mit viel Glück und durch leisen Schritt zu sehen bekommt. Dafür sind sie in stark besuchten Gebieten, zum Beispiel an der Großglockner-Hochalpenstraße, derart handzahm, dass sie betteln und den Besuchern sogar aus der Hand fressen. Wegen des begehrten »Mankeischmalzes«, das gegen Rheuma, Gicht und Frostbeulen helfen soll, wurden sie im 19. Jahrhundert fast ausgerottet. Im Übrigen findet man über der Waldgrenze auch Wiesel, Hermelin, Schneehase und Schneemaus.

Eine interessante Lebenswelt ist die der Amphibien. Den Grasfrosch findet man im Gebirge bis zu 2500 Metern Höhe. Den schwarzen Alpensalamander sieht man vor allem an feuchten Tagen, er steigt bis zu 3000 m hoch. Als Besonderheit bringt er als einzige europäische Lurchart lebende Junge zur Welt. Weitere Amphibien sind der bis in 2500 m Höhe lebende Bergmolch und die Bergeidechse. Die größte Kärntner Eidechse ist die Smaragdeidechse. Die am weitesten verbreitete Schlange ist die Kreuzotter, die im Hochgebirge bis zu 2000 m Höhe vorkommt, in niederen Lagen aber vor allem in Hochmooren lebt. In höher gelegenen Gebieten (1000–1500 m) gibt es eine Abart von ihr, die schwarze Höllenotter. Weiters findet man häufig die ungiftige Ringelnatter. Die größte Schlangenart im Land ist die Äskulapnatter, die bis

Vor allem in den Kalkalpen kann man häufig Gämsen beobachten. (oben) Nur mit viel Glück – außer an der Großglockner Hochalpenstraße – sieht man die possierlichen Murmeltiere so nahe. (unten)

zu 1,9 m lang werden kann. Die giftige Horn- oder Sandviper, die bis zu 1000 m hoch lebt, findet hier ihr nördlichstes Verbreitungsgebiet, sie ist sonst nirgendwo in Österreich zu finden.

Im Verborgenen leben Luchs und Bär. Vor Jahrzehnten hat man in den Nockbergen auf der Turracher Höhe den Luchs angesiedelt. Außerdem hat man in den Hohen Tauern, den Karawanken und den Nockbergen auch schon Bären gesehen, die aus dem Balkan eingewandert sind. Auch wenn Begegnungen mit diesen Tieren wohl nicht gerade harmlos sind, braucht man keine Angst zu haben: Nach Expertenangaben begegnet man ihnen nicht, denn Bären sind extrem scheu und flüchten, wenn sie Menschen hören. Ein eigener »Bärenanwalt« sorgt für den Schutz dieser seltenen Großtiere.

Im nassen Element, also in den Bächen und Flüssen, findet man Forellen, Saiblinge und Reinanken. In den Bergseen leben vorwiegend Kleinstlebewesen wie beispielsweise die fädigen Blaualgen, Fadenalgen, Köcherfliegenlarven, Steinfliegenlarven, Erbsenmuscheln, die zu den Wasserwanzen gehörenden Wasserläufer und Wasserkäfer (Gemeiner Zwergschwimmer).

Auch Amphibien wie Alpenmolche, Alpensalamander und Grasfrösche sind zu finden, ebenso manchmal verschiedene Libellenarten. In tieferen Lagen gibt es Erdkröten, Feuersalamander und Gelbbauchunken, ebenso im Vorland und bis in mittlere Höhen Laubfrösche, Wasserfrösche und Springfrösche. In stillen Gewässern leben Schlammschnecken und Wasserläufer. Die Bergseen waren nach den Eiszeiten ursprünglich fischfrei, in manchen Seen der Hohen Tauern wurden jedoch Forellen und Seesaiblinge ausgesetzt. Auch die Koppe (oder Groppe) lebt in Bergbächen und in den Uferzonen mancher Bergseen bis zu 2000 Meter Höhe. Weiter oben findet man die Elritze (oder Pfrille). In Bergbächen im Vorfeld der Hohen Tauern findet man die Schmerle (Bartgrundel).

Von Kärnten und den Kärntnern

BEVÖLKERUNG UND SPRACHE

»Die Kärntner sind ein hochgewachsener, kerniger Menschenschlag, gemütvoll und aufgeweckt, zähe am Hergebrachten festhaltend.«
Dr. Viktor Paschinger, 1929

Die Kärntner Bevölkerung setzt sich aus verschiedenen Sprachgruppen zusammen. Dies ist durch die geschichtliche Entwicklung des Landes zu erklären. Wie im Kapitel »Geschichte« beschrieben, traf die Ausbreitung der Baiern in Kärnten auf eine slawische Bevölkerung – und diese war ihrerseits bei ihrer Ansiedlung auf Reste der keltoromanischen Bevölkerung gestoßen. Der Rest dieser Bevölkerungsgruppe sind die »Windischen«, deren Sprache eine Vermischung des Slowenischen mit dem Deutschen ist. Im südlichen Landesteil lebt der Rest der slowenischsprachigen Bevölkerung, insbesondere im Gebiet der Sattnitz im Rosen- und Jauntal sowie in den Hochtälern der Karawanken.

Die Kärntner Mundart, wie insgesamt die österreichische Sprache, ist ein südbayerischer Dialekt und in drei Untergruppen aufgeteilt: das Unter-, das Mittel- und das Oberkärntnerische. Während das Unterkärntnerische im Lavant- und Görtschitztal steirische Einflüsse aufweist, ist das Oberkärntnerische, insbesondere im Lesachtal, vom Tirolerischen beeinflusst; oberkärntnerisch spricht man auch im Möll-, im Gail- und im oberen Drautal. Mittelkärntnerisch wird um den Millstätter See, im Gurktal, im unteren Drautal, im Lieser- und Maltatal, im Krappfeld, im Metnitz- und im Glantal gesprochen.

Bezeichnend für das Kärntnerische sind vor allem die lang gezogenen Vokale, aber auch die Verkleinerungsform »-le«. Die Sprache ist vielleicht am kürzesten durch das Wort bzw. den Begriff »lei lååsn« (= nur lassen) charakterisiert. Das zweite Wort weist auf das markanteste Zeichen des Kärntnerischen hin, die erwähnte Dehnung von Reibelauten, die auch in Worten wie mååhn = machen, maan = mähen, Meeser = Messer, treefn = treffen usw. auftritt. Typisch ist auch das offene å (Wååser = Wasser, lååsn = lassen usw.). Das Wörtchen lei = nur gibt es zwar auch im Tirolerischen, es ist aber insbesondere für Kärnten typisch. Insgesamt ist das Kärntnerische weicher und melodischer als die Sprache der benachbarten Bundesländer.

Die früher Windisch genannte Sprache ist eine slowenische Sprache, die auf der Krainer Mundart beruht und mit deutschen Wörtern versetzt ist. Wegen des negativen Untertons wird der Begriff »windisch« nicht mehr gebraucht. Windisch tauchte aber schon in Salzburger Mautbüchern aus dem 15. Jh. auf, als dort die »windischen Sämer« erwähnt wurden. Die unterschiedliche Sprache ist aus der Herkunft der Bevölkerung zu erklären: Die Bayern kamen als »Oberschicht« ins Land, sie waren die Lehensherren und Herrscher, die slawische Urbevölkerung blieb arm, leibeigen und besitzlos. So galt das Slowenische lange Zeit als Dienstbotensprache, heute ist es stark zurückgedrängt. Während um 1850 noch 220.000 Kärntner deutsch und 95.000 slowenisch sprachen, gaben 2001 nur noch 12.500 Kärntner Slowenisch als Muttersprache an.

Bei den Ortsnamen erkennt man solche mit slawischen Ursprung an Formen mit »itz« (Feistritz, Zirkitzen, Wangenitz, Moschelitzen), an Endungen auf »ach« oder bei Familiennamen bei Endungen mit »-nig«. So findet man selbst an der Großglockner-Hochalpenstraße die Bezeichnungen Döllach oder Zlamitzen.

Für die Vermischung des Deutschen mit dem Slowenischen kann man verschiedene Wortbeispiele anführen, bei denen man die deutsche Herkunft noch deutlich merkt: z. B. bånhof (Bahnhof), bavr (Bauer), cimprman (Zimmermann), cukr (Zucker), denkmål (Denkmal), fajnt (Feind), frajnt (Freund), grabn (Graben), holzar (Forstarbeiter), kamra (Kammer), lerar (Lehrer), mojstr (Meister).

Schön sind auch die farbenfreudigen alten Volkstrachten, die man bei Festen, insbesondere kirchlichen, noch sehen kann. Besonders schön sind die aus dem Gail-, dem Lesach- und dem Rosental.

Was die Kärntner von vielen anderen Bevölkerungsgruppen unterscheidet, ist unter anderem, dass sie ein sangesfreudiges Volk sind – »Drei Kärntner – ein Gesangsverein« sagt man! Und in einer alten Beschreibung Kärntens heißt es: »Das Ideal des gemüthvollen Kärntners ist sein Lied. In dasselbe legt er seine Freude und seinen Schmerz, sein Hoffen und Lieben, sein Neiden und Hassen. Ob der Originalität hat das Lied auch eine gewisse Berühmtheit erlangt und ist gefeiert weit über die Marken Österreichs hinaus.« Bekannt ist beispielsweise der Kärntner Fünfgesang. Die Urform des Singens war der Ruf, daraus folgte der Juchzer und aus ihm der Jodler, der in allen Alpengebieten verbreitet ist, so auch in Kärnten.

St. Stefan
Šteben

Zweisprachige Ortstafel im südöstlichen Kärnten (oben)
Relikt der Bergbauvergangenheit: ein blumengeschmückter Grubenhunt (links)
Alte landwirtschaftliche Arbeitsgeräte im Freilichtmuseum Maria Saal (rechts)

WIRTSCHAFT – GESTERN UND HEUTE

In den Hohen Tauern – man muss hier die Bundesländer Kärnten und Salzburg teilweise miteinander betrachten – lag früher eines der ergiebigsten Abbaugebiete für Gold. Dies war auch einer der Gründe für den Reichtum der Salzburger Erzbischöfe, die immerhin den vierten Platz unter den deutschen Fürsten behaupteten. 3500 Knappen hoben in Gastein, im Rauriser Talschluss und im kärntnerischen Großkirchheim bis zu 867 kg Gold jährlich. Der Spitzenwert war 1557, als mit 831 kg ein Zehntel der gesamten Weltproduktion Gold geliefert wurde (damals noch ohne Nordamerika, Südafrika, Australien und Sibirien).

An topografischen Bezeichnungen weisen Namen wie Goldbergspitze, Goldzechkopf oder Goldberggruppe auf den Reichtum dieses Metalls hin. Rund ein Drittel der erzbischöflichen Einkünfte resultierte aus dem Gold. Die Quelle des Reichtums war eine rund 23-prozentige Edelmetallsteuer »zur Anzeigung der fürstlichen Obrigkeit«. Die Bischöfe verpachteten das Schürfrecht an private Unternehmen und bezogen »jeden zehnten Kübel« als »fron«. Außerdem besaßen sie das Handelsregal, so dass sie auch noch an der Handelsspanne verdienten (der so genannte »Wechsel«).

Der Niedergang des Goldbergbaus in den Tauern begann um 1560, als man eigentlich in größere Tiefen hätte vorstoßen müssen, die Finanzkraft und die unzulänglichen Abbaumethoden dies jedoch nicht zuließen. Auch spätere Wiederbelebungsversuche, so im 19. Jh. und letztmals während des 2. Weltkrieges, waren ebenfalls ergebnislos. Den Niedergang förderte auch der Preisdruck durch die »billigeren« Edelmetalle aus Südamerika. Auch eine Klimaverschlechterung trug zum Rückgang bei, denn durch die zunehmende Kälte wuchsen die Gletscher und versperrten die Eingänge zu den hochgelegenen Stollen – der Goldbergbau spielte sich immerhin in Höhen von rund 3000 m ab.

Die Zeit des großen, rentablen Bergbaus ist in der Tat nur mehr Geschichte, und Kärnten wird nicht umsonst als das Land »reich an

REIFNITZ

Der Klopeiner See ist der wärmste Badesee Österreichs (oben) **Immer beliebt: ein Schiffsausflug am Wörther See** (unten)

armen Lagerstätten« bezeichnet. Neben dem größten Bergwerksbetrieb »Veitsch-Radex AG« in Radenthein wird Eisenglimmer in Waldenstein/Lavanttal, Dolomitabbau in Eberstein, Marmorstein im Krastal und Kalkstein in Gummern abgebaut. Auch die Landwirtschaft gerät zunehmend an den Rand der Marginalität. Man produziert zwar mehr und kostengünstiger, ist aber dennoch auf Subventionen angewiesen, zumal keine kleinbäuerliche Wirtschaft mehr gefragt ist. Im Bereich des Tourismus gab es aufgrund von geringer Eigenkapitalbasis, Einsaisonalität, Überkapazitäten und ausländischer Konkurrenz manche Probleme, doch mit dem Slogan »Urlaub bei Freunden« versucht Kärnten gezielt auf die Wünsche seiner Gäste einzugehen und damit den Fremdenverkehr wieder attraktiver zu machen. Insgesamt gesehen zeigt die Kärntner Wirtschaft im 20. Jahrhundert eine komplette Umwälzung auf: von Bergbau und Holzwirtschaft über die Verlagerung auf das produzierende Gewerbe und die Industrie, über den Dienstleistungssektor im Fremdenverkehr bis hin zum Bestreben, auch im Forschungs- und Technologiesektor zu punkten.

Superlative

- Kaiser Otto II. machte Kärnten 976 zum ältesten Herzogtum auf österreichischem Boden.
- Die Millstätter Liederhandschrift ist die erste deutschsprachige Sammlung in Österreich.
- In Bad Bleiberg gibt es die längste Bergmannsrutsche Europas.
- In Kärnten gibt es die meisten Sonnenstunden Österreichs.
- In der Münze von St. Veit wurde um 1220 die erste Münze mit deutscher Inschrift geprägt.
- Wolfsberg ist flächenmäßig die zweitgrößte Gemeinde Österreichs.
- Auf dem Magdalensberg sieht man die ältesten Wandgemälde der Alpenländer (20 v. Chr.).
- In Friesach steht der einzige wasserführende Stadtgraben Österreichs.

Blick auf die Pasterze; der Großglockner hat sich in Wolken gehüllt (oben) **Der Wörther See – die »Riviera Österreichs«** (unten)

- Das älteste Glasgemälde Österreichs stammt aus der Kirche Maria Magdalena in Weitensfeld.
- Das Maria-Theresia-Denkmal in Klgft. ist das erste Denkmal der Kaiserin.
- Die drei ersten Hochöfen Österreichs wurden in Kärnten errichtet, davon der erste in Kremsbrücke.
- Die 200 m hohe Staumauer der Kölnbreinsperre ist die höchste Österreichs.
- Die Pfarrkirche St. Peter und Paul in Karnburg gilt als die älteste Kirche Kärntens und ging aus einer der seltenen Pfalzen in Österreich hervor.
- Das Totentanzfresko in Metnitz ist das einzige in Österreich erhaltene Beispiel dieses Themas.
- In Rosegg befindet sich das größte Gartenlabyrinth Österreichs.
- Mehr als die Hälfte aller österreichischen Fastentücher befinden sich in Kärnten.
- Die 1811 gegründete Zeitschrift »Carinthia« ist die älteste bestehende Zeitschrift Österreichs.
- Das Klagenfurter Becken ist das größte Becken der Alpen.
- Der Großglockner ist der höchste Gipfel Österreichs.
- Die Pasterze ist der größte Gletscher Österreichs, ja sogar der gesamten Ostalpen.
- Die erste Fluglinie Österreichs führte von Wien nach Klagenfurt.
- Die Siedlung auf dem Kathreinkogel bei Schiefling gilt als älteste ergrabene Siedlung im Ostalpenraum.
- Das Marterle bei Rangersdorf ist die höchstgelegene Wallfahrtskirche Österreichs.
- Die Jauntalbrücke ist die höchste Eisenbahnbrücke Europas.
- Der höchste Bildstock Kärntens steht in Techelsberg.
- Das Kloster Viktring ist das einzige burgundische Zisterzienserkloster aus der Gotik östlich des Rheins.
- Das Kärntner Relief in Villach ist die größte Geoplastik Europas.
- Warmbad Villach ist Österreichs südlichste Therme.
- Kärnten ist das an mittelalterlichen Fresken reichste Bundesland.
- Der Alte Platz in Klagenfurt war Österreichs erste Fußgängerzone.
- In Trebesing gibt es die längste Hängebrücke der Alpen.
- In Arriach steht der größte Holzschuh Österreichs.

Ein Blick in die Vergangenheit

Die Hochosterwitz zählt zu den bekanntesten Burganlagen Österreichs.

BERNHARD
VON
SPANHEIM
HERZOG v. KÄRNTEN
MCCII MCCLVI
PELZE

Das Denkmal des Bernhard von Spanheim in Klagenfurt

Geschichte

Der uralte, aus dem Keltischen stammende Name Karantanien heißt übersetzt »Land der Befreundeten«. So waren auch schon zahlreiche Völker hier, die sich alle in Kärnten wohl fühlten: Kelten, Römer, Slawen, Baiern (die sich damals noch mit i schrieben!) …

Da klimatisch bevorzugt, wurde das Land recht bald besiedelt. Im Lurnfeld lebten vor 30 000 Jahren die ersten Jäger und Sammler. Aus der Altsteinzeit fand man Spuren in vielen Orten, beispielsweise in der Tropfsteinhöhle in Griffen. Auch das Lavanttal, das Gebiet um den Wörther See, das Villacher Becken, die Südhänge des Drautales und des Gailtales waren begünstigte Orte, an denen sich Menschen niederließen.

Ab dem 3. Jahrtausend v. Chr. sind größere Siedlungen auf dem Maria Saaler Berg, dem Kanzianiberg und auf dem Strappelkogel im Lavanttal nachweisbar.

In der frühen Bronzezeit ab 1900 v. Chr. war der Mensch sesshaft, gewann Bodenschätze und verarbeitete Metall. Im Keutschacher See wurden Pfahlbauten errichtet. Damals trieben die Menschen einen lebhaften Handel, was zahlreiche Streufunde im ganzen Land bestätigen.

Zu den ältesten Funden aus der Zeit 750–400 v. Chr. gehören die aus der Hallstattzeit stammenden Fröger Reiter, kleine, aus Blei gegossene Reiterfiguren, die bei Frög im Rosental gefunden wurden. Sie weisen auf ein berittenes Kriegsvolk mit kleinen Fuhrwagen mit einer Bespannung zur Lastenbeförderung hin.

Um 400–250 v. Chr. tauchten die betriebsamen Kelten auf. Sie brachten eine reiche Kultur mit und legten Siedlungen an. Man kann sie zum Teil noch in Teurnia bei Spittal, Virunum am Rande des Zollfelds und in Iuenna im Jauntal sehen.

Keltische Stämme und die ansässige illyrische Bevölkerung vermischten sich, das daraus entstandene Volk nannte man Noriker. Ihr

Königreich war viel größer als das heutige Land, und sie erreichten im 2. Jh. v. Chr. eine Vormachtstellung in Kärnten. Ihre Hauptstadt lag auf dem Magdalensberg nordöstlich von Klagenfurt. Das von ihnen hergestellte »Norische Eisen« war auch überregional bekannt und begehrt. Um 50 v. Chr. war die Blütezeit des Norischen Reiches, das von den Römern »Regnum Noricum« genannt wurde.

Ab 15 v. Chr. kamen dann die Römer. Sie betrieben mit dem »Norischen Eisen« Handel im ganzen Mittelmeerraum. Unter *Kaiser Claudius* verleibten sie 45 n. Chr. Kärnten als Provinz Noricum ihrem ausgedehnten Reich ein und errichteten Städte sowie Kastelle und Garnisonen zum Schutz ihrer Handelswege. Ihre Landeshauptstadt Virunum lag auf dem Zollfeld am Fuß des Magdalensberges und war Sitz eines Statthalters.

Ab dem 5. Jh. begann die Völkerwanderung. 408 fielen die Westgoten unter ihrem *König Alarich* ein, 472 kamen die Ostgoten durch das Land, danach die Alamannen.

Ab etwa 590 wanderten heidnische Slawen, gedrängt von den Awaren, einem innerasiatischen Reitervolk, von Osten her drauaufwärts. Franken, Langobarden und Byzantiner fielen ein und die Römerstädte Virunum und Teurnia verschwanden. Die erste Welle der Christianisierung ging zu Ende, und die spätantike christliche Kultur wurde durch die Awaren und Slawen zerstört.

Gleichzeitig mit den Slawen kamen von Westen und Norden die Baiern, die 610 bei Aguntum von den Slawen besiegt wurden. Ab etwa 600 war Karnburg im Zollfeld Mittelpunkt des slawischen Herzogtums. Das Großslawische Reich des *Samo* (623–658) erstreckte sich vom Erzgebirge bis an die Karawanken; aus dem Verfall dieses Reiches ging wohl das damals erstmals so genannte slawische Fürstentum Karantanien mit dem Zentrum in Karnburg hervor.

Um 740 rief Slawenherzog Boruth die Baiern um Hilfe, da er von den Awaren bedrängt wurde. Hiermit begannen die bairische Oberherrschaft sowie die Missionierung der Slawen in Karantanien. Bischof Virgil von Salzburg entsandte den *Chorbischof Modestus,* der 767 in Maria Saal eine Kirche weihte, die somit die erste urkundlich erwähnte Kirche des Landes ist; ähnlich alt ist St. Peter in Holz.

Nach der Absetzung des bairischen *Herzogs Tassilo III.* durch *Karl den Großen* geriet Kärnten – vom Geschichtsschreiber Paulus Diakonus um 800 als »Carantanum« bezeichnet – unter fränkische Oberhoheit, wurde jedoch vorerst weiter von slawischen Fürsten regiert. Aus dieser

Zeit stammen vermutlich die Edlinger, die bei der Herzogseinsetzung später eine bedeutende Rolle spielten. Sie waren vermutlich deutschstämmige Wehrbauern, die insbesondere im Klagenfurter Becken und im Lurnfeld angesiedelt wurden.

Ein erneuter Aufstand der Karantanen führte zur Beseitigung der slawischen Teilfürstentümer und zur Einführung der fränkischen Grafschaftsverwaltung.

In der Reihe der Markgrafen war *Arnulf* – Sohn König Karlmanns – einer der bedeutendsten, nach seinem Tod (899) brachen die Magyaren in das Land ein. Erst die Schlacht auf dem Lechfeld beendete ihren Ansturm.

Das Land war damals nur dünn besiedelt, und als Mittelpunkt der Bewirtschaftung wurden königliche Gutshöfe, so genannt »Königshöfe«, eingerichtet, Beispiele sind Althofen und der Königshof am Krappfeld.

976 trennte *Kaiser Otto III.* Karantanien von Baiern und übergab es zusammen mit den Marken Krain, Istrien, Friaul und Verona dem Liutpoldingerherzog Heinrich. Damit wurde Kärnten unter den heutigen österreichischen Ländern das erste Reichsherzogtum.

Nach 1000 begann mit der Gründung des Nonnenstiftes St. Georgen am Längsee die Epoche der Klostergründungen: vor 1028 das Benediktinerkloster Ossiach, 1043 das Nonnenkloster der Gräfin Hemma in Gurk, 1086–1088 das Benediktinerkloster Millstatt und 1091 das Benediktinerstift St. Paul im Lavanttal.

1077–1122 waren die einheimischen *Eppensteiner* Herzöge von Kärnten, ihnen folgten ab 1122 bis 1269 die *Spanheimer* mit St. Veit/Glan als Residenz. Ihr bedeutendster Vertreter war Bernhard von Spanheim (1202–1256). Danach beherrschten *König Ottokar II. von Böhmen* (1269–1276) und *König Rudolf I. von Habsburg* (1276–1286) das Land. *Rudolf* verlieh das Land 1286 an seinen Schwager *Meinhard von Görz-Tirol,* der auch die Herzogswürde erhielt.

Im 12. Jh. kam es durch die starken Rodungstätigkeiten und das Vordringen in bisher unbewohnte Täler zum Bau von Burgen. Ihre Bauherren waren vor allem Ministerialen der Lehnsherren. Die Burgen entstanden insbesondere längs der Verkehrswege und an Pässen. Beispiele sind Hochosterwitz (860), Hollenburg (1142), Straßburg (1147) oder Stein (1190). Ihr Ende als Wehrbauten kam mit dem 15./16. Jh. Das 12. und 13. Jh. war auch eine Zeit der Stadtgründungen, da die *Spanheimer* die Macht ihres Hauses zu festigen suchten. Ihre Gegner waren vor allem die Bamberger Bischöfe.

Zahlreich sind die Zeugnisse der Römerherrschaft; hier ein römischer Kutscher an der Kirche in Maria Saal (oben) **Unbekümmerte Kindheit: Dieses Denkmal in Völkermarkt erinnert an die »jüngere Geschichte« der Volksabstimmung.** (unten)

1335 fiel das Land ganz an die *Habsburger* und war von nun an – meist in Verbindung mit Steiermark und Krain – eines der acht Länder im Verband der habsburgischen Hausmacht.

1473 fand der erste, 1476 der zweite Türkeneinfall in Kärnten statt. Sie brachten gewaltige Verwüstungen mit sich. Aus dieser Zeit stammen auch die Wehrkirchen als Rückzugsgebiet der Bevölkerung sowie Burgen bzw. Burgausbauten wie beispielsweise Hochosterwitz.

1478 gab es in Kärnten einen Bauernaufstand. Die Bauern stellten sich zwar den Türken entgegen, unterlagen aber. Die Stände bemächtigten sich der Bauernführer und ließen sie hinrichten.

Zu Beginn der Neuzeit war die Hauptstadt des Landes St. Veit an der Glan. Nachdem 1514 Klagenfurt durch einen Brand zerstört wurde, schenkte *Kaiser Maximilian I.* den Landständen 1518 die Stadt – ein einmaliger Vorgang! –, die sich anschließend zur neuen Hauptstadt entwickelte. Um 1550 lag die Gold- und Silbergewinnung in Kärnten bei 120 bzw. 800 kg jährlich; der Hauptanteil stammte aus den Bergbezirken Großkirchheim und St. Leonhard. 1560 bis 1580 war die Blütezeit des Edelmetallbergbaus in den Hohen Tauern und im Lavanttal.

Ab 1520 drang die Lehre der Reformation in Kärnten ein und breitete sich schnell aus. Die Reformationszeit brachte viel Unruhe in das Land, da sich bald ein Großteil der Bevölkerung zu der neuen Lehre bekannte. 1578 gewährte *Erzherzog Karl II.* – Sohn Kaiser Ferdinands I. – dem Adel Innerösterreichs eine beschränkte Religionsfreiheit und erhielt dafür von den Ständen Unterstützung beim Kampf gegen die Türken.

Ab 1600 erfolgte der Gegenschlag der katholischen Kirche, die Gegenreformation, die von *Bischof Martin Brenner* aus Seckau durchgeführt wurde. *Brenner* zog mit einer bewaffneten »Religionsreformationskommission« im Land umher, um die Bevölkerung zum katholischen Glauben zurückzuholen. Es begann die zwangsweise Glaubensbekehrung. Zu Beginn des 17. Jhs. zogen in Klagenfurt die Jesuiten ein, die jedoch bereits vorher schon Millstatt erhalten hatten.

Obwohl die Schrecken des Dreißigjährigen Krieges Kärnten nicht unmittelbar betrafen, hatte das Land doch an den wirtschaftlichen Folgen zu leiden; bedingt durch die Erschöpfung der Bergbauressourcen, den unrentablen Abbau und die Schwächung der Stände erfolgte ein wirtschaftlicher Niedergang.

1683 wurden die Türken vor Wien besiegt, damit endete die Jahrhunderte dauernde Bedrohung Kärntens durch dieses Volk.

1715 trat das letzte Mal in Kärnten die Pest auf. 1732 gab es neue Protestantenverfolgungen in Kärnten. 1737 fand ein Aufstand von 300 untertänigen Bauern gegen ihre jesuitischen Herrscher in Millstatt statt.

Die Stagnationsphase nach dem Dreißigjährigen Krieg wurde erst beendet, nachdem im 18. Jh. *Kaiserin Maria Theresia* und ihr Sohn *Kaiser Joseph II.* Industrie und Gewerbe gezielt förderten. Hiervon profitierten vor allem der Bergbau, die Metallverarbeitung und die Waffenproduktion in Ferlach.

1781 erließ *Kaiser Joseph II.* das Toleranzpatent, das den rund 13.000–14.000 im Geheimen lebenden Protestanten gewisse Freiheiten gab. *Josef* war grundsätzlich reformfreudig und fasste die Länder Steiermark, Kärnten und Krain zu einem »innerösterreichischen Gubernium« zusammen; 1782 wurde Kärnten deshalb der Regierung in Graz unterstellt. 1783 wurden die Klöster aufgehoben.

1800 gelang die erstmalige Ersteigung des Großglockners durch den Gurker *Fürstbischof Graf Salm-Reifferscheidt.*

Die Besetzung des Landes in napoleonischer Zeit zu Beginn des 19. Jhs. und die Ausplünderungen und Erpressungen durch die feindlichen Truppen belastete das Land erneut. In Klagenfurt wurde die Stadtbefestigung geschleift. Im Frieden von Schönbrunn 1809 wurde Kärnten zweigeteilt; der Villacher und Lienzer Kreis waren den Franzosen unterstellt, der Klagenfurter Kreis weiterhin dem Gubernium Graz. 1813 endete der Franzosenspuk, aber noch bis 1849 gehörten viele Landesteile zum Illyrischen Königreich, dessen Regierungssitz in Laibach war.

Die bürgerliche Revolution 1848 bescherte Kärnten den ersten frei gewählten Landtag, und erst zu dieser Zeit wurde Kärnten als Kronland wieder vereinigt – mit Klagenfurt als unabhängiger Landeshauptstadt.

Ab etwa 1860 begann der Fremdenverkehr, nachdem der Eisenbahnbau bis Villach vorgestoßen war. Auf dem Wörther See verkehrte sogar bereits ab 1853 ein Raddampfer.

Kärnten ist – wie bereits erwähnt – ein Land mit einer gemischtsprachigen Bevölkerung, was man als Tourist wohl am ehesten an den Namen und an den zweisprachigen Ortsschildern in Unterkärnten merkt: zum deutschen kommt ein slowenisch sprechender Bevölkerungsteil. Diese Zweisprachigkeit ist schon seit vielen Jahrhunderten so, denn bereits ab etwa 590 wanderten slawische Stämme in Kärnten ein, als sie in ihrer Heimat von den Awaren vertrieben wurden.

Von den Kärntner Ortsnamen sind etwa 60 % deutscher und 30 % slowenischer Herkunft und es sind noch über 950 slowenische Ortsnamen bekannt. Die Regionen, in denen die Kärntner Slowenen siedeln, liegen vor allem im südöstlichen Kärnten: am Fuß der Karawanken, im Rosental entlang der Drau sowie südlich von Völkermarkt um St. Kanzian. Die Verteilung der Bevölkerung beläuft sich auf rund 96 % deutscher Sprache, der Rest gehört der slowenischen und zu geringen Teilen der windischen Sprachgruppe an.

Ab 1910 verschärfte sich das Nebeneinander von Deutschen und Slowenen in Kärnten, obwohl bereits im Grundgesetz von 1867 die Gleichberechtigung der Volksgruppen verankert war.

Am 28. Juni 1914 fielen die Schüsse von Sarajewo und lösten den 1. Weltkrieg aus. Als 1915 auch Italien Österreich den Krieg erklärte, wurde das in den Karnischen Alpen gelegene Grenzgebiet für Jahre zum hochalpinen Kriegsschauplatz.

Nach dem 1. Weltkrieg kam es zu Gebietsverlusten an Italien und Jugoslawien (Kanaltal, Mießtal, Gemeinde Seeland). Den gemischtsprachigen Teil im südöstlichen Kärnten wollte sich nach 1918 das neu erstandene Königreich der Serben-Kroaten-Slowenen (SHS) einverleiben. Ab April 1919 kam es zum Einmarsch und heftigen Auseinandersetzungen, sogar Klagenfurt wurde besetzt. Während Frankreich die Jugoslawen in ihrem Expansionsdrang unterstützte, war der Verbleib ganz Kärntens bei Österreich vor allem dem Eintreten des amerikanischen Präsidenten *Wilson* zu verdanken, der sich auf die Berichte des Oberstleutnants *Sherman Miles* verließ, welcher Kärnten bereist und von der proösterreichischen Gesinnung auch der Kärntner Slowenen berichtet hatte. Der Kärntner »Abwehrkampf« endete schließlich in der Volksabstimmung vom 10. Oktober 1920 zugunsten des Verbleibs bei Österreich.

In den zwanziger Jahren gab es wie überall auch in Kärnten Wirtschaftskrisen; die Arbeitslosigkeit stieg. Die Parteien radikalisierten sich und der Nationalismus machte auch vor Kärnten nicht halt.

1933 führte das nationalsozialistische Deutschland die so genannte »Tausend-Mark-Sperre« ein, worauf die Zahl der deutschen Urlauber von rund 50.000 auf nicht einmal 3000 sank.

1935 wurde die Großglockner-Hochalpenstraße eröffnet.

Nach dem Sturz der Regierung Schuschnigg und der Besetzung Österreichs durch deutsche Truppen wurde das mit Osttirol vereinigte Kärnten 1938 ein Gau des Großdeutschen Reiches.

Nach dem Ende des 2. Weltkrieges herrschten in Kärnten chaotische Zustände. Rückflutende Truppenteile der Deutschen Wehrmacht und

Die »Tattermann-Figur« erinnert an die türkischen Überfälle. (links) **Römersteine in Karnburg** (rechts)

Burganlagen und Wehrkirchen findet man im ganzen Land; hier der Petersberg in Friesach.

Einheiten der an ihrer Seite kämpfenden ungarischen und slawischen Verbände – Weißrussen, Ukrainer, Kosaken … – trafen hier auf die aus dem Osten und Südosten strömenden Flüchtlingskolonnen. Jugoslawische Partisaneneinheiten, Engländer, Russen und Bulgaren, bald auch Amerikaner näherten sich in Eilmärschen Kärnten. Auch nach 1945 wollte sich Jugoslawien Gebietsteile Kärntens einverleiben, was aber von den Engländern, die das Land besetzt hielten, vereitelt wurde. Die Kärntner selbst sorgten sich in dieser Notzeit um Ernährung, Arbeit und Wohnung – und verständlicherweise auch um die bedrohte Südgrenze ihres Landes.

Nach 1950 begann nach schwierigen Jahren der wirtschaftliche Wiederaufbau Kärntens, nicht zuletzt dank des ERP-Programms. 1955 wurde der Staatsvertrag abgeschlossen, der die Rechte der Minderheiten in Österreich regelte (dieselben Rechte wie alle anderen österreichischen Staatsbürger, Recht auf eigene Organisationen und Versammlungen, Presse in ihrer eigenen Sprache, Anspruch auf Elementarunterricht in ihrer Sprache sowie die Zulassung der Sprache zusätzlich zum Deutschen als Amtssprache). Nun zogen auch die Engländer ab. Ab jetzt begann der Tourismus wieder zu florieren und bereits 1966 war ein Rekordjahr, als im Sommer ein Viertel aller österreichischen Übernachtungen auf Kärnten entfielen. Im Sommerhalbjahr 1972 waren es bereits 14 Millionen Übernachtungen.

1972 kam es zum so genannten Ortstafelstreit. Als Landeshauptmann Sima nämlich in 205 Orten zweisprachige Ortstafeln aufstellen ließ, wurden diese über Nacht abmontiert bzw. übermalt. Simas Nachfolger Wagner bemühte sich um Einvernehmen. 1976 wurde eine »Geheime Erhebung der Muttersprache« durchgeführt, die trotz slowenischer Boykottaufrufe eine hohe Beteiligung aufwies und neue Ergebnisse zur Gemischtsprachigkeit brachte (es kam zur Ausscheidung der Gemeinden mit zumindest 75 % Deutschsprachigen aus der Gemischtsprachigkeit). Daraufhin neu angebrachte zweisprachige Ortstafeln wurden nicht mehr zerstört. Während sich bei der ersten Volkszählung der Zweiten Republik noch rund 50.000 Personen zur slowenischen Volksgruppe bekannten, waren es 2001 nur noch 12.500. 2001/02 kam es zu einem erneuten Streit um die zweisprachigen Ortstafeln, der im Grunde genommen noch immer nicht ausgestanden ist.

1978 wurde die Arbeitsgemeinschaft »Alpe Adria« gegründet, die auf der Idee basierte, verstärkte Kontakte zwischen Kärnten, Slowenien und Friaul-Julisch-Venetien aufzubauen. Sie sollte ein Zusammenwachsen dieser Regionen fördern und gemeinsame Probleme lösen.

Ende der 80-er Jahre vollzog sich im politischen Bereich ein Umbruch. Nach mehr als 40 Jahren »Alleinherrschaft« und vier Landeshauptleuten verlor die Sozialistische Partei Kärntens ihre Führungsrolle. Erstmals nach 1945 wird mit *Jörg Haider* ein Freiheitlicher Landeshauptmann. 1991 wurde Haider nach seiner Äußerung um die »ordentliche Beschäftigungspolitik« im Dritten Reich abgewählt. 1999 kehrte er als Landeshauptmann wieder zurück.

Ende des 20. Jahrhunderts rückten drei Ereignisse Kärnten in den Blickpunkt des europäischen und auch weltweiten Interesses. 1988 der Papstbesuch, 1998 der EU-Gipfel in Pörtschach mit 15 Staats- und Regierungschefs aus ganz Europa und zwischen 1997 und 1999 die Olympiabewerbung für 2006 gemeinsam mit Slowenien und Friaul-Julisch-Venetien. »Ohne Grenzen« – »Senza confini« – »Brez meja« hat den Zuschlag leider nicht erhalten (Sieger war Turin), jedoch sind die drei Regionen damit noch näher zusammengerückt.

Kunstgeschichte

Kärnten ist ein Land, das zahlreiche Kunstschätze aufzuweisen hat. Die Museen sind reich gefüllt mit historischen Exponaten wie römische Steine, Reliefs, Münzen, Schmuck oder Kleinplastiken aus allen Epochen der Vergangenheit.

Die Kunstwerke – Fresken, Bildstöcke, Karner, verzierte Troadkastn (Getreidekästen), spätgotische Flügelaltäre oder karolingische Flechtsteine – wurden meist in der Romanik und der Gotik geschaffen. Kärnten ist auch das an gotischen Retabeln reichste Bundesland Österreichs, vielleicht sogar Europas. Außerdem gibt es die fast unglaubliche Zahl von rund 1000 Kirchen aus jener Zeit. Seltener zu finden sind Kunstwerke aus dem Barock oder dem Rokoko, ebenso aus späteren Kunstperioden.

Zu den ältesten bekannten Kunstwerke in Kärnten zählen die Fröger Reiter aus der Hallstattzeit, die im Rosental beim gleichnamigen Ort gefunden wurden. Sie befinden sich heute im Landesmuseum in Klagenfurt.

Aus der Römerzeit ist viel erhalten. Auf dem Magdalensberg sieht man die ältesten Wandgemälde der Alpenländer (20 v. Chr.). Bedeutend ist die Skulptur des »Jünglings vom Magdalensberg«, eine römische Kopie einer griechischen Statue, die 1502 bei St. Veit an der Glan gefunden wurde. Heute steht sie in Wien im Kunsthistorischen Museum. Die Funde aus dieser Zeit stammen zum großen Teil aus den Ausgrabungen der spätantiken Stadt Virunum, der Villenkolonie auf dem Magdalensberg und aus Teurnia bei Spittal an der Drau (dort ist eine Friedhofskirche mit gut erhaltenem Mosaikfußboden zu finden).

Aus der Karolingischen Kunstepoche (ca. 750–1000) stammen der Herzogstuhl und das Modestusgrab in Maria Saal, außerdem sind in Kärnten etwa 50 Flechtwerksteine erhalten – im übrigen Österreich gibt es nur 7 davon! Die vielleicht bedeutendsten sind die beiden an der Westwand der Kirche St. Peter am Bichl.

Die Romanik (9. Jh. – etwa 1250) brachte bedeutende Fresken hervor (Rosenkranzkirche in Maria Wörth, Westempore im Gurker Dom, Ruperti-Kapelle in Friesach, Kirche St. Helena am Wieserberg bei Dellach im Gailtal und die Deutschordenskirche in Friesach). Das älteste Glasgemälde Österreichs (12. Jh.) befindet sich in der Kirche Maria Magdalena in Weitensfeld. Beachtenswerte skulpturale Kunstwerke sind die Tragköpfe des Hemmasarkophages in Gurk und das romanische Tympanon in der Vorhalle der Millstätter Kirche sowie das um 1170 entstandene Stufenportal,

Fresken in Zwickenberg bei Oberdrauburg (oben) **Detail aus dem Südportal der Benediktinerstifts- und Pfarrkirche St. Paul** (unten)

ein Hauptwerk der romanischen Plastik in Kärnten, wobei der segnende Christus im Bogenfeld zu den bedeutendsten romanischen Plastiken in Kärnten gerechnet wird.

Auch die Architektur lag vornehmlich in den Händen der Mönche. Insbesondere der Dom in Gurk ist ein ganz hervorragendes Bauwerk dieser Zeitepoche, weitere sind die Stifte Millstatt, Viktring, St. Paul, Ossiach oder St. Georgen am Längsee, obwohl nicht überall noch viel aus dieser Periode erhalten ist.

Die aus Frankreich kommende Gotik (ab 13./14. Jh.) wurde vor allem von den Dominikanern und Zisterziensern ins Land gebracht. In der Malkunst begann die Tafelmalerei. Beispielsweise gehören die Bilder am Altar der Kirche in Thörl-Maglern zu den schönsten, die in jener Zeit in Kärnten geschaffen wurden. Ebenso bedeutend sind die Altäre in Maria Gail, Maria Elend, Friesach oder der berühmte Jan-van-Scorel-Altar in Obervellach. Prächtig ausgeschmückt ist auch die Wallfahrtskirche St. Wolfgang in Grades. Insbesondere auf dem Gebiet der Wandmalerei wurde in Kärnten Großes geleistet, es ist das an mittelalterlichen Fresken reichste Bundesland. Im 15. Jh. entwickelte sich mit der »Villacher Werkstätte« eine eigenständige Malschule in Kärnten, deren überragender Maler *Thomas Artula »von Villach«* war (etwa 1440–1500). Wichtig ist die Filialkirche St. Georg in Gerlamoos, die außen mit Fresken aus dem 14. Jh., innen mit bedeutenden Freskenresten von *Thomas von Villach* (um 1470) geschmückt ist, ebenso bedeutend sind die 1475 entstandenen Fresken in Thörl-Maglern. Als das Hauptwerk dieses Künstlers wird das Fresko des Stifterpaares *Engelbert und Hadwiga* (1493), eines der berühmtesten Kunstwerke Kärntens, in St. Paul im Lavanttal bezeichnet.

Bedeutend sind aus dieser Epoche die Totentanzdarstellungen, ein Thema, das im 15./16. Jh. in ganz Europa dargestellt wurde. In Kärnten findet man ein großartiges Beispiel in Metnitz, wo man für die Fresken sogar ein eigenes Museum errichtet hat.

Unzählbar sind auch die zahlreichen Abbildungen des hl. Christophoros, die man vorwiegend an den Außenwänden der Kirchen findet. Dieser »Riese« sollte die Reisenden beschützen.

In der Rosenkranz- oder Winterkirche in Maria Wörth kann man eines der schönsten gotischen Glasbilder in Kärnten bewundern. Und in den 3 Chorfenstern im Stift Viktring befinden sich 56 Glasscheiben mit Kärntens wohl wertvollsten Glasgemälden, ebenso schön sind die Glasmalereien in der Leonhardikirche in Bad St. Leonhard im Lavanttal.

Im 15. und 16. Jh. entstanden in Kärnten zahlreiche Fastentücher, die in der Fastenzeit das Altarbild verhüllen und die Gläubigen – die früher ja des Lesens unkundig waren – durch eine Art bildlicher Erzählung auf Ostern vorbereiten. Das älteste Kärntens (1458) und größte Österreichs befindet sich im Dom zu Gurk, weitere schöne Tücher jener Zeit gibt es in Haimburg (1504), Bad St. Leonhard (um 1520) und Millstatt (1593).

Große Kunstwerke wurden in der Plastik geschaffen, man denke hierbei nur an die zahlreichen geschnitzten Flügelaltäre z. B. in den Kirchen von Möllbrücke, Maria Rojach oder Heiligenblut. In der Pfarrkirche St. Peter und Paul in Rangersdorf befand sich der älteste Flügelaltar Kärntens (1425); heute findet man ihn im Diözesanmuseum in Klagenfurt. In der Zeit vom 13. bis Ende des 15. Jhs. wurden auch viele Totenleuchten geschaffen, von denen in Kärnten noch 8 zu sehen sind. Die vielleicht schönste steht in Maria Saal.

Die Architektur erlebte ihre Blüte im 15. Jh. zur Zeit der Spätgotik, obwohl bereits Ende des 13. Jhs. in Friesach die erste rein gotische Kirche erbaut wurde. Nun entstanden prächtige Hallenkirchen, beispielsweise in Villach, Völkermarkt, Maria Saal, Grades, Heiligenblut und Bad St. Leonhard. Charakteristisch für diese Zeit, die von den Türkeneinfällen geprägt wurde, sind die vielen Wehrkirchen, von denen man insbesondere auf der Saualpe noch sehenswerte Bauten, oft auf über 1000 m Seehöhe, findet (Diex, Greutschach, Grafenbach, Hochfeistritz, St. Walburgen, St. Oswald). Auch die gotischen Kirchen in Eberndorf, Maria Waitschach, Obervellach oder Kötschach sind sehenswerte Anlagen.

Renaissance (vor allem 16. Jh.) bedeutete »Wiedergeburt«, gemeint ist die der Antike; es kam ein neues Weltbild auf, das Lebensgefühl verwandelte sich und die Wirtschaftsstruktur änderte sich durch das Aufkommen von Geld. Man entdeckte unbekannte Erdteile und gewann wissenschaftliche Erkenntnisse. In der Kunst traten nun auch die Künstler hervor, blieben nicht mehr anonym und gewannen Ruhm und

Ansehen. In Kärnten sind aus dieser Kunstperiode vor allem Wandmalereien und Grabreliefs bekannt. Ein Meisterwerk der österreichischen Renaissance ist das Weltgerichtsfresko von *Urban Görtschacher* im Chor der Kirche in Millstatt. Die plastischen Figuren wurden, bedingt durch zunehmende anatomische Kenntnisse der Künstler, natürlicher. Prächtige Beispiele sind die Millstätter Grabsteine, aber auch in Villach, Straßburg, Gurk, Eberndorf, St. Paul, Moosburg, Tigring und Friesach oder am Portal des Schlosses in Wernberg sind schöne Beispiele zu sehen.

Bedeutende Bauwerke aus dem 16. Jh. findet man beispielsweise im Burgenbau (Burg Hochosterwitz 1576–86), vor allem aber im Schlossbau (Schloss Porcia in Spittal/Drau). Dieses Schloss ist eines der schönsten Renaissance-Gebäude Österreichs.

Auch die Errichtung von Festungsbauwerken fällt in diese Zeit, beispielsweise wurde in Klagenfurt die Befestigung verstärkt. Schön sind die Grabdenkmäler sowie bemerkenswerte Brunnen in Klagenfurt, Friesach und St. Veit. Ein prächtiges Bürgerhaus ist das Riederhaus in Althofen (1590) mit einem schönen Renaissance-Sgraffitofries.

Eine großartige Kirche im Stil der Renaissance bzw. des beginnenden Manierismus ist die Dreifaltigkeitskirche in Klagenfurt, die heutige Domkirche, auch das Landhaus wurde in diesem Stil errichtet. Auch der ab 1582 geschaffene Lindwurm in Klagenfurt entstand in der Zeit des Manierismus.

Über den Manierismus ging das Kunstschaffen zum Barock (ab 1700), der wohl großartigsten und schaffensreichsten Kunstepoche in Österreich, über. In dieser Zeit wurde der absolutistische Staatsgedanke gestärkt, ebenso war dies die Zeit der erfolgreichen Durchsetzung der Gegenreformation und der Blüte des Jesuitenordens. Die Folge war eine ungeheure Bautätigkeit, der zahlreiche Schlösser, Klöster und Kirchen ihre Entstehung verdankten. Nicht so in Kärnten. Hier wurden ältere Kirchen barockisiert und mit neuen Altären oder sonstigem Schmuck im neuen, formenschwellenden und schwingenden Stil versehen. Viele dieser Barockaltäre mit Opferportalen und zahlreichen in Gold gefassten Skulpturen entstanden ab etwa 1650, vor allem aber im 18. Jh. Schöne Beispiele für die prächtigen bildhauerischen Leistungen sieht man in der Stadtpfarrkirche St. Veit an der Glan, in den Pfarrkirchen in Villach oder Brückl. Eines der besten Beispiele ist der Gurker Hochaltar. Bemerkenswert sind auch der Festsaal des Rathauses in St. Veit an der Glan und die Innenausstattung der Stiftskirche in Ossiach. Die bedeutendsten

Detail aus dem Flügelaltar von Heiligenblut (oben) **Fresken in der Kirche von Thörl-Maglern** (links) **Gotischer Flügelaltar in der ehemaligen Stiftskirche von Ossiach** (rechts)

Bildhauer waren wohl *Johann Pacher* aus St. Veit und der aus dem Kärntner Lesachtal stammende, jedoch im steirischen Judenburg lebende *Johann Nischelwitzer.*

So waren es nur einige Kirchen, die im Barock in Kärnten neu entstanden sind (beispielsweise die Loretokirche in St. Andrä, Kreuzkirche in Villach, Wallfahrtskirche Heiligengrab in Schilterndorf bei Bleiburg und die 1725/27 errichtete Wallfahrtskirche Maria Hilf in Guttaring). Repräsentative Bauten wurden zu jener Zeit wenig errichtet, einzelne Bauten sind das Rathaus in Klagenfurt (einst Palais Rosenberg) oder die prunkvolle Fassade des St. Veiter Rathauses.

In der Malerei sei auf *Josef Ferdinand Fromiller* hingewiesen, der in Kärnten die meisten und bedeutendsten Werke schuf (z. B. Wandgemälde im Klagenfurter Landhaus).

Die Zeit des Barock ging über in die verspielte Periode des Rokoko, einer Kunstepoche, von der es in Kärnten nur wenige Beispiele gibt (die Kanzeln in Treibach-Althofen und Kirchbach im Gailtal, ein Altar in Eberndorf oder Teile der Kirchenaustattung in Heiligengrab).

Einer der bedeutendsten klassizistischen Bauten Kärntens ist das bischöfliche Schloss in Zwischenwässern-Pöckstein, das 1780 von *J. G. Hagenauer* erbaut wurde. Ein weiteres schönes Beispiel ist die fürstbischöfliche Residenz in Klagenfurt.

Das Biedermeier repräsentiert die Zeit einer gewissen materiellen Beschränktheit, als man nach den napoleonischen Abenteuern bescheidener werden musste. Schöne Beispiele von schlichten biedermeierlichen Bürgerbauten aus der Zeit 1830–40 findet man in Klagenfurt (St. Veiter Straße, Kinkstraße, Waaggasse und Waagplatz).

Bedeutende Maler waren *Eduard von Moro* und die Brüder *Josef* und *Ludwig Willroider,* aber auch *Markus Pernhart* und *August Prinzhofer.* Von den Bildhauern war *Hans Gasser* der wichtigste.

Das behagliche Biedermeier ging in der 1848-er Revolution unter, danach begann als eine erneute Hochform, gleichsam einem letzten Aufbäumen der untergehenden Monarchie, die Zeit des Historismus (ab Mitte 19. Jh.), in der man sich auf vorhergehende Kunstperioden bezog und – vor allem in der Architektur – Kunstwerke im Stil der Neuromanik, Neugotik oder Neurenaissance schuf (Pfarrkirche in St. Kanzian, Gregorhof in Bad Eisenkappel, Kirchen in St. Johann bei Wolfsberg, St. Andrä, Althofen und St. Lorenzen im Gitschtal, Hochofen in Frantschach-St. Gertraud bei Wolfsberg ...).

Anfang des 20. Jahrhunderts entstand die so genannte Wörthersee-Architektur in historistischen und Jugendstilformen. Ihr bekanntester Vertreter war wohl der Architekt *Franz Baumgartner,* der in Velden lebte und in der Gegend an die 70 Bauten geschaffen hat. Er wirkte ab 1909 (Villa Kointsch) in Velden, seine fruchtbarste Schaffensperiode lag zwischen 1925 und 1930. In Villach wurde das Haus Gerbergasse 3 um 1910 im Jugendstil erbaut, Hans-Gasser-Platz Nr. 1 stammt aus demselben Jahr und ist von der Wiener Werkstätte beeinflusst. Haus Heimdall in Auen bei Schiefling ist eine 1923–25 von *Josef Hoffmann* im spätsecessionistischen Stil erbaute Villa und wohl eines der bedeutendsten Werke dieser Epoche in Kärnten. Ein gutes Beispiel eines im Stil der Wiener Secession errichteten Gebäudes ist in Klagenfurt das Hotel Moser-Verdino, dessen sehenswerte Jugendstilfasse 1907 von Georg *Horčička* gestaltet wurde. Auch das Stadttheater stammt aus jener Zeit.

Die Moderne (20. Jh.) brachte in Kärnten bedeutende Künstler hervor. *Suitbert (Switbert) Lobisser* (1878–1943) schuf in der Malerei ein umfangreiches Werk, von Buchillustrationen bis hin zu großen Blättern, sein liebstes Medium war der Holzschnitt. Aber auch Fresken von ihm sieht man in manchen Kirchen. Ein weithin bekannter Künstler war der Expressionist *Werner Berg* (1904–1981), der aus dem Rheinland in Deutschland stammte und sich im Kärntner Unterland niedergelassen hat. Eine Malschule, der so genannte Nötscher Kreis, bestand am Fuß des Dobratsch in Nötsch. Ihm gehörten auch deutsche Künstler an, und der aus Mähren stammende *Anton Kolig* holte immer wieder seine Schüler aus Stuttgart hierher. Zu diesem Kreis gehörten z. B. *Franz Wiegele, Arnold Clementschitsch* und *Anton Mahringer.* Ein bekannter Künstler war auch *Herbert Boeckl,* der wohl kraftvollste und ausdrucksstärkste Maler seiner Zeit. Weitere bedeutende Maler sind *Hans Bischoffshausen, Giselbert Hoke,* ein Maler der klassischen Moderne, *Maria Lassnig* und *Josef Tichy.*

Bekannte Bildhauer sind *Otto Eder, Cornelius Kolig, Heinz Ortner,* Cartoonist und Kinderbuchillustrator, *Valentin Oman* aus St. Stefan bei Finkenstein, der vor allem für seine sakralen Fresken und sonstigen kirchlichen Arbeiten berühmt ist; weitere sind *Peter Krawagana* oder der bereits beim Nötscher Kreis genannte, 1970 gestorbene *Arnold Clementschitsch,* der zu Kärntens bedeutendsten Malern gehörte. Bekanntere Namen unter den vielen Kärntner Künstlern sind *Wolfgang Walkensteiner, Ernst Gradischnig, Alois Köchl, Adolf Holzer, Angelika Kaufmann* und *Kiki Kogelnik* (1935–1997).

Im Bereich Architektur gehört das vom Architekten *Günther Domenig* für sich selbst erbaute Steinhaus in Steindorf am Ossiacher See zu den wohl bekanntesten Werken. Ein bekannter moderner Architekt ist *Gernot Kulterer,* der von der Stadt Villach 2002 mit ihrem Kulturpreis ausgezeichnet wurde. Er war u. a. für den Bau und Umbau von zahlreichen Kirchen verantwortlich, sein aufwändigstes Projekt war vermutlich die Sanierung des Stiftes Viktring. Interessant sind auch das Haus Tarviser Str. 11 in Klagenfurt der Architekturgruppe »Büro 21« und das neue Rathaus in Völkermarkt von *Klaus Mayr.* Weitere bedeutende moderne Bauwerke sind die Hotelfachschule Villach, das »Tor nach Klagenfurt« an der Nordumfahrung, die Boutique Rikki Rainer in Klagenfurt (Alter Platz 1) von *Domenig,* das Mehrgenerationenhaus Roth in Feldkirchen (Hoferweg 28), der »Paradies« genannte »Kunstspeicher« in Vorderberg im Gailtal von *Cornelius Kolig* oder das Gebäude der Ilbau in Spittal (Ortenburger Str. 27).

Bedeutende kirchliche Bauten und Umbauten waren z. B. die Umgestaltung der neuromanischen Kirche von Tanzenberg und deren künstlerische Ausgestaltung von *Valentin Oman,* die Pfarrkirche und das Pfarrzentrum in Klagenfurt-Wölfnitz von *G. Kulterer,* das Gemeindezentrum Afritz, die Innengestaltung der Pfarrkirche Herz Jesu, Welzenegg (Landesbaupreis 1993) von *Felix Orsini-Rosenberg,* der Kapellenraum im Friedhof von St. Michael ob der Gurk, der Kapellenbau im Villacher Landeskrankenhaus (1991), die Innenraumgestaltung der Pfarrkirche Klein St. Veit (1991) und der Bilderzyklus der 14 Kreuzwegstationen in Stein im Jauntal, bei dem 14 Kärntner Künstler beteiligt waren (1992) sowie der dortige, von *Kiki Kogelnik* ausgemalte Karner.

Wunderschönes Kruzifix im oberen Mölltal

Alltagskultur und Lebensfreude

Literatur

Frühes literarisches Schaffen in Kärnten taucht auf mit den Dichtungen der Millstätter Liederhandschrift von etwa 1180, der ersten deutschsprachigen Sammlung in Österreich. Sie umfasst über 6000 Verse.

Im Geburtshaus des bekannten österreichischen Schriftstellers Robert Musil (1880–1942) wird ein Literaturmuseum geführt, welches ständige Ausstellungen zu Robert Musil, Christine Lavant (1915–1973) und Ingeborg Bachmann zeigt. Es wurde von der Stadt Klagenfurt in den Jahren 1996 und 1997 zu einem modernen Zentrum für Literatur ausgebaut, um für das Museum und für das Robert Musil-Institut für Literaturforschung der Universität Klagenfurt neue Räume zu adaptieren.

Informationen: Robert-Musil-Literatur-Museum der Landeshauptstadt Klagenfurt, Bahnhofstraße 50, 9020 Klagenfurt, Tel.: 0463/501429, Fax: 0463/501 429-1, E-Mail: klagenfurt@musilmuseum.at

Der Kärntner Buchautor und Journalist Humbert Fink und der damalige Landesintendant des Österreichischen Rundfunks in Kärnten, Ernst Willner, hatten Mitte der siebziger Jahre die Idee, in Klagenfurt einen Literaturwettbewerb nach dem Vorbild der Diskussionen der »Gruppe 47« ins Leben zu rufen. Namensgeberin für diesen Bewerb war Ingeborg Bachmann (1926–1973). Der erste Preisträger dieses Wettbewerbes war der Klagenfurter Gert Jonke (geb. 1946). »Für den deutschsprachigen Raum, auf neutralem Boden, der Literatur einmal im Jahr für ein paar Tage eine Möglichkeit zu geben, zu sich selbst zu kommen, sich zu bestimmen, Tendenzen festzustellen, Trends zu eruieren, ihren ideellen und ihren Waren-Charakter aufzuweisen: dazu sollten die Tage der deutschsprachigen Literatur in Klagenfurt, sollte das Vergeben des Ingeborg-Bachmann-Preises dienen, und wohl auch dazu, Probleme der gesamten deutschsprachigen Literatur zu erörtern.« (Zitat Ernst Willner)

Weitere namhafte Schriftsteller waren bzw. sind Guido Zernatto (1903–1943), Josef Friedrich Perkonig (1890–1959), Georg Drozdowski (1899–1987), Engelbert Obernosterer (geb. 1936), Peter Handke (geb. 1942), Peter Turrini (geb. 1944), Josef Winkler (geb. 1953), Egyd Gstättner (geb. 1962) und auch der gebürtige Oberösterreicher Alois Brandstetter (geb. 1932), der aber schon seit vielen Jahren als Professor für Deutsche Philologie an der Universität in Klagenfurt lehrt und zahlreiche Bücher veröffentlicht hat.

Religion

»Die Weite der Bergwelt und die Klarheit der Wasser, die fruchtbaren Täler und die Seen, die wie mit blauen und grünen Augen im Gesicht der Landschaft leuchten, vermitteln, dass Kärnten ein Geschenk der Schöpfung Gottes ist. Die Kirchen und Klöster, die Kapellen und Marterln stehen darin wie Wegweiser zum Himmel.«
Dr. Alois Schwarz, Diözesanbischof von Gurk

Rund 441.000 Landesbewohner gehören der röm.-kath. Kirche an, etwa 56.000 sind evangelisch, der Rest ist Mitglied anderer Religionsgemeinschaften. Die Katholiken unterstehen der Diözese Gurk-Klagenfurt.

Von den Protestantenverfolgungen und -vertreibungen der vergangenen Jahrhunderte hat sich das vielfältige religiöse Leben in Kärnten nur schwer erholt. Die Reformationszeit brachte ab 1520 viel Unruhe in das Land, da sich ein Großteil der Bevölkerung zur neuen Lehre bekannte. Insbesondere unter dem Adel und den fortschrittlichen Bergknappen, von denen nicht wenige aus Deutschland kamen, hatte die neue Lehre *Martin Luthers* viele Anhänger. Mitte des 16. Jhs. waren weite Teile des Landes evangelisch geworden, selbst die Städte Wolfsberg, Villach und Klagenfurt waren davon betroffen.

Der Adel zwang *Erzherzog Karl II.* schließlich eine beschränkte Religionsfreiheit ab, die er nur gewährte, um im Türkenkampf unterstützt zu werden.

Um 1600 begann der Gegenschlag der katholischen Kirche, die Gegenreformation. Die Rückeroberung durch die katholische Kirche wurde von *Ferdinand II.*, der von den Jesuiten erzogen worden war, vorangetrieben. 1626 wurden Ausweisungsedikte erlassen, und bereits 1628 wurde die Bevölkerung vor die Wahl Rückkehr zur katholischen Kirche oder Auswanderung gestellt. Allerdings lebte der Geheimprotestantismus weiter.

Am 13. Oktober 1781 erließ der Sohn Maria Theresias – *Kaiser Joseph II.* – das Toleranzpatent, das den Protestanten auch in Kärnten gewisse Freiheiten in der Religionsausübung brachte. Eine volle Gleichberechtigung erhielten die Protestanten aber nicht. Erst das 1962 erlassene Protestantengesetz bewirkte die volle Glaubensfreiheit und die staatliche Unabhängigkeit der evangelischen Kirche.

So schlicht wie im Toleranzpatent verordnet, ist nur das Bethaus in Fresach erhalten geblieben, das folgerichtig auch zum Ev. Diözesanmuseum umgewandelt wurde.

Die Pfarr- und Wallfahrts-
kirche in Maria Saal

Die katholische Kirche Kärntens hat sich im 20. Jh. neue Aufgaben in einer neuen Welt gestellt. Die Lebendigkeit und Repräsentanz der Kirche zeigt sich vor allem im starken sozialen Engagement. Der Bogen spannt sich von der Siedlungsaktion nach dem Zweiten Weltkrieg über die Erdbebenhilfe der Caritas bis hin zur Aktion »Bruder in Not«. Bedeutend ist auch die Schrittmacherposition der Kirche Kärntens für die Beschwichtigung in der Volksgruppenproblematik. Viele kulturelle Veranstaltungen, die kirchliche Räume nutzen (Carinthischer Sommer in Ossiach, Millstätter Orgelmusikwochen, St. Pauler Kultursommer, Gurker und Klagenfurter Domkonzerte ...) zeigen die Bedeutung des kirchlichen Ambientes für das Kärntner Kulturleben.

Bildstöcke und Marterln sind Zeugnisse der Volksfrömmigkeit, die man vor allem im alpenländischen Raum antrifft. Man findet sie zwar überall, nirgends aber so viele wie in Kärnten. Sie erinnern an Seuchen und Naturkatastrophen, an markante Ereignisse wie einen plötzlichen Tod, die glückliche Heimkehr aus dem Krieg, Genesung nach schwerer Krankheit, sollten als Schutzobjekte für Flur und Wald dienen oder wurden dort errichtet, wo auf Prozessionen Rast gemacht wurde.

Sie sind unterschiedlich gebaut: vom einfachen Holzkreuz bis zur kleinen Kapelle, ausgeschmückt sind diese vor allem mit Fresken. Häufig sieht man auf den Bildstöcken die beiden Bauernheiligen Isidor, erkennbar an seinem Dreschflegel oder der Heugabel, und die Magd Notburga, die eine Sichel trägt. In Zeiten der Pest wurde auch gerne der Schutzheilige Sebastian abgebildet. Und gegen das Wetter half der Wetterheilige Donatus, der die Ernte beschützen sollte.

Wer mit aufmerksamen Augen durch die Bergwelt oder die Voralpenlandschaft wandert, wird ab und zu Marterln entdecken. Manche recht versteckt am Waldrand, an einer steilen Felswand oder in der Schlucht eines Wildbaches. Sie sind aus Stein oder Schmiedeeisen, meist jedoch aus Holz, moosbewachsen und manchmal schon recht verwittert, so dass die Schrift kaum mehr entziffert werden kann. In der Regel ist auf ihnen ein Unglücksfall dargestellt, in naiven Bildern illustriert und mit ungeübter Hand geschrieben, manchmal auch in holprigen, gereimten Worten. Sie zählen wie die unzähligen Kapellen, die Feldkreuze, Bildstöcke, Sühnekreuze oder Totenbretter zum Gesamtbild der alpenländischen Kulturlandschaft.

Brauchtum

Wie in den meisten Alpengebieten gibt es in Kärnten noch einiges an Traditionen im Jahresverlauf, die intensiv gepflegt werden. Meist aus eigenem Antrieb, zum Teil wohl auch aus touristischen Gründen. Aber auch diese Veranstaltungen sind sehenswert!

Der **Jänner** beginnt mit dem Neujahrsschießen. Das Perchtenlaufen oder -jagen zur Fastnachtszeit dient der Dämonenabwehr, es wird z. B. in manchen Orten im Mölltal ausgeübt und die größten Perchtenumzüge Kärntens erlebt man in Klagenfurt und Villach. Die Percht ist nach dem Volksglauben ein hässliches altes Weib, das in zerlumptem Gewand mit den noch ungeborenen Kindern umherzieht. Auch im oberen Gailtal gibt es das Perchten- und Krampustreiben, außerdem das Königssingen der Männer. So ziehen um den 6. in St. Stefan-Vorderberg Männer beim Königssingen durch die Dörfer. Um den 5. herum sind die Glöckler unterwegs. Das sind weiß gekleidete Männer mit großen, kunstvoll gearbeiteten und von innen beleuchteten Kappen, die an einem Ledergürtel laut lärmende Glocken tragen. Sie tragen das Licht in die finstere Winternacht hinaus und wollen mit dem Klingen der Glocken und dem Rhythmus ihrer stampfenden Schritte das Getreide unter der Schneedecke zum Keimen bringen. In der Zeit um den 6. segnen die Sternsinger Haus und Hof und schreiben mit Kreide C+M+B (nach den Heiligen Drei Königen Caspar, Melchior und Balthasar, richtig aber wohl Christus Mansionem Benedicta = Christus segne dieses Haus) an die Haustüren. Ebenfalls um den 6. brennt der Bauer Feuer und Rauchwerk ab, deshalb auch der Name Rau- oder Rauchnächte (die Nacht des 21. Dezember, die Thomasnacht, gilt als die erste von 4 Raunächten, die Heilige Nacht, Silvester und die Nacht vor Dreikönig folgen). Mancherorts geht man mit Rauchpfannen von Haus zu Haus. Der Duft von Weihrauch oder der Rauch von geweihten Zweigen und Kräutern (Wacholder und Speik) soll die bösen Mächte vertreiben. Am 17. Jänner findet in Gösselsdorf, Pfarre Eberndorf, der Sautoni-Kirchtag statt. Am Sonntag vor oder am 20. Jänner gibt es in Radweg bei Feldkirchen den Brezelbaum.

Der **Feber** ist die ausgelassene Zeit des *Faschings,* der in manchen Orten recht ausgiebig gefeiert wird. Einen recht bunten Fasching findet man u. a. in Villach. In Stein im Jauntal wird am Sonntag vor oder nach dem Agatha-Tag (Todestag der hl. Hildegard am 5. Feb.) das *Striezelwer-*

fen veranstaltet. Hierbei wirft man die geweihten Agathastriezel (Brötchen, die eine wundertätige Wirkung besitzen sollen) in die Menge. In Bad Eisenkappel findet am 2. Feber das *Kirchleintragen* statt. Am 3. Feber wird der *Blasiussegen* erteilt. In Dellach im Gailtal wird am Faschingsdienstag der *Schani,* eine Strohpuppe, die den Fasching darstellen soll, begraben. Im mittleren und oberen Gailtal ist das *Blochziehen* im späten Winter ein uralter Brauch. Hierbei müssen die heiratsfähigen Mädchen einen Baumstamm durch das Dorf ziehen.

Später im **Frühjahr** gibt es *Palmbräuche.* Am Palmsonntag werden Palmsträuße, -buschen und -stangen gefertigt. Dazu gibt es Prozessionen. Die Buschen werden geweiht und als glücksbringende Zeichen in die Felder gesteckt. In Plessnitz findet das *Karfreitagsratschn* statt. Das *Kreuzziachn,* ein jahrhundertealter Brauch, wird in der Karwoche in Rangersdorf/Lainach im Mölltal durchgeführt.

Alle 3 Jahre findet am Sonntag vor Ostern in Hüttenberg der *Reiftanz* statt. Am Karsamstag werden auf den Bergen die *Osterfeuer* entzündet. Ihr Ursprung reicht weit in vorchristliche Zeiten zurück. Am 23. **April** ist *Georgitag.* Am Namenstag dieses Schutzheiligen der Pferde gibt es *Georgiritte* (z. B. in St. Georgen am Längsee oder in Würmlach im Gailtal), mancherorts auch das *Georgischnalzen.*

Der *Vierbergelauf* findet am 2. Freitag nach Ostern (Dreinagelfreitag) statt. Hierbei werden in einer Wallfahrt hintereinander vier Berggipfel (Magdalensberg, Ulrichsberg, Veitsberg, Lorenziberg) bestiegen.

Am 1. **Mai** wird der Maibaum aufgerichtet. Dabei gibt es viel Musik und ein fröhliches Fest.

Am Pfingstmontag **(Mai/Juni)** findet in Feistritz an der Gail das *Kufenstechen* statt, anschließend gibt es den Lindentanz, in Weitensfeld pflegt man am Pfingstmontag das *Kranzlreiten.* An Christi Himmelfahrt und zu Fronleichnam finden Prozessionen statt, zum Teil auch auf dem Wasser als Schiffsprozession (am Wörther See). Tradition im Juni sind die *Sonnwendfeuer,* die von allen Berggipfeln leuchten. Am 28./29. Juni gibt es die *Pinzgauer Wallfahrt* vom salzburgischen Pinzgau nach Heiligenblut.

Am Sonntag vor oder nach dem 10. **August** kann man in Nötsch im Gailtal das *Kufenstechen* besuchen, denselben Brauch gibt es in Arnoldstein. Eine große Veranstaltung im August ist der *Villacher Kirchtag.*

Anfang **September** findet in Bleiburg und Ende September in St. Veit an der Glan ein *Wiesenmarkt* statt. Ein recht buntes und auch bei Touristen beliebtes Brauchtum im Herbst (ca. Mitte September) ist der

Das Kranzlreiten in Weitens-
feld (oben) **Striezelwerfen**
in Stein im Jauntal (links)
Fasching in Villach (rechts)

Almabtrieb, wenn das Vieh von den Almen abgetrieben wird. Ist kein Unfall passiert, ist es geschmückt.

In Dellach/Gailtal treffen sich Burschen und Mädchen am 1. Sonntag im **Oktober** zum *Häfnschlagen.* Zu dieser Zeit gibt es auch zahlreiche *Erntedankfeste.* An Allerheiligen/Allerseelen (1./2. **November**) wird *»Gebildbrot«,* ein geformtes, »gebildetes« Gebäck, (Zöpfe und Striezel), als Segensbringer an Patenkinder verschenkt. Nun gibt es auch vielfach den *Leonhardiritt.*

Im **Dezember,** also in der Adventszeit, werden sehr viele Bräuche und Traditionen gepflegt, z. B. das *Zeigen von Krippen* aus der ganzen Welt in zahlreichen Geschäften von St. Andrä. Die Stadt wird damit zur »Krippenstadt«. Beim *Anglöckeln* ziehen an drei Donnerstagen nach einem Brauch aus vorchristlichen Zeiten die Glöckler von Haus zu Haus, singen und sagen Gedichte auf (vergleichbar mit der Tradition Anfang Jänner). Am Tag der Patronin der Bergleute, dem *Barbaratag* (4. Dezember), werden Kirschzweige (Barbarazweige) geschnitten und ins Wasser gestellt. Bis Weihnachten blühen sie dann. Barbarafeiern finden z. B. in Radenthein, Bad Bleiberg-Kreuth oder Friesach statt. Am Vorabend vom *Nikolaustag,* dem 6. Dezember, finden im ganzen Land Bartl-Umzüge statt. Unter Bartl oder Krampus versteht man Teufel, die in den dunklen Dezembernächten ihr Spiel treiben. An und nach Maria Empfängnis (8. Dezember) gibt es das *Frautragen.* Hierbei trägt man ein Marienbild oder eine Marienfigur von Haus zu Haus, singt und betet und stellt es im Herrgottswinkel auf. Viele *Weihnachtsbräuche* ranken sich um den 24. und 25. Dezember. Die Nacht des 21. Dezember, die Thomasnacht, gilt als die erste der 4 Raunächte. Am 26. Dezember findet das *Stefaniereiten* mit Pferdesegen, z. B. in St. Stefan im Lavanttal, Eberndorf und Maria Feicht, statt. Das Fest der *unschuldigen Kinder* wird am 28. Dezember gefeiert. Am *»Unschuldigen-Kindl-Tag«* überbringen die Kinder den Freunden und Nachbarn den Gruß »G'sund bleibn und lang leben«, der mit Schlägen einer Rute bekräftigt wird – der Schlag mit der Lebensrute soll das Unreine oder Böse im Menschen vertreiben.

Der hungrige Gast wird mit
Kärntner Spezialitäten
verwöhnt.

Essen & Trinken

Die Kärntner waren ja nie ein reiches Volk, sondern führten ein einfaches Leben. Die traditionellen Gerichte sind deshalb meist herzhafte Speisen aus einfachen Zutaten. Mit Liebe zubereitet, schmecken sie auch heute noch vorzüglich.

Besonders schmackhaft und urig verköstigt man sich am besten in einer der vielen kleinen Bauernwirtschaften, Most(Buschen)schenken, Almgaststätten oder Berghütten. Hier findet man auch die besonderen Kärntner Spezialitäten wie die Brettljause (geräucherter Speck, Hauswurst, Liptauer, Glundner und andere Käsesorten, Verhackertes, Obstler), Kas- oder Fleischnudeln, Frigga, Ritschert, Schlickkrapflan oder Suppen wie die Gelbe Suppe oder die Farfelsuppe. In jüngerer Zeit wieder an Beliebtheit zugenommen haben die Hadn(=Buchweizen)gerichte.

Wein wird in Kärnten nur mehr sehr vereinzelt angebaut. Der angebotene Wein, vor allem der rote, kommt oft aus Südtirol. Aus Österreich findet man Wein aus der Wachau, dem Burgenland oder der Steiermark. Er wird oft als Achtel ausgeschenkt. Sturm ist der prickelnde, nicht ausgegorene Wein. Ein weiteres beliebtes Getränk ist Bier, das auch in Kärnten gebraut wird. Oft wird Most angeboten, zumal das Lavanttal ein bekanntes Anbaugebiet für Obst ist. Sein säuerlicher Geschmack ist zwar nicht jedermanns Sache – aber man sollte ihn probieren. Gemischt mit Mineralwasser ist er übrigens ein hervorragender Durstlöscher! Zur Verdauung trinkt man einen Schnaps, beispielsweise einen Obstler, Apfel-, Birnen-, Kirsch- oder Marillenschnaps. Spezialitäten sind Zirben-, Vogelbeer- und Hollerschnaps, Wacholder oder Enzian.

Einige Kärntner Besonderheiten

...nudeln – Nudelteigtaschen, mit den verschiedensten Füllungen. Kasnudeln werden mit Kartoffeln, Topfen (Quark) und Kräutern gefüllt, Fleischnudeln mit Hackfleisch. Auch mit Schafskäse, Rüben oder Spinat können sie gefüllt sein. Die süße Variante sind Kletzennudeln; sie sind mit getrockneten Birnen (Kletzen) und Topfen gefüllt.

Kirchtagssuppe – In der zum jährlichen Kirchtag gekochten Suppe ist alles versammelt, was gut, nahrhaft und wertvoll ist. Besonders fett ist die Gailtaler Kirchtagssuppe. Die Lavanttaler Gelbe Suppe ist eine safrangefärbte Lammfleisch-Rahmsuppe.

Immer beliebt ist die Kärntner Brettljause, ...

... die man in einer urigen Buschenschenke genießen kann.

Ritschert – Kärntner Eintopf mit Bohnen, Speck und Rollgerste.

Frigga – Eine kräftige Holzknechtsmahlzeit mit Speck, Erdäpfeln, Ei und Käse, die in einer Schüssel gekocht und gemeinsam mit Brot oder Polenta (Sterz) ausgetunkt wird.

Mostbraten – Dieses Lavanttaler Fleischgericht wird mit Most verfeinert.

Schlickkrapflan – Teigtaschen, die mit gehackten Innereien gefüllt sind und mit der Suppe gekocht werden.

Reindling – Der Name kommt vom Reindl, einem Geschirr zum Backen und Braten. Es ist ein Hefeteig-Weißgebäck, das mit Zucker, Zimt und Rosinen gebacken wird.

Das Küchenlexikon

Beinfleisch | gekochtes Rindfleisch (Brust)
Beiried | Roastbeef
Beuscherl | Lunge
Blaukraut | Rotkraut
Blunzn | Blutwurst
Buchteln | gefüllte Rohr(Dampf)nudeln
Eierschwammerl | Pfifferlinge
Einbrenn | Mehlschwitze
Erdäpfel | Kartoffeln
Farfelsuppe | Suppe mit Mehlkügelchen
Faschiertes | Hackfleisch
Fisolen | Grüne Bohnen
Fleischlaiberl | Hackfleischlaibchen
Frigga | mit Ei und Käse überbackene Speckscheiben und Kartoffeln
Frittaten | in Streifen geschnittene Pfannkuchen (Einlage in der Suppe)
Gelbe Suppe | mit Fenchel, Sauerrahm und Safran
Germ | Hefe
Glundner | Kochkäse aus Quark, gewürzt mit Kümmel
Gschpritzter | Wein mit Mineralwasser
Gselchtes | geräuchertes Fleisch
Grammerl | Grieben (ausgelassener Speck)
Häuptlsalat | Kopfsalat

Kärntner Nudeln und Fleischnudeln mit Sauerkraut sollte man auf jeden Fall verkosten. (oben) **Der Kärntner Reindling – eine echte Spezialität** (links) **Auf dem Markt: immer ein »buntes« Erlebnis** (rechts)

Jungfernbraten | gebratene Schweinelende mit Kümmel

Kaiserfleisch | Kasseler Rippenspeer

Kletzennudeln | Teigtaschen, gefüllt mit gedörrten Birnen und Quark

Karree | Rippchen

Karfiol | Blumenkohl

Kasnudeln | Teigtaschen mit Quark und Minze

Kipferl | Hörnchen

Kletzenbrot | Früchtebrot

Krenfleisch | Jungschweinefleisch mit Meerrettich

Kohlsprossen | Rosenkohl

Kren | Meerrettich

Krenfleisch | Jungschweinefleisch, mit der Schwarte gekocht

Kukuruz | Mais

Lungenbraten | Lendenfilet

Maischl | Verhackte Innereien und Rollgerste im Darmnetz gebraten

Marillen | Aprikosen

Nudeln | mit Fleisch oder Topfen gefüllte Teigtaschen

Obers, Schlagobers | Sahne

Palatschinken | Pfannkuchen

Paradeiser | Tomaten

Reindling | mit Rosinen, Zimt und Zucker gefüllter Hefeteig

Ribisel | Johannisbeeren

Ritschert | eine Art Eintopf

Schlegel | Keule

Schlickkrapflan | Fleischbrät in der Teigtasche, man isst es in der Suppe gekocht oder mit Sauerkraut

Schöpsernes | Hammelfleisch

Schwammerl | Pilze

Selchfleisch (Gselchtes) | geräuchertes oder gepökeltes Schweinefleisch

Semmel | Brötchen

Stelze | Haxe

Sterz | Mus aus Mehl, Buchweizen oder Mais

Tafelspitz | gekochtes Rindfleisch

Teigwaren | Nudeln

Topfen | Quark

Vogerlsalat | Feldsalat

Weckerl | längliche Brötchen

Weichseln | Sauerkirschen

Ortsbeschreibungen von A bis Z

Die Kirche von Heiligenblut am Fuße des Großglockners

Ortsbeschreibungen

AFRITZ

Höhe: 710 m | Einwohner: 1520

Tourismusinformation, Dorfstr. 2, 9542 Afritz
Tel.: 04247/2126, Fax: 04247/21 26-36
E-Mail: info@afritz-am-see.at
Internet: www.afritz-am-see.at

Allgemeines & Geschichte

Der Ort liegt im so genannten Gegendtal und ging aus einem Haufendorf hervor; er wurde 1450 erstmals erwähnt. Hier in der Gegend gab es viele Geheimprotestanten. Der Afritzer See ist ein beliebtes Ziel für viele Arten von Wassersport.

Sehenswürdigkeiten

Die wuchtige gotische **Pfarrkirche St. Nikolaus** wurde 1450 erstmals erwähnt. Sie besitzt einen dreistöckigen Turm mit einer barocken Zwiebelkuppel, Spitzbogenfenster, Reste von Wandmalereien (Christophorus, 15. Jh., Passionsfresko, um 1500) und barocke Altäre von 1723. Das Hängekreuz stammt aus dem 16. Jh., die Nikolausfigur von 1508 und der Taufstein von 1681. Gegen Voranmeldung kann man die interessante **Mineralienausstellung Wochner,** Berg ob Afritz 15, Tel.: 2279, besichtigen.

Feste & Brauchtum

Ein traditionelles Fest ist das Kugelwölg'n am Ostermontag, ein alter Fruchtbarkeitsbrauch, den früher nur die Männer ausüben durften. Tradition haben auch die Sonnwendfeier und der Kirchtag.

Ausflugsziele

Afritzer See

Der See ist rund 380 m breit, 1,5 km lang und wird bis zu 24 °C warm. Der Rundweg um den See ist 3,5 km lang. Schön ist auch der Seepark mit Kinderspielplatz. Viele Arten von Wassersport werden angeboten.

Downhill-Fun-Park

Im Fun-Park gibt es die 1. Permanente Downhillstrecke von Österreich. Sie ist 2,1 km lang und führt über einen Höhenunterschied von 380 m von Verditz nach Afritz.

Streicheltiere

Im Juli und August fährt Di und Fr ab dem Gasthof Linder der »Streicheltier-Bummler Pferdinand« zu einem Bauernhof mit Streicheltieren, für Kinder ein unvergessliches Erlebnis. Auskunft: Tel.: 0664/6562568.

Wandervorschläge

Wöllaner Nock mit einem Blumen- und Wanderlehrpfad, von der Amberger Alm zum Mirnock

ALBECK

Höhe: 790 m | Einwohner: 1120

Gemeindeamt Albeck, 9571 Sirnitz 56
Tel.: 04279-240
Fax: 04279-241-16
E-Mail: albeck@ktn.gde.at
Internet: www.hochrindl.at

Allgemeines & Geschichte

Sirnitz liegt im Herzen der Nockberge. Der Ort wurde 993 urkundlich in einem Tauschvertrag als locus sirnvuiza erwähnt. Die Herrschaft Albeck entstand im 12. Jh. Seit der Gebietsreform gehört der Hauptort Sirnitz zur Gemeinde Albeck. Hier arbeitet die erste Biomasseanlage Österreichs, auch das erste Blockheizkraftwerk Kärntens wurde hier errichtet. 1993 erhielt die Gemeinde wegen ihrer Bemühungen zum Schutz des Klimas den Klimaschutzpreis von Greenpeace. Albeck ist die älteste Waldwirtschaftsgemeinschaft Kärntens.

Sehenswürdigkeiten

Die **Pfarrkirche St. Nikolaus,** urkundlich erwähnt 1179, ist vermutlich ein frühgotischer Bau (um 1300) mit romanischen Mauern. Im 15. Jh. wurde sie als Wehrkirche gegen die Türken befestigt, weitere Umbauten fanden Mitte des 18. Jhs. statt. Die dreischiffige Halle erweckt eine ungewöhnliche Raumwirkung, da das Kreuzgratgewölbe auf starken Rundpfeilern ruht. Die Freskenreste an der Nordwand, darunter eine Marienkrönung und der Tanz der Salome, stammen von etwa 1310. Sehenswert sind der barocke Säulen-Hochaltar (1690), die reich verzierten Seitenaltäre (17. und 18. Jh.), die schwarz-goldene Kanzel

(17. Jh.), das spätgotische Taufbecken, der gotische Weihwasserkessel (14. Jh.) und der Tabernakel (18. Jh.). Nordöstlich der Kirche steht wohl einer der schönsten Karner in Kärnten. 1781 wurde der Karner als Freithofkapelle St. Michael bezeichnet.

★ Schloss Albeck

Im 9./10. Jh. wurde die Burg Albeck erbaut. Durch eine Stiftung der hl. Hemma kam Albeck 1040 in kirchlichen Besitz. Ende des 17. Jhs. wurde aus den Steinen der Burg das spätbarocke Schloss errichtet. Nach der Bauernbefreiung 1848 verlor Schloss Albeck an Bedeutung und verfiel zusehends. Nach fast 1000-jähriger kirchlicher Herrschaft gelangte Albeck 1987 in Privatbesitz. Seitdem wird es renoviert. Heute vermittelt Schloss Albeck ein Angebot für Feinschmecker in Gastronomie und Kultur. Ein reichhaltiges Konzert-, Vortrags- und Ausstellungsprogramm wird dargeboten. Informationen: Schloss Albeck, Tel.: 04279/303.

Feste & Brauchtum

Alte Bräuche sind das Ringen und Sternsingen. Nach der Schneeschmelze findet das traditionelle Kugelwerfen statt.

Ausflugsziele

Tschrieter Mühle

Im April 1997 wurden der Sirnitzer Mühlenverein gegründet und die Bau- und Instandsetzungsarbeiten der verfallenen Tschrieter Mühle in Angriff genommen. Es ist die letzte von seinerzeit 50 Mühlen. Im Juni, Juli und August sind Innenbesichtigungen und Mahlvorführungen möglich. Tel.: 04279/7114.

★ Sommerrodelbahn Hochrindl

Nach Wanderungen im Gebiet Hochrindl ist vor allem für Kinder die Sommerrodelbahn ein krönender Abschluss. Das Gebiet Hochrindl ist im Winter ein beliebtes Skigebiet. Informationen: Sirnitz Hochrindl LiftgesmbH. Tel.: 04279/240.

Wandervorschläge

Hochrindl, Höfewanderweg, Kneippwanderung in Sirnitz, Themenwanderweg König Waldgeist (Märchenweg mit geschnitzten Holzfiguren und Erlebnisspielplatz)

ALTHOFEN (Stadtgemeinde)

Höhe: 700 m | Einwohner: 4730

Stadtgemeinde, Hauptplatz 8, 9330 Althofen
Tel.: 04262/2288-0, Fax: 04262/2288-33
Internet: www.althofen-treibach.at
E-Mail: althofen@ktn.gde.at

Allgemeines & Geschichte

Althofen, das als Erholungsort, Kurort und Heilbad ausgewiesen ist, liegt am nördlichen Ende des Krappfeldes, der Ortsteil Treibach im Tal östlich der Gurk. Der Ort liegt auf der Höhe und zieht sich am Bergkamm entlang; die Stadt besitzt eine reizvolle Silhouette, die an italienische Bergstädtchen erinnert. Der Ortsteil Treibach war Anfang des 16. Jhs. ein bedeutender Stapelplatz für die Kärntner Montanindustrie. Als Kaiser Maximilian I. 1511 entschied, dass die Eisenniederlage künftig in St. Veit zu erfolgen habe und dieses in Althofen nur noch gewogen werden musste, beschlossen die Bürger, als Ausgleich nun selbst in die Eisenerzeugung einzusteigen. Der Bau des Hammerwerks und anderer Anlagen war der Beginn des Ortsteiles Treibach. Ab Mitte des 19. Jhs. kam das Kärntner Eisenwesen durch verschiedene Gründe in Schwierigkeiten. 1897 erwarb der Industriepionier Carl Auer von Welsbach die ehemalige Eisenhütte und verwendete sie als chemische Forschungs- und Versuchsstätte. Die Stadterhebung war 1993.

Sehenswürdigkeiten

Althofen besitzt ein hübsches, mittelalterliches Ortsbild, wobei sich die Häuser am Oberen Markt um das Schloss gruppieren. Die im Kern mittelalterlichen Gebäude besitzen Fassaden aus der Zeit des Biedermeier. Außerdem gibt es an der Ost- und Westseite Reste der Stadtmauer. Im Süden der Stadt steht der aus der Stauferzeit stammende ehemalige Bergfried, ein Vorwerk der Befestigungsanlagen. Im Norden findet man die Reste der anderen Burg, der so genannten Fronfeste, die heute Wohnzwecken dient. Die Häuser am Unteren Markt stammen aus dem 16.–18. Jh.

Man sollte sich die Zeit nehmen und durch den Ort bummeln – beginnend vielleicht am Parkplatz bei der Volksschule oder am Fried-

Die Silhouette von Althofen erinnert an italienische Bergstädte. (oben) **Der Karner in Sirnitz, wohl einer der schönsten in Kärnten** (unten links) **Das Riederhaus ist mit prächtigen Fresken geschmückt.** (Mitte rechts) **Blick auf Albeck** (unten rechts)

hof –, immer nach oben, der Kirche zu. Verlaufen kann man sich nicht, und die alten Häuser sind alle durch Tafeln erklärt.

Der Salzburger Platz ist der Hauptplatz des Oberen Marktes. Sehenswert sind die Pestsäule, der Gnomenbrunnen, das Marktwachthaus sowie das ★ **Riederhaus** mit einem wunderschönen Sgraffitofries (Herkules und die Musen). Das Bild wurde elfmal übertüncht und erst 1934 freigelegt.

Die Burgstraße zieht vom Salzburger Platz nach oben zur Kirche. In Haus Nr. 9, Schwarz am Berg, saß von 1540 bis 1670 die Pflege der Salzburger Erzbischöfe. Es besitzt eine Freitreppe und 3 Rundbogenarkaden. Schräg gegenüber steht das große Weberitschhaus, das im Kern aus dem 12./13. Jh. stammt und eine Fassade aus dem 18. Jh. besitzt. 1665 wohnte hier der Pfleger Johann Baptist von Khazenstain. In den offenen Lauben hat früher vielleicht der Eisenmarkt stattgefunden. Heute ist das vorbildlich renovierte Haus Sitz des Auer von Welsbach-Museums.

Am Ende der Burgstraße kommt man zum Schlossplatz. Hier steht das **Schloss Althofen,** das in das 13. Jh. zurückgeht. Im 16. Jh. wurde es vom Salzburger Erzbischof Leonhard von Keutschach nach Kriegs- und Brandschäden wieder in Stand gesetzt. Heute stammt der östliche Teil im Wesentlichen aus dem 19. Jh., der westliche mit dem schönen Treppengiebel und den spätgotischen Steingewänden aus dem 16. Jh. – Daneben steht die alte Marktschule, die eine Fassade von 1877 besitzt. – Der Pfarrhof, der zum Teil aus der alten Burganlage hervorging, wurde 1904 neu erbaut.

★ Gotische Pfarrkirche St. Thomas v. Canterbury

Die in beherrschender Lage liegende spätgotische Stadtkirche St. Thomas von Canterbury von 1400 ist die einzige diesem Heiligen geweihte Kirche in Kärnten. Sie besitzt einen mächtigen, 46 m hohen Südturm, im Norden einen kleinen Turm und 2 Kapellenanbauten. Sehenswert sind die Modestuskapelle (heute Sakristei), das Kreuzrippengewölbe, die Schlusssteine, die Motive wie Löwe, Pelikan, Lamm, Dreifaltigkeit (dargestellt durch drei Männerköpfe mit ineinander verflochtenen Bärten) tragen, und die Rokokokanzel (Ende 18. Jhs.). Die Altäre stammen meist aus der Neugotik, z. B. der Hochaltar von 1908.

★ Ehemalige Bürgerspitalkirche St. Cäcilia

Die romanische Kirche (13. Jh.) am Unteren Markt ist von der Friedhofsmauer umgeben. Sie besitzt ein großes Christophorusgemälde von 1524 im Altarraum und einen sehenswerten Flügelaltar (um 1510) mit Maria, der Kirchenpatronin und St. Margareta; auf den Flügeln sind die beiden »hl. Madeln« Katharina und Barbara dargestellt. Man sieht zwei barocke Altäre (1693), sehenswerte Fresken, u. a. einen Bischof (13. Jh.) oder den reitenden Tod mit Sense (14. Jh.), der von einer knienden Frau um Erbarmen gebeten wird. Die Kanzel stammt von Ende des 17. Jhs.

★ Auer-von-Welsbach-Museum

Burgstr. 8. Das interessante Museum ist dem Industriegründer, Erfinder des Gasglühlichtes, der Metallfaden-Glühlampe, des Zündsteins und Entdecker der vier Elemente gewidmet. Tel.: 4335. Öffnungszeiten: Mai bis Oktober täglich außer Montag 10–17 Uhr.

Kuren

Unter anderem Humusschlamm. Indikationen: chronische, entzündliche Erkrankungen der Gelenke, Frauenleiden, Erkrankungen des Brust- und Bauchraumes. Kneippkur.

Ausflugsziele

Töscheldorf

Das barocke Schloss wurde 1531 erwähnt, der heutige Bau wurde im 17. Jh. von dem Eisengewerken Gschwindt von Böckstein erbaut. Es ist ein mächtiger Bau mit giebelbekröntem Mittelrisalit. Der Festsaal wurde von J. F. Fromiller ausgemalt. Die 1597 erbaute Schlosskapelle besitzt ein Portal aus der Spätrenaissance und wurde im 19. Jh. im Stil der Neugotik umgebaut. Der Wirtschaftshof neben dem Schloss wurde um 1840 errichtet. Heute Gymnasium.

Wandervorschläge

Wanderung nach Maria Hilf, auf den Kalvarienberg oder nach Guttaring (Buschenschenken)

ARNOLDSTEIN (Marktgemeinde)

Höhe: 680 m | Einwohner: 6830

Marktgemeinde Arnoldstein
Gemeindeplatz 4
9601 Arnoldstein, Tel.: 04255/2260-0
Fax: 04255/2260-14
Internet: www.arnoldstein.at
E-Mail: monika.tschofenig-hebein@ktn.gde.at

Allgemeines & Geschichte

Arnoldstein ist der Hauptort des unteren Gailtales. Am nahe gelegenen Dreiländereck (1501 m), zu dem auch ein Sessellift führt, stoßen Österreich, Italien und Slowenien zusammen. Der Ort ist ein guter Ausgangspunkt für Ausflüge in das Gailtal, in die umliegende Bergwelt, nach Villach oder in die beiden anderen Länder.

Der einst strategisch wichtige Ort lag an einer Heeresstraße, die von Aquileja nach Virunum führte. Bereits die Römer hatten den Vorteil der Lage erkannt und errichteten am Hoischhügel ein Kastell. 1062 residierten die Eppensteiner als Herzöge von Kärnten auf der Burg, die jedoch 1106 in ein Benediktinerstift umgewandelt wurde. 1476 sowie kurz darauf gab es eine Türkenbelagerung, die einen großen Brand verursachte, 1477 richteten große Heuschreckenschwärme schwere Schäden an. 1809–14 herrschten auch hier die Franzosen, 1883 vernichtete ein großer Brand das ehemalige Kloster. Auch bei den Abwehrkämpfen der Kärntner mit den Jugoslawen wurde der Ort in Mitleidenschaft gezogen, ebenso ein letztes Mal 1943–45 unter den Bombenangriffen, damals wurde auch die Kirche vernichtet. Wirtschaftlich bedeutend war der Schmelzofen, der 1495 von den Fuggern errichtet wurde.

Sehenswürdigkeiten

Der Ort erweckt, insbesondere um den Marktplatz, einen bürgerlich-städtischen Eindruck. Auf einem Felsen über dem Markt liegt die Ruine der Klosterburg, des ehemaligen Benediktinerstiftes. Die Anlage des 1782 aufgehobenen Klosters wurde 1883 durch einen Brand zerstört. Man sieht noch umfangreiche Reste der ehemaligen Gebäude (Maßwerkfenster, Arkadenbögen).

Kirchen und Kapellen

Die helle, spätgotische Pfarrkirche St. Lambert wurde 1316 und 1489 erbaut sowie 1659 und 1959 umgebaut. Sie besitzt eine Flachdecke und einen bemerkenswerten Hochaltar (1720), außerdem zahlreiche sehenswerte Grabsteine. Die ehemalige Kanzel, heute Ambo, stammt von 1744 und wurde von Johann Benedikt Fromiller gefasst. Die beiden Konsolfiguren stammen von etwa 1700. Auf dem Taufstein in der Taufkapelle steht eine aus dem Barock stammende Gruppe mit der Taufe Christi. Vor der Kirche sieht man römische Skulpturenreste.

Als Hl.-Kreuz-Kapelle werden 2 Kapellen von 1529 und 1660 benannt, die in origineller Lage über dem Seltschach-Bach stehen. Die untere liegt am, die obere auf dem Felsen, eine dritte Kapelle steht jenseits der Straße. Man sieht ein einfaches, aus dem Felsen herausgemeißeltes Kruzifix (1517), viele volkstümliche Votivbilder und in der oberen Kapelle eine Darstellung »Christus in der Kelter«.

Die ev. Auferstehungskirche wurde 1968 nach Plänen von Heinz Rall erbaut.

Heimatmuseum

Arnoldstr. 44. Hier im alten Gemeindehaus direkt unterhalb der Ruine findet man eine volkskundliche Sammlung der Bleiberger Bergwerksunion sowie eine Sonderschau mit Exponaten aus dem Kongo. Öffnungszeiten: Mai bis Oktober: Dienstag 14–17 Uhr.

Feste & Brauchtum

Am 3. Sonntag im Juli findet der Arnoldsteiner Kirchtag mit ★ **Kufenstechen** statt.

Ausflugsziele

★ Bergbahnen Dreiländereck

Der Treffpunkt dreier Länder, Sprachen und Kulturen. Herrliche Wandermöglichkeiten mit Aussicht auf die Karawanken, die Julischen Alpen, das Gailtal und auf das Villacher Becken bis nach Klagenfurt. Informationen: Bergbahnen Dreiländereck, Tel.: 04255/2585.

Thörl-Maglern

Die spätgotische ★ **Pfarrkirche St. Andreas** steht außerhalb des Ortes und sieht von außen schlicht aus. Das Innere jedoch zeichnet sich durch prachtvolle Wandmalereien des Thomas von Villach aus (ca. 1475–1480), die in Umfang und künstlerischer Qualität das überragendste Dokument gotischer Wandmalerei in Kärnten darstellen: Christuskreuz, Engelschöre, Himmelsburg mit dem hl. Michael, thronender Gottvater, Szenen der Passion, Auferstehung, Schmerzensmann mit Ähre und Traube, Abendmahlszene, Kirchenväter, Jüngstes Gericht und andere. Die drei Altäre der Kirche sind um die Mitte des 17. Jhs. entstanden und verfügen über die für diese Zeit charakteristische Schwarz-Gold-Fassung. Der Hochaltar zeigt in der Mittelnische die Statue des hl. Andreas, zu seinen Füßen zwei gotische Engelsstatuen.

Agoritschach

Die ev. Kirche wurde bald nach dem Toleranzedikt (1781) erbaut. Der Ort war vorher ein Zentrum des Geheimprotestantismus, zu dem sich sowohl die deutsche wie auch die slowenische Bevölkerung bekannte. 1960 tauchte hier auch eine der seltenen slowenischen Bibeln auf, die 1584 in einer Auflage von nur 2000 Exemplaren gedruckt worden waren (protestantische Schriften, auch in slowenischer Sprache, findet man im Ev. Diözesanmuseum in Fresach).

Schütt

1348 fand am Dobratsch ein gewaltiger Bergsturz statt. Das Gebiet, in dem die Felsmassen herunterkamen, die Schütt am Fuß des Bergmassivs, weist heute eine interessante Natur auf.

Wandervorschläge

Seltschacher Alm, Kulturwanderweg

ARRIACH

Höhe: 900 m | Einwohner: 1550

Gemeindeamt Arriach, 9543 Arriach 60
Tel.: 04247/8514-0, Fax: 04247/8514-5
Internet: www.arriach.at
E-Mail: arriach@ktn.gde.at

Allgemeines & Geschichte

Arriach ist eine Streusiedlung in den Nockbergen nördlich der Gerlitzen inmitten einer herrlichen Wiesen- und Berglandschaft. Man findet in der Umgebung schöne Bauernhäuser mit den traditionellen »Troadkastn«. Der Ort wurde als Ouriach erstmals 1202 erwähnt. Er war Zentrum des Geheimprotestantismus und viele, die den katholischen Glauben nicht wieder annehmen wollten, mussten auswandern, anfangs in die Gegend von Ulm in Deutschland, später auch nach Siebenbürgen. Nach Erlass des Toleranzediktes war Arriach die erste Toleranzgemeinde Kärntens. 1783 wurde ein »Toleranzbethaus« errichtet, das Anfang des 20. Jahrhunderts durch eine neugotische ev. Kirche ersetzt wurde.

Sehenswürdigkeiten

In Arriach und Umgebung sieht man noch einige Ringhöfe in Blockbauweise, beachtenswert sind die Anwesen Nr. 15 und 16. Sehenswert ist auch die Kandelaberfichte in Laastadt. Sie besitzt einen Umfang von 8 m, eine Höhe von 30 m und ist etwa 500 Jahre alt. Das Denkmal erinnert an Kaiser Joseph II., der 1781 den Protestanten die freie Religionsausübung gestattete.

Die ursprünglich gotische **Pfarrkirche St. Philipp und Jakob** wurde 1414 anstelle einer ehemaligen Wehrkirche erbaut, die heutige Anlage wurde 1690 nach dem Erdbeben im Barockstil neu errichtet. Sie besitzt rundbogige Schallfenster und Schießscharten. Sehenswert sind die gotischen Portale, die Kanzel aus dem 17. Jh., der Säulen-Hochaltar (um 1700) und zwei Seitenaltäre (Ende 17. Jh.); der Taufstein stammt aus der Gotik.

Die **evangelische Kirche** ist die größte Kärntens. Sie besitzt einen hohen Turm und wurde 1903–07 im neugotischen Stil erbaut.

Ausflugsziele

★ Mautstraßen zur Gerlitzen

Von Arriach aus kann man Fahrten auf der Wöllaner Alpenstraße (12 km) und der Gerlitzen Gipfelstraße (10 km) unternehmen. Von den Endpunkten aus sind prächtige Spaziergänge und Wanderungen möglich.

Innerteuchen

Das Klösterle ist ein ehemaliges Kloster (1752–62). Wegen des hier in der Gegend verbreiteten Geheimprotestantismus gründete Kaiserin Maria Theresia 1754 eine

Die Kirche in Thörl-Maglern ist mit großartigen Fresken geschmückt. (links) **Ruine bei Arnoldstein** (rechts) **Kapellenartiger Bildstock bei Arnoldstein** (unten)

Missionsstation, um die Bevölkerung zur katholischen Kirche zurückzubringen. Die Kaiserin sah ja im Protestantismus eine »Gotteslästerung« und ließ schon das Lesen »ketzerischer Schriften« mit körperlicher Züchtigung und Geldstrafen ahnden. Nach dem Toleranzedikt ihres Sohnes 1781 wurde das Kloster 1786 aufgehoben. Das ehemalige Hieronymitanerkloster ist eine mit Architekturdekor geschmückte und schindelbedachte Anlage um einen Hof, die insgesamt ein malerisches Bild ergibt. Die ehemalige Klosterkirche aus dem 18. Jh. dient nun als Pfarrkirche. Der kleine hölzerne Dachreiter besitzt eine Zwiebelhaube. Die Einrichtung stammt aus der Erbauungszeit. Das Bild am rechten Seitenaltar ist von J. F. Fromiller.

Oberwöllan

Die Pfarrkirche St. Peter und Paul ist eine ehemalige Wehrkirche und liegt innerhalb der Friedhofsmauer. Das Langhaus besitzt Schießscharten, Spitzgiebel, Spitzbogenfenster und ein Spitzbogenportal. An der Südwand befinden sich 2 Sonnenuhren aus dem 18. Jh., ein Christophorusfresko und ein Feiertagschristus. Sehenswert sind die Kanzel, die Betstühle von Anfang des 18. Jhs. und die Grabinschrift aus der Römerzeit. Der einstige Hochaltar mit gedrehten Säulen (1706) befindet sich heute im Diözesanmuseum in Klagenfurt. Der mit Säulen versehene barocke Marienaltar stammt von 1661. In der Umgebung sind ehemalige Ringhöfe im typischen Nockbergestil mit Blockstadeln zu sehen; gute Beispiele sind Oberwöllan Nr. 9. Nr. 15 sowie Unterwöllan Nr. 4 und 17.

Wandervorschläge

Arriacher Hofwanderweg,
Holzschuhwanderungen

BAD BLEIBERG (Marktgemeinde)

Höhe: 920 m | Einwohner: 2750

Fremdenverkehrsamt der Marktgemeinde Bad Bleiberg, Tel.: 04244/2211-40
Fax: 04244/2211-25
Internet: www.bleiberg.or.at
E-Mail: bad-bleiberg@ktn.gde.at

Allgemeines & Geschichte

Der traditionsreiche Bergbauort ist heute Bade- und Luftkurort und liegt in ruhiger Lage in einem Hochtal, das von der Villacher Alpe und dem Erzberg gebildet wird. Bereits in vorrömischer Zeit wurden hier Blei- und Zinkerz abgebaut, die Verhüttung erfolgte in Arnoldstein. Die ersten schriftlichen Quellen stammen von 1333. 1014 schenkte Kaiser Heinrich II. das Gebiet dem Bistum Bamberg. 1495–1665 hatten die Fugger hier Bergbaurechte. 1759 ging der gesamte Besitz des Bistums Bamberg in das Eigentum des österreichischen Staates über. Nach einem Einbruch von Thermalwasser 1951 wurde 1966 das Thermalheilbad erbaut. Die Schächte wurden 1972 und 1993 stillgelegt.

Sehenswürdigkeiten

Im Ort sieht man noch **mächtige Gewerkenhäuser** aus dem 18. und 19. Jh., die auf den einstigen Reichtum hindeuten. Die »kleinen Leute« wohnten in den Knappenkeuschen, kleine Bauten, meist mit einem Krüppelwalmdach gedeckt; ein Beispiel ist die Bergmannskeusche Nr. 77. In Haus Nr. 49 saß die Bergdirektion, heute befindet sich hier das Gemeindeamt. Nr. 50 ist das Baron- oder Holeniahaus, das um 1800 von der Gewerkenfamilie Holenia und Baron Dreihann-Holenia erbaut wurde. Nr. 93 ist das spätbarocke Gewerkenhaus Mühlbacher mit einem reich ge-

schmückten Eingangstor und Fenstergittern (um 1780). Heute Apotheke. Das Knappenhaus wurde 1938 unter Ausnutzung des früheren Mühlbacher Pferdestalls erbaut. Im Vorraum befinden sich Fresken von Suitbert Lobisser aus dem Bergwerksleben. Heute Gasthaus. Im Ortskern steht eine barocke Wegkapelle aus dem 18. Jh. An der Durchgangsstraße befindet sich der Stollenmund der Grube Jakobi und Anna, die von 1500 bis 1960 in Betrieb war. Das Stollenmundloch »Friedrichstollen« war bis 1655 im Besitz der Fugger aus Augsburg. Hier wurde zum letzten Mal 1929 angefahren. In Wurzach steht das ehemalige Jagdschloss der Khevenhüller, erbaut in der 2. Hälfte des 16. Jhs. Später diente es als Gewerkenhaus.

Werksammlung und Glasmodell der Bleiberger Bergwerksunion

Hier wurde eine große mineralogische Sammlung zusammengestellt. Man sieht montanhistorische Exponate und ein Glasmodell über den hiesigen Bergbau. Öffnungszeiten: jeden Donnerstag 14.30 Uhr.

Pfarrkirche St. Florian

Die Pfarrkirche St. Florian (1663) besitzt einen außergewöhnlichen Turmabschluss mit hoher Zwiebelhaube und kleiner Laterne. Ihre Einrichtung stammt aus dem Barock. Sehenswert ist der Hauptaltar mit der Kreuzigungsplastik.

Feste & Brauchtum

Jedes Jahr am Bartholomäus-Wochenende findet der Bad Bleiberger Jahreskirchtag statt.

Kuren

Akrado- und Mineraltherme, Thermalquelle (30 °C). Indikationen: Gelenkserkrankungen, Nervensystem, Rekonvaleszenz, muskuläre Verspannungszustände, degenerative Erkrankungen des Skelettsystems. Für chronische Atemwegserkrankungen und Allergien nimmt man den Heilklimastollen in Anspruch.

Ausflugsziele

Bad Bleiberg-Kreuth

Die erhöht gelegene Kirche St. Heinrich wurde ab 1498 erbaut und ist die älteste Kirche im Tal. Sie besitzt ein reiches spätgotisches Netzrippengewölbe mit zwei Wappenschlusssteinen. Die Altäre stammen aus der Neugotik. Typische Bergmannshäuser sind die Gebäude Nr. 91, 166 und 276. Die Heinrichhütte Nr. 321, südlich der Bleiberger Landesstraße, wurde 1780–1820 erbaut und bis 1902 betrieben. Sie ist das letzte im Ort noch erhaltene Schmelzhaus und zusammen mit dem nahe gelegenen Pochwerk (heute Wohnhaus), dem so genannten Hüttenschaffnerhaus (ehem. Bergamtsgebäude, um 1800), und dem Antoni-Grubenhaus ein technisches Denkmal-Ensemble ersten Ranges.

Bad Bleiberg-Nötsch

Die ev. Kirche wurde 1783 als Toleranz-Bethaus erbaut. Der Turm stammt von 1857/58, als die Kirche umgebaut wurde, der im Barockstil errichtete Altar von 1850. In ihm findet man 4 der ältesten Gussstahlglocken der Welt. Ein technisches Denkmal ist der Antonischacht, Nr. 91, der 1905–11 erbaut und 1994 stillgelegt wurde. Der BBU-Rundofen ist einer der letzten dieser Art, die in Europa noch erhalten sind.

★ Terra Mystica

Im ehemaligen Stollen Rudolfschacht, benannt nach dem Kronprinzen Rudolf, der 1873 den Ort besuchte, werden in 250 m Tiefe als Erlebniswelt die Entstehung der Erde, beginnend mit dem Urknall, sowie die Geschichte des Bergbaus dargestellt. Öffnungszeiten: Mai, Juni, September, Oktober 10–15 Uhr, Juli, August 9.30–16.30 Uhr. Tel.: 2255-0.

★ Terra Humoristica u. Montan Museum

Beim Antonischacht. Im Montan Museum erlebt man Bergbaugeschichte, man sieht die älteste Knappenfahne der Welt (rd. 700 Jahre alt) sowie Handwerkszeug. In der Terra Humoristica sind über 300 lustige Tonfiguren des Künstlers Konrad Kampidell ausgestellt. Öffnungszeiten: Mai bis Juni 10–15 Uhr, Juli bis August 9.30–16.30 Uhr. September, Oktober 10–15 Uhr.

Wandervorschläge

Natur-Lehrpfad Erlachgraben, Ortswanderung, Naturpark Dobratsch, Erzberg-Talwanderung, Thermalbad-Rundgang

BAD KLEINKIRCHHEIM

Höhe: 1100 m | Einwohner: 1860

Bad Kleinkirchheimer Tourismus- und Marketingbüro, Dorfstraße 30
9546 Bad Kleinkirchheim
Tel.: 04240/8212, Fax: 04240/8537
Internet: www.badkleinkirchheim.at
E-Mail: info@bkk.at

Allgemeines & Geschichte

Östlich vom Millstätter See liegt inmitten der Nockberge in einem waldreichen, sonnigen Tal Bad Kleinkirchheim, ein sowohl im Sommer wie im Winter bedeutendes Fremdenverkehrszentrum mit besten Unterkunftsmöglichkeiten. Auch in Golfkreisen hat sich Bad Kleinkirchheim einen hervorragenden Ruf erworben. War der Ort bis in die 60-er Jahre des 20. Jhs. hinein fast unberührt, setzte dann aber eine stürmische Entwicklung ein, bedingt auch durch die seit Jahrhunderten bekannte und genutzte Thermalquelle. Schon im 15. Jh. wurde sie mit der Kathreinkirche überbaut und geschützt. Mittlerweile hat man weitere Bohrungen durchgeführt. Die Wassertemperatur beträgt nun beim Quellaustritt 36 °C, die Temperaturen im ★ **Römerbad** und in der ★ **St. Kathreintherme** liegen zwischen 36 °C und etwa 24 °C in den Freibecken. Das Kirchheimer Tal gehörte zum Besitz des Benediktinerklosters Millstatt, später kam auch das Tal von St. Oswald dazu. 1598 übernahmen – nach den Benediktinern und den St. Georgs-Rittern – die Jesuiten die Herrschaft in Millstatt. Von den folgenden harten Zeiten – Gegenreformation, Türkeneinfälle und Bauernaufstand – blieb auch Bad Kleinkirchheim nicht verschont. Ein »Bauernbad« gab es bereits seit 1470. Entdeckt wurde die Heilquelle vom bairischen Pfalzgrafen Poto, der sich hier vor seinen Häschern versteckte, die ihn suchten, als er gegen Kaiser Heinrich III. aufbegehrt hatte und die Verschwörung niedergeschlagen wurde. Er badete seine Wunden darin und war nach kurzer Zeit wieder gesund. Der Name des Ortes kommt von »Chirchem«, den Zusatz »Klein« erhielt es erst im 16. Jh., um leichter von »Groß«kirchheim im Mölltal unterschieden werden zu können.

Sehenswürdigkeiten

Pfarrkirche St. Ulrich

Die von den Millstätter Benediktinern 1743 errichtete barocke Pfarrkirche St. Ulrich (erstmals erwähnt 1166) besitzt an der Decke des Langhauses ein riesiges Gemälde (1926–28) mit der Darstellung der Schlacht auf dem Lechfeld. An der Südwand sieht man ein Fresko aus dem Barock. Der Turm mit dem Zwiebeldach ist von 1837. Altäre und Grabsteine stammen aus dem 18. Jh. Im Friedhof nördlich der Kirche steht eine mit 1746 bezeichnete Totenkapelle.

★ Wallfahrtskirche St. Katharina im Bade

Die spätgotische Wallfahrtskirche St. Katharina im Bade wurde 1492 über der Heilquelle errichtet. Sie besitzt einen holzüberdachten Zugang, Dachreiter und Netzrippengewölbe. Innen sollte man den schönen spätgotischen Flügelaltar (um 1510) betrachten. Sehenswert sind auch die Freskenreste, die Sonnenuhr, die Malereien und die volkstümlichen Flachschnitzereien (Anfang 16. Jh.). In der Krypta entspringt die Heilquelle. Diese Unterkapelle war zugleich die Badestube. Der Pfarrer soll gemäß einer Nachricht aus dem Jahr 1672 täglich Messen zelebriert haben, »wenn Herren und Frauen sich im Bade befinden«.

Ev. Kirche

Die kleine ev. Kirche wurde 1938 nach Plänen von Suitbert Lobisser als Holzkirche errichtet und erinnert an skandinavische Kirchen.

Kuren

Heilbad. Radonführende Akratotherme mit 24–32 °C warmem Wasser. Indikationen gegen Verbrauchserscheinungen, neuro-vegetative Fehlregulationen, Rheuma, Nervenentzündungen, Bandscheibenschäden, Migräne, Allergien, Blutarmut, Erschöpfungszustände, nach Kinderlähmung. Kneippkuren.

Ausflugsziele

★ Bad Kleinkirchheimer Bergbahnen

Gipfelfahrten bis auf 2100 m in den Nationalpark Nockberge oder auf die Kaiserburg. Bergbahnen Kleinkirchheim, Tel.: 04240/ 8282.

Bäuerliche Architektur

In der Umgebung findet man noch sehenswerte Kärntner Ringhöfe, insbesondere in

Typisches Beispiel für ein Gewerkenhaus in Bad Bleiberg (oben) **Um die Kirche in Bad St. Leonhard ist eine Eisen-(Leonhards)kette gewunden.** (links) **Das Römerbad in Bad Kleinkirchheim** (rechts)

St. Oswald. Bei den Ringhöfen bilden verschiedene Bauten, die jeweils für bestimmte Zwecke gedacht sind, ein Viereck. Interessant sind auch die zweistockigen Troadkastn (Getreidespeicher). Schöne Beispiele sieht man bei Nr. 11, bei Nr. 14 in Rottenstein bei Unterraunig, Nr. 12, 15 und 29 bei vlg. Zirkitzer. Flodermühlen findet man in Bad Kleinkirchheim (Eder-Mühle im Graben) und Rottenstein (Nr. 12, Bartl-Sepp-Mühle).

★ St. Oswald

St. Oswald bietet mit seinen schwarzen Holzhäusern und den Walmdächern noch einen guten Eindruck von den früheren Orten und Höfen im Nockgebiet. Die 1228 erstmals erwähnte Pfarrkirche St. Oswald (Anfang 16. Jh.) besitzt einen spätgotischen Sakristeiturm und ein Pyramidendach; innen sieht man ein schönes Sternrippengewölbe, Fresken von 1514 (Ölberg und Kreuzigung), Wandbilder, einen sehenswerten Hochaltar und Seitenaltäre (um 1680). In und um St. Oswald findet man noch einige herrliche, gut erhaltene und gepflegte alte Kärntner Bauernhäuser und Getreidekästen.

In der 1565 erstmals erwähnten Schmiede (Pertlschmiede und Sägemühle) befindet sich ein **Handwerksmuseum,** in der alten Badstube ein kleines Museum zum Thema Herstellung von Leinen und im Wegerstadl die Bilddokumentation »St. Oswald einst«. Im Sommer finden entlang des Kulturwanderweges Führungen statt.

Wandervorschläge

Kaiserburg, Kulturwanderweg, Mallnock, 4-Gipfel-Wanderung (Mallnock, Klomnock, Steinnock, Falkert)

BAD ST. LEONHARD IM LAVANTTAL (Stadtgemeinde)

Höhe: 721 m | Einwohner: 4820

Fremdenverkehrsamt, Hauptplatz 46
9462 Bad St. Leonhard i. L.
Tel.: 04350/2218-26, Fax: 04350/2218-19
Internet: www.bad-st-leonhard-i-lav.at
E-Mail: bad-st-leonhard@ktn.gde.at

Allgemeines & Geschichte

Die Stadtgemeinde ist der wirtschaftliche und kulturelle Mittelpunkt des oberen Lavanttales und befindet sich etwa 10 km südlich des Obdacher Sattels, der die Grenze zur Steiermark bildet. Der mit einer radioaktiven Schwefelquelle versehene Höhenluftkurort liegt auf einer Schotterterrasse über dem linken Flussufer und wird von der Burg Ehrenfels und der Ruine Leonhard überragt.

Im Ort gibt es zahlreiche Hinweise auf Siedlungen aus der Römer- und der Keltenzeit. Später kamen die Langobarden und die Baiern. Ab dem 8. Jh. herrschten im Lavanttal zwar die Franken, St. Leonhard gehörte jedoch den Salzburger Erzbischöfen. Der Ort wurde Anfang des 11. Jhs. durch Kaiser Heinrich II. dem Bistum Bamberg geschenkt und erhielt bereits Anfang 14. Jh. das freieste Stadtrecht in Kärnten. Für großen Wohlstand sorgten die Vorkommen von Gold und Silber, die für die Blüte der Stadt im Mittelalter (14./15. Jh.) verantwortlich waren und die bis ins 16. Jh. gefördert wurden. Später wurde Eisenerz abgebaut (bis 1876). Von der mittelalterlichen Wehranlage zeugen noch die Stadtmauern (14. Jh.) und im Süden ein Rundturm. Seit 1924 wird die außergewöhnlich heilkräftige Schwefelquelle genutzt.

Sehenswürdigkeiten

St. Leonhard besitzt einen hübschen Ortskern mit Resten der Ummauerung aus dem 14. Jh. Sie ist auf der Nord-, Südost- und Westseite bis zu 6 m erhalten. An der südlichen Ecke steht ein runder Turm, an der westlichen die Ruine Gomarn. Ein Stadtwanderweg führt vom Römerstein vor dem Rathaus zur Kunigundekirche und zur Burgruine Gomarn. Die sehenswertesten Ziele sind die Stadtmauerreste, der Reckturm, das Schloss Ehrenfels, die Mariensäule am Hauptplatz und die Kirche St. Leonhard.

★ Pfarr- und Wallfahrtskirche St. Leonhard

Die ab 1106 erwähnte (1197 im Besitz des Bistums Bamberg) und aus dem 14./15. Jh. stammende wuchtige Kirche St. Leonhard liegt oberhalb der Stadt und gehört zu den schönsten frühgotischen Kirchen in Österreich. Sie ist eine dreischiffige Pfeilerbasilika. Der Turm besitzt 4 Eckerker, die erst 1930 dort angebracht wurden. Am gotischen Westportal sieht man eine eisenbeschlagene Tür mit Schießlöchern. Die Kirche besitzt Maßwerkfenster und 139 sehenswerte Glasgemälde aus dem 14. und 15. Jh. – so viele besitzt keine andere Kirche in Kärnten! 1638–46 wurde der mächtige, chorfüllende Hochaltar im schwarz-goldenen Stil des frühen Barock geschaffen. Der gotische Flügelaltar im Nebenchor stammt von 1513 und besitzt eine Schreingruppe Anna Selbdritt. Die goldgeschmückte Rokokokanzel ist von 1779. Die Statue der thronenden Madonna stammt von etwa 1330–40, das überlebensgroße Kruzifix aus dem 17. Jh. Beachten sollte man auch die gotischen Fresken aus dem 15./16. Jh. Das 1520 geschaffene Fastentuch ist mit 25 Szenen aus dem Alten und Neuen Testament geschmückt und stammt ursprünglich aus Reichenfels.

Außen an den Kirchenwänden befinden sich sehenswerte Grabsteine ab dem 16. Jh. Um die Kirche hängt eine schmiedeeiserne Kette, das Wahrzeichen des hl. Leonhard, der auch als Patron der Gefangenen galt. Die heutige Kette wurde 1910–12 nachgeschmiedet, nachdem Kaiser Josef II. das Original hatte entfernen lassen.

Auf dem Weg zur Kirche stehen drei steinerne Skulpturen aus dem 18. Jh. mit Christusthemen.

Schlösser und Ruinen

Von der spätgotischen Ruine Gomarn aus der Zeit um 1300, gelegen an der Westecke der Stadtmauer auf einem steil zur Lavant abfallenden Hügel, steht noch der Bergfried. Es war einst eine ausgedehnte Anlage. Man sieht noch den Bergfried aus dem 14. Jh. und bis zu 4 Geschosse des Palas (15. Jh.).

Schloss Ehrenfels, Höllgasse 125, wurde im 14. Jh. als Sitz Bamberger Ministerialen erstmals erbaut und im 16. Jh. umgestaltet. Damals ließ Graf Georg Nogaroll den schönen Arkadenhof erbauen. Nach Bombenschäden 1945 wurde es grundlegend renoviert. Es besitzt eine guterhaltene Bastei (1593).

Zu Schloss Lichtengraben mit der Wasserburgruine Painburg führt ein 30-minütiger Spaziergang. Das im Teufelbachtal liegende Schloss Lichtengraben wurde 1564 erwähnt und gehörte 1711–1839 der Familie Teuffenbach. Es besitzt einen schönen Arkadenhof mit eingemauerten Marmorreliefs. Die Ruine Painburg liegt nördlich des Schlosses im Wald. Sie wurde nach 1420 erbaut und im 15. und 16. Jh. erweitert. Man sieht noch umfangreiche Mauerreste bis zum 3. Geschoss.

Kuren

Schwefelwasser, radonhaltige Schwefelquelle. Badebetrieb von Mai bis Oktober. Indikationen gegen Rheuma, Ischias, Neuralgien, Rekonvaleszenz. Außerdem gibt es in der Nähe die kleine Kölzerquelle in Reichenfels, den Klieninger Sauerbrunnen und verschiedene Heilbrunnen.

Ausflugsziele

Twimberg

Im Twimberggraben befindet sich in romantischer Lage an der Kreuzung zweier wichtiger Verkehrswege (über den Obdacher Sattel nach Salzburg, über die Packstraße nach Graz) hoch über dem Ort auf steilem Fels eine Burgruine. Die einst bedeutende Burg gehörte 931 zu Salzburg, ab dem 14. Jh. zum Bistum Lavant. In den Streitigkeiten zwischen Kaiser Friedrich III. und dem Ungarnkönig Matthias Corvinius hielt der Bischof zu dem Ungarn; daraufhin wurde die Burg vier Wochen (vergeblich) vom Kaiser belagert und beschossen. 1481 bis 1490 war sie von den Ungarn besetzt. Hier wurde auch der den Kaiser unterstützende Bischof von Seckau 1484 gefangen gehalten. Seit dem 17. Jh. verfällt die Burg. Die große Anlage besitzt 3 Höfe mit einem Zwinger, Reste des Bergfrieds und Reste zweier anderer Türme.

Schloss Wiesenau

Das an der Lavant liegende Schloss stammt aus der Renaissance. Am Südwestturm ist eine Kachel mit dem Wappen der Erbauerfamilie Pain (1579) eingearbeitet. Im Schloss befindet sich eine Sammlung römischer Steindenkmäler.

Wandervorschläge

Quellenwanderwege

BALDRAMSDORF

Höhe: 560 m | Einwohner: 1820

Gemeindeamt, 9805 Baldramsdorf 53
Tel.: 04762/7114
Fax: 04762/7114-7
Internet: www.baldramsdorf.at
E-Mail: baldramsdorf@ktn.gde.at

Allgemeines & Geschichte

Baldramsdorf ist ein netter Ort westlich von Spittal an der Drau am Südrand des Drautals und am Fuß des Goldecks. Im nahe gelegenen Weiler Faschendorf hat man römische Gebäude mit Bodenheizungen ausgegraben. Der Ort am Rande des historisch wichtigen Lurnfeldes wurde 1166 erstmals genannt, als ein Henricus de Baltramsdorf in einer Urkunde als Zeuge auftrat. Zur Bekämpfung des Geheimprotestantismus wurde in der Zeit der Gegenreformation das Hieronymitanerkloster gegründet.

Sehenswürdigkeiten

Ein sehenswertes modernes Gebäude ist Haus Nr. 112, erbaut 1975 von Friedrich Kurrent; es erhielt durch Natursteinpfeiler eine lebhafte Fassadenstruktur. Bei Haus Nr. 1 steht eine Wegkapelle von Anfang des 19. Jhs. mit einer geschnitzten Maria mit Kind (18. Jh.). Gegenüber Haus Nr. 148 sieht man einen Nischenbildstock mit einem geschnitzten Kruzifixus (17. Jh.). Ein Einhof ist das Anwesen Gendorf Nr. 16, das einen sehenswerten Ziegelgitterstadel besitzt.

Pfarrkirche St. Martin

Die spätgotische Pfarrkirche St. Martin besitzt ein Netzrippengewölbe (1522) von L. Rieder und ein originelles Fastentuch mit 39 Bilddarstellungen (1555), das während der Fastenzeit zu besichtigen ist; sehenswert sind auch der spätgotische Taufstein, die prächtige Holzskulptur des hl. Martin auf dem Hochaltar, die Wappengrabsteine und die Wandmalereien (um 1600). Der Hochaltar stammt von 1773, die Kanzel vom Anfang des 18. Jhs. An den Wänden sieht man römische Relieffragmente.

Ausflugsziele

Lampersberg

Die spätgotische Wallfahrtskirche auf dem Lampersberg wurde um 1500 erbaut; sie besitzt einen hölzernen Dachreiter mit Zwiebelhelm. Innen sieht man eine sehenswerte, in Schablonenmalerei bemalte Holzdecke. Der Hochaltar stammt aus der Mitte des 18. Jhs.

Unterhaus

Das 1686 gegründete und 1710 erbaute Hieronymitanerkloster wurde nach Auflösung des Klosters zum Schloss ausgebaut. Heute sitzt in diesem so genannten Paternschloss das ★ **Kärntner Handwerksmuseum.** Gezeigt werden Handwerkszeug und Werkstätten von 30 Gewerben.

Öffnungszeiten: Juni bis September täglich 10–17 Uhr, Tel.: 7140. Im Ort steht eine einfache evangelische Kirche, ohne Glocke und Turm.

Wandervorschläge

Wald- und Bienenlehrpfad, Ruine Ortenburg, Goldeck, Wanderung auf den Lampersberg

1. Kärntner
Handwerksmuseum
Baldramsdorf
HANDWERKS
MUSEUM

APOTHEKE

Das 1. Kärntner Handwerksmuseum in Baldramsdorf (oben) **Die Wallfahrtskirche St. Athanasius bei Berg im Drautal** (links) **Der Hauptplatz in Bleiburg** (rechts)

BERG IM DRAUTAL

Höhe: 692 m | Einwohner: 1370

Tourismusbüro, 9771 Berg im Drautal 121
Tel.: 04712/532-18, Fax: 04712/532-3
Internet: www.bergimdrautal.at
E-Mail: berg-drautal@ktn.gde.at

Allgemeines & Geschichte

Der hübsche Sommererholungsort mit Golfplatz liegt in schöner Lage am nordseitigen Berghang auf einem gewaltigen Schuttkegel überragt von einer prächtigen Kirche, eingerahmt von den Gailtaler Alpen im Süden und der Kreuzeckgruppe im Norden. Das Gebiet war bereits in urgeschichtlicher Zeit und bei den Römern besiedelt; hier bestand auch über den Höhenweg in der Ochsenschluchtklamm eine Verbindung nach Gurina. Durch das damals sumpfige Drautal verlief schon früh eine Verbindung, und in der Bronzezeit war das Gebiet für den Nord-Süd-Handel von Bedeutung. Das Drautal gehörte zur Kirchenprovinz Aquileja, und der Ort war ab 1072 die Urpfarre im oberen Drautal. Im 16. Jh. stand der Bergbau in reicher Blüte.

Sehenswürdigkeiten

★ Pfarrkirche Mariä Geburt

Die vor 1072 errichtete Pfarrkirche Mariä Geburt stammt teilweise noch aus der Romanik und war die Urpfarre des oberen Drautales. Später wurde sie zur Wehrkirche ausgebaut; sie besitzt heute noch Schießscharten; einzigartig sind die beiden übereinander angeordneten Wehrobergeschosse. Sie ist von der Friedhofsmauer umgeben, und ein überdachter Stiegenaufgang führt zu ihr. Bemerkenswert ist das romanische Westportal, das mit Fresken geschmückt ist. Auch sonst besitzt die Kirche herrliche Fresken aus der Zeit von etwa 1200 bis ins 15. Jh., u. a. Engel mit Tierköpfen, außerdem Schmiedeeisengitter und geschnitzte Skulpturen. Das reiche Netzrippengewölbe stammt von etwa 1500. Am Hochaltar sieht man eine herrliche Steinmadonna des »Weichen Stils« (um 1420), die vielleicht in einer Salzburger Werkstatt gefertigt wurde. Etwas Besonderes ist auch der von der Decke herabhängende Apostelleuchter (Anfang 18. Jh.). An den Außenwänden sieht man Grabsteine ab 1444. Nach einem Murenschaden wurde die Kirche zwischen 1878 und 1894 neuromanisch ausgestattet.

Ausflugsziele

Emberg

Die Filialkirche Zu den 14 Nothelfern wurde im 17. Jh. erbaut und besitzt ein Stuckrippengewölbe mit gemalten Figuren. Der Hauptaltar stammt von 1696. Die Emberger Alm ist im Sommer als Wander-, im Winter als Skigebiet beliebt.

★ Wallfahrtskirche St. Athanasius

Die nahe der Bundesstraße in den Feldern gelegene Wallfahrtskirche St. Athanasius wurde 1443 erwähnt. Sie erweckt einen außergewöhnlichen Eindruck, da neben dem niedrigen Langhaus ein höherer Chor mit einem spitzen Dachreiter steht. Der Grieche Athanasius ist einer der selten dargestellten Kirchenväter. Er war im 4. Jh. Bischof von Alexandria und wurde während seines Kampfes gegen die Arianer fünfmal in Verbannung geschickt; dabei soll er angeblich auch einmal durch das Drautal gekommen sein. Der Stein, auf dem er gerastet haben soll, ist in der Kirche zu sehen. Vielleicht liegt aber auch eine Verwechslung mit dem in Freising begrabenen hl. Nonnosus vor. Die

Fresken in der Kirche wurden um 1480 gemalt. Sehenswert ist auch das Chorgewölbe mit den interessanten Schlusssteinen (Christuskopf, Sonne, Mond, Sterne, um 1480). Der Hochaltar stammt von 1666, auch die anderen Altäre sind aus dem 17. Jh. Die Kanzel wurde im 18. Jh. errichtet.

Wandervorschläge

Klammen (Geißlochklamm bzw. Ochsenschluchtklamm), Jauken (Spitzkofel, Torkofel), Reißkofel, Hochtristen

BLEIBURG (Stadtgemeinde)

Höhe: 479 m | Einwohner: 4080

Stadtgemeinde Bleiburg, 10.-Oktober-Platz 1
9150 Bleiburg, Tel.: 04235/2110-15
Fax: 04235/2110-22
Internet: www.bleiburg.at
E-Mail: bleiburg@ktn.gde.at

Allgemeines & Geschichte

Das Grenzstädtchen zu Slowenien liegt im Wiesental der Feistritz zwischen zwei bewaldeten Hügeln des Libitschs und des Kömmels, im Süden steigt das Massiv der Petzen empor, das östlichste Felsmassiv der Karawanken. Das Klima ist von der Adria bestimmt. Der Ort gilt als das gesellschaftliche, verwaltungsmäßige und wirtschaftliche Zentrum des Jauntales. Er wurde um 1000 als Livpicdorf erstmals erwähnt, der Name kommt vom einstigen Bleiabbau im Petzengebiet. Ihm verdankte die Stadt auch ihren früheren Reichtum. Bleiburg wurde in den Fehden der hiesigen Adeligen mit den Habsburgern sowie durch die Türkeneinfälle mehrfach zerstört. Im 12. Jh. gehörte der Ort den Stiften Seckau und St. Paul, ab dem 13. Jh. den Grafen von Heunburg, den Grafen von Ortenburg und den Auffensteinern. 1370 erhielt der Ort das Stadtrecht, und seit 1393 besitzt er das Recht zur Abhaltung eines Wiesenmarktes. Im 15. Jh. wurde er dreimal von den Türken zerstört.

Am Lippitzbach, einem stark strömenden Gewässer, entstanden frühe industrielle Verhüttungsanlagen, in denen Erze auch aus der weiteren Umgebung aufbereitet wurden. 1715 gab es eine große Pestepidemie. Freiherr von Egger erfand das Drahtziehverfahren; man konnte die bisher im Einzelverfahren auf dem Amboss hergestellten Nägel nun im Endlosverfahren produzieren.

Bleiburg ist die Heimatstadt der Künstlerin Kiki Kogelnik (1935–97), deren Werken man immer wieder im Land begegnet. In Bleiburg kann man gegenüber ihrem Elternhaus den Freyungsbrunnen sowie in der Goiginger-Kaserne eine Stiegenhausgestaltung bewundern.

Sehenswürdigkeiten

Der Ort besitzt einen schönen geschlossenen Bestand an alten Häusern. Auf dem Hauptplatz (10.-Oktober-Platz) steht eine barocke Pestsäule von 1724, die an die 1715 grassierende Seuche erinnert. Der Freyungsbrunnen am Ostteil des Hauptplatzes wurde 1995 von Kiki Kogelnig erbaut. Sehenswert sind verschiedene Bürgerhäuser (16.–18. Jh.), teilweise mit Biedermeierfassaden. Man sollte den Gasthof Krone, der einen turmartigen Vorbau besitzt, beachten; außerdem die Häuser Nr. 2 (Apotheke, 1902) und Nr. 4 (Werner-Berg-Galerie, 17. Jh.). Das Bezirksgericht, Kumeschgasse Nr. 18, ist das ehemalige, 1554 gegründete Bürgerspital. Es stammt im Kern aus dem 16. Jh. und wurde 1766 umgebaut. Der Ort besitzt noch Reste der mit Türmen besetzten Stadtmauer und des Wehrgrabens aus dem 14. Jh.

Pfarrkirche St. Peter und Paul

Die 1241 erstmals erwähnte Pfarrkirche St. Peter und Paul stammt aus der Spätgotik. Die 2 Schiffe sind mit einem Netzrippengewölbe versehen. Die Fresken an der Chorwand wurden 1580 und 1680 angebracht. Der Hochaltar und der Marienaltar stammen aus dem 18. Jh., der neugotische Seitenaltar von 1907. Die Glasgemälde wurden 1884 angebracht. Sehenswert sind auch die geschnitzten neugotischen Gebetsstühle von 1910.

Schloss

Das äußerlich schlichte, dreigeschossige Schloss im Osten des Ortes ist eine weitläufige Renaissanceanlage aus dem 16. Jh., die seit 1601 den Grafen von Thurn gehörte. Es ging aus der alten Burg (12.–15. Jh.) hervor und besitzt ein prächtiges Renaissanceportal und eine große Bibliothek.

★ Werner-Berg-Galerie

In der Werner-Berg-Galerie, 10.-Oktober-Platz 4, sieht man Gemälde und Holzschnitte des Malers Werner Berg (1904–1981), dessen künstlerischer Ausgangspunkt der Expressionismus war. Öffnungszeiten: Mitte Mai bis Oktober, täglich 10–12 Uhr und 14–16 Uhr, Tel.: 2872.

Feste & Brauchtum

Im September findet seit 1393 am 1. Sonntag nach St. Ägidi der traditionelle **★ Bleiburger Wiesenmarkt** (Egydimarkt) mit der Übertragung der »Freyung« – der Stadtfreiheit – statt.

Ausflugsziele

Aich

Die Filialkirche St. Sebastian stammt aus der Romanik (12. Jh.) und besitzt ein spätgotisches Portal. In der Apsis findet man ein Kreuzigungsfresko (etwa 1250). Der Hochaltar stammt von Ende des 17. Jhs. Sehenswert ist die schablonenbemalte hölzerne Flachdecke.

Die weitab vom Verkehrsstrom gelegene Wallfahrtskirche St. Lucia stammt im Kern aus der Romanik, ansonsten aus dem 17./18. Jh. Sie besitzt eine schöne Holzdecke, die teilweise mit Schablonenmalerei verziert ist. Nordöstlich von Aich an der Straße zur Kirche steht ein Pfeilerbildstock aus dem 17. Jh.

★ Einersdorf

Mitten im Friedhof liegt die 1480 erwähnte Kirche Maria Himmelfahrt. Sie ist außen (Schiffnordwand) und innen (Chor und Chorgewölbe) reich mit Fresken (etwa 1400) vom Meister von Einersdorf geschmückt. Dieser Maler war auch an zahlreichen anderen Kirchen in Kärnten, der Steiermark und in Slowenien tätig. Der barocke Hochaltar (Ende 17. Jh.) ist mit einer lebensgroßen Madonna von etwa 1350 geschmückt. An der südlichen Außenwand des Schiffs sieht man ein Kruzifix von etwa 1500.

Wandervorschlag

Petzen

BRÜCKL (Marktgemeinde)

Höhe: 305 m | Einwohner: 3110

Marktgemeinde Brückl
Marktplatz 1
9371 Brückl, Tel.: 04214/2237
Fax: 04214/2237-85
Internet: www.brueckl.at
E-Mail: brueckl@ktn.gde.at

Allgemeines & Geschichte

Der Ort an der Mündung der Görtschitz in die Gurk war früher ein bedeutendes Zentrum für den Handel zwischen Kelten und Römern mit norischem Eisen; auch die Handelsstraße von Virunum ins Erzgebiet von Hüttenberg führte durch den Ort. Außerdem befanden sich hier Hammerwerke für das Hüttenberger Eisen. 1869 wurde ein Kettenwerk gegründet, das der Hauptlieferant der k. u. k. Marine war und auch später noch in alle Welt lieferte. Brückl wird heute als das »Tor zur Norischen Region« bezeichnet.

Sehenswürdigkeiten

Die mächtige spätgotische **Pfarrkirche St. Johannes d. Täufer,** eine ehemalige Wehrkirche, ist in ihrer Längsachse ein wenig geknickt und besitzt reich profilierte Portale. In ihr befindet sich ein beeindruckender Säulen-Hochaltar mit großen Skulpturen von Johann Pacher (1758), einem Künstler, von dem in der Umgebung rund 20 Altäre erhalten sind. Die Seitenaltäre von 1711 sind reich mit Schnitzwerk geschmückt. Der achteckige Taufstein wurde 1535 geschaffen. Die Wandmalereien stammen aus dem 16. Jh. Sehenswert sind auch das überlebensgroße Kruzifix an der Nordwand des Chores (1500), die Apostelfiguren an der Emporenbrüstung (18. Jh.) und eine reliefierte Grabplatte für den Propst Martin Leittner von 1534.

Ausflugsziele

Gerne besucht wird die Wallfahrtskirche St. Christof am Christofberg. Dort findet auch alljährlich der Christofberglauf statt.

Wandervorschläge

Wanderung zu den Bergkirchlein in Gretschitz und St. Ulrich, Christofberg

»Römerköpfe« in Brückl – als Erinnerung an den Handel der Römer mit norischem Eisen (oben) **Die romanische Kirche St. Helena am Wieserberg** (links) **Das herrliche Wandergebiet Hochrindl** (rechts)

DELLACH IM DRAUTAL

Höhe: 614 m | Einwohner: 1770

Tourismusbüro Dellach im Drautal
9772 Dellach im Drautal 18
Tel.: 04714/234-18, Fax: 04714/234-3
Internet: www.tiscover.at/dellach
E-Mail: dellach-drau@ktn.gde.at

Allgemeines & Geschichte

Der Luftkurort liegt an der Mündung des Draßnitzbaches in die Drau. Es wurden schon Temperaturen von 39,7 °C gemessen; übers Jahr gesehen gibt es 134 Sonnentage. Das Schloss Stein wurde 1190, Dellach 1267 erstmals erwähnt. Schon die illyrischen Veneter haben auf der Jauken Bleiglanzlager gefunden und ausgebeutet, und später war Dellach ein Knappendorf. Im Draßnitzgraben fand man Silber, Kupfer und Kobalt, am so genannten Kolm Eisen und Zink und im Glatschacher Graben Quecksilber und Zinnober. Gold wurde in der nahe gelegenen Kreuzeckgruppe gefördert.

Sehenswürdigkeiten

Pfarrkirche St. Margaretha

Die heute spätbarocke Kirche stammt von 1421, sie wurde Ende des 18. Jhs. im Barock neu erbaut. Die Malereien im Gewölbe wurden von Christoph Brandstätter 1829 geschaffen. Der spätbarocke Hochaltar stammt von 1847. Der dreigeschossige Pfarrhof wurde um 1850 erbaut.

Kuren

Luftkurort

Ausflugsziele

Stein im Drautal

Das sich in Privatbesitz befindliche Schloss ging aus einer Burg aus dem 12. Jh. hervor. Die Anlage liegt malerisch auf einem steilen und hoch aufragenden Felsen etwa 200 m über der Drau. Dazu gehört eine – wohl aus Platzmangel so erbaute – zweistockige Kapelle aus der Spätromanik, die zu den schönsten Kärntens zählt. Die obere Kapelle wurde 1505 von Bartlmäh Firtaler eingewölbt. Sie besitzt eine sehenswerte Ausstattung mit Schnitzfiguren und Malereien, größtenteils von Simon von Taisten. Die Burg zeichnete sich schon von Anfang an durch Platzmangel aus, und so wurde der Bergfried auf einem separaten Felsen erbaut. Er war früher mit einer Holzbrücke mit dem Palas verbunden. Heute dient er als Aussichtsturm. Unterhalb des Schlosses liegt das Naturdenkmal Wacholderhain.

Wandervorschläge

Hochkreuz, Bergseen (z. B. der Einsee)

DELLACH IM GAILTAL

Höhe: 672 m | Einwohner: 1370

Tourismusbüro Dellach im Gailtal
9635 Dellach 65, Tel.: 04718/301
Fax: 04718/301-16
Internet: www.tiscover.at/dellach-im-gailtal
E-Mail: dellach-gail.tourist@ktn.gde.at

Allgemeines & Geschichte

Der nette Sommerfrischeort im Gailtal liegt zwischen den Karnischen Alpen im Süden und den Gailtaler Alpen im Norden, wo er vom Jauken überragt wird; er bietet sich für einen »Dorfurlaub« an. Der Ort wurde 1553 erstmals erwähnt. Bekannt geworden ist Dellach durch die Ausgrabungen am Gurinaberg aus der Zeit 800 v. Chr., denn ab der frühen Hallstattzeit entwickelte sich am Fuß des nördlich von Dellach gelegenen Jaukenmassivs ein Siedlungsgebiet mit diesem Namen. Der Grund war wohl das Vorkommen von Eisen, Blei und Galmei.

Sehenswürdigkeiten

Pfarrkirche St. Nikolaus

Die 1553 erstmals erwähnte barocke Pfarrkirche St. Nikolaus wurde Ende des 17. Jhs. neu erbaut. Der Hochaltar stammt von 1877 und ist aus verschiedenen Teilen zusammengesetzt. Sehenswert sind die Barockorgel und die in Panzerhemden gekleideten Heiligen.

Feste & Brauchtum

Es gibt einen Faschingsumzug mit Blochziehen und Schanibegraben. Der Schani ist eine Strohpuppe, die den Fasching symbolisiert und am Faschingsdienstag in einem Trauerzug durch das Dorf geleitet wird. Danach stürzt man sie von der Brücke in den Bach.

Am 1. Sonntag im Oktober gibt es das Häfenschlagen, wobei die Teilnehmer mit verbundenen Augen den 100 Schritte entfernten, auf einem Pfahl angebrachten Häfen zu erreichen und herunterzuschlagen versuchen. Am 15. August findet am traditionellen Almkirchtag das Zollnerfest zur Erinnerung an die Toten des 1. Weltkrieges statt. Der Dellacher Kirchtag findet im Juli statt, der von St. Daniel im September. Im Oktober ist Erntedankfest.

Kuren

Kneippkuren in St. Daniel

Ausflugsziele

Ruine Goldenstein

Goldberg. Hoch über St. Daniel am Berghang liegen auf einem steilen, isolierten Felsvorsprung die Reste der Ruine Goldenstein. Die Burg wurde 1359 als Besitz der Grafen von Görz erwähnt. Es stehen noch Teile des quadratischen Bergfrieds, Teile des Palas, der Ummauerung und der Brücke.

Gurina

Hier auf einem Vorberg des Jauken befanden sich einst eine vorgeschichtliche und eine keltische Siedlung, später ließen sich die Römer nieder; der Berg war also vielleicht von 800 v. Chr. bis Ende 5. Jh. n. Chr. besiedelt. Bereits die erste Siedlung war von einer Mauer umgeben, was sich bis zur Römersiedlung fortsetzte. Bei Ausgrabungen fand man Tonscherben aus der Hallstattzeit, keltische Fibeln, römische Münzen, Eisenwaffen und venetische Inschriften auf Bronzeblechen.

★ St. Daniel

Die spätgotische Kirche St. Daniel entstand vor 1040 und war die Urpfarre und Urkirche des Lesach- bzw. des oberen Gailtales. Nachdem sie von den Türken 1478 beschädigt wurde, hat man sie im spätgotischen Stil wieder aufgebaut; später wurde sie barockisiert. Außen an der Südwand sieht man die Reste eines Weltgerichtsfreskos von Urban Görtschacher (um 1510). Der Hochaltar von 1902 ist mit einer seltenen Skulptur Daniel in der Löwengrube geschmückt, was wohl einmalig im deutschen Sprachraum ist.

St. Helena am Wieserberg

Auf dem Wieserberg über Grafendorf steht die romanische Kirche St. Helena (889 m) aus dem 12. Jh. Sie besitzt eine alte Einrichtung mit einem romanischen Altartisch (mit barocker Kreuzigungsgruppe) und romanischen Fresken (Mitte 13. Jh.) in der Apsis. Diese zählen neben denen der Winterkirche in Maria Wörth und der Deutschordenskirche in Friesach zu den ältesten und bedeutendsten ihrer Zeit. Sehenswert ist auch das Christophorusbild an der Außenwand. Hochaltar und Seitenaltäre stammen aus dem 17. Jh., ebenso die Kanzel. Westlich der Kirche auf dem Weg zum Wieser-Bauer befindet sich eine frühgeschichtliche Wallanlage mit einem reich ausgestatteten Königsgrab aus der Hallstattzeit. Der Getreidespeicher Nr. 1 stammt von 1704 und ist einer der ältesten im Gailtal.

Wandervorschläge

Naturlehrpfad, Historischer Wanderweg, Wasserfälle (Weidenburger Wasserfall, Nölblinger Wasserfall), Tuffbachl, Zollner/Zollnersee, Radweg Gurina und Wieserberg, Jaukenalm

DEUTSCH-GRIFFEN

Höhe: 847 m | Einwohner: 1020

Gemeindeamt Deutsch-Griffen
9572 Deutsch-Griffen 23
Tel.: 04279/7600, Fax: 04279/7600-22
Internet: www.deutsch-griffen.at
E-Mail: deutsch-griffen@ktn.gde.at

Allgemeines & Geschichte

Der Ort liegt in ruhiger Lage inmitten der waldreichen Landschaft der Gurktaler Alpen. In seiner Umgebung findet man zahlreiche alte Getreidekästen und Bildstöcke. Da durch das Tal eine wichtige Verbindungsstraße nach Salzburg verlief, war es schon früh besiedelt, ab dem 9. Jh. von Slawen, was man an manchen Ortsnamen (z. B. Glödnitz) erkennt. Deutsch-Griffen, ein Haufendorf, wurde im 10. Jh. erstmalig als »Grivinne« erwähnt, wobei der Name von der Bezeichnung für einen Hügel (»Griff«) kommt. Im 17. Jh. war der Ort Wallfahrtsort.

Sehenswürdigkeiten

Was die ★ **Pfarrkirche St. Jakobus d. Ä.** von den vielen anderen Wehrkirchen unterscheidet, ist ihre lange gedeckte Stiege, die immerhin 178 Stufen aufzuweisen hat und die den Pfarrhof mit der Kirche verbindet; das Ganze bildet ein malerisches Ensemble. Sie wurde von der hl. Hemma von Gurk gegründet, ihr heutige Aussehen stammt aber aus dem 15. Jh., als sie zur Verteidigung gegen die Türken zu einer wehrhaften Anlage umgebaut wurde. So ist die den Friedhof umgebende Mauer fast 4 m hoch und 80 cm dick. Im Inneren stammt der barocke Hochaltar mit Säulenverzierung von 1640, der reich geschmückte Rosenkranzaltar wurde um 1700 geschaffen. Der schwarz-goldene Kreuzigungsaltar wurde 1656 errichtet und die Kanzel 1688; die übrige Ausstattung ist aus dem 17. und 18. Jh. Im Pfarrstadl gibt es ein **Krippen- und Heimatmuseum.** Öffnungszeiten: nach Vereinbarung, Tel.: 04279/7156.

An der **Wassermühle** beim Hofbauer wird noch Mehl gemahlen. In der Umgebung sieht man einige Paarhöfe im typischen Nockbergestil mit abgewalmtem Dach.

Feste & Brauchtum

Das Kugelwerfen ist ein alter Brauch, bei dem mit Holzkugeln gespielt wird.

Ausflugsziele

Dorf- und Waldwanderung

Deutsch-Griffen ist die 1. Vogelschutzgemeinde Kärntens. Jeder Haushalt der Gemeinde wurde eingeladen, zumindest eine Nisthöhle anzuschaffen und aufzuhängen. Mittlerweilen sind es an die 800 Nisthöhlen, die in den Hausgärten und im Wald angebracht wurden.

★ **Hochrindl**

Mehr als 200 km markierte Wanderwege im Tal bis in die Höhenlagen (2441 m) führen zu den schönsten Aussichtspunkten, Naturdenkmälern, Kirchen …

Wandervorschlag

Hochrindl

DIEX

Höhe: 1159 m | Einwohner: 860

Gemeindeamt Diex, 9103 Diex 25
Tel.: 04231/8111, Fax: 04231/8111-25
Internet: www.sonnenort-diex.at
E-Mail: diex@ktn.gde.at

Allgemeines & Geschichte

Der Bergort Diex liegt auf der Südseite des mächtigen Bergmassivs der Saualpe. Man hat von hier aus eine prächtige Sicht auf das Gebirge, das Jauntal und das Klagenfurter Becken. Diex rühmt sich, mit 2300 Sonnenstunden jährlich der sonnigste Ort Österreichs zu sein. Gemessen wird dies mit einem eigenen Sonnenschreiber. Über 200 km markierte Wanderwege über duftende Almwiesen und durch Wälder bieten sich an und auf der gesamten Saualpe warten rund 50 Almhütten und -gaststätten auf Besucher. Diex wurde bereits 895 urkundlich erwähnt.

Sehenswürdigkeiten

★ **Pfarrkirche St. Martin**

Die weithin sichtbare, im Kern gotische, zweitürmige Pfarrkirche St. Martin ist im Kern eine Wehrkirche aus dem 15. Jh. Die heutige Barockkirche selbst wurde erst im 17. Jh. erbaut. Zwischen den beiden Türmen wurde im 18. Jh. eine frühklassizistische Fassade im Zopfstil angebracht, im 19. Jh. baute man das Vordach davor. Das reich geschmückte Portal stammt aus der Spätgotik. Die Kirche ist innen barock ausgestattet; man sieht 3 Rokokoaltäre und eine spätgotische Sakramentsnische. Der Hochaltar wurde um 1750 geschaffen und ist mit überlebensgroßen Figuren versehen, auch die Kanzel stammt aus dieser Zeit. Am linken Seitenaltar sieht man eine Mondsichelmadonna von etwa 1500. Das Taufbecken ist von ca. 1450. Um die Kirche befindet sich die Wehranlage, die noch 5 m hohe Mauern mit hölzernen, steinplattengedeckten Wehrgängen, zwei Rundtürme und einen starken Torbau mit Schießscharten aufweist.

Der aus dem späten Mittelalter stammende Pfarrhof wurde Anfang des 18. Jhs. erweitert. Der Bildstock auf dem Dorfplatz vor der Kirche stammt von 1629. In der Umgebung sieht man noch einige schöne alte Paarhöfe,

Die Wehrkirche in Diex (links) Auf der Saualpe (rechts) In Kärnten findet man viele Wehrkirchen mit zum Teil noch sehr gut erhaltenen Wehrgängen. (unten)

aber auch Einhöfe. Beispiel sind Grafenbach Nr. 46 oder Haimburgerberg Nr. 19. Typisch für die Bauform am Abhang der Saualpe sind die Höfe Diex Nr. 3, Nr. 19 und Nr. 74. Schöne Austraghäuschen sieht man bei Diex Nr. 6 und Bösenort Nr. 3.

Feste & Brauchtum

An Brauchtum wird das »Kreuzstichdecken«-Sticken gepflegt, auch wird zu Erntedank eine Krone geflochten und durch den Ort getragen.

Ausflugsziele

★ Grafenbach

Die Pfarrkirche St. Maria Magdalena stammt aus dem 16. Jh. Sie ist mit einem Sternrippengewölbe und schönen Altären ausgestattet und von einer fast 4 m hohen, vollständig erhaltenen Ringmauer mit Wehrgang und einem mächtigen Torbau umgeben.

Wandervorschläge

Zum Verhounigkreuz, Montschkogel, Michaelerberg

EBENTHAL

(Marktgemeinde)

Höhe: 556 m | Einwohner: 7430

Marktgemeinde Ebenthal
Miegerer Str. 30, 9065 Ebenthal
Tel.: 0463/31375
Fax: 0463/31315-17
Internet: www.ebenthal.co.at
E-Mail: ebenthal@ktn.gde.at

Allgemeines & Geschichte

Im Zuge der Gemeindezusammenlegung kamen am 1. Jänner 1973 die Ortsgemeinde Radsberg, ein großer Teil der Ortsgemeinde Mieger sowie kleinere Teile der Stadtgemeinde Klagenfurt und der Ortsgemeinden Maria Rain und Grafenstein zur Gemeinde Ebenthal, die im Jahre 1998 zur Marktgemeinde erhoben wurde. Trotz starker Siedlungs- und Wirtschaftsentwicklung bewahrt und hütet Ebenthal seine zahlreichen Naturschönheiten.

Sehenswürdigkeiten

Pfarrkirche Maria Hilf und hl. Peter und Paul

Die aus dem 18. Jh. stammende (Weihe 1770) Pfarrkirche Maria Hilf und St. Peter und Paul, eine der spätesten der wenigen Barockkirchen Kärntens, bietet einen Gesamteindruck in elegantem Rosa und Rot. Die Kanzel stammt aus dem Rokoko (Ende 18. Jh.), ansonsten sieht man Fresken von Gregor Lederwasch (1766), auch die Bilder der Seitenaltäre sind von diesem Künstler. Der mächtige Säulen-Hochaltar stammt wie der rechte Seitenaltar aus dem 18. Jh. Beachtlich sind die seitlichen illusionistischen Architekturmalereien.

Schloss Ebenthal

Das 1566 erbaute und 1704 umgebaute Schloss zeigt sich in »Schönbrunner Gelb« und liegt in einem vornehmen Park, zu dem ein prächtiges Gittertor aus Schmiedeeisen führt. Der große Saal ist an der Decke mit Gemälden von Josef Ferdinand Fromiller ausgestattet, im Familienzimmer befindet sich ein monumentales Ölgemälde von Peter Kobler (18. Jh.), dem Kammermaler Maria Theresias.

Schloss Rosenegg

Eichenstraße 25, ist eigentlich ein aus dem späten 16. Jh. stammendes Herrenhaus, zweigeschossig und mit einem mächtigen Walmdach ausgestattet.

Ausflugsziele

Radsberg

Die Pfarrkirche St. Lambert wurde 1216 erwähnt. Der 1557 erbaute Turm besitzt Schießscharten. Das Weltgerichtsfresko an der Nordwand stammt aus dem 16. Jh., der Hochaltar aus dem 18. Jh. In einem der beiden Seitenaltäre findet man eine schöne stehende Madonna mit Kind (1513). Die Kanzel stammt aus dem Rokoko (um 1750). Der Rundkarner wurde in der Gotik erbaut. Der Pfarrhof südwestlich der Kirche wurde Anfang des 16. Jhs. errichtet.

Gurnitz

Der Ort wurde bereist 860 als curtis erwähnt. Auf einem steil abfallenden Felsplateau steht die Pfarrkirche St. Martin, die

älteste diesem Heiligen geweihte Kirche in Kärnten. Die heutige Kirche wurde im Barock 1773 erbaut. Der Hochaltar stammt von 1782, die Kreuzigungsgruppe von 1740 und der Grabstein für die Familie Neuhaus von 1604. Die Kanzel wurde im 18. Jh. vielleicht von Christoph Rudolph geschaffen. Der Altar in der Nikolauskapelle wurde um 1780 errichtet. Der Walmdach-Pfarrhof von 1678 ist mit der Kirche durch einen Gang verbunden. An seiner nördlichen Außenwand ist ein steinerner Löwe aus der Renaissance eingemauert. Im Friedhof steht die klassizistische Kapelle Zum hl. Kreuz. Das Alte Bräuhaus (Schlosswirt), Kirchenstr. 30, stammt aus der Renaissance (1545); hierher übersiedelte der Pfleger von der Burg, die danach verfiel. Der Renaissancebau besitzt ein mächtiges Walmdach und barocke Fensterkörbe. Die Burgruine Alt-Gurnitz liegt auf einem steil aufragenden Felsen und wurde 1142 erstmals erwähnt. In der Nähe befindet sich die Gurnitzschlucht mit Wasserfall und bemerkenswerter subalpiner Flora.

Naturschutzgebiete

Das Höfleiner Moor bei Schwarz ist ein Naturschutzgebiet mit Rosmarinheide, Moosbeeren, Besenheide und Moorkiefern. Wertvolle Biotope sind die ehemalige Kiesgrube bei Pfaffendorf sowie die Gurnitzer und die Ebenthaler Schlucht. Sie sind Standorte für seltene und geschützte Pflanzen.

Wandervorschläge

Zu den Wasserfällen (Ebenthaler und Gurnitzer Wasserfall), Wanderung entlang der Glan

EBERNDORF (Marktgemeinde)

Höhe: 477 m | Einwohner: 6020

Tourismusbüro Eberndorf, Kirchplatz 1
9141 Eberndorf, Tel.: 04236/3342-24
Fax: 04236/3004, Internet: www.eberndorf.at
E-Mail: eberndorf@ktn.gde.at

Allgemeines & Geschichte

Der beliebte Ferienort im hügeligen Jauntal besteht aus mehreren Ortschaften. Er liegt am südlichen Fuß des bewaldeten kleinen Kolm (627 m). Hier wird die Drau zum Völkermarkter oder Edlinger Stausee aufgestaut. In der Nähe befinden sich der Klopeiner, der Gösselsdorfer und der Turner See. Der Gösselsdorfer See ist Kärntens einziger unverbauter Familienbadesee. Der Ort hieß anfangs Maria Jun (= Jaun) und wurde 1106 als Dobrendorf erstmals erwähnt. Der Patriarch von Aquileja errichtete im 12. Jh. hier ein Chorherrenstift. Beherrschend für das Ortsbild ist die weithin sichtbare Stiftsanlage. Kulturbeflissene besuchen die »Südkärntner Sommerspiele« im Stift, und Naturfreunde wandern im Sablatnig Moor.

Sehenswürdigkeiten

★ Ehemaliges Chorherrenstift

Die um 1100 von dem friulanischen Graf Chazilo und seiner Gattin gestiftete Kirche wurde um 1150 dem Patriarchen von Aquileja übergeben; das von ihm daraufhin gegründete Augustiner-Chorherrenstift liegt in erhöhter Lage am Nordrand des Marktes und wurde 1483 durch den Propst und späteren Salzburger Erzbischof Leonhard von Keutschach während der Türkenkriege befestigt. Trotzdem erlitt es durch die Türken und die Ungarn schwere Beschädigungen. 1603–1783 gehörte es den Jesuiten, 1809 gelangte es an das Benediktinerstift St. Paul im Lavanttal.

Das Stiftsgebäude wurde während der Türkengefahr befestigt und ist eine ausgedehnte barocke Anlage mit Wehrturm und Torbau. Es liegt nördlich der Kirche um einen dreigeschossigen Arkadenhof aus dem 17. Jh., der Schauplatz der Sommerspiele ist. Im Stift residiert eine Galerie, die heimische und internationale Künstler zeigt.

Die Stiftskirche Maria Himmelfahrt stammt im Wesentlichen aus der Spätgotik, besitzt aber noch romanische Teile. Der freistehende Glockenturm wurde im 15. Jh. erbaut. Die Kirche besitzt eine prächtige Einrichtung. Am raumfüllenden Rokoko-Hochaltar (um 1770) befindet sich eine bemerkenswerte Marienfigur (um 1480), von der einmal geschrieben wurde, bei ihrem Anblick komme einem das alte Marienlied »Liebreich holdselige, himmlische Frau« in den Sinn. Über dem Hochaltar wurde Anfang des 14. Jhs. in den Gewölbefeldern vom »Meister von Einersdorf« die Geschichte einer angeblichen Hostienschän-

dung gemalt. Die gotischen Schnitzarbeiten stammen aus dem 15./16. Jh. Am östlichen Wandaltar befindet sich eine Florianskulptur von 1520. Auch die anderen Altäre aus dem Barock sind sehenswert. Die Kanzel stammt von 1770.
In der Franz-Xaver-Kapelle im Langhaus hängt ein Bild aus dem 17. Jh., darunter eine Skulptur des toten Franz Xaver, außerdem sieht man ein Anna-Selbdritt-Relief von etwa 1530 und ein Verkündigungsrelief von etwa 1510. Die Mohrenskulpturen stammen aus dem Barock. In der Ungnad-Kapelle an der Langhaussüdseite ist das Grab von Christoph Ungnad von Suneck (gest. 1481), ein Meisterwerk der Spätgotik, zu besichtigen. Der Feldherr kämpfte erfolgreich gegen die Türken und ruht hier als Skulptur in vollem Harnisch. Seine rotmarmorne Tumba (Hochgrab) ist eine für Kärnten seltene Bestattungsform. Auch die anderen Grabmäler aus dem 15./16. Jh., ebenfalls den Rest des Freskenzyklus aus dem 15. Jh., sollte man beachten.

Sonstige Kirchen

Am Holmberg nordöstlich des Ortes findet man weitere sehenswerte Kirchen: Friedhofskirche Unsere Liebe Frau am Berg, Kapelle St. Anna am Berg, Kapelle Hl. Geist auf dem Holmberg und südlich von ihr den Kalvarienberg mit zwei Kapellen, Kreuzwegstationen und einem lebensgroßen Kruzifix.

Ausflugsziele

Gösselsdorf

Die Filialkirche hll. Anton und Lambert liegt auf einem Hügel und wurde 1154 erwähnt. Der barocke Säulenhochaltar stammt von 1720 und ist mit Figuren versehen. Ein sehenswertes bäuerliches Anwesen, typisch für das Jauntal, ist das Anwesen Köckinger Weg 3. Bemerkenswert ist außerdem das Anwesen Seebergstraße 35 mit einem Zehntspeicher von 1561. Interessante Kleindenkmäler sind der Pfeilerbildstock bei Seebergstr. 35 (17. Jh.) und die Wegkapelle unterhalb der Kirche (um 1900).

★ Gösselsdorfer See

Der Familienbadesee erreicht Temperaturen bis zu 28 °C. Das Wasser soll gesundheitsfördernd, da kalmusfähig, sein. Es gibt schöne Kinderspielplätze und Animationsprogramme.

Wandervorschläge

Seenwanderungen (Klopeiner See, Gösselsdorfer See, Turnersee), Hochobir, Petzen (Pyramidenspitze), Sablatnig Moor (steht seit 1979 unter Naturschutz und ist eines der bedeutendsten Vogelschutzgebiete Kärntens)

EBERSTEIN (Marktgemeinde)

Höhe: 568 m | Einwohner: 1510

Marktgemeinde Eberstein, Unterer Platz 1
9372 Eberstein, Tel.: 04264/8168-0
Fax: 04264/8168-17
Internet: www.eberstein.at
E-Mail: eberstein@ktn.gde.at

Allgemeines & Geschichte

Der nette Straßenmarkt liegt am linken Ufer der Görtschitz am Fuß der Saualpe. Ab dem 17. Jh. bis 1885 wurde hier Eisen produziert. Die Hochöfen allerdings wurden abgerissen, ohne daran zu denken, dass ein solches Industriedenkmal genauso wie in Eisentratten eine Fremdenverkehrsattraktion bilden könnte. In den letzten Jahrzehnten konnte durch die Gutsbesitzerin Frau Irmtraud Riedl und ihre Gesellschafter ein Beton- und Baustoffwerk sowie ein Dolomitwerk mit Splitt- und Schottererzeugung gegründet und entwickelt werden. Wirtschaftlich von zunehmender Bedeutung für Eberstein ist heute der Fremdenverkehr, der sich besonders auf das Saualpengebiet konzentriert. Anziehungspunkt für den Gast sind Sehenswürdigkeiten wie die spätgotischen Wehrkirchen von Hochfeistritz und Mirnig sowie die Urpfarre St. Walburgen.

Sehenswürdigkeiten

Schloss Eberstein

Das auf steilem Fels in beherrschender Lage mitten im Ort gelegene Schloss, die ehemalige Untere Burg, stammt aus der Romanik, wurde in der Gotik umgebaut und 1851 im Sinne der Burgenromantik erneuert und mit Treppengiebeln, Zinnen und Erkertürmchen versehen. Die Hofarkaden besitzen eine römische Grabinschrift. Die Burgkapelle weist einen Turm mit einem barocken Zwiebelhelm auf. Leider ist das Schloss nicht zu besichtigen.

Das Chorherrenstift in Eberndorf ist prächtig renoviert. (links) **Bildstock bei Eberndorf** (rechts)

Die Gnadenstatue Madonna mit Kind in Hochfeistritz (links) **Schloss Eberstein** (oben rechts) **Die Wallfahrtskirche in Hochfeistritz** (unten Mitte) **Detail aus der wunderschönen gotischen Portalanlage** (unten rechts)

Die neue **Pfarrkirche Herz Jesu** wurde 1971/1972 mit einem vorstehenden Glockenturm erbaut. Innen sieht man einen offenen Dachstuhl und am Altar ein großes Kruzifix aus dem 18. Jh. Der ehemalige Pfarrhof, Schlossberg 4, wurde um 1780 in nüchternem Stil errichtet.
An der Abzweigung der Bundesstraße steht das Kernmaier-Kreuz, ein Bildstock mit Malereien aus der Spätgotik (um 1430). Am südlichen Ortsrand steht das Kraschitz-Kreuz, ein 1605 errichteter Nischenbildstock. Das Labornig-Kreuz am Kaltenberg ist ein 1847 errichteter Pfeilerbildstock. Die St. Johannes-Nepomuk-Brücke ist eine 1749 errichtete Steinbogenbrücke.

Ausflugsziele

★ Hochfeistritz

Der Ort ist eine Streusiedlung und liegt am südwestlichen Ausläufer der Saualpe. Sehenswert ist die Wallfahrtskirche Unsere Liebe Frau in der Feichten (Fichten), eine der schönsten spätgotischen Wehrkirchen in Kärnten. Die Legende erzählt, dass 1215 ein frommer Bauer in einer Fichte die Muttergottes gesehen hatte. Die erst erbaute Kapelle wurde 1446–91 als Kirchenburg ausgebaut. In das Innere der Kirche führt im Westen eine der schönsten gotischen Portalanlagen Kärntens. Der prachtvolle Innenraum besteht aus dem kurzen dreischiffigen Langhaus mit Sternrippengewölbe und dem großen, ebenfalls sternrippengewölbten Chor mit ornamental gestalteten Schlusssteinen. Im Brennpunkt des Chores steht der prunkvolle dreigeschossige Hochaltar in schwarz-goldener Fassung (Gnadenstatue Madonna mit Kind, hll. Barbara und Katharina).
Auf der Mensa des Leonhardsaltars sieht man ein schönes spätgotisches Relief (Marientod), das heute allerdings nur in Kopie zu sehen ist. Die Kanzel wurde Mitte des 18. Jhs. von Johann Pacher oder seiner Werkstatt geschaffen. Erhalten ist auch noch der vollständige Bering, ebenfalls noch alle mit Eisen verstärkten Türen, die mit kräftigen Riegelbalken gesichert sind. Man sieht auch noch Schießscharten, manchmal sogar zwei Reihen übereinander. Besonders sorgfältig gearbeitet ist der Turmbau im Nordosten, der früher vielleicht eine Zugbrücke trug. Einer der früher nach innen offenen Schalentürme wurde im Barock in eine Kapelle umgewandelt (östlich der Kirche); hier befindet sich die eigentliche Gnadenfigur. Die Kapelle wird nur an großen Wallfahrtstagen geöffnet. Neben der Kirche steht der aus dem 16. Jh. stammende Gasthof Leikam.

St. Oswald

Von Eberstein aus gelangt man in etwa 1 Stunde über die Ruine Gilitzstein zur Bergkirche St. Oswald. Mit dem Auto fährt man über das Almgasthaus Druckerhütte. Nach dem Auflassen des alten Schulgebäudes werden die Räumlichkeiten heute als **Volksliedhaus St. Oswald** genützt. Es dient als Sammelpunkt und kulturelle Ideenwerkstatt für Kärntner Sänger und Kulturschaffende.

Orte der Kraft

Der Erlebnispfad verbindet Eberstein mit St. Oswald. 24 Stationen führen in die Geomantie (Offenbarung der Erde) ein.

Wandervorschläge

Norischer Panoramaweg, Saualmhöhenweg, Geomantischer Erlebnispfad

EISENKAPPEL-VELLACH

(Marktgemeinde)

Höhe: 555 m | Einwohner: 2710

Tourismusverein, Vellach 10
9135 Bad Eisenkappel
Tel.: 04238/8686
Fax: 04238/8491
Internet: www.tiscover.com/bad-eisenkappel
E-Mail: bad.eisenkappel@netway.at

Allgemeines & Geschichte

Bad Eisenkappel ist der Hauptort des Vellachtales und ein bei Sommerurlaubern und Wintersportlern beliebter Ort; als seltene Kombination ist er Kur- und Luftkurort sowie Klimaschutzgemeinde. Der große Marktort, der südlichste Markt Österreichs und die südlichste Gemeinde Kärntens, liegt in prächtiger Lage im Gebirge am Zusammenfluss von Vellach und Ebriach mitten in den Karawanken. In der Nähe befindet sich der wichtige Übergang über den Seebergsattel (1218 m); dieser gewann insbesondere nach 1382, nach dem Erwerb Triests durch Habsburg, an Bedeutung. Über ihn wurde Salz aus der Adria nach Kärnten gebracht, im Gegenzug gingen Eisen und Blei nach Süden. 1060 wurde der Ort nach einer Kapelle als »villa Capella« erstmals erwähnt und bis 1890 nur Kappl, danach Eisenkappel genannt. Außerdem gingen die früher hier tätigen Eisenhämmer in den Ortsnamen ein, und so erinnert der Name daran, dass jahrhundertelang die Wasserkraft der Vellach und der Waldreichtum die Grundlage zur Verarbeitung des aus Hüttenberg stammenden Eisens waren. Außer dem Salzhandel und den Eisenhämmern trugen die Privilegien der hohen Gerichtsbarkeit zum früheren Reichtum der Stadt bei. 1473 vernichteten die Türken den nicht befestigten Ort.

Für Wanderfreunde gibt es 200 km markierte Wanderwege in der Umgebung. In Bad Eisenkappel liegt auch das erste Naturwaldreservat Kärntens; hier wird auf 114 Hektar kein Baum gefällt und umgestürzte Bäume bleiben liegen, so dass sich »Urwald von morgen« entwickeln kann. Zu empfehlen ist die »All inclusive Card« Bad Eisenkappels.

Sehenswürdigkeiten

Am lang gestreckten Hauptplatz findet man eine geschlossene Verbauung von Häusern aus dem 15. und 16. Jh. mit biedermeierlichen Fassaden. Wer aufmerksam durch den Ort und vor allem durch das Obirmassiv wandert, trifft immer wieder auf Zeichen, die an den früheren Bergbau erinnern.

Pfarrkirche St. Michael

Die gotische Pfarrkirche St. Michael, eine dreischiffige Hallenkirche, wurde Mitte des 11. Jhs. erstmals erwähnt und nach der Zerstörung durch die Türken 1473 errichtet. Heute ist sie innen einschließlich der Rippengewölbe weiß getüncht, was einen ungewöhnlichen Raumeindruck bewirkt. Der mächtige Hochaltar wurde um 1750 erbaut. In der kreuzgratgewölbten Pestkapelle steht ein schöner schwarz-goldener Altar mit den Figuren der Pestpatrone Sebastian, Florian und Rosalia. Sehenswert sind auch verschiedene Grabsteine ab Mitte des 17. Jhs. und im Langhaus reliefierte Glasscheiben in blau-gelb aus dem Jahr 2000 von Valentin Oman.

★ Wallfahrtskirche Maria Dorn

Die hochgelegene, spätgotische, aber bereits 1154 erstmals genannte Wallfahrtskirche Maria Dorn beim Friedhof entstand nach den Türkeneinfällen als Wehrkirche und ist über eine gedeckte Stiege mit 83 Stufen zu erreichen. Als diese alte Wallfahrtsstätte durch den nüchternen Kaiser Joseph II. geschlossen werden sollte, gab es heftige Proteste, und die Bürger bewachten 1784–88 ihre Kirche. Es rückte sogar ein Kommissär mit Soldaten an, aber schließlich gaben die Behörden nach: Es solle »alles beym Alten bleiben«, hieß es dann resignierend. Die Kirche wurde 1480 außen mit schönen Fresken bemalt. Die barocke Einrichtung mit den skulpturengeschmückten Altären, der Kanzel und den Gemälden stammt von 1760/70, die Schöne Madonna im »Weichen Stil« von etwa 1410. Die Annenkapelle (2. Hälfte 18. Jh.) an der Nordseite des Langhauses wurde 1515 erstmals erwähnt. Zu der Kirche flüchteten die Menschen, wenn die Vellach Hochwasser führte.

Schloss Hagenegg

Schloss Hagenegg am Südrand des Ortes stammt ursprünglich aus dem 14./15. Jh., die heutige barocke Gestalt geht im Wesentlichen auf die Zeit um 1700 zurück. Bauherr war die reiche Bürgerfamilie Hagen. Das Schloss liegt in einem schönen Park im englischen Stil. Privat. Gegenüber befindet sich die Carinthia-Quelle.

Feste & Brauchtum

An Ostern werden schöne, weithin berühmte Palmbuschen gefertigt. Der Kirchtag am 15. August, der »große Frauentag«, ist bei Wallfahrern beliebt, um nach Maria Dorn zu pilgern. Ein altes Brauchtum ist das Kirchleintragen. Es geht auf ein Hochwasser der Vellach 1180 zurück. Damals bastelte man ein hölzernes Kirchlein, das man, von innen her beleuchtet, auf den Fluss setzte. Daraufhin ging das Hochwasser zurück. Heute noch fertigen die Kinder kleine Papierkirchen und setzen sie, beleuchtet mit Kerzen, am 1. Feber, also am Vorabend von Lichtmess, auf das Wasser.
Beim Christophorusbild in Richtung Seebergsattel findet jedes Jahr im August ein Festgottesdienst mit Autoweihe statt. Märkte werden am 2. Mai, 2. Juni und 28. Oktober abgehalten.

Kuren

Luft-, Kneippkurort, Mineralsäuerlinge, Mineralthermalsäuerling, CO_2-Gas, Carinthia-Lithion-Quelle (alkalisch-muriatischer Säuerling). Heilerfolge bei Durchblutungsstörungen, Herz-, Kreislauf- und Gefäßerkrankungen, u. a. durch Kohlesäuregas-Therapien. Kuren können im Kurzentrum oder auch bei verschiedenen Partnerbetrieben gemacht werden.

Ausflugsziele

★ Obir-Tropfsteinhöhlen und Schaubergwerk

Die Höhlen liegen auf der Unterschäffleralpe, einem einst florierenden Bergwerksrevier. Der Bleibergbau ist schon aus der Hallstattzeit bekannt, am Hochobir wurde er 1171 erstmals urkundlich genannt. Letzte (erfolglose) Aufschließungsarbeiten wurden 1938 getätigt. Im Wilhelm-Stollen errichtete man ein Schaubergwerk. In den Höhlen sind mannshohe Türme, meterlange Tropfsteine, über 3 m hohe, bläulich gefärbte Stalagmiten und herrliche Sinterfahnen. Die »Lange Grotte« ist 260 m lang und besitzt eine 20 m lange und 10 m breite Vorhalle, auch »Indische Grotte« genannt. Die »Orgel« ist eine 12 m breite und 6 m hohe Sinterwand. Die »Kleine Grotte« besitzt eine Länge von 130 m, die »Wartburg« ist sogar 700 m lang. Gezeigt wird eine Multimedia-Schau aus Tönen, Lichteffekten und bizarren Formen in mehreren Sprachen. Der Höhleneingang befindet sich auf 1078 m Seehöhe, die Höhlen sind etwa 5 km lang. Man wird von Bad Eisenkappel aus mit dem Bus dorthin gebracht. Die Temperatur beträgt konstant 8 °C.
Öffnungszeiten: Ostern bis Oktober sonst nach Voranmeldung. Tel.: 78239. Die Besichtigung mit den 6 Stationen dauert etwa 1 Std. Kinder unter 4 Jahren dürfen nicht mit in die Höhle.

Sonnegger See

Der Badesee liegt etwa 8 km nördlich von Bad Eisenkappel bei Sittersdorf.

★ Trögerner Klamm

Die in einem schönen Naturschutzgebiet liegende Klamm ist wohl die einzige, die mit einem Rollstuhl befahren werden kann! In der wildromantischen Schlucht mit Schotterbänken und Blockhalden leben zahlreiche seltene Pflanzen und Tiere. Reich ist die Insekten- und Spinnenfauna, und in keinem anderen Kärntner Fließgewässer leben so viele Kurzflügelkäfer. Seit 1997 befindet sich im Potograben ein Naturwaldreservat mit Schwarzföhren und Mannaeschen. Die Felsen bestehen aus bis zu 250 Mio. Jahre altem Schlerndolomit, in den sich der Trögerner Bach bis zu 600 m tief eingeschnitten hat. Die Klamm ist durch Schautafeln erklärt.

Wandervorschläge

Hochobir, Vellacher Kotschna, Ojstra, Türkenschanze, Uschowa, Felsentore, Wildensteiner Wasserfall, Kneipp-Gesundheitspfad, Kupitzklamm, Grenzweg

Relikt vergangener Zeiten – der Hochofen in Feistritz ob Bleiburg (links) **Kirche in Feistritz an der Gail** (rechts)

Schloss Hagenegg (oben links) **Der hl. Christophorus ist in Kärnten sehr häufig anzutreffen.** (oben Mitte) **Die Wallfahrtskirche Maria Dorn bei Eisenkappel** (oben rechts)

FEISTRITZ OB BLEIBURG

Höhe: 460 m | Einwohner: 2130

Gemeindeamt Feistritz ob Bleiburg
St. Michael 79
9143 St. Michael ob Bleiburg
Tel.: 04235/2257
Fax: 04235/2257-22
Internet: www.feistritz-bleiburg.at
E-Mail: feistritz-bleiburg@ktn.gde.at

Allgemeines & Geschichte

Der Ort liegt am Fuß der Petzen und wurde 1261 erstmals erwähnt. Sehenswert sind zum einen verschiedene kleine Denkmäler der Volksfrömmigkeit, zum anderen auch technische Hinterlassenschaften des Bleiabbaus. Viel Spaß hat man im Freizeiterlebnis »Fun Park«. Ende Juli findet der »Alm-Kirchtag« statt. Für Kinder und Jugendliche werden am Pirkdorfersee die »Hits für Kids« geboten. Feistritz ob Bleiburg (Bistrica nad Pliberkom) ist eine zweisprachige Gemeinde im Sinne des Volksgruppengesetzes 1976.

Sehenswürdigkeiten

Zu den technischen Hinterlassenschaften gehört die ehemalige, 1855 erbaute Bleiverhüttungsanlage in Ruttach. Sie war bis 1934 in Betrieb. Man sieht noch Reste von 2 Schmelzöfen und eines Pulverturms, ein Arbeiterwohnhaus, einen Maultierstall, einen Hochofen und 2 Pulvertürme auf der Petzen. Am Feistritzbach steht ein ehemaliger Kalkbrennofen (um 1850). Die Bergbaukapelle wurde um 1850 zur Erinnerung an einen Bleifund errichtet. Das schön verzierte Rudolfskreuz ist ein Wegkreuz an der Abzweigung nach Pirkdorf und stammt von Ende des 19. Jhs. Das Ambruschkreuz in Gonowetz ist eine Wegkapelle aus dem 18. Jh.

Ausflugsziele

St. Michael ob Bleiburg

Wie alle Urpfarren hatte auch jene von St. Michael eine große Ausdehnung. Ihre Gründungszeit fällt vor das Jahr 1050, ihre Stifter waren vermutlich die Grafen von Heunburg. Die heutige Form erhielt die Pfarrkirche St. Michael ob Bleiburg durch einen Umbau des Mittelschiffes im Jahre 1973. Das Hauptbild des Altares stellt den Erzengel Michael dar, an seiner Seite stehen die Statuen der hll. Brüder Johannes und Paulus, der großen Wetterpatrone. An der südwestlichen Friedhofsecke steht in einer Bildnische eine Michaelsstatue von Anfang des 18. Jhs.

Wandervorschläge

Petzen, Jauntaler Kulturwanderungen

FEISTRITZ AN DER GAIL

Höhe: 638 m | Einwohner: 660

Gemeindeamt Feistritz an der Gail
9613 Feistritz, Tel.: 04256/2464
Fax: 04256/2464-4
Internet: www.feistritz-gail.at
E-Mail: feistritz-gail@ktn.gde.at

Allgemeines & Geschichte

Die Gemeinde ist die kleinste des Gailtales und die einzige, die nur aus einem Ort am Fuße der Karnischen Alpen besteht. Der Hausberg ist der Oisternig. In den Wäldern der Umgebung sollen mittlerweile wieder die scheuen Braunbären leben. In früheren Jahren war hier ein bedeutendes Zentrum zur Züchtung von Norikerpferden ansässig. Es entstand dadurch, dass die nach dem Dobratsch-Bergsturz 1348 vernässten und

versauerten Wiesen, die für die Rinder ungeeignet waren, zur Pferdezucht benutzt wurden. Dies versetzte die Untergailtaler auch in die Lage, über Jahrhunderte hinweg Handelswaren von Italien nach Bayern und Salzburg zu transportieren.

Sehenswürdigkeiten

Pfarrkirche St. Martin

Die hoch gelegene und ummauerte, vor 1180 erwähnte Pfarrkirche St. Martin stammt aus dem 15. Jh. und liegt auf einem senkrecht abfallenden Fels. Von ihr aus hat man einen prächtigen Blick auf den Dobratsch und das Gailtal. Sie geht auf eine erste Martinskapelle zurück, die dem friulanischen Kloster Mosach (= Moggio) gehörte und unten im Ort stand. Nach einem Hochwasser baute man dann auf dem Berg anstelle einer älteren Burg die Kirche mit dem mächtigen Turm. Sehenswert ist auch das reich profilierte Westportal. Die schönen Fresken an den Wänden und den Gewölben des Chors stammen aus dem 15. Jh. und sind von Friedrich von Villach (oder aus seiner Schule). Sie wurden 1948 freigelegt. Der steinerne Hochaltar ist von 1762, am linken Seitenaltar sieht man eine Madonna mit Kind von 1440. Die sonstige Einrichtung stammt überwiegend aus dem 19. Jh. Sehenswert sind auch die Grabplatten aus dem 16. Jh. Beachten sollte man die Grabsteine auf dem Friedhof, die in deutsch und slowenisch beschriftet sind.

Feste & Brauchtum

Im Ort findet am Pfingstmontag das alte Brauchtum des ★ **Kufenstechens** statt. Nach dem Motto »Reiten und Stechen, bis die Kufen brechen« versuchen junge Männer auf sattellosen Pferden, mit einer Eisenkeule ein auf einem Pflock befestigtes Fass (Kufe) zu treffen. Das Fass dreht sich dadurch ständig, und Sieger ist, bei wessem Schlag es vollends zerbricht. Weiters werden die abgesprungenen Fassreifen hochgehalten und müssen mit Eisenstangen heruntergeholt werden. Der Sieger erhält einen Blumenkranz und eröffnet den Tanz. Schön ist auch der Gesamteindruck des Festes mit den Mädchen in ihren farbenfrohen Trachten. Am Nikolaustag wird der Perchtenlauf gepflegt.

Ausflugsziele

Bäuerliche Architektur

In der Umgebung sieht man einige schöne, alte Bauernhöfe, die teilweise noch Holzbrüstungen im Obergeschoss haben.

Natursehenswürdigkeiten

Eine Natursehenswürdigkeit ist der Wasserfall mit dem überdachten Bachübergang, außerdem ein naturbelassener Altarm der Gail.

Wandervorschläge

Feistritzer Alm, Achomitzer Alm, Oisternig

FEISTRITZ IM ROSENTAL

(Marktgemeinde)

Höhe: 545 m | Einwohner: 2710

Gemeindeamt Feistritz im Rosental
Hauptplatz 126
9181 Feistritz im Rosental
Tel.: 04228/2035
Fax: 04228/2745-24
Internet: www.rosengemeinde.at
E-Mail: feistritz-ros@ktn.gde.at

Allgemeines & Geschichte

Der Ort liegt am Nordfuß der Karawanken am Eingang zum Bärental und oberhalb der Mündung des Feistritzbaches in die Drau. Er ist ein guter Ausgangspunkt für Bergtouren. Seit Anfang des 16. Jhs. gab es hier Eisenwerke und Hämmer, und 1840 errichtete Graf Egger das erste österreichische Drahtwalzwerk. 1933 wurden die Anlagen stillgelegt. 1813 fanden hier heftige Kämpfe zwischen den Österreichern und den Franzosen statt.

Sehenswürdigkeiten

Filialkirche hl. Kreuz

Die Filialkirche hl. Kreuz steht südlich des Ortes auf einer Anhöhe. Sie wurde 1720 erbaut und besitzt im Erdgeschoss des Turmes eine kreuzgratgewölbte Vorhalle. Die Fresken an den Wänden des Langhauses innen wurden 1947 von Otto Kraigher-Miczoch gemalt. An der Altarwand sieht man eine Schnitzgruppe. Das von den Schächern flankierte Kruzifix stammt aus dem 19. Jh., die beiden Seitenaltäre aus dem 18. Jh. Sie sind mit schönen Skulpturen versehen.

Schloss Feistritz

Das Schloss, Nr. 27, wurde im 15. Jh. erwähnt und gehörte Gewerken. In den Kämpfen mit den Franzosen 1813 wurde es schwer beschädigt.

Kraigher-Haus

Das Kraigher-Haus, Am Kraigher Weg 25, stammt aus dem 17. Jh. und hatte verschiedene Funktionen, vom Gasthaus bis zur Poststation. Es besitzt alte Gewölbe, einen Arkadenhof und einen Biedermeiergarten. Heute finden in ihm kulturelle Veranstaltungen statt, u. a. eine jährlich wechselnde Gedächtnisausstellung »Otto Kraigher-Miczoch« (1886–1951). Dieser vom Jugenstil beeinflusste kärntnerisch-mährische Künstler verbrachte in Feistritz seine Jugend- und Altersjahre und arbeitete vorwiegend in Brünn/Mähren. In Kärnten schuf er großformatige Fresken, Porträts und Landschaftsbilder.
Öffnungszeiten: Donnerstag bis Sonntag 11–18 Uhr, Tel.: 04228/3220.

Ausflugsziele

Bärental

In Feistritz beginnt das 6,5 km lange Bärental. Steil und mit vielen Kurven führt eine Straße bis zum 950 m hoch gelegenen Ort Bärental. Die Pfarrkirche St. Michael stammt von 1866 und besitzt einen barocken Hochaltar aus der Erbauungszeit mit einer volkstümlichen Michaelskulptur (16. Jh.). Nördlich oberhalb der Kirche steht die Kapelle Alt-St. Michael (17./18. Jh.). Vom Ort aus kann man in etwa 2 Std. zur Klagenfurter Hütte (1633 m) aufsteigen, in weiteren 2 Std. zum Hochstuhl (2238 m). Dieser höchste Karawankengipfel liegt auf slowenischer Seite (Ausweispapiere nicht vergessen).

★ Schloss Ebenau

Weizelsdorf. In dem dreigeschossigen Renaissanceschloss mit dem Walmdach befindet sich eine Galerie moderner Kunst, im Schlosspark sieht man Land-art-Objekte. Das Schloss wechselte oft seinen Besitzer. Die heutige Anlage geht auf das 18. und 19. Jh. zurück. Öffnungszeiten: Mai bis Oktober, Tel.: 04228/2110.

Suetschach

Das Dorf zeigt ein für Unterkärnten typisches Ortsbild mit kleinen Häusern. Die Pfarrkirche hl. Hubertus wurde 1364 erstmals erwähnt und besitzt einen aufwändig gestalteten Kirchturm. Im Ort befinden sich ein **Schmiedemuseum** und ein ★ **Krampusmuseum,** in dem die Geschichte dieser mystischen Gestalt eindrucksvoll gezeigt wird.
Öffnungszeiten: Ende November bis Anfang Dezember und auf Anfrage, Tel.: 04228/2035.

Wandervorschläge

Gaisberg, Matschacher Gupf, Sinacher Gupf, Klagenfurter Hütte, Bärental, Hochstuhl

FELD AM SEE

Höhe: 751 m | Einwohner: 1190

Tourismusbüro Feld am See
Rathausstraße 25
9544 Feld am See
Tel.: 04246/2273
Fax: 04246/2280-78
Internet: www.feld-am-see.at
E-Mail: feld-am-see@ktn.gde.at

Allgemeines & Geschichte

Der schön gelegene Ort liegt in den Nockbergen im Gegendtal und besteht aus mehreren Weilern. Feld ist von 2 Seen flankiert: Es liegt am Nordende des Brenn(Feld)sees, und in der Nähe befindet sich der Afritzer See. Beide Seen waren früher ein einziger und wurden 1384 durch einen Bergsturz des Mirnocks getrennt. Sie erreichen Wassertemperaturen bis zu 24 °C. Das Gegendtal war Zufluchtsort verfolgter Lutheraner. Als man sie in der Gegenreformation zwingen wollte, wieder den katholischen Glauben anzunehmen, wanderten gegen Ende des Dreißigjährigen Krieges viele Einwohner von hier nach Deutschland aus und wurden in der Gegend von Ulm ansässig.

Sehenswürdigkeiten

Pfarrkirche St. Joseph

Die wuchtige gotische katholische Pfarrkirche St. Joseph wurde 1960 geweiht. Sie besitzt einen frei stehenden Glockenturm. Die Kanzel stammt von Ende des 18. Jhs.

In der Umgebung Feldkirchens findet man einige verträumte Seen. (oben) **Einladung zum Krampusmuseumsbesuch in Suetschach** (links) **Der Alpenwildpark in Feld am See** (rechts)

Protestantisches Bethaus

Das protestantische Bethaus wurde 1787 erbaut, der Turm 1852. Es besitzt große Rundbogenfenster und eine Rokokokanzel. Im dreijochigen Langhaus befindet sich eine Flachdecke mit Stuckmedaillons aus der Bauzeit, das Deckenbild stammt von Anfang des 20. Jhs. Der mit Säulen versehene Knorpelwerk-Hochaltar wurde 1648 geschaffen.
Das mächtige ev. Pfarrhaus stammt von 1881. In Rauth, Erlacherwirt Nr. 29, steht eine alte Venezianersäge. Am südwestlichen Ortsrand findet man die Hubertuskapelle, die 1968 errichtet wurde und mit einem Fresko von Peter Brandstätter geschmückt ist. Um den Ort stehen einige alte Bauernanwesen in der typischen Form als Paarhof. Oft sieht man auch einen Troadkasten dabei.

Feste & Brauchtum

Im August findet das ★ **Fischfest** statt.

Ausflugsziele

★ Alpenwildpark

Man sieht verschiedene Tierarten der Wälder und der Alpen und einen Streichelzoo. Im Naturstadl Bernlieger befindet sich ein Fischmuseum – eine umfangreiche Sammlung heimischer See- und Flussfische sowie eine kanadische Wildtierausstellung.
Öffnungszeiten: Mai und Oktober 9–17 Uhr, Juni bis September 9–18 Uhr. Tel.: 2776.

Wandervorschläge

Mirnock, Wöllaner Nock

FELDKIRCHEN

(Stadtgemeinde)
Höhe: 510 m–1069 m | Einwohner: 14.030

Touristikbüro der Stadtgemeinde Feldkirchen
Amthofgasse 3
9560 Feldkirchen
Tel.: 04276/2176
Fax: 04276/2511-77
Internet: www.feldkirchen.co.at
E-Mail: tourismus@feldkirchen.at

Allgemeines & Geschichte

Die lebhafte Einkaufsstadt liegt im geografischen Herzen Kärntens am Ostende des Ossiacher Sees in einem vom Tiebelfluss durchflossenen Talkessel, umgeben von den Nockbergen im Norden und grünen Hügeln. In der Umgebung findet man reizvolle Teiche, Hügel mit Wäldern, romantische Schlösser, Landsitze und Ruinen. Hier sind herrliche Wanderungen möglich, ebenso verlockend sind die Seen in der Umgebung. Ein Naturphänomen ist der nahe Tiebelfluss, der nie zufriert, was ihm schon 1837 in der Österreichischen National Enzyklopädie bescheinigt wurde.
Die Römer bauten hier, etwa eine Tagesreise von Villach entfernt, eine Raststation. Von ihnen sind noch zahlreiche Fundstücke – Münzen, Denkmäler u. Ä. – übrig. Erstmals 1065 genannt, gelangte der Ort 1166 an das Hochstift Bamberg, wo er bis 1759 verblieb, als er von Österreich um 1 Million Gulden gekauft wurde. Feldkirchen war früher unbefestigt und hatte darum 1473, 1476 und 1480 sehr unter den Türken und Ungarn zu leiden. Kaiserin Maria Theresia förderte die Eisen- und Kupferhämmer. 1809–14 war der Ort von den Franzosen besetzt. 1930 wurde Feldkirchen zur Stadt ernannt. Der Ort hat von der Erbauung der Eisenbahnlinie Wien–Triest im Jahre 1868 profitiert, denn diese verlief durch das Glantal. Früher gab es hier viele bergbauliche und holzwirtschaftliche Betriebe.

Sehenswürdigkeiten

Die Häuser in Feldkirchen erwecken teilweise noch einen altertümlichen Eindruck. Man sollte die Gebäude im »alten« Viertel und am Hauptplatz ansehen; hier sieht man Fassaden aus dem Biedermeier (18./19. Jh.). Der Hauptplatz ist heute noch vom Verkehr unberührt. Sehenswert sind die Mariensäule (1760), der Nymphenbrunnen (1898) und der mit Pinienzapfen versehene Schalenbrunnen aus dem 17. Jh. Die Häuser stammen im Kern aus dem 16. Jh. und erhielten später ihre neueren Fassaden. Das Bürgerstöckl in der Bürgergasse ist eines der ältesten Häuser der Stadt. Neben der Kirche steht der ehemalige Wehrturm aus der Zeit der türkischen Überfälle. Der heutige Bau des 1371 erwähnten Bürgerspitals Zum Hl. Geist, Bahnhofstraße, stammt aus dem 18. Jh. Schloss Greifenthurn, Gurktalerstr. 37, liegt

im Norden der Stadt und wurde Anfang des 16. Jhs. erbaut. Hier wohnte lange Zeit die Familie Forchegger; Hieronimus Forchegger war Patrizier und Amtmann der Bamberger. Danach saßen hier Hammergewerken. Neben der Pfarrkirche Maria Himmelfahrt steht ein Wehrturm aus der Zeit der Türkenkriege.

★ Bamberger Amthof mit Museum
Amthofgasse 5, im Süden der Stadt. In der schlossartigen, die Stadt dominierenden Vierflügelanlage befinden sich heute verschiedene öffentliche Einrichtungen, u. a. das Amthofmuseum. Der erste Bau entstand wohl bereits im 13. Jh. als Sitz der bambergischen Verwaltung. Danach entstand ein mächtiger Wohnturm. Die Anlage wurde vor allem im 17. und 18. Jh. erweitert. Im Amthofmuseum sind Exponate zur Stadtgeschichte und Volkskunde zu sehen.
Öffnungszeiten: Juni bis September, Dienstag bis Samstag 9–13 Uhr, Tel.: 2176.

★ Pfarrkirche Maria Himmelfahrt
Die dreischiffige Pfarrkirche Maria Himmelfahrt (Maria im Dorn) gab als »Kirche im Feld« dem Ort seinen Namen. Sie ist eine ursprünglich aus dem 11. Jh. stammende romanische Pfeilerbasilika und wurde in der Gotik im 14. Jh. um den Chor und den Turm erweitert. Beachtenswert sind die romanischen Fresken aus dem 13. Jh. im Chorturm und an der Chorsüdwand, die vielleicht von Friedrich von Villach sind, der Flügelaltar (1515) im nördlichen Seitenschiff mit den beiden schönen Schreinfiguren und das spätgotische Holzkruzifix (16. Jh.). Der mächtige Hochaltar und die schöne Kanzel stammen aus dem Barock (1730), der Marienaltar mit dem Gnadenbild wurde im Rokoko geschaffen. Der hoch oben angebrachte Herkulestorso stammt aus der Römerzeit (2. Jh.). Sehenswert sind auch die vielen Grabsteine, die man im Inneren und Äußeren der Kirche sieht.

Feste & Brauchtum

Das Jirgljagen in Glanhofen und in Stocklitz bedeutet die Austreibung des Winters. Auch das Ranggeln, eine Art bäuerlicher Ringkampf, findet statt. Im September lockt das **★ Gulaschfest** viele hungrige Gäste und auch Einheimische an.

Ausflugsziele

Burgen & Schlösser

Wer sich für Burgen und Schlösser interessiert, findet in der Umgebung Feldkirchens einige interessante Bauwerke: Schloss Tigring stammt aus dem 16. Jh. Schloss Dietrichstein ist ein einfaches, würfelförmiges Gebäude von etwa 1500; um 1840 wurde es im Stil des Spätklassizismus umgebaut. Auf einem bewaldeten Hügel steht eine Burgruine. Auf dieser 1103 erwähnten Burg saß bis zu ihrer Zerstörung durch die Türken 1483 die Familie Dietrichstein. Das 3-geschossige Schloss in Gradisch wurde in der Renaissance erbaut (um 1550) und besitzt zwei vorspringende runde Ecktürme mit Zwiebeltürmen und Laternen. In Prägrad steht eine 1166 als Bamberger Besitz erwähnte Burgruine. Man sieht noch Teile des Palas (12. Jh.), des Wirtschaftsgebäudes und des Zwingers.

Glanhofen

Glanhofen besteht aus einzelnen Streusiedlungen, die am bewaldeten Süd- und Nordabfall der Hügelrücken der Ossiacher Tauern südöstlich des Ossiacher Sees liegen. Hier wird im April beim »Jirgljagn« (Georgijagen) mit Kuhglockenlärm der Winter ausgetrieben; dabei werden dem Vieh, den Fluren und den jungen Mädchen Gedeihen und Fruchtbarkeit gewünscht.

★ Klein St. Veit

Die beiden Ruinen der Zwillingsburgen auf dem Gipfel des Hornberges am Abhang der Saualpe wurden 1140 erstmals erwähnt, damals waren sie im Besitz der Grafen von Görz, danach des Ministerialengeschlechts der Hornburger. Die romanische Obere Hornburg stammt von Anfang des 12. Jhs. und besitzt eine hohe Ringmauer aus der Gotik mit Wehrgang und einem Rundturm. Vor der Burg steht die Ruine der Kapelle. Von der Unteren Hornburg sind nur mehr wenige Reste eines rechteckigen Gebäudes aus dem 12. Jh. vorhanden.

Seen

In der Umgebung Feldkirchen findet man einige kleinere Badeseen, so den in einem

Naturschutzgebiet liegenden Flatschacher See, den St. Urbaner See und den Maltschacher See.

Wandervorschläge

Altstadtwandern in Feldkirchen

FERLACH (Stadtgemeinde)

Höhe: 466 m | Einwohner: 7600

Stadtgemeinde Ferlach
Kirchgasse 5
9170 Ferlach
Tel. 04227/26 00-0
Fax: 04227/23 11
Internet: www.ferlach.net
E-Mail: ferlach@ktn.gde.at

Allgemeines & Geschichte

Der Sommererholungsort, Mittelpunkt des Rosentals, ist die südlichste Stadt Österreichs und wurde 1246 als Vörolach erstmals erwähnt. Seit dem 16. Jh. ist er bekannt für sein Büchsenmacherhandwerk; die Büchsenmachergilde wurde 1558 erstmals erwähnt. Schon zur Zeit Kaiser Ferdinands I. wurden im Jahre 1598 im Grundbuch einige Meister des Handwerks genannt, und zur Zeit Maria Theresias war hier die größte Waffenschmiede Österreichs. Ein Meisterstück der hiesigen Büchsenmacher war die Radschlossbüchse mit Pulverhorn, die Hans Schmidt aus Ferlach 1628 für Erzherzog Leopold V. gebaut hat. Heute ist sie im Kunsthistorischen Museum in Wien zu bewundern. 1878 wurde die K.K. Fachschule für Gewehrindustrie gegründet. Im Museum wird dieses Gewerbe umfassend dokumentiert. In Ferlach war auch der Dichter Josef Friedrich Perkonig (1890–1959) beheimatet. Die Stadterhebung erfolgte 1930.

Sehenswürdigkeiten

Pfarrkirche St. Martin

Die 1970 erbaute Kirche St. Martin besitzt noch den mächtigen, barocken Turm mit Zwiebeldach (16. Jh.). Die 3 Altäre stammen aus dem 18. Jh. Die Glasfenster aus dem 19. Jh. wurden in einer Tiroler Werkstatt gefertigt, außerdem sind noch schöne moderne Glasfenster zu sehen. An der Außenwand befindet sich ein sehenswerter Grabstein aus dem 18. Jh.

★ Schloss Ferlach

Das auch Voigt'sches Schloss genannte Untere Schloss, Sponheimerplatz 1, wurde 1781 aus einem Bau des 16. Jhs. zu einem repräsentativen Hammerherrenhaus umgebaut. Hier sind das **Büchsenmacher- und Jagdmuseum** untergebracht, welche eine umfassende Dokumentation des Büchsenmacherhandwerks und Exponate aus der Geschichte der Stadt zeigen. Außerdem sieht man die Sammlung Horten; des ehemaligen deutschen »Kaufhauskönigs«.
Öffnungszeiten: Mitte Mai bis Mitte Oktober, täglich 10–18 Uhr, Mitte Oktober bis Mitte Mai, Dienstag bis Freitag 14–18 Uhr, Tel.: 4920.

Ausflugsziele

★ Rosentaler Dampfbummelzug und Historama

Zwischen Weizelsdorf und Ferlach fahren Dampfbummelzüge auf Normalspur von Anfang Juli bis Mitte September. Wer das Erlebnisprogramm bucht, fährt anschließend mit einem Oldtimerbus ins Historama, dem Museum für Technik und Verkehr. Hier sind alte Straßenbahnen, Lokomotiven, Autos, Feuerwehrautos, Motorräder, Fahrräder, Kutschen, Schiffsmotoren, Dampfmaschinen, Signalanlagen und eine Modelleisenbahn zu sehen. Man kann beide Attraktionen natürlich auch getrennt besuchen. Öffnungszeiten Historama: Juli bis Mitte September, Dienstag bis Sonntag 11–18 Uhr.

Gasthof Deutscher Peter

Der Gasthof ist seit 1666 im Besitz der Familie Tschauko. Als 1728 der Besitzer der einzige war, der Kaiser Karl VI. die Aussicht auf Deutsch erklären konnte, durfte er sich Deutscher Peter nennen.

★ Bodental

Versteckt in den Karawanken, im südlichsten Zipfel von Kärnten, liegt das Kleinod Bodental. Im Sommer herrlich zum Wandern und zum Genießen der Ruhe, im Winter Skigebiet vor allem für Kinder.

Bemalter Bienenstock im Carnica-Bienenmuseum in Kirschentheuer (links)
Der Tschaukofall in der Tscheppaschlucht (rechts)
Alte Lokomotiven im Historama in Ferlach (unten)

Kirschentheuer

Die Filialkirche St. Anna wurde 1644 gestiftet. Im Nordwesten ist an die Kirche das ehemalige Armenspital angebaut (Nr. 28). Reich geschmückt ist das Gebäude Nr. 6. Sehenswert ist auch der Gasthof aus dem 18. Jh. Die Wegkapelle an der Straßenabzweigung nach Ressnig stammt von 1852. Das ★ **Carnica-Bienenmuseum** erzählt von den alten Imkertraditionen im Rosental. Man kann auch Honigprodukte kaufen. Öffnungszeiten: Mai, Juni, September, Samstag, Sonntag, Juli, August Mittwoch bis Sonntag 13–18 Uhr. Tel.: 2328.

Badeseen

Klein aber fein entfalten die Badeseen St. Johann, Ressnig, Ratz oder der Freibacher Stausee ihren jeweils eigenen Charme und privaten Charakter.

★ Tscheppaschlucht

Die Tscheppaschlucht gehört zu den schönsten Natursehenswürdigkeiten in Kärnten. Besonders imposant sind der 1976 zum Naturdenkmal erklärte Tschaukofall und die Teufelsbrücke. Man wandert über 220 Stufen, 5 Brücken, 3 kurze Überbrückungen und 2 Leitern. Öffnungszeiten: Mai bis Oktober, Tel.: 2600-31. In der Schlucht kann auch Canyoning betrieben werden. Auskunft: high life Alpinsport, Klagenfurt, Tel.: 0463/595189.

»Über diese Felsenlücke
Schlug der Teufel seine Brücke.
Die erste Seele sei sein Lohn
Forderte er voller Hohn.
Doch der Bauer schlau und keck
Trieb ein Böcklein vorneweg –
Dieses nahm der Satan schnell
Und fuhr damit hinab zur Höll.«
H. M. Tuschar, 1994

Marterl a. d. Bundesstr. vor d. Teufelsbrücke

Wandervorschläge

Singerberg, Ferlacher Horn, Märchenwiese, Schafwanderroute

FERNDORF

Höhe: 510 m | Einwohner: 2490

Gemeindeamt Ferndorf, 9702 Ferndorf 22
Tel.: 04245/2086-0, Fax: 04245/20 86-28
Internet: www.ferndorf.at
E-Mail: ferndorf@ktn.gde.at

Allgemeines & Geschichte

Ferndorf liegt am Südhang des Mirnock, die Gemeindefläche erstreckt sich vom Drautal bis an den Gipfel des Mirnock, außerdem hat es Anteil am Millstätter See. Der feinsandige Strand gehört zu den beliebtesten Badeplätzen des Sees. Es wurde bereits 1391 als Vedendorf = »Dorf des Ferdinand« erwähnt, 1524 wurde daraus Ferndorf. Der Name des Ortsteiles Glanz kommt vom slawischen klanec = steiler Hohlweg, Gschriet von cret, d. h. Sumpfwald. 1880 vernichtete ein Großbrand den ganzen Ort, 1901 ein Hochwasser einen Teil davon. 1923 nahm das Heraklithwerk seinen Dienst auf.

Sehenswürdigkeiten

Die Pfarrkirche St. Paul wurde 1438 erstmals erwähnt. Sie besitzt einen gotischen Chorschluss, ein barockes Schiff mit Kreuzrippengewölbe und Stuckmedaillons. Sehenswert sind die Holzplastik Apostel Paulus (15. Jh.) und der Hochaltar (1700). Die spätgotische Kirche St. Jakob wurde 1406 erwähnt und besitzt einen spätgotischen Flügelaltar.

Ausflugsziele

Millstätter See

Ferndorf besitzt am Ostufer des Millstätter Sees einen schönen Naturbadestrand mit einem großen Kinderspielplatz.

Orte der Kraft

Gschriet. Hoch über dem Millstättersee, im Bergort Gschriet, gibt es die Orte der Kraft, die nicht nur wegen ihres außerordentlich

landschaftlichen Reizes locken. Es sind Orte, von denen positive Energie mit sehr hohen rechtsdrehenden Schwingungen ausgeht.

Kneippwanderwege

Im Bereich Gschriet–Glanz werden alte Wanderwege aktiviert und in Verbindung mit neueren als Kneippwanderwege angeboten.

Wandervorschläge

Mirnock, Nockberge, Millstätter Alpe

FINKENSTEIN (Marktgemeinde)

Höhe: 496 m | Einwohner: 8200

Tourismusinformation Faaker See
Dietrichsteinstr. 2, 9583 Faaker See
Tel.: 04254/21100
Fax: 04254/21100-21
Internet: www.tiscover.at/faakersee
E-Mail: faakersee@ktn.gde.at

Allgemeines & Geschichte

Die Gemeinde liegt in prächtiger Lage am Südwestufer des Faaker Sees und wird vom beeindruckenden Mittagskogel überragt. Der Ort bietet mit seinen Hotels und Campingplätzen gemütliche Ferien für Leute, die sich gerne im und am Wasser bewegen. Für Kultur ist im nahen Villach gesorgt, und wer gerne Rad fährt, findet in der Umgebung zahlreiche Möglichkeiten. Wer lieber auf die Berge steigt, kann sich in den Karawanken vergnügen. Zur Gemeinde Finkenstein gehören die Orte Faak am See, Oberaichswald, Latschach, Ledenitzen, Finkenstein, Gödersdorf, Fürnitz ... Finkensteins besondere Attraktion ist der Kanzianiberg, der Klettergarten des Landes schlechthin. Auf seinem »Gipfel« steht die Burgarena Finkenstein.

Sehenswürdigkeiten

Die **Pfarrkirche St. Stefan** wurde im 14. Jh. erstmals erwähnt und von Meister Jörg von Klagenfurt 1472 erbaut. Sie besitzt einen mächtigen Westturm mit Zwiebelhelm und in der Vorhalle ein Kreuzrippengewölbe. Zur Empore gibt es außen einen Aufgang. Der barocke Säulenhochaltar stammt von 1760 und besitzt Skulpturen aus dem 18. Jh. Sehenswert ist der spätgotische Flügelaltar aus einer Villacher Werkstätte in der Nordkapelle (1517). Kanzel und Kirchengestühl stammen aus dem 18. Jh. Die Friedhofsmauer lässt noch die einstige Wehrfunktion erkennen, in der Ummauerung findet man 2 Steinreliefs, außerdem sieht man Wappengrabtafeln.

In der letzten von einst 8 Bauernmühlen befindet sich das **Dorfmuseum.** Außer der 1872 erbauten und restaurierten Mühle sind auch die bäuerlichen Geräte und die Wohnverhältnisse der Bevölkerung interessant. Informationen Tel.: K. Samonig, 3356.

Die ★ **Burgruine Alt-Finkenstein** hat eine einzigartige Lage vor dem mächtigen Mittagskogel im Hintergrund. Sie stammt aus dem 12. Jh., gehörte dem Kloster Bamberg und war Lehen von Ministerialen der Kärntner Herzöge; sie wurde ab 1469 von Kaiser Maximilian I. umgebaut. Hier lebte als Knabe der spätere Kaiser Maximilian. Siegmund von Dietrichstein baute hier ab 1508 seinen umfangreichen Besitz aus. Die Burg hat eine interessante Geschichte aufzuweisen, so lag hier 1233 der Bamberger Bischof Ekbert einmal 6 Wochen im Gefängis. Im 16. Jh. wurde ein großartiger gotischer Festsaal gebaut. Heute wird die ausgedehnte Anlage für Veranstaltungen (Festspiele Burgarena Finkenstein mit vielen nationalen und internationalen Künstlern) genutzt. Auskunft: G. Satran, Tel.: 3267.

Feste & Brauchtum

Harley-Davidson-Treffen Anfang September

Ausflugsziele

Drobollach

Der verwaltungsmäßig zur Stadt Villach gehörende beliebte Urlaubsort liegt am nördlichen Ufer des Faaker Sees und bietet viele Hotels mit eigenem Badestrand. Er ist das touristische Herz des Nord- und Westufers und eine Radelgemeinde: Hier fand 1987 die Rad-WM statt, und auch der Giro d'Italia machte hier schon einige Male Station. Die Johanneskirche wurde 1981 von Prof. Heribert Meschik erbaut. Sie ist ein flacher Betonbau mit einem mächtigen Satteldach und einem verglasten Giebel. Die Glasmalereien sind von Giselbert Hoke. Auskunft: Tourismusinformation, Tel.: 04254/2185.

Faak am See

Faak wurde 1268 erstmals erwähnt. Früher gab es auch hier einen regen Bergbau, denn in rund 50 Stollen wurde nach Kupfer, Blei, Zinn, Eisen, Silber und Antimon geschürft, und bei Finkenstein gab es über 40 Knappenhäuser. Insbesondere die Fugger betrieben hier den Bergbau nach Kupfer- und Bleierz, und ab dem 16. Jh. gab es unter den Dietrichsteinern eine lebhafte Eisenindustrie. Sehenswert sind die gotische Kirche hl. Georg sowie die **★ Miniwelt Modelleisenbahn.**

Öffnungszeiten: Mai, Juni, September, Oktober: 13–18 Uhr; Juli, August: 10–12 Uhr, 13–18 Uhr, 19–21 Uhr, Tel.: 04254/4326.

Für Wanderer gibt es an die 100 markierte Wanderwege.

Egg

Der am Nordostufer des Faaker Sees gelegene Ort besitzt viele Badestrände, anschließend bieten die Hänge des Wauberges und des Tabors schöne Wanderungen an. Der Ort wurde 1090 erstmals erwähnt. Die gotische Kirche St. Andreas besitzt eine Vorlaube, einfache barocke Bilder und Glasgemälde. Der barocke, mit Malereien verzierte **★ Nischenbildstock** nördlich des Ortes ist wohl der bekannteste Kärntens; mit dem Faaker See und dem Mittagskogel im Hintergrund bietet er einen herrlichen Anblick.

★ Kanzianiberg

Goritschach. Der Berg war bereits in der Jungsteinzeit besiedelt, später von den Kelten und den Römern. Die 1301 erwähnte, gotische Filialkirche St. Kanzian liegt in prächtiger Lage auf einem Felshügel des Kanzianiberges. Der heutige Bau wurde Ende des 15. Jhs. errichtet und besitzt einen Zwiebelturm. Außen sieht man ein Christophorusfresko und ein römisches Relief mit einem Schreiber. Innen sind reiche Malereien, u. a. mit den hl. drei Königen zu sehen. Die Kanzel mit den eingelegten Blumen stammt von 1614, der Hauptaltar von 1680. Zur Kirche führen Kreuzwegstationen von 1780. Am Kanzianiberg befindet sich ein beliebter Klettergarten. Am Fuß des Berges beginnt auch ein Naturlehrpfad.

Wandervorschläge

Aichwaldsee, Mittagskogel

FLATTACH

Höhe: 699 m | Einwohner: 1370

TG Mölltaler Gletscher
9831 Flattach 99
Tel.: 04785/615-0, Fax: 04785/617
Internet: www.flattach.at
E-Mail: info@flattach.at

Allgemeines

Der Erholungsort liegt im Mölltal, inmitten der hochalpinen Umgebung der Hohen Tauern, genau gesagt, der Goldberggruppe. Er ist ein guter Ausgangspunkt für Bergtouren; beliebt ist die Fraganter Hütte in der Sadniggruppe.

Sehenswürdigkeiten

In der Ortsmitte steht eine barocke Schutzengelkapelle mit einer geschnitzten Engelfigur. Am Flattachberg, Nr. 3, sieht man eine Wegkapelle mit Walmdach und Glockenturm. In der Umgebung findet man zahlreiche alpine Paarhöfe. Die Ruine Schmelzhütte erinnert an den bis 1834 betriebenen Kupferbergbau; es ist der Rest einer Eisenhütte mit einem Floßofen.

Die Pfarrkirche St. Matthias wurde 1504 erwähnt und im 18. Jh. neu erbaut. Innen wurde sie im Stil des 18. Jhs. renoviert; sie besitzt schöne Deckengemälde. Der Altar stammt von 1840 und ist mit einem Bild von Brandstätter geschmückt, auch die Schutzengelgruppe stammt aus dem 19. Jh. Die Kanzel wurde im 18. Jh. errichtet.

Feste & Brauchtum

Im Juni findet eine Fronleichnamsprozession statt, im August der Kirchtag.

Ausflugsziele

★ Raggaschlucht

In jahrtausendelanger Arbeit schuf der Raggabach eine der schönsten Naturschluchten der Alpen. Senkrechte Felswände verengen die wildromantische Schlucht, das Tösen des Wassers erfüllt die Luft. Kunstvoll angelegte Stege erleichtern das Wandern, der Rückweg führt über einen schattigen Waldweg mit herrlichem Ausblick auf Flattach und die umliegende Bergwelt. Gutes Schuhwerk erforderlich.

Blick auf die Ruine Finkenstein (oben links) **Das Sommer- und Winterskigebiet »Mölltaler Gletscher«** (oben rechts) **Der wohl bekannteste Bildstock Kärntens beim Faaker See** (links) **Die wildromantische Raggaschlucht in Flattach** (rechts)

Innerfragant

Die kleine Kapelle wurde 1856 im Stil der Spätbarock errichtet und dient in der kleinen Ortschaft als Taufkapelle. Von Innerfragant aus führt eine Tunnelbahn auf den ★ **Mölltaler Gletscher**, einem beliebten Sommer- und Winterskigebiet.

Wandervorschläge

Großfragant, Kleinfragant, Polinik, Raggaschlucht, Sandfeldkopf, Duisburger Hütte, Sadnig

FRANTSCHACH-ST. GERTRAUD (Marktgemeinde)

Höhe: 504 m | Einwohner: 3150

Marktgemeinde Frantschach
9412 Frantschach 1, Tel.: 04352/72180
Fax: 04352/72180-16
Internet: www.frantschach.gv.at
E-Mail: frantschach@ktn.gde.at

Allgemeines & Geschichte

Der Ort liegt etwas nördlich von Wolfsberg, wo sich die Schlucht des Twimberger Grabens nach Süden öffnet und das fruchtbare untere Lavanttal beginnt. Eine besonders schöne Reisezeit in das Lavanttal ist das Frühjahr während der Obstbaumblüte. Man kann von hier aus schöne Wanderungen ins Gebiet der Kor- und Saualpe unternehmen. Der Ort wurde 1289 in einer Schenkungsurkunde erstmals erwähnt. Hier ist einer der traditionsreichsten Industriestandorte Kärntens, früher ein Zentrum der eisenverarbeitenden Industrie, dann Standort des bedeutendsten und danach einzigen Papierherstellers in Kärnten. Erste Hinweise auf den Erzabbau gab es bereits 931 in einer Urkunde des Erzbischofs von Salzburg. Ende des 17. Jhs. wurde ein Hochofen (Floßofen) errichtet. Die Blüte des Erzabbaus, der Eisenverhüttung und der Hammerwerke war in der Zeit 1007 bis 1759. 2001 wurde der Ort zum Markt erhoben.

Sehenswürdigkeiten

Die vom Friedhof umgebene **Pfarrkirche** wurde 1289 erstmals erwähnt. Der heutige spätgotische Bau wurde Anfang des 16. Jhs. errichtet. Die Glasfenster in der Südwand und die Treibarbeiten an den Flügeltüren aus Messingblech stammen von Hubert Hochleitner (1963/64). In der Kirche sind Reste von Wandmalereien zu sehen, außerdem an der Südwand ein Votivbild von 1616 und ein Fresko Katharina und Magdalena von etwa 1420. Das lebensgroße Holzkruzifix an der Altarwand stammt von etwa 1700. Sehenswert sind die verschiedenen gotischen Figuren.

Hochofen

Der im Tudorstil erbaute Hochofen nördlich des Ortes stammt von 1848 und wurde 1883 stillgelegt. Er gehört mit seinen neugotischen Schmuckelementen zu den bemerkenswertesten Gebäuden im Stil des Historismus, die man in Österreich sehen kann. Das Aufzughaus dient heute als Wohnhaus.

Ausflugsziele

★ Weinebene

Die Weinebene, an der kärntnerisch-steirischen Grenze gelegen, ist das ideale Schi- und Erholungsgebiet für die ganze Familie. Sie ist über die Südautobahn zu erreichen. Es stehen genügend Parkplätze in unmittelbarer Pistennähe bereit. 10 Abfahrten in mittlerer und leichter Schwierigkeitsstufe sind für ein breites Publikum bestens geeignet. Im Sommer ein fantastisches Wandergebiet.

Wandervorschläge

Wandergebiet Weinebene

FRAUENSTEIN

Höhe: 718 m | Einwohner: 3530

Gemeinde Frauenstein, 9311 Kraig, Schulstr. 1
Tel.: 04212/2751-11, Fax 04212/2751-22
Internet: www.frauenstein.at
E-Mail: gemeinde@frauenstein.at

Allgemeines & Geschichte

Die Gemeinde Frauenstein liegt nördlich der Bezirkshauptmannschaft St. Veit/Glan, zum Großteil in den Wimitzer Bergen. Das Gemeindegebiet hat eine Fläche von 94 km² und besteht aus 51 Ortschaften. Die Gemeinde wurde im Jahre 1973 aus den Gemeinden Kraig, Obermühlbach und Schaumboden neu gebildet.

Sehenswürdigkeiten

Schloss Frauenstein ist eines der besterhaltensten Beispiele spätmittelalterlicher Burgenbaukunst in Kärnten. Dass es einst eine Wasserburg war, sieht man an dem verbliebenen Teich. Die Anlage wurde erstmals im 12. Jh. von den Frauensteinern erbaut; einen Neubau, in den der alte Rundturm integriert wurde, hat der Landesverweser Christian Welzer 1519–1521 errichten lassen. Das Schloss besitzt einen schönen Arkadenhof. Privat. Die Burgruine ist eine umfangreiche Anlage aus dem 15. und 16. Jh. Rechts vom Haupttor sind Römersteine eingemauert. Beim Gasthaus steht ein Bildstock mit einer Schnitzfigur, die vielleicht aus der Werkstätte Johann Pachers stammt. In der Nähe sieht man noch schöne Paarhöfe mit abgewalmtem Dach, häufig mit Laubengängen.

Schloss Dornhof stammt aus dem 16. Jh. und war im Besitz der Familie Staudach. Im 18. Jh. wurde eine Schlosskapelle errichtet. Nach mehrmaligem Besitzerwechsel wird das Schloss heute saniert. Es befindet sich in Privatbesitz und ist der Öffentlichkeit nicht zugänglich. Weitere Schlösser, die zur Gemeinde Frauenstein gehören, sind **Schloss Wimitzstein,** welches als das kleinste Schloss Kärntens bezeichnet wird, sowie **Schloss Hunnenbrunn,** welches heute als Landwirtschaftliche Fachschule für Mädchen genützt wird.

Ausflugsziele

Ruine Freiberg

Auf der 1181 als castrum vrieberch erwähnten Ruine, einst einer Hauptburg der Kärntner Herzöge und eine der größten Anlagen des Landes, saßen die Freiberger, eine Familie von Ministerialen. Im 13. Jh. wurde sie vom Spanheimer Herzog Bernhard ausgebaut. Seit 1325 war die Burg Sitz des Landgerichtes. Im 16. Jh. wurde sie bereits als »öder Turm« bezeichnet. Zu sehen sind noch Reste des Bergfrieds, der ehemaligen Hochburg und einer Doppelkapelle aus der Romanik.

Weitere Ruinen in der Gemeinde Frauenstein sind die Ruine Nussberg und die Ruine Pfannhof.

Kraig

Der zur Gemeinde Frauenstein gehörende Ort wurde 1147 urkundlich erwähnt. Von den Herren von Kraig wurde hier spätestens 1350 ein Kollegiatsstift gegründet, in dem 4 Chorherren mit einem den Kärntner Landständen angehörenden Propst saßen. Die **Kirche** mit dem freistehenden **Turm,** der **St. Ulrichs-Kapelle** und der **Propstei** bilden ein reizvolles Ensemble. Der Propsteihof stammt im Kern aus der Gotik (15. Jh.) und besitzt 2 Sonnenuhren. Der freistehende, ehemalige Wehrturm aus dem 15. Jh. nördlich der Kirche ist mit schönen Maßwerkfenstern ausgestattet. Die so genannten ★ **Kraiger Schlösser** sind Burgruinen aus der Romanik und Gotik. Dabei waren Hochkraig und Niederkraig zwei von der selben Familie erbaute Zwillingsburgen, die von der einstigen Römerstraße getrennt waren. Die ältere der beiden Burgen ist Hochkraig. Ihr mächtiger Bergfried besitzt teilweise abgerundete Ecken. Nördlich von ihm befinden sich die Vorburg und ein allein stehender Turm mit einer Zwingermauer, außerdem sieht man Reste der romanischen Kapelle. Das ausgedehnte Niederkraig besitzt 2 quadratische Bergfriede. Etwas unterhalb davon steht ein Rundturm von etwa 1730, in dem sich die Kapelle St. Johannes Nepomuk befindet. Eingemauert ist ein Römerstein. Die Schlösser liegen in einem 532 ha großen Landschaftsschutzgebiet, zu dem auch der Kraiger See gehört.

Obermühlbach

Die evtl. bereits 1072 erwähnte, ehemalige Wehrkirche St. Georg ist von einer 3 m hohen Mauer umgeben, in die auch der Pfarrhof integriert ist. Die Kirche wurde im 18. Jh. barockisiert, außerdem sieht man zahlreiche Römersteine. Der barocke Hochaltar ist mit Schnitzfiguren von Johann Pacher versehen. Die Kanzel stammt von 1778/79, das spätgotische Kruzifix von 1510/20. Der Pfarrhof südlich der Kirche ist ebenfalls in die Wehranlage einbezogen. An seiner Hofseite besitzt er einen Arkadengang.

Wandervorschläge

★ **Schloss- und Teichwanderungen** mit Ruinen, Wanderweg Kriebl, Wanderweg Zedl, Wanderweg Kraigerschlösser/Zwein/Eggen

FRESACH

Höhe: 718 m | Einwohner: 1320

Gemeindeamt Fresach, Dorfplatz 160
9712 Fresach, Tel.: 04245/2060
Fax: 04245/5131
Internet: www.fresach.at
E-Mail: fresach@ktn.gde.at

Allgemeines & Geschichte

Fresach ist ein schön gelegenes Haufendorf am Südhang des Mirnock in herrlicher, naturbelassener Umgebung inmitten von Wiesen und Wäldern. Der Ort nennt sich »Sonnenbalkon des Drautales«. Urkundlich erwähnt wurde er 1408. Im Mittelalter herrschten hier die Ortenburger, die ein eigenes Amt Fresach einrichteten. Ihnen folgten die Grafen von Cilli. Im 16. Jh. war Fresach vorwiegend protestantisch, eine eigene Pfarre konnte jedoch erst nach Erlass des Toleranzedikts (1781) entstehen.

Sehenswürdigkeiten

In Fresach sieht man einige mächtige Bauernhöfe, so den mit Sgraffito verzierten Luegerhof von 1600, Nr. 26, oder den Gasthof zum Wirth, Nr. 28, von Ende des 16. Jhs.

Pfarrkirche Hl. Blasius

Die spätgotische Pfarrkirche Hl. Blasius stammt aus der Mitte des 15. Jhs. und besitzt einen romanischen Kern. Sie liegt im ehemals befestigen Kirchhof, besitzt eine hölzerne Vorlaube, Fresken an der Chorschlusswand (Anfang 15. Jh.), Maßwerkfenster und Wandmalereien aus der Gotik.

★ Ev. Toleranzbethaus/ Ev. Diözesanmuseum

Das Toleranzedikt von 1781 gestattete es den Protestanten, ihre Religion frei auszuüben. Ihre Gotteshäuser unterlagen trotzdem Beschränkungen: Sie durften keinen Turm, keine Glocken, keine großen Fenster und keinen Zugang von der Straße haben. Auch in Fresach wurde daraufhin eine ev. Kirche, das ev. Toleranzbethaus (1785), gebaut. Im Inneren findet man eine Ausstattung aus der Erbauungszeit mit einem Kanzelaltar von 1783. In dem Gebäude befindet sich heute das Ev. Diözesanmuseum. Hier sieht man Exponate aus den Toleranzgemeinden Kärntens, u. a. Bibeln in slowenischer Sprache. Interessant und österreichweit wohl einmalig ist auch das Ausstellungsstück, das Altar und Kanzel vereinigt. Öffnungszeiten: Juni bis Mitte September Donnerstag 9–12 und 14–17 Uhr, So 11–12 Uhr. Tel.: 4849

Kuren

Luftkurort

Ausflugsziele

Bäuerliche Architektur

In der Umgebung, z. B. in Mooswald, liegen schöne, alte Bauernhöfe. Bei Nr. 18 steht ein gemauerter Speicher mit schönen Gittern, ehemals Zehntspeicher der Herrschaft Ortenburg. Außen ist er mit Malereien verziert.

Achbichl

Der Achbichl gehört zu den schönsten Orten der Gemeinde Fresach. Den Namen hat der Hügel von der mächtigen Eiche, die seit Jahrhunderten das Bild dieser Gegend prägt. Man sagt, dass Siedler aus der Umgebung schon vor geraumer Zeit zum Achbichl kamen, um unter der großen Eiche Kraft zu sammeln.

Wandervorschläge

Mirnock, Wanderung zum Schwarzsee

FRIESACH (Stadtgemeinde)

Höhe: 630 m | Einwohner: 5460

Gemeindamt Friesach, Fürstenhofplatz 1
9360 Friesach, Tel.: 04268/2213-43
Fax: 04268/2213-27, Internet: www.friesach.at
E-Mail: tourismusinformation@friesach.at

Allgemeines & Geschichte

Friesach, einer der ältesten Orte Kärntens und burgenreichste Stadt Österreichs, liegt von reichen Wäldern umgeben im breiten Tal der Metnitz nahe der nördlichen Landesgrenze. Es weist ein mittelalterliches Stadtbild mit zahlreichen historischen Gebäuden auf. Hier fand man Stücke, die auf eine Besiedlung bereits in vorgeschichtlichen Zeiten hinweisen. Da im Mittelalter die wichtige Nord-Süd-Verbindung von Wien nach Venedig an Friesach vorbeiführte, erreichte der Ort eine große Bedeutung. Auch später war die verkehrsgeografische Lage von Be-

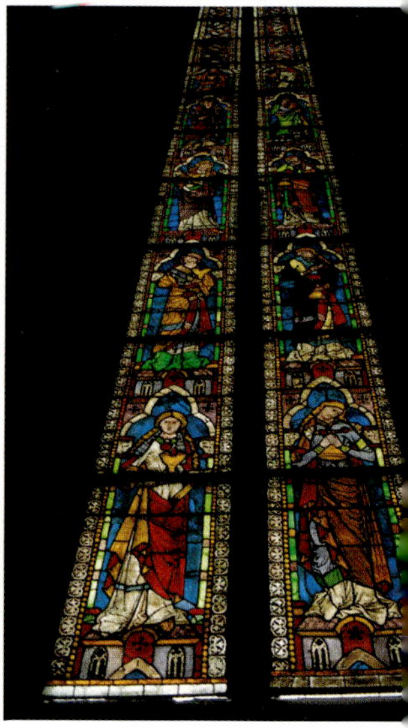

Der Hauptplatz von Friesach; im Hintergrund der Petersberg (oben) **Toleranzbethaus in Fresach** (links) **Wundervolle Glasmalereien in der Stadtpfarrkirche von Friesach** (rechts)

deutung, zumal in der Umgebung Edelmetall gefunden wurde. Der Name ist slawischen Ursprungs und kommt von bresah (= bei den Birken). Friesach war so bedeutend, dass der Ort im 12. Jh. sogar auf der Weltkarte des arabischen Geografen Idrisi eingetragen war.

Der Stadtgraben und die mächtigen Befestigungsanlagen wurden zwischen 1124 und 1130 erbaut. Von etwa 1130 bis 1300 wurde hier auch der Friesacher Pfennig geprägt. Er soll eine halbe Schweineschulter wert gewesen sein und galt in seiner Blüte auch in Oberitalien und Ungarn als Zahlungsmittel. 1192 fand der englische König Richard Löwenherz hier Zuflucht. 1215 wurde Friesach erstmals als Stadt (Civitas) genannt – und damit ist der Ort Kärntens erste Stadt! Unter Erzbischof Eberhard II. (1200–1246) entwickelte sich Friesach zum größten kirchlichen Zentrum auf der Alpensüdseite und wurde zeitweise eine bischöfliche Nebenresidenz, diese Periode war auch die Blütezeit der Stadt. Deshalb siedelten sich hier im 13. und Anfang des 14. Jhs. auch zahlreiche Orden an, beispielsweise war ab dem 13. Jh. der Deutsche Ritterorden hier tätig, dem das Kapitel Virgilienberg und der Dominikanerorden folgten.

1224 versammelten sich hier fast alle geistlichen und weltlichen Fürsten zwischen Donau und Adria, weil der Babenberger Herzog Leopold VI. der Glorreiche einen Streit zwischen dem Kärntner Herzog Bernhard von Spanheim und dem Markgrafen Heinrich von Istrien schlichten wollte. Er veranstaltete einen Fürstentag und davor ein glanzvolles Turnier. 600 Fürsten, Geistliche und Ritter waren gekommen. Dabei fanden berühmt gewordene Turniere statt, über die der Minnesänger Ulrich von Liechtenstein berichtete. Diese ganze Episode wird allerdings aber auch angezweifelt, da sie nur bei Liechtenstein auftaucht. 1275 wurde Friesach auf Befehl des böhmischen Königs Przemysl Ottokar zerstört, weitere Male 1289 und 1292 durch Herzog Albrecht von Österreich und Steiermark.

Ab dem 14. Jh. begann der Niedergang der Stadt. Die Habsburger förderten andere Gebiete. Friesach wurde von den Ungarn besetzt; die Salzburger Bischöfe verzichteten auf die Landeshoheit in ihren Besitzungen. Durch die Edelmetallfunde im 16. Jh. wurde Friesach kurzfristig wieder wichtig, danach ging die Bedeutung der Stadt aber erneut zurück. Bis 1803 gehörte Friesach dem Salzburger Erzbistum; es war »des großen Erzstifts zweitgrößte Hauptstadt«. Dies war sicherlich nicht immer gut für die Stadt, die oft unter der Politik zu leiden hatte. 1805 wurde die Stadt auf Veranlassung Napoleons Österreich eingegliedert.

Sehenswürdigkeiten

Friesach bietet noch einen schönen, altertümlichen Eindruck. Zentraler Punkt ist der lang gestreckte Hauptplatz. Umgeben ist er von meist zweigeschossigen mächtigen Bürgerhäusern. Die Gebäude in den Straßen im Friesacher Zentrum weisen zumeist bemerkenswerte Fassaden mit zahlreichen historischen Baudetails auf. Am oberen Ende des Hauptplatzes steht ein Relief der Stadt Friesach, wie sie im 17. Jh. ausgesehen hat. Der Stadtbrunnen wurde von einem italienischen Baumeister in der Renaissance errichtet (1563) und ist mit Reliefs und Skulpturen aus der griechischen Mythologie geschmückt. Sehenswert sind die Marien(Pest)-säule und die Florianisäule. Die Herrengasse war einst das Zentrum des Gurker Marktes und wurde im 14. Jh. angelegt. Die meisten Häuser besitzen Fassaden aus dem 19. Jh.

Der Fürstenhofplatz ist eine repräsentative Anlage, der den Fürstenhof und den Propsthof richtig zur Geltung kommen lässt. Er wurde früher auch Käsemarkt oder Postplatz genannt. Das wichtigste Gebäude ist der aus dem Mittelalter stammende **Fürstenhof,** Nr. 3, aus dem 14. Jh.; er gehörte bis 1804 den Salzburger Erzbischöfen und besteht aus 2 rechtwinkelig zueinander stehenden Gebäuden. Der Propsthof, Wiener Straße 6, wurde 1595 aus Privatbesitz an das Bürgerspital verkauft. Der mächtige Bau wurde 1777 umgestaltet.

★ Stadtbefestigung

Die Stadtbefestigung entstand ab etwa 1200; von ihr sind noch die 11 m hohe und 1,5 m breite Ringmauer (1131 vollendet) sowie drei mächtige Tortürme erhalten. Der 820 m lange und fast 10 m tiefe Stadtgraben ist heute noch mit Wasser gefüllt.

★ Stadtpfarrkirche St. Bartholomäus

Wiener Straße. Die Stadtpfarrkirche St. Bartholomäus (Mitte 12. Jh.) ist eine dreischiffige romanische Pfeilerbasilika. Sie erhielt im ersten Viertel des 14. Jhs. einen gotischen Chor. Auch im 19. Jh. fanden Bauarbeiten statt. Von größter Bedeutung ist der Bestand an mittelalterlichen Glasmalereien im nördlichen und südlichen Chorschlussfenster. Es sind dies zehn Scheiben mit der Darstellung der klugen und törichten Jungfrauen und zwölf Scheiben mit der Wiedergabe von Szenen aus dem Leben Christi. Sehenswert sind noch der mächtige Hochaltar mit einem schwarzgoldenen Säulenaufbau (1678), die spätbarocke Kanzel von 1775, verschiedene Grabsteine (1333 Bischof Gerold von Friesach, 1553 Propst Georg Vischl) sowie seit 2000 eine neue Orgel.

★ Dominikanerkloster und -kirche St. Nikolaus

Im Jahre 1217 wurde in Friesach – allerdings an anderer Stelle – das älteste Dominikanerkloster des deutschen Sprachraumes gegründet. Mit dem Bau der frühgotischen Kirche, die mit ihren 74 m Länge die größte Kirche Kärntens darstellt, wurde um die Mitte des 13. Jhs. begonnen (ca. 1300 vollendet). 1854–95 wurde die Kirche neugotisch renoviert, aus dieser Zeit stammt auch die Bemalung der Wände. Rechts vor dem Chor steht die »Friesacher Madonna«, eine steinerne frühgotische Madonnenfigur von etwa 1300, die zu den schönsten Skulpturen Österreichs gezählt wird. Der prächtige gotische Flügelaltar (Johannesaltar) im Chor an der linken Wand stammt von Anfang des 16. Jhs. Beachtenswert ist der rotmarmorne Grabstein von 1516, der den Vizedom zu Friesach, Christoph Thanhäuser, in voller Rüstung wiedergibt.

Deutschordenskirche St. Blasius

Die südlich außerhalb der Ummauerung an der St. Veiter Straße liegende Deutschordenskirche St. Blasius gehörte vermutlich ab 1180 den Johannitern, ab Anfang des 13. Jhs. war sie eine Kommende des Deutschen Ordens. Heute dient diese ehemalige Ordensniederlassung mit Kirche und Komturgebäude als Spital. Die romanische Saalkirche wurde im 12.–15. Jh. erbaut und 1738 barockisiert. In ihr befinden sich zahlreiche sehenswerte Stücke aus der späten Gotik, so u. a. Schnitzstatuen, zwei Flügelaltäre und eine steinerne Pietà von etwa 1400, bedeutende romanische Fresken aus dem 12. Jh. sowie ein Hochaltar, der aus der abgerissenen Kirche in Heiligengestade am Ossiacher See hierher gebracht wurde. Die Kirche kann nach Anmeldung beim Portier des Krankenhauses besichtigt werden.

★ Petersberg

Westlich des Hauptplatzes, erreichbar entweder vom oberen Ende des Hauptplatzes zu Fuß in 10 Minuten auf 355 Stufen auf dem Narrensteig, über den Wächtersteig bei der Dominikanerkirche oder über eine 1,5 km lange Auffahrt. Hier steht weithin sichtbar die **Filialkirche St. Peter,** die sowohl im Äußeren als auch im Inneren durch große Bescheidenheit überrascht und die in den Burgkomplex eingebunden ist. Neben der Peterskirche steht der Alte Pfarrhof von etwa 1500. Die mit dem großen, romanischen Bergfried und der Peterskirche das Stadtbild beherrschende **Burgruine Petersberg** zeigt beachtliche Reste des Schlosses der Erzbischöfe von Salzburg. Sie wurde unter Erzbischof Gebhard vor 1077 erbaut und unter Konrad I. in der Zeit 1124–30 sowie um 1215 nach einem Brand erweitert. Erzbischof Leonhard von Keutschach (1495–1519) baute die Wehranlagen weiter aus. Die Burghauptmannschaft (16. Jh.) war einst der Wohnsitz des Burghauptmanns, sie besitzt eine dreigeschossige Arkadenfront. Der Palast Eberhards II. ist mit der mächtigen Toranlage verbunden und stammt aus dem 13. Jh. Der sechsstöckige quadratische Bergfried (28 m hoch) aus der Romanik (1130) ist mit den Maßen 15 mal 10 m einer der gewaltigsten Wohntürme des deutschen Sprachraums. Hier ist das Stadtmuseum untergebracht, das reichhaltige Bestände aus der Geschichte Friesachs, u. a. die berühmten Friesacher Pfennige sowie zahlreiche spätgotische Bilder und Schnitzarbeiten zeigt. Im 2. Stock befindet sich die Rupertikapelle mit 1926 wieder entdeckten Fresken aus dem 12. Jh. Sehenswert sind hier der Flügelaltar, dessen Flügel von Konrad von Friesach, dem

Schöpfer des Gurker Fastentuches, sein sollen, außerdem die romanische Steinplastik »maria lactans« und eine oberitalienische Holzskulptur, beides aus dem 13. Jh. Öffnungszeiten: Mai bis Juni und Sep 13–17 Uhr, Jun bis Sep 10–18 Uhr. Im vorromanischen Oberhof finden die ★ **Burghofspiele** statt.

★ Virgilienberg

Auf dem südlich des Zentrums liegenden Berg befindet sich die Ruine einer Kirche, die 1309 erbaut und 1786 profaniert wurde, jedoch 1816 abbrannte. Sie gehörte zu einer befestigten Propstei und wurde als die »romantischste Ruine Kärntens« bezeichnet.

Burg Geiersberg

Die Anlage auf einer Felskuppe am Nordende der Stadt stammt von 1130. Die 1911/12 renovierte Burg besitzt einen romanischen Bergfried und in der Kapelle Fresken von Anfang des 16. Jhs. Privatbesitz.

Feste & Brauchtum

Am letzten Samstag im Juli wird das ★ **Friesacher Spectaculum** gefeiert, wobei die gesamte Stadt in historische Gewänder und Kulissen gekleidet ist. Ende Juni bis Ende August finden die Burghofspiele statt.

Kuren

Kneippkuren in Micheldorf-Friesach

Ausflugsziele

Gaisberg

Die gotische Kirche St. Georg wurde auf romanischen Mauern errichtet und liegt inmitten der Friedhofsmauern. Sehenswert sind die Sakramentsnische mit Christus im Tympanon (15. Jh.) und 18 Glasscheiben (1420–30). Im barocken Hochaltar von etwa 1680 sind gotische Reliefs (um 1520) eingefügt. Sehenswert sind das Anwesen Nr. 12 und das bemalte Schmiedhäusl.

St. Salvator

Die gotische Pfarrkirche Christus Salvator wurde 1123 erwähnt; der heutige Bau stammt aus der Gotik (15./16. Jh.) und wurde im Barock prächtig ausgestattet (um 1750). Sehenswert sind der mächtige, auf den Seiten weitergeführte Hochaltar (Mariä Krönung unter Baldachin, mächtige Engel zwischen den Säulen) von Johann Pacher, Glasmalereien aus einer Judenburger Werkstätte (14. Jh.) sowie der Johannes-Nepomuk-Altar. Auf dem Friedhof sieht man eine 1976 geschaffene Wappenplatte zum Gedenken an die »edlen Herren von Knapitsch«. Haus Nr. 7, nördlich der Kirche, ist ein 1820 errichteter Biedermeierbau mit einem Walmdach, der das Jagdhaus des Grafen Salm war. Das im 17. Jh. erbaute Schloss Mayerhofen östlich des Ortes war einst ein salzburgischer Meierhof und wurde 1303 erstmals erwähnt. Bei Ausgrabungen hat man hier ein jungsteinzeitliches Grab mit einem 4500 Jahre alten Skelett gefunden.

★ Zeltschach

Der 898 von Kaiser Arnulf erwähnte Ort gehörte den Grafen von Zeltschach, aus deren Familie die hl. Hemma stammte. Hier gab es im Mittelalter reichen Bergbau. In der gotischen Kirche St. Andreas sollte man die herrlich geschmückte Brüstung der Orgelempore, die reliefierten Schlusssteine und die 3 lebhaft gestalteten Rokokoaltäre aus dem 18. Jh. beachten.

Wandervorschläge

Burgenwanderweg, Spazierweg entlang des wasserführenden Stadtgrabens

GALLIZIEN

Höhe: 436 m | Einwohner: 1830

Gemeindeamt Gallizien, 9132 Gallizien 27
Tel.: 04221/2220, Fax: 04221/2555-3
Internet: www.gallizien.at
E-Mail: gallizien@ktn.gde.at

Allgemeines & Geschichte

Der Name des Ortes am Fuß des Hochobir wurde als Gestidorf 1123 erstmals erwähnt. Der heutige, 1430 erstmals genannte Name kommt von der spanischen Provinz Galizien und bezieht sich auf den Patron der Kirche St. Jakobus major, dessen Hauptwallfahrtsort in Santiago de Compostella liegt. Seit der 2. Hälfte des 20. Jhs. gewinnt der Sommerfremdenverkehr – vor allem auch durch die nahen Seegebiete – für die Gemeinde immer mehr an Bedeutung. Gallizien bietet aber auch Kultur und Geschichte und ist die

Blick auf Friesach (oben) **Der Petersberg – im Vordergrund sieht man die bestens erhaltene Stadtbefestigung** (links) **Die »Friesacher Madonna« in der St. Nikolaus Kirche** (rechts)

Heimatgemeinde des verstorbenen Malers Werner Berg sowie des Malers Bernd Svetnik. Vier aus dem 14. bis 16. Jh. stammende Kirchen im gotischen Stil und die Burgruine Wildenstein prägen das Ortsbild.

Sehenswürdigkeiten

Pfarrkirche hl. Jakobus der Ältere

Die um 1100 erstmals erwähnte Kirche wurde von den Türken zerstört und besitzt noch den alten romanischen Turm der ersten Anlage, der Chor stammt aus der Gotik. Sie wurde nach der Zerstörung als Wehrkirche erbaut. Der Hochaltar stammt aus dem dritten Viertel des 18. Jhs., der linke Seitenaltar aus dem dritten Viertel des 17. Jhs. Er enthält eine Madonna aus der Zeit um 1425/30. An der Emporenbrüstung befinden sich Figuren der vier Evangelisten aus dem 8. Jh. An der Nordwand des Schiffes hängt ein qualitätvolles Kruzifix aus dem 17. Jh.

Ausflugsziele

Enzelsdorf

Am nördlichen Ortsrand von Enzelsdorf steht das Koschar-Kreuz, eine um 1900 errichtete kleine Kapelle mit einem bemalten Giebelfeld. Bei Enzelsdorf 21 findet man einen Laubenbildstock, der eine kapellenartige Bildnische und einen Säulenvorbau besitzt (Anfang 20. Jh.). Kostenlos Baden kann man am Linsendorfer See.

Wandervorschläge

Wildensteiner Wasserfall, Hochobir

GITSCHTAL

Höhe: 695–820 m | Einwohner: 1320

Tourismusbüro Gitschtal
9622 Weißbriach 202
Tel.: 04286/219, Fax: 04286/219-15
Internet: www.weissbriach.at
E-Mail: gitschtal.tourist@ktn.gde.at

Allgemeines & Geschichte

Das Gitschtal mit den Hauptorten Weißbriach, St. Lorenzen, Lassendorf und Jadersdorf ist ein idyllischer Landstrich im Herzen der Naturarena Kärnten, eingebettet zwischen dem kristallklaren Wasser des Weißensees im Norden und den herrlichen Gipfeln der Sonnenalpe Nassfeld im Süden. Abseits der großen Reiserouten findet man einen Ort, wo man Urlaub inmitten unberührter Natur und guter Luft verbringen kann. Der Bergbau hatte in der früheren und späteren Neuzeit in Kärnten große Bedeutung, so auch im Gitschtal: im 16. Jh. führend im Edelmetallbergbau, Anfang des 18. Jhs. Blütezeit für den Eisenbergbau und die Eisenverarbeitung. Im Gitschtal gab es auch bereits früh Eisenhämmer, die durch die reichlich vorhandene Wasserkraft und die Holzvorkommen betrieben wurden. In den Hammerwerken im Gösseringgraben wurde Schwarzblech erzeugt und nach Italien geliefert. Doch auch dieser Erwerbszweig kam durch verschiedene Umstände zum Darniederliegen. Kurz nach dem Ersten Weltkrieg wurde in Weißbriach das schwefelhaltige und heilkräftige Wasser durch den Pfarrer Wunibald Meyer entdeckt und im Sinne von Pfarrer Kneipp ein Kurhaus errichtet. Dies war der eigentliche Beginn des Fremdenverkehrs. Heute gilt Weißbriach, als Hauptort des Gitschtales, als renommierter Kneipp-Kurort.

Sehenswürdigkeiten

In Weißbriach sind sowohl die spätgotische Kirche St. Johannes Baptist mit umfangreichen Wandmalereien als auch die ev. Kirche, die bald nach Erlass des Toleranzedikts im Jahr 1783 errichtet wurde, sehenswert.

Heimatmuseum

Informationen zur Geschichte des Tales, speziell der Ortschaft Weißbriach. Nettes, kleines Museum mit viel »Liebe zum Detail«. Geöffnet von Juni bis September. Informationen: Hermann Strömpfl, Weißbriach 40, Tel.: 04286/260.

Schmiedemuseum

Im Ortszentrum steht die Schmiede, die 1902 als Hammerwerk erbaut wurde. Sie war bis 1978 in Funktion und wurde in der Folge renoviert. Das vollkommen erhaltene Innere gibt einen ausgezeichneten Einblick in die Geschichte eines schon kaum mehr betriebenen Handwerkes. Geöffnet von Juni bis September. Informationen: Hermann Strömpfl, Weißbriach 40, Tel.: 04286/260.

Kuren
Luftkurort, Kneippkuren

Ausflugsziele
Gösseringgraben
In der Nähe befindet sich der Gösseringgraben mit Wasserfällen und einem Stausee. Hierher kann man auch Kneipp-Wanderungen unternehmen.

Wandervorschläge
Möselalm – Berggeisthütte, Waisacheralm, Hochwarter Höhe, Weißenbachklamm, Reißkofelweg

GLANEGG
Höhe: 486–867 m | Einwohner: 2030

Gemeindeamt Glanegg
9555 Glanegg 20
Tel.: 04277/2276
Fax: 04277/2276-16
Internet: www.glanegg.info
E-Mail: gemeinde.glanegg@ktn.gde.at

Allgemeines & Geschichte
Die Gemeinde Glanegg liegt im Herzen Kärntens und inmitten des sonnigen Glantales, rund 15 km nordwestlich von Klagenfurt bzw. ca. 15 km westlich von St. Veit und 10 km östlich von Feldkirchen. 993 wurden die Ortschaften Deblach, Gramilach und Tauchendorf erstmalig urkundlich erwähnt. 1957 erfolgte der Zusammenschluss der drei ehemaligen Gemeinden Maria Feicht, Tauchendorf und Glanegg.

Sehenswürdigkeiten
In Friedlach befindet sich die **Pfarrkirche St. Georg,** eine ehemalige Wehrkirche. Sie steht zusammen mit dem Pfarrhof auf einem Hügel über dem 1169 erwähnten Dorf. Der Turm besitzt Schießscharten und einen barocken Zwiebelhelm. Die Kirche wurde um 1600 außen mit sehenswerten Architekturdetails – diamantförmige Eckquader, Friese und Fensterdekor – geschmückt. Innen an der Nordwand sieht man einen Rittergrabstein von 1538. Die Altäre stammen von etwa 1720 und sind mit Bildern und Skulpturen versehen.

Die **Pfarrkirche St. Gandolf** stammt ursprünglich aus der Romanik (1136 erwähnt). Sie steht hoch auf einem Hügel und wird vom Friedhof umgeben, den eine Wehrmauer abschließt (Schutz gegen die Türken). Die Kirche besitzt an der Nordseite des Langhauses und an Teilen des Triumphbogens einen prächtigen Freskenzyklus mit lebhaften, volkstümlichen Szenen (um 1440) aus der Werkstatt des Friedrich von Villach.

Ausflugsziele
Ruine Glanegg
Die 1121 erwähnte, ausgedehnte Ruine liegt in strategisch beherrschender Lage über dem engen Glantal. Sie wurde von den Türken nicht eingenommen und 1813 noch einmal gegen die Franzosen befestigt. Im 16. Jh. hat man die mittelalterliche Burg schlossartig ausgebaut. Der Bergfried ist noch 3 Stockwerke hoch erhalten, sein Einstieg befindet sich im 2. Stock. In der gotischen Halle stehen achteckige Säulen. Eine schöne Wanderung führt nach Süden über Rottendorf.

★ Maria Feicht
Der Name der Kirche wird auf ein von Maria bewirktes Wunderereignis an einem von Fichten umsäumten Platz zurückgeführt. Die **Wallfahrtskirche hl. Maria** präsentiert sich heute als weitgehend einheitlich gotischer Bau. Die Altarausstattung entstammt, wie so häufig in Kärnten, wiederum dem Barock.
Den Blickfang und Höhepunkt bildet dabei der 1681 geschaffene Hochaltar mit zahlreichen Ornamentappliken am schwarz-goldgefassten Aufbau. In der Nische, die von vier mächtigen Säulen gesäumt wird, steht die Gnadenstatue der Madonna mit Jesuskind und Zepter in den Händen.
Der an die Nordwand des Langhauses gestellte Kreuzaltar wurde, wie die Predella-Inschrift besagt, mit neuer Ornamentik und Kreuzigungsgruppe 1730 völlig neu errichtet.

Wandervorschläge
Wanderung zum Naturjuwel Haidensee, Wanderung zur Ruine Glanegg

GLOBASNITZ

Höhe: 541 m | Einwohner: 1650

Gemeindeamt Globasnitz
9142 Globasnitz 111
Tel.: 04230/310
Fax: 04230/630
Internet: www.globasnitz.at
E-Mail: globasnitz@ktn.gde.at

Allgemeines & Geschichte

Wer im Kärntner Jauntal nach Spuren der Vergangenheit sucht, der findet im uralten Siedlungsgebiet von Globasnitz ein einzigartiges Museum geschichtlicher Kostbarkeiten. In Globasnitz lag vor 2000 Jahren die römische Siedlung Juenna, die dem Jauntal seinen Namen gab. Zahlreiche Funde zeugen von der Anwesenheit der Kelten, Römer und Slawen. Hier befand sich einst eine römische Siedlung, die in der »Tabula Peutingeriana« als Vicus Iuenna erwähnt wurde, und hier führte die Straße von Virunum nach Celeia (Zollfeld/Cilli) vorbei. In den unruhigen Zeiten der Völkerwanderung zogen sich die Einwohner auf den Hemmaberg zurück.

Sehenswürdigkeiten

Die romanische, später gotisch erweiterte **Pfarrkirche Mariae Himmelfahrt** weist im Langhaus ein Schlingrippengewölbe des frühen 16. Jhs. auf. Im Chor befinden sich Wandmalereireste aus dem 14. Jh., die unter anderem die hll. Paulus, Jakobus den Älteren, Ägidius und Florian zeigen. Die übrige Ausstattung ist vorwiegend barock. Der schöne Hochaltar besitzt Opfergangsportale und wurde 1770/71 errichtet.

★ Schloss Elberstein

Das wie ein Zuckergussschloss aus Disneyland wirkende Schloss Elberstein in der Ortsmitte wurde von dem Tischler und Künstler Johann Elbe in jahrzehntelanger Handarbeit erbaut. Er erfüllte sich damit einen Traum und wurde zum Schlossherrn. Besichtigung nach Voranmeldung unter Tel.: 04230/667

Im spätantik-frühchristlichen **★ Freilichtmuseum Hemmaberg** sieht man Funde aus der römischen Straßenstation Iuenna und vom Hemmaberg. Besonders schön sind hierbei die aus frühchristlicher Zeit stammenden Mosaiken, insbesondere die Tierdarstellungen. Öffnungszeiten: Mai bis Oktober Montag bis Samstag 9–12 Uhr und 14–17 Uhr, Sonntag 9–12 und 14–17 Uhr.

Feste & Brauchtum

★ Farant-Straßenfest

Alljährlich am 15. August verwandelt sich ganz Globasnitz in einen einzigartigen Bauernmarkt (bäuer-liche Produkte, Kunsthandwerk, bäuerliches Brauchtum).

Ausflugsziele

★ Hemmaberg bei Globasnitz

Bekannt ist der Berg vor allem, weil sich hier während der Zeit der römischen Kaiser die Siedlung Iuenna befand (Fundamentreste von Häusern und eine Fußbodenheizung freigelegt, Münzen gefunden). Die Kuppe des Hemmaberges war bereits seit dem 15. Jh. v. Chr. besiedelt, in keltischer Zeit befand sich hier ein Heiligtum. Im 5. und 6. Jh. war der Berg ein Wallfahrtsort mit 5 Kirchen; diese Siedlung wurde dann um 600 zerstört. Freigelegt wurden Grundmauern der fünf frühchristlichen Kirchen, die kostbare Mosaikfußböden besitzen und die man als **Freilichtmuseum** zugänglich gemacht hat. In den Sommermonaten finden am Hemmaberg auch Führungen statt. Information: Gemeindeverwaltung, Globasnitz 111, Tel.: 04230/310.

Die spätgotische **Wallfahrtskirche St. Hemma und St. Dorothea** (um 1500) zeigt im Chor und Langhaus Malereien aus dem 17. Jh. Die Bilder entsprechen teilweise den Bildern der Hemmalegende aus dem Gurker Dom. Der Hochaltar stammt von Anfang des 17. Jhs.

In der Felswand am Nordwestabhang liegt die aus dem Stein herausgewaschene **Rosaliengrotte**, in der die Hemmaquelle, eine sagenumwobene Heilquelle, entspringt. Sie wurde 1681 eingeweiht. Man spricht ihr Heilkraft – besonders gegen Augenleiden – durch eine rechtspolarisierende Erdstrahlung zu. Die Kapelle und die Sandsteinskulptur wurden 1927 von Suitbert Lobisser erneuert.

Ein moderner Traum: Schloss Elberstein in Globasnitz (links) **Römersteine vom Hemmaberg** (rechts) **Auf der Flattnitz** (unten)

In Zusammenarbeit mit dem Künstler Valentin Oman wurde ein neuer, grenzüberschreitender **»Hemma-Pilger-Weg«** mit 9 Stationen als »Weg der Besinnung« eingerichtet. Eine Ergänzung dieses Weges ist der Meditationspfad, der den Besucher mit 6 Stationen vom Kreuz hinter dem Ausgrabungsgelände über den Steilhang durch den Wald unter dem Felsen zur Quelle führt.

Wandervorschläge

Hemma-Pilger-Weg, Meditationspfad

GLÖDNITZ

Höhe: 750 m | Einwohner: 1000

Gemeindeamt Glödnitz, 9346 Glödnitz 125
Tel.: 04265/8222-0, Fax: 04265/8222-21
Internet: www.gloednitz.at
E-Mail: gloednitz@ktn.gde.at

Allgemeines & Geschichte

Das Glödnitzbachtal ist ein Seitental des Gurktales und wird im Westen von den letzten bewaldeten Bergrippen der Nockberge und im Osten durch die Gurktaler Alpen begrenzt – dort, wo auch Salzträger und Schmuggler geheime Pfade benutzten. Bereits in römischer Zeit führte hier ein Pfad entlang der Anhöhe vom Gurktal über den Flattnitzer Sattel ins Murtal. 898 n. Chr. wird Glödnitz erstmals als »Glodati« erwähnt. Zentrum des Urlaubsgeschehens ist die Flattnitz. Ein weitverzweigtes Wanderwegenetz, einzigartige Natur, reine Luft, verträumte Bergseen und Wälder sind ein Paradies für jeden erholungssuchenden Gast.

Sehenswürdigkeiten

Pfarrkirche hl. Margareta

Die erste Kirche in Glödnitz, eine Michaelskapelle, wurde von der hl. Hemma 1043 gestiftet und fungierte bis zu ihrem Tod als Eigenkirche. 1370 wurde die Kirche urkundlich St. Margareta genannt. Vom ursprünglichen Kirchenbau blieben nur wenige Reste erhalten. Ende des 15. und Anfang des 16. Jhs. wurde die Kirche mit einer Wehranlage umgeben, die auch heute noch ihren Gesamteindruck bestimmt. Die Ausstattung im Inneren der Kirche stammt fast ausschließlich aus dem 17. und 18. Jh.

Filialkirche hl. Johannes der Täufer

Von der romanischen Kapelle aus der zweiten Hälfte des 12. Jahrhunderts sind nur einige Reste im heutigen Mauerwerk erhalten. Der relativ niedrige, wuchtige Turm mit Pyramidenhelm ist bestimmend für die Außenansicht. Zusammen mit dem ehemaligen Hospizanbau im Westen bildet die Kirche eine malerische Baugruppe. Das Hospiz diente Pilgern und Handelsreisenden als Unterkunft. Das ganze Bauensemble ist mit Lärchenschindeln eingedeckt. Aus einer Beschreibung der Filialkirche von 1521 geht hervor, dass der Flattnitzer Kirche zu dieser Zeit viele Ablässe gewährt waren. Sie besaß eine Anzahl »unheilabwehrender« Reliquien, wie z. B. Milch von der Jungfrau Maria, Blut des hl. Stephanus und Gold der Hl. Drei Könige. Im Inneren der Kirche sind vor allem die Wandmalereien hervorzuheben.

Ausflugsziele

Naturbadeteich Glödnitz

Keine Chlorbelastung, keine Massenabfertigung, ausgiebiger Badespaß; mit Beach-Volleyball und Inline-Skating-Platz. Informationen: Naturbadeteich, Glödnitz 60, Tel.: 04265/8132

★ Flattnitzer Sessellift

Im Sommer angenehme Aufstiegshilfe für weitere Wanderungen in die umliegenden Berge. Im Winter herrliches Familienskigebiet. Informationen: Flattnitzer Sessellift, Tel.: 04269/211 und 04265/82 22.

Wandervorschlag

Flattnitz

GMÜND (Stadtgemeinde)

Höhe: 740 m | Einwohner: 2610

Gästeinformation, Hauptplatz 20
9853 Gmünd, Tel.: 04732/2215-14
Fax: 04732/2215-13
Internet: www.tiscover.at/gmuend
oder www.familiental.com
E-Mail: gmünd@ktn.gde.at

Allgemeines & Geschichte

Der Ort mit dem mittelalterlichen Stadtbild, ein »kärntnerisches Rothenburg«, liegt an

der Einmündung des Maltatales in das untere Liesertal und westlich der Nockberge und ist somit ein idealer Ausgangspunkt für Bergtouren in die Umgebung sowie ein interessanter Ort für »Freunde der Geschichte«. Gmünd nennt sich auch Kultur- und Künstlerstadt, erhielt 1999 den ersten Preis beim Landeswettbewerb »Lebenswertes Kärnten« und errang 2000 den »Europäischen Dorf-Erneuerungspreis«.

Das von Mauern mit 4 Stadttoren umrahmte Städtchen führt seine Entstehung vermutlich auf die Römerzeit zurück, als eine Straße von Teurnia durch den Lungau und über den Radstädter Tauern nach Salzburg verlief. Die heutige Stadt wurde um 1240 von dem Salzburger Erzbischof Eberhard II. gegründet. Erstmalig erwähnt wurde Gmünd 1252; 21 Jahre später wurde es als salzburgischer Markt genannt. Das Stadtrecht wurde 1346 verliehen, außerdem das »Friesacher Recht« sowie das Marktrecht zu Michaeli. Vor allem das 15. Jh. war für Gmünd als vielbesuchter Handelsort eine Blütezeit. 1478 konnten die Türken erfolgreich abgewehrt werden; in den nächsten Jahrhunderten jedoch erlebte Gmünd verschiedene Herrschaftsverhältnisse (Ungarnkönig Matthias Corvinus, Kaiser Maximilian I., Erzbischof von Salzburg, Freiherr Georg von Khevenhüller). 1525 wurde die Stadt von den Bauern besetzt. Im 17. Jh. wurde sie von Erzbischof Wolf Dietrich von Raitenau an Graf Christoph Lodron verkauft. Nach zahlreichen Verpfändungen kam es erst 1848 schließlich zur Aufhebung der Grundherrschaften. Durch Brände in den Jahren 1504, 1594, 1616 und 1792 erlitt die Stadt schwere Zerstörungen. Die Gegend wurde protestantisch, so dass die Gegenreformation um 1600 vom »Ketzerhammer« Bischof Martin Brenner mit Gewalt durchgesetzt werden musste. 1690 gab es ein schweres Erdbeben. 1773 fand mit Eva Faschaunerin, die ihren Mann mit Arsenik vergiftet haben soll, die letzte Hinrichtung statt. In Gmünd arbeitete 1944–50 Ing. Prof. Dr. Ferdinand Porsche und konstruierte hier das erste Auto, das seinen Namen trug: den legendären Porsche 356. Insgesamt entstanden hier 44 Coupés und 8 Cabrios.

Auch Tradition wird hoch gehalten – der 1834 gegründete Männergesangsverein ist der älteste Österreichs!

Sehenswürdigkeiten

Im gesamten Altstadtbereich innerhalb der Stadtmauern gibt es jede Menge stattlicher alter Bürgerhäuser mit interessanten Architekturdetails. Ein besonders schönes Ensemble bildet der durch 2 Tore abgeschlossene Hauptplatz in der Form des 13. Jhs., der vom Unteren bis zum Oberen Tor reicht. Hier sieht man aus dem Mittelalter stammende Häuser, die teilweise zwischen dem 16.–18. Jh. umgebaut wurden. Die Gmünder Altstadt ist von einer aus dem 16. Jh. stammenden Ringmauer umgeben, Zugang zur Stadt gewähren 4 Tore. Am Oberen Stadttor sieht man an der Innenseite einen mittelalterlichen Pranger (1576, im 17. Jh. erneuert) sowie eine Gedenktafel des Bildhauers Hans Gasser. Besonders schön ist das Untere Tor (1504) mit einem Dachreiter, Zwiebeltürmchen und geschwungenem Giebel (18. Jh.). In diesem Turm befindet sich auch das Heimatmuseum. Das Maltator, ein schönes »Spitzwegmotiv«, stammt von 1504. Das Pankratiustor ist zweigeschossig.

★ Pfarrkirche Mariä Himmelfahrt
Die 1339 geweihte spätgotische Pfarrkirche Mariä Himmelfahrt ist eine dreischiffige Hallenkirche mit einem hohen, spitzen Turm. Innen sieht man einen schönen Chor mit Kreuzrippengewölbe, die prächtige spätgotische Halle ist mit einem schönen Netzrippengewölbe versehen. Der prächtige barocke Säulen-Hochaltar stammt von 1722/1730 und ist mit einem beachtenswerten Gemälde mit der Himmelfahrt Mariens von Jakob Zanussi ausgestattet. Die reich verzierte Rokokokanzel stammt von 1779. Beachtenswert sind die Rosenhaimer Kapelle (reiche Ausstattung) sowie die hinter dem Chor außen angebaute kreisförmige Kapelle für Hans Rudolf von Raitenau, den Bruder des Salzburger Erzbischofs Wolf Dietrich von Raitenau.

★ »Eva-Faschaunerin«-Heimatmuseum
Kirchgasse, im ehemaligen Gerichtsgebäude und Schüttboden der Herrschaft. Das Museum ist Eva Faschaunerin gewidmet, die am 9. 11. 1773 als letztes Opfer der Folter in

Gmünd hingerichtet wurde, weil sie ihren Mann vergiftet haben soll. Öffnungszeiten: Juni bis September täglich 10.30 bis 12 und 14 bis 17 Uhr, Tel.: 2215-14 und -18. Davor steht ein Holzpranger.

★ Neues Schloss

Hauptplatz. Die schlichte, an den Salzburger Baustil erinnernde dreiflügelige Anlage wurde 1651–54 von den Grafen Lodron-Laterano nach Plänen des Salzburger Dombaumeisters Solari errichtet. Man sollte die barocken, steinernen Löwen (1670/80) beachten, die aus dem Mirabellgarten in Salzburg hierher verbracht wurden und am Eingang zum Park stehen. Im Schloss befinden sich heute die Hauptschule, die Turnsäle, Stadtsäle sowie eine Schul- und öffentliche Bibliothek. Beim Schloss befindet sich auch der Prof.-Ferdinand-Porsche-Park mit einem Denkmal für den genialen Konstrukteur.

★ Altes Schloss (Burg)

Das mächtige, 4- bis 5-geschossige Alte Schloss der Salzburger Erzbischöfe liegt hoch über der Stadt und wurde 1291 erstmals erwähnt. Es ist heute Ruine und mit Mauern mit dem Oberen Tor verbunden. Schäden wurden 1690 durch ein Erdbeben und 1886 durch einen Brand verursacht. Heute befindet sich ein erstklassiges Restaurant in der Anlage.

★ Porsche Automuseum Helmut Pfeifhofer

Riesertratte 4a. 1944 bis 1950 befand sich in Gmünd das Porschewerk. Das private Automuseum wurde 1982 errichtet und zeigt Exponate von den ersten Porschekonstruktionen bis zu modernen Sportwagen. Öffnungszeiten: Mitte Mai bis Mitte Oktober 9–18 Uhr, ansonsten 10–16 Uhr. Tel.: 2471.

Kreuzbichlkirche

Nördlich der Stadt links der Straße nach Eisentratten steht die 1588 erwähnte Kreuzbichlkirche; sie ist die einzige geteilte Kirche Österreichs, denn östlich der alten Katschbergstraße steht der Kapellenraum (1754), auf der Westseite saßen die Kirchenbesucher.

Kalvarienbergkapelle

Hinter der Kalvarienbergkapelle befindet sich die Lodron'sche Gruft von 1840. Die 1629 erbaute Kirche besitzt einen schönen Säulen-Hochaltar von 1700. Die Kreuzwegstationen wurden 1966 von Peter Brandstätter gestaltet.

Feste & Brauchtum

Es gibt das Stadtfest, das **★ Gmünder Gschnas.**

Ausflugsziele

★ Frido-Kordon-Hütte

Ein schönes Ausflugsziel zu jeder Jahreszeit: im Sommer zum Wandern, z. B. Stubeck, im Winter zum Skilaufen (500 m vom Skilift entfernt) oder zum Langlaufen. Zufahrt über die mautfreie Straße oder mit dem Gipfeltaxi.

Wandervorschläge

Großer Hafner, Stileck, Stubeck, Gmeineck, Reißeckgruppe, Bartelmann

GNESAU

Höhe: 963 m | Einwohner: 1240

Gemeindeamt, 9563 Gnesau 77
Tel.: 04278/271, Fax: 04278/82615
Internet: www.gnesau.at
E-Mail: gnesau@ktn.gde.at

Allgemeines & Geschichte

Die ruhige Sommerfrische Gnesau liegt in einem waldreichen Gebiet – der Waldanteil in der Gemeinde beträgt 60 % – im oberen Gurktal am Südhang der Turracher Höhe. 1160 wurde es als Gnesov erstmals urkundlich erwähnt. Gnesau ist auch ein guter Ausgangspunkt für Ausflüge in die größeren Städte der Umgebung oder zu den Badeseen.

Sehenswürdigkeiten

Über dem Portal des Pfarrhofes (19. Jh.) sieht man ein spätgotisches Osterlammrelief. Es wurde in seiner ursprünglichen barocken Farbe restauriert. Die neugotische evangelische Kirche stammt von 1870, der Bildstock östlich des Ortes aus dem 19. Jh. Interessant ist auch der Holzkulturweg. In der Umgebung sind noch einige alte Bauernhöfe zu sehen.

Pfarrkirche Zum hl. Leonhard

Die mit einem Zwiebelturm versehene gotische Pfarrkirche Zum hl. Leonhard wurde 1213 urkundlich erwähnt. Die ehemalige

Hauptplatz von Gmünd (oben links) **Erinnerung an Ferdinand Porsche** (oben Mitte) **Heimatmuseum »Eva Faschaunerin«** (oben rechts) **Der Kärntner Holzkulturweg in Gnesau** (links) **Das »Alte Schloss« in Gmünd ist eine prächtige Ruine.** (rechts)

Wehrkirche besitzt in den romanischen Mauern des Langhauses und in der Friedhofsmauer Schießscharten. Der spätgotische Chor wurde vermutlich von Bartholomäus Vierthaler (Firtaler) erbaut. Ende des 18. Jhs. wurde die Kirche außen klassizistisch verändert. Die Einrichtung stammt überwiegend von 1760. Im Chor sieht man eine Madonna auf der Mondsichel von Anfang des 16. Jhs. Die Altäre sind mit schönen Figuren versehen. Der Taufstein stammt aus der Spätgotik, das Betgestühl von etwa 1760. Die Glasfenster wurden 1982 durch Günther Kraus geschaffen.

Ausflugsziele

Bäuerliche Architektur

Sehenswert sind verschiedene alte Bauernhäuser, z. B. Sonnleiten 14 und 25 (ehemaliges Gerichtshaus der Provinz Illyrien), Eben Nr. 4 oder Görzberg Nr. 3. In der Umgebung sind noch alte Getreidekästen zu finden, z. B. Eben Nr. 1, Görzberg Nr. 3, Haidenbach Nr. 19 und Sonnleiten Nr. 21 und 35. Sie besitzen als Eckverzinkung meist Klingschrot, bei Haidenbach Nr. 19 und Gurk Nr. 6 sieht man auch die seltene, weil aufwändige Form des Figurenschrots (Beil, Axt, Schuhe, Katzenkopf).

Zedlitzdorf

Die Filialkirche Unsere Liebe Frau wurde um 1600 als Wallfahrtskirche errichtet, brannte aber 1754 ab. Sie besitzt sehenswerte Rokoko-Wandmalereien (3. Viertel des 18. Jhs.), die die Missionstätigkeit der Karmeliter in der ganzen Welt zum Thema haben. Die übrige Einrichtung stammt aus der Bauzeit, z. T. aus dem Barock. Später ließ Kaiserin Maria Theresia ein Karmeliterhospiz als Missionskloster für die dem Protestantismus zugeneigte Bevölkerung an die Kirche anbauen. 1787 wurde das Kloster aufgehoben. Später wurde die Klosteranlage als Schule genutzt, dann kam sie in Privatbesitz. Innen findet man sehenswerte Fresken und eine schöne Rokokoeinrichtung. Im Ort sieht man prächtige Gebäude im Nockstil, wie man sie in dieser Häufung nicht mehr oft findet, z. B. ist Gebäude Nr. 32 ein für das Gurktal typisches Gebäude in Blockbaustil mit Kopfschrot. Schön ist auch die Aussicht ins Gurktal.

★ Kärntner Holzkulturweg

Auf rund 5 km wird von Gnesau über Sonnleiten, Maitratten, Eben und Haidenbach anhand von 20 Schautafeln Wissenswertes über die heimischen Holzarten vermittelt. Am Ende der Wanderung kann man in einer Mostschenke neue Kräfte tanken.

Wandervorschläge

Geführte Themenwanderungen:
Höhenwanderung, Kräuterwanderung, Holzkulturweg

GRAFENSTEIN (Marktgemeinde)

Höhe: 418 m | Einwohner: 2600

Marktgemeinde Grafenstein
Hauptstraße 49
9131 Grafenstein
Tel.: 04225/2220-0
Fax: 04225/2220-20
Internet: www.grafenstein.at
E-Mail: grafenstein@ktn.gde.at

Allgemeines & Geschichte

Grafenstein, zu Füßen des waldreichen Hügellandes der Sattnitz gelegen, bietet dem Gast durch seinen ländlichen Charakter Ruhe und Erholung in unverbrauchter Natur. Das Sportangebot ist reichhaltig: vielfältige Wandermöglichkeiten, Radfahren, Modellfliegen, Tontaubenschießen, Tennis oder Fischen an Gurk und Drau.

Der heutige Markt wurde als Grauindorf 890 erstmals erwähnt und 1190 als Gravenstein genannt.

Sehenswürdigkeiten

Das **Schloss der Fürsten Orsini-Rosenberg** stammt aus dem 17. Jh. (1629/38) und besitzt einen dreigeschossigen Arkadenhof. Während des Kärntner Freiheitskampfes wurde es schwer beschädigt und auf einer Gedenktafel steht: »In diesem Haus wurde am 10. Oktober 1920 für die Freiheit Kärntens abgestimmt.« Innen besitzt es eine wertvolle Ausstattung mit Landschaftsmalereien (Ende 18. Jh.) und Stuckdecken.

Die **Pfarrkirche St. Stephan** stammt von 1116 und besitzt einen barocken Zwiebelturm. Innen ist sie reich mit Stuckaturen aus

dem Rokoko geschmückt (1756), die zu den schönsten in Kärnten gehören. Auch die Deckenmalereien sind sehenswert. Der Hochaltar wurde Anfang des 18. Jhs. geschaffen und besitzt schöne Skulpturen. Der achteckige Taufstein stammt aus der Spätgotik. Sehenswert sind die Grabsteine aus dem 17. und 18. Jh. Der Pfarrhof wurde 1741 errichtet.

Die Burgruine Lerchenau wurde 1158 erstmals erwähnt. Man sieht noch Reste der Fundamente und Erdwälle.

Als moderne Bauten im Stil des 20. Jhs. wurden von dem berühmten Baumeister Clemens Holzmeister die Volksschule, Clemens Holzmeister-Str. 54 (1969–71), und die Aufbahrungshalle, Clemens Holzmeister-Str. 14 (1965), errichtet.

Sehenswert ist das Smollerkreuz, ein barocker und wegen seiner Form seltener Bildstock, westlich des Ortes an der Straße nach Truttendorf.

Ausflugsziele

Dolina

Die Filialkirche Maria im Walde südlich der B 70 wurde 1861–63 aufgrund einer Marienerscheinung errichtet. 1999/2000 wurde sie als Autobahnkirche umgestaltet, nun ist sie ein Betonbau mit abgehobenem Dach. Das Innere ist in rot gehalten und durch Lichtschlitze beleuchtet. Die Inneneinrichtung ist teilweise modern (Tabernakel Anfang 20. Jh.), teilweise auch älter (Madonna mit Kind, 1420).

Schloss Rain

1521 wird ein Valentin am Rain erstmals erwähnt. In der 2. Hälfte des 19. Jhs. wurde das Gut von Gustav Ritter von Metnitz zum Schloss umgebaut. Schloss und Ländereien sind heute im Besitz der Familie Graf Czernin-Chudenitz.

Saager

Sehenswert sind die 1228 von den Viktringer Mönchen erbaute St. Michael Kapelle sowie das Saager Schloss.

Wandervorschläge

Wanderungen in den Aulandschaften entlang der Gurk und Drau

GREIFENBURG (Marktgemeinde)

Höhe: 640 m | Einwohner: 1910

Verkehrsamt
9761 Greifenburg 240
Tel.: 04712/216
Fax: 04712/216-30
Internet: www.greifenburg.com
E-Mail: greifenburg@ktn.gde.at

Allgemeines & Geschichte

Greifenburg liegt an einem Berghang unterhalb der Burg. Der über 1000 Jahre alte Luftkurort ist der Mittelpunkt des oberen Drautales, das sich hier breit zwischen den weißen Kalkwänden der Gailtaler Alpen und den mächtigen Schiefergruppen der Kreuzeckgruppe erstreckt. Das Klima ist mild und windgeschützt, so dass hier sogar Edelkastanien reifen.

Bereits in keltisch-vorrömischer Zeit war die Gegend besiedelt, hier lag vielleicht die Kopfstation der nach Gurina führenden Römerstraße. Die Burg wurde 1166 in einer Urkunde des Erzbischofs Konrad II. von Salzburg genannt, der Ort als »Grifenberch« 1230. Um 1230 kam die Burg an die Kärntner Herzöge von Spanheim. Es war deren einziger Besitz inmitten der Görzer Grafschaft, was natürlich Zwistigkeiten mit sich brachte, die jedoch mit dem Lieserhofener Frieden vom 27. Dezember 1252 beendet wurden. 1267 wurde der Ort zum Markt erhoben. Er kam später als Pfand an das Erzbistum Salzburg, dann an den Pfleger Sweiker von Liebenburg. 1335 gelangte er über die Görzer an die Habsburger und nach dem Frieden von Pusarnitz wieder an die Landesherren.

Nach mehreren Besitzerwechseln kam der Ort 1677 an die Grafen von Rosenberg. In den Franzosenkriegen war hier der Stützpunkt der Kärntner Landesverteidiger, 1809 wurde der Ort aber von den Franzosen geplündert. 1813 war er Hauptort der Illyrischen Provinzen.

Sehenswürdigkeiten

Greifenburg besitzt ein Ortsbild mit prächtigen Bürgerhäusern, die noch vom einstigen Reichtum zeugen. Die Häuser stammen im Kern aus dem 16.–18. Jh. Am Hauptplatz steht das Denkmal der Drau von Johann

Meixner (1869), das früher zum Ensemble des Albrechtsbrunnen vor der Albertina in Wien gehörte. Die Skulptur ist eine Kopie, da die Stadt Wien die einstmals verschenkten Figuren wieder zurückforderte.

Pfarrkirche St. Katharina

Die mächtige, 1229 erwähnte gotische Pfarrkirche St. Katharina wurde 1521 erbaut und um 1700 barockisiert. Zu ihr führt eine gedeckte Stiege. Sie besitzt zarte Stuckaturen und einen Säulen-Hochaltar von 1842. Der Pfarrhof stammt aus dem Barock und besitzt ein Schopfwalmdach.

Schloss

Das über dem Ort liegende Schloss wurde 1166 erwähnt und war Besitz des Herzogs von Kärnten. Die auf eine mittelalterliche Burg zurückgehende Anlage gehörte zu den umkämpftesten Anlagen des Landes, da sie als Exklave der Spanheimer mitten im tirolerisch-görzischem Gebiet lag. Hier starb 1295 Herzog Meinrad von Tirol, der Großvater von Margareta Maultasch. Die Anlage gehörte fast 270 Jahre der Familie Orsini-Rosenberg. Die heutige Gestalt geht auf die Ausbauten im 17. Jh. zurück, weitere erfolgten im 19. Jh. Von hier aus hat man eine schöne Aussicht. Ab 1848 befand sich das Gericht im Schloss, und der alte Gefängnistrakt wurde aufgestockt. Das Schloss wurde umgebaut und saniert. Heute befinden sich dort Appartementanlagen.

Ausflugsziele

Amlach

Etwas abseits steht am Hang die Filialkirche Hl. Dreifaltigkeit (um 1700). Ihr 1670 erbauter Hochaltar ist reich mit Knorpelwerk geschmückt und besitzt schöne Figuren. Sehenswert sind auch das Votivbild auf der Empore und das neben dem Eingang.

Gnoppnitz

Im Bergbauernmuseum wird man mit einer Führung in die Zeit von »anno dazumal« versetzt. Mai bis Oktober täglich 10–18 Uhr, Tel.: 82095.

Wandervorschläge

Klammen (Geißlochklamm, Gnoppnitzklamm), Speckalm, Reißkofel, Kreuzeck, Hochtristen, Gaugen

GRIFFEN (Marktgemeinde)

Höhe: 484 m | Einwohner: 3680

Gemeindeamt, 9112 Griffen 5
Tel.: 04233/2247-18, Fax: 04233/2247-32
Internet: www.griffen.at
E-Mail: manfred.blasi.@ktn.gde.at

Allgemeines & Geschichte

Der Markt lag früher recht einsam am südöstlichen Ausläufer der Saualpe, zwischen dem Drau- und dem Lavanttal am Fuß eines mächtigen Kalkfelsens und am Griffener Berg. In der Umgebung gibt es viel Wald. Die imponierende Ruine auf dem Burgberg ist eine der größten Festungen Kärntens. Als Spuren früher Besiedlung fand man in der Griffener Tropfsteinhöhle alt- und mittelsteinzeitliche Werkzeuge sowie Feuerstellen. Griffen wurde 822 als Crivina/Criuina erstmals erwähnt, gehörte anfangs den Salzburger Erzbischöfen, dann ab Anfang des 12. Jhs. den Fürstbischöfen von Bamberg. Mitte des 13. Jhs. war Griffen vermutlich Markt, ab dem 13. Jh. auch befestigt. 1242 erteilte Kaiser Friedrich II. den Bischöfen das Recht, in Villach und Griffen Münzen zu schlagen. 1918/19 wurde Griffen von den jugoslawischen Einheiten trotz energischer Verteidigung 2 Mal besetzt, das 2. Mal bis nach der Volksabstimmung. Aus Griffen stammt der berühmte Schriftsteller Peter Handke.

Sehenswürdigkeiten

Griffen besitzt ein schönes Ortsbild mit bürgerlichen Häusern mit bunt bemalten Fassaden. Der Platz vor der Kirche ist modern gestaltet, interessant ist auch das moderne »Stadttor« in Richtung Wolfsberg.

★ Ehemaliges Prämonstratenserstift

Das Prämonstratenserstift westlich der Stadt wurde 1236 durch Bischof Ekbert gestiftet und ab 1272 erbaut. 1786 wurde es durch Kaiser Joseph II. aufgehoben. Die Mauer der umfangreichen Anlage ist teilweise noch mit Wehrgängen versehen und diente in Kriegszeiten der Bevölkerung als Schutz. An der Südwestecke steht noch ein Turm. In der Barockzeit wurden der Stiftstrakt vergrößert und ausgebaut, der Kirchhoftrakt hinzugefügt und die gesamte Anlage mit den Fensterverdachungen aus Terrakotten-

Hoch über Greifenburg liegt das Schloss. (oben links) **Stift Griffen ist eine ausgedehnte Anlage.** (oben rechts) **Detail aus der Fassade der Stiftskirche von Griffen** (links) **Burg Griffen** (rechts)

appliken, über den Portalen mit Terrakottenstatuen, ausgestattet. Sehenswert sind auch das Portal und das Relief im Kreuzgang mit den Hl. 3 Königen. In dem Trakt nördlich des Kreuzganges befindet sich im Erdgeschoss das Refektorium mit schöner Stuckdecke. Darüber ist eine Dokumentation über den Schriftsteller Peter Handke untergebracht.

★ Stifts- und Pfarrkirche Mariae Himmelfahrt

Die ehemalige Stifts- und Pfarrkirche Mariae Himmelfahrt ist eine spätromanische Pfeilerbasilika. Sie besitzt eine außergewöhnliche, bunte Stuckfassade, die wie die Innenausstattung zum Großteil aus dem Barock stammt. Im 17. Jh. erhielt die Kirche im Mittelschiff eine schlichte Kreuzgratwölbung. Umso mehr hebt sich der Hauptchor mit der farbigen Architekturbemalung und den schönen Malereien als Umrahmung des prächtigen Hochaltares ab. Er stammt von 1776, füllt den gesamten Chor und ist mit einer spätgotischen Steinmadonna von 1520 geschmückt. Die schlicht gewölbten Seitenschiffe (mit Kreuz- und Ursulaaltar) verfügen über kunstvolle Stuckausstattungen. Die Kanzel mit den Kirchenvätergestalten stammt aus dem 1. Drittel des 18. Jhs.; zahlreiche Barockbilder ergänzen das reiche Ausstattungsprogramm.

★ Alte Pfarrkirche Unsere Liebe Frau

Die Kirche wurde 1235 als Sitz einer Propstei genannt. Der romanische Bau (Anfang 13. Jh.) wurde in der Gotik umgestaltet und vereinigt heute beide Baustile. Sehenswert sind die romanischen Portale und die schönen Rippengewölbe. Innen sieht man romanische Wandmalereien. Der Hochaltar mit einer Madonnenstatue in der Mittelnische stammt aus dem 17. Jh., die Kanzel mit den Bildern der vier Evangelisten aus dem 1. Viertel des 18. Jhs.

Pfarrkirche hll. Peter und Paul

Die 1237 erwähnte Kirche liegt direkt unterhalb des Burgberges. Das heutige Langhaus wurde nach einem Brand 1861–63 erbaut. Die Außenfassade ist mit einem zarten Rosa bemalt. Innen besitzt sie eine große Kuppel mit Malereien aus dem 19. Jh. Der barockisierende Hochaltar wurde 1911 aufgestellt; über dem Tabernakel befindet sich eine große Herz-Jesu-Statue, die Seitenfiguren stammen aus dem 18. Jh. Der große Luster wurde der Kirche von Oberst Josef Edler geschenkt. Er besitzt 96 Leuchten und befand sich vorher angeblich in einem Wiener Lokal. Die mechanische Turmuhr wurde 1904 in Wien gekauft.

★ Burgruine Griffen

Die von den Bamberger Fürstbischöfen auf dem 130 m hohen Schlossberg erbaute Burg wurde 1160 erstmals erwähnt und galt als uneinnehmbar. 1759 kam sie in den Besitz der Maria Theresia, später an die Grafen Egger und die Freiherren von Helldorff, bevor sie im 18. und 19. Jh. zusehends verfiel. Im Jahre 2000 wurde die Ruine wieder begehbar gemacht (schöner Panoramaweg).

★ Tropfsteinhöhle

In der sehenswerten Tropfsteinhöhle, der buntesten Höhle Österreichs, fand man Spuren der ersten altsteinzeitlichen Siedlung in Kärnten (30.000–20.000 v. Chr.), außerdem Knochenreste von Höhlenbär, Riesenhirsch und Wollnashorn. Auf die Höhle stieß man, als man im 2. Weltkrieg einen Luftschutzraum baute. Seit 1956 gibt es Führungen. Am Ende jeder Führung erlebt der Besucher eine multimediale Zeitreise von der Entstehungsgeschichte der Erde bis in die jüngste Vergangenheit. Der Zugang liegt im Zentrum hinter der Kirche. Öffnungszeiten: Juli bis August 9–17 Uhr u. Abendführungen Dienstag, Donnerstag 20.30 Uhr, Mai, Juni, September 9–12, 13–17 Uhr, Oktober 9–12 u. 13–16 Uhr.

Ausflugsziele

Pustritz

Die von der Friedhofsmauer umgebene Pfarr- und Wallfahrtskirche Mariae Himmelfahrt wurde 1196 erstmals erwähnt und besitzt eine reiche Ausstattung (reich profiliertes Portal, im Chor und Langhaus Netzrippengewölbe, gotische Wandmalereien, Ölbergfresko, prächtiger frühbarocker Hochaltar mit schönen Schnitzfiguren). Der Pfarrhof (Prödl-Schlössl) ist ein früherer Edelsitz aus dem 16. Jh. und besitzt ein Walmdach.

Untergreutschach

Die Pfarrkirche St. Martin wurde 1237 erwähnt, um 1300 erbaut und Ende des 15. Jhs.

zur Wehrkirche ausgebaut. Sie und der Karner liegen inmitten einer selten gut erhaltenen Wehrmauer. Zu sehen sind noch halbrunde Wehrtürme, ein ehemaliger Torbau und hölzerne Wehrgänge. Die Kirche gehört zu den sehenswertesten Kirchenburgen auf der Saualpe und bietet mit den sie umgebenden Pappeln einen malerischen Anblick. Der spätromanische Rundkarner entstand im 14. Jh. und besitzt ein Spitztürmchen und gut erhaltene Wandmalereien von etwa 1350.

Wandervorschläge

Griffner Berg, Saualpe

GROSSKIRCHHEIM

Höhe: 1024 m | Einwohner: 1610

Gemeinde- und Verkehrsamt
Döllach 47
9843 Großkirchheim
Tel.: 04825/521-21
Fax: 04825/522
Internet: www.grosskirchheim.at
E-Mail: grosskirchheim@ktn.gde.at

Allgemeines & Geschichte

Südlich der Großglocknergemeinde Heiligenblut liegt eingebettet in eine Mulde des Mölltales die 109 km² große Gemeinde Großkirchheim, deren Hauptort Döllach ist. Die Gegend wurde bereits 150 v. Chr. besiedelt. Im 15. und 16. Jh. war hier ein Zentrum des Silber- und Goldbergbaus in den Hohen Tauern, und von 1496–1783 bestand ein Berggericht. Ab 1400 begann also die große Zeit des Ortes, als fast 3000 Menschen hier arbeiteten und bis auf 2800 m Höhe schürften. Dies führte aber auch zu sozialen Spannungen, die sich in dem 1526 niedergeschlagenen Knappenaufstand im Mölltal und in Gastein bemerkbar machten.

Nach dem Niedergang des Goldbergbaus übernahm der Staat den Bergbau, um die Arbeitsplätze zu erhalten, später auch Privatleute, jedoch vergebens. Bei der Liquidation 1876 wurde festgestellt, dass bei einem Produktionsgewinn von 5166 Gulden Kosten in Höhe von 14.400 Gulden entstanden waren.

Sehenswürdigkeiten

Im Ort stehen noch einige sehenswerte Häuser aus dem 15./16. Jh., so z. B. Nr. 47, das ehemalige Bergrichterhaus mit Laubengang. Die Zinkhütte »Kohlbarren« wurde 1796 erbaut und 1834 stillgelegt. Das aus unverputzten Bruchsteinen errichtete Haus ist die einzige derartige Hüttenanlage in Österreich. Der Putzenhof ist ein 1540–60 von dem Gewerken Melchior Putz von Kirchheimegg erbautes Landgut, das später Goldgräbern als Wohn- und Arbeitsstätte diente. Das kleine Schlösschen Großkirchheim wurde um 1530 erbaut; im Gegensatz zum großen Schloss, das vornehmlich zu Repräsentationszwecken diente, wurde hier gewohnt.

★ Heimat- und Goldbergbaumuseum im Schloss Großkirchheim

Das aus dem 12. Jh. stammende Schloss wurde vermutlich von dem aus Augsburg stammenden Gewerken Melchior von Putz 1561 umgebaut, nachdem er die Herrschaft gekauft hatte. Mit seinem Glück ging es später aber rapide bergab, so dass bereits seine Schwiegertochter 1620 Konkurs anmelden musste. Später saß hier der Verwalter des Goldbergbaus. Gezeigt werden Volkskunst, Waffen, Gemälde und Plastiken. Besonderer Schwerpunkt ist die Darstellung des Goldbergbaus der Kelten und Römer (Schaustollen, Schmiede, Mineralien, Gewerke und Ausbeute). Als besondere Attraktion wird die Möglichkeit geboten, selbst Gold zu waschen. Außerdem gibt es auch eine Nationalparkdokumentation. Informationen unter Tel.: 04825/226, Öffnungszeiten: Juni bis September

Pfarrkirche St. Andreas

Die spätgotische Pfarrkirche St. Andreas in Döllach wurde 1389 erwähnt. Sie besitzt im Chorgewölbe auf der Flachdecke Rankenmalereien. Im Langhaus sieht man ein 1915 geschaffenes Bild des 1839 in Döllach geborenen Josef Kahn, der vom armen Buben zum Fürstbischof von Gurk aufgestiegen war. Die Kirche besaß keinen Friedhof, von den häretischen Edlen von Putz wurde dort aber eine kleine, ummauerte Begräbnisstätte für Häretiker geschaffen, die der Erzbischof jedoch mit Gewalt beseitigen ließ.

Ausflugsziele

Mitteldorf

Die spätgotische Wallfahrtskirche Maria Dornach von 1491 ist außen mit einem Christophorusfresko geschmückt. Der barocke Hochaltar mit Säulenaufbau stammt von Ende des 18. Jhs. Die Gnadenstatue ist eine bekleidete Madonnenfigur. Innen sieht man reiche Malereien im Stil der Nazarener (um 1900). Die Kanzel, das Höllenfresko und die Seitenaltäre stammen von etwa 1700. Die Lorettokapelle wurde 1728 angebaut.

Sagritz

Der 1167 als Sagerize erwähnte Weiler gehörte dem Kloster Admont. Die spätbarocke Pfarrkirche St. Georg wurde 1769–79 errichtet, der Turm stammt allerdings noch vom gotischen Bau, der 1516 geweiht worden, wegen unterfließendem Wasser aber stark verfallen war. Auf den Gemälden ist ein reformatorisches Bildprogramm zu sehen. Das Deckengemälde »Christi Himmelfahrt« stammt aus dem 18. Jh. Sehenswert sind die Grabsteine aus dem 16.–17. Jh. Vor der Kirche befindet sich ein überlebensgroßes Kruzifix aus dem 18. Jh. Die heute als Kriegergedächtnisstätte dienende St. Antonius-Kapelle am Friedhof stammt aus der Spätgotik (1301) und besitzt ein Netzrippengewölbe und eine Sakramentsnische. Die Gewölbemalerei wurde im 16. Jh. angebracht. Außen sieht man Fresken aus dem 16. Jh. (Kreuzigung und Jüngstes Gericht). An Christi Himmelfahrt wird mit dem »Engelauffahren« die Himmelfahrt Christi bildlich dargestellt.

Wandervorschläge

Jungfernsprung, Zirknitzfall, Wangenitzsee, Zirknitztal, Adolf-Nossberger-Hütte, Rundwanderung Ranach – Gartl Alm, Gartlkopf, Astenmoos/Glocknerblick

GURK (Marktgemeinde)

Höhe: 662 m | Einwohner: 1310

Marktgemeinde, Dr. Schnerichstr. 12
9342 Gurk, Tel.: 04266/8125-0
Fax: 04266/8125-5
Internet: www.gurk.at
E-Mail: gurk@ktn.gde.at

Allgemeines & Geschichte

In dem Ort im oberen Gurktal befindet sich eine der bedeutendsten romanischen Kirchen Kärntens. Außer einem beliebten Wallfahrtsziel ist Gurk Luftkurort, Wintersportplatz und als Markt Mittelpunkt des waldreichen Gurktales. Der Markt ist von Bergwiesen und prächtigen Hochwäldern umgeben.

Gurk wurde schon in römischer Zeit als keltische Siedlung erwähnt, die erste urkundliche Nennung in nachrömischer Zeit war 864. Gurk bedeutet auf deutsch »die Gurgelnde« und wurde zuerst nur für den Fluss verwendet. 1043 wurde von der später heilig gesprochenen Gräfin Hemma von Gurk, eine um 980 geborene Gräfin von Friesach-Zeltschach, eine Marienkirche und ein Frauenkloster gegründet. Sie war reich, denn ihre Familie besaß zahlreiche Gold- und Silbergruben. Ihre beiden Söhne wurden während eines Aufenthaltes in Slowenien bei einem Aufstand der Bergarbeiter erschlagen, ihr Gatte richtete daraufhin unter den Aufständischen ein Blutbad an, was er auf einer Bußfahrt nach Rom büßen wollte. Auf dem Heimweg verstarb er im Lavanttal und wurde in Gräbern bei Bad St. Leonhard begraben; Hemma widmete fortan ihr Leben und ihren Besitz frommen Zwecken. 1287 wurde sie dann selig und nach einem Papstbesuch 1938 heilig gesprochen.

1072 wurde Gurk Sitz eines neu gegründeten, von Salzburg abhängigen Domkapitels, das von Bischof Gebhard von Salzburg nach Auflösung des Frauenstifts gegründet wurde. Die Gurker Bischöfe wollten ihre Selbstständigkeit gegenüber Salzburg stärken und gründeten ein Domkapitel. Dieses und der Bischof siedelten 1787 nach Klagenfurt. Begonnen wurde der Bau der Kirche unter Bischof Roman (1131–1167), der seinen Wunsch nach einer repräsentativeren Domkirche mit dem nach einer würdigen Begräbnisstätte für die Stifterin verbinden wollte. 1460 wurden die Gurker Bischöfe Reichsfürsten, aber ohne Reichsunmittelbarkeit.

Sehenswürdigkeiten

★ Pfarrkirche (Dom) Mariä Himmelfahrt

Die heutige Pfarr- und Wallfahrtskirche sowie ehemalige Domkirche Mariä Himmel-

Der Dom zu Gurk (oben) **Das Heimat- und Goldbergbau-museum in Großkirchheim** (links) **Für Kleinkinder eine Attraktion: der Zwergenpark in Gurk** (rechts)

fahrt ist seit 1932 zudem Stiftskirche des Salvatorianerordens. Die dreischiffige Basilika mit massiver Doppelturmfassade im Westen und einem mächtigen Querhaus mit drei Apsiden im Osten zählt zu den bedeutendsten romanischen Kirchen in Österreich. Der Bau ist im Wesentlichen das Werk von Bischof Roman, nur das Querhaus wurde später dazu gebaut. Von außen wirkt die Anlage relativ schlicht und hat mit leichten Veränderungen – die Türme erhielten im 17. Jh. ihre »Helme« – weitgehend ihr authentisches Aussehen bewahrt. Vor der das Kloster umgebenden Mauer steht eine lebensgroße Kreuzigungsgruppe von 1612. Großteils erhalten sind noch die 1447–1520 zur Abwehr der Türken erbauten Wehrmauern um die Anlage.
Das prächtige Westportal stammt von 1200; es war ursprünglich offen und wurde 1340 durch eine Füllmauer verschlossen. Man sieht ein siebenfach abgestuftes Trichterportal von etwa 1200/25 mit pflanzlichem Dekor; in den Holzreliefs der Türflügel wurden alt- und neutestamentarische Szenen gegenübergestellt (um 1200). Bemerkenswert ist auch die äußerst qualitätvolle Freskenausstattung mit Szenen aus dem Alten und Neuen Testament. Über dem Südportal des Doms sieht man ein Tympanonrelief des segnenden Christus. Im monumentalen Innenraum wird das Mittelschiff von mächtigen Pfeilern getragen.
Das Langhaus ist 66 m lang, 23 m breit und besitzt ein Netzrippengewölbe aus dem 16. Jh. Der Entwurf der rechts im Mittelschiff stehenden, in herrlichen Rokokoformen um 1740 erbauten Kanzel stammt von den Brüdern Bibiena; die alt- und neutestamentarischen Reliefszenen am Korb von Georg Raphael Donner. Der ebenfalls in schönstem Rokoko erbaute Kreuzaltar am Ende des Langhauses (Mittelschiff) zeigt eine meisterhaft komponierte Engelpietà aus Bleiguss ebenfalls von Donner (1740). Es war sein letztes Werk und wird als sein schönstes bezeichnet.
Das Querhaus ist durch ein kunstvolles schmiedeeisernes Barockgitter (1740) abgeteilt. Im linken und rechten oberen Seitenschiff befinden sich 6 farbige Holzreliefs von Leonhard Pampstel (1515) aus St. Veit, in denen die Geschichte der hl. Hemma erzählt wird. Im linken Querhausarm neben dem Sakristeiportal ist ein großer Christophorus (um 1250) gemalt, es soll die früheste Darstellung dieses Heiligen sein.
Im Chor steht ein riesiger frühbarocker Hochaltar (1625–1632), der den Sieg der katholischen Kirche über die Reformation verherrlicht. Er gehört zu den gewaltigsten Werken seiner Zeit, ist 16 m hoch und 9 m breit, in mehrere Geschosse gegliedert und besitzt zahlreiche Schnitzfiguren (72 Statuen, 82 Engelsköpfe). Geschaffen wurde er von Michael Hönel aus Sachsen. In der Hauptnische sieht man die Himmelfahrt Mariens. Der Hochaltar wird in der Passionszeit von dem 1458 entstandenen Fastentuch verdeckt. Es ist dies das österreichweit größte und wohl auch bedeutendste Fastentuch mit 99 Bildfeldern aus dem Alten und Neuen Testament. Die bescheidener ausgeführten Seitenaltäre zeigen die Kreuzigung Petri und die Stephanusmarter. Das goldbraune Chorgestühl wurde 1680 von dem Straßburger Tischler Siessenbacher und dem Gurker Maler Seitlinger geschaffen.
Die Bischofskapelle auf der Westempore kann man bei Führungen besichtigen. Hier sieht man beeindruckende Wand- und Glasmalereien mit Szenen aus dem Paradies, das himmlische Jerusalem, Evangelistensymbole, Propheten u. a. Die erste Ausmalung geschah durch Meister Heinrich (um 1220), sie wurde allerdings beim Dombrand 1260 teilweise zerstört. Die nächste Ausführung geschah 1263 im Zackenstil unter Beibehaltung der alten Entwürfe.
Die Reliquien der hl. Hemma befinden sich seit (vielleicht) 1174 in einer Krypta unter dem Chor, die man ebenfalls nur im Rahmen einer Führung besichtigen kann. Beeindruckend ist der durch die 100 Säulen (96 Einzel- und 2 Doppelsäulen) hervorgerufene, fast märchenhafte Raumeindruck. Außerdem steht hier der »Stuhl« der hl. Hemma, der so genannte Hemmastein; es soll Glück bringen, wenn man sich auf ihn setzt, was sich kaum ein Besucher entgehen lässt. Zwi-

schen den Türmen ist in die Südmauer die Todesangst-Kapelle, der einstige romanische Karner, eingemauert (um 1275). Seine Fresken wurden 1280 gemalt, im 15. Jh. wurde er zur Kapelle umgebaut.
Empfehlenswert ist es auf jeden Fall, eine Führung mitzumachen. Auskunft: Tel.: 8236-33, Internet: www.dom-zu-gurk.at, E-Mail: info@dom-zu-gurk.at

Stiftsgebäude
Die 1637–64 anstelle der ehemaligen Gebäude errichtete Anlage wird heute vom Salvatorianerorden genutzt. Das im Kern mittelalterliche Propsteigebäude besitzt einen Arkadenhof und wurde im 17. Jh. umgestaltet. In seiner Dreifaltigkeitskapelle befindet sich außerhalb der Fastenzeit das 9 mal 9 m große Fastentuch (Hungertuch), das älteste und umfangreichste in Kärnten. Es wurde 1458 von Konrad von Friesach auf Leinen gemalt.

Ehemaliger Schüttkasten
Hemmaweg 5. Der mächtige zweigeschossige Bau mit dem Krüppelwalmdach und den Ziegelgitteröffnungen diente eine Zeit lang als Sägewerk und wurde zum Museum »Kulturstätte Volksdeutscher Heimatvertriebener« umgebaut.

Waldgarten
Seit 1997/98 werden auf einer Fläche von 3000 m² 38 der bedeutendsten Laub- und Nadelholzarten und Sträucher sowie Stammabschnitte zur Schau gestellt. Dabei ist auch eine Kneippanlage.

Ausflugsziele

★ Zwergenpark
Für Kinder nette Ausstellung von Zwergen auf einem 4000 m² großen Gelände, außerdem fährt eine Liliputbahn. Öffnungszeiten: Mai bis Oktober täglich von 10–18 Uhr. Tel.: 8077.

★ Gurkthal Museumsbahn
Kärntens einzige dampfbetriebene Schmalspurbahn fährt von Juni bis September. Auskunft: Tel.: 04262/47 83 oder 2 72 32, Internet: www.gurkthalbahn.at.

★ Pisweg
Zu diesem kleinen Luftkurort kann man wandern oder mit dem Auto fahren. Er liegt in schöner Lage am Südhang des Außerwimitztales. Die romanisch-gotische **Pfarrkirche St. Lambert** wurde 1164 erwähnt und durch das Stift St. Lambert in der Steiermark gegründet. Die Ausstattung ist dem Frühbarock zuzuordnen. Der barocke Hochaltar stammt von etwa 1650, die Seitenaltäre und die Kanzel wurde 1640–1656 geschaffen. Das Kruzifix stammt von Anfang des 16. Jhs. Die Kirche besitzt noch ein Fastentuch. Bekannt ist der spätromanische Karner (13. Jh.) mit einem nahezu vollständig erhaltenen spätromanischen Freskenzyklus (um 1280; Szenen aus der Schöpfungsgeschichte, der Kindheit und Passion Christi).

Wandervorschläge

Wanderungen in den Gurktaler Alpen

GUTTARING (Marktgemeinde)

Höhe: 642 m | Einwohner: 1570

Gemeinde Guttaring
Unterer Markt 3
9334 Guttaring
Tel.: 04262/8120
Fax: 04262/8038
Internet: www.guttaring.at
E-Mail: guttaring@ktn.gde.at

Allgemeines & Geschichte

Der Markt liegt inmitten weiter Wälder zwischen dem Gurk- und dem Görtschitztal am Fuß der Saualpe. Hier verlief früher die Eisenstraße von Hüttenberg nach Althofen. Der Ort wurde 1135 erstmals als Pfarre genannt, als Markt tauchte er 1268 in den Urkunden auf.

Sehenswürdigkeiten

Im Ort findet man gemütliche alte Gasthöfe, so den Brunnwirt mit einer Biedermeierfassade oder das Gasthaus Moser.

Pfarrkirche St. Rupert
Die im 12. Jh. erwähnte romanische Pfarrkirche St. Rupert wurde teilweise in der späten Gotik umgebaut. Das Portal stammt aus dieser Zeit und besitzt gekehlte Kielbogen, die Tür Eisenbeschläge. Das Weltgerichtsfresko links der Türe stammt von Anfang des 16. Jhs. An der nördlichen Außenmauer ist ein Römerstein eingemauert. Die Kirche besitzt einen romanischen Taufstein und einen

prächtigen Säulen-Hochaltar aus dem Barock (1720); die Seitenaltäre sind aus dem Rokoko. Sehenswert sind auch die geschnitzten Skulpturen. Die Achatiuskapelle südlich der Kirche stammt aus der Gotik (15. Jh.). An ihrer Nordwand sieht man ein mächtiges Kruzifix.

Ausflugsziele

Urtlgraben

Hier steht der mächtige, 1578 von St. Veiter Bürgern erbaute Hochofen, der 1834 stillgelegt wurde.
Das ehemalige Verweserhaus Nr. 9 ist ein mächtiges Gebäude mit einem Frontturm, das heute als Gasthaus dient. Nr. 11 ist ein Werkshaus mit Sgraffitodekor an der Fassade.

★ Maria Waitschach

Südwestlich von Hüttenberg liegt in prächtiger Höhenlage die 1390 erwähnte Pfarr- und Wallfahrtskirche Unsere Liebe Frau (Maria Waitschach), eine der schönsten spätgotischen Hallenkirchen des Landes. Im Inneren der Kirche sieht man Netz-, Kreuz- und Sternrippengewölbe mit interessanten Schlusssteinen. Der prächtige, monumentale Hochaltar von 1670 ist mit Säulen und vielen Skulpturen geschmückt; hier steht eine schöne Madonnenfigur im so genannten Weichen Stil (1440). Das spätgotische Sakramentshäuschen besteht aus mehreren Geschossen. Beachtenswert ist der 1626 von den Landständen gestiftete Landschaftsaltar an der Nordwand des Schiffes; er gehört zu den frühesten Barockaltären des Landes. Wie in einem Bühnenbild ist hier in einem Hochrelief die Verkündigungsszene aufgebaut. Der Altar Hl. Familie besitzt einen schön geschnitzten Akanthusrahmen. Interessant ist auch das 1661 gestiftete Votivbild mit der Hl. Familie unter einem Baum, ebenso das Votivbild von Judenburg (1739). Das Judenburger Kreuz ist ein Barockbildstock aus dem 16./17. Jh. Hier trafen sich seit 1485 Wallfahrer aus Judenburg, die alle 3 Jahre nach Waitschach pilgerten.

Maria Hilf

Weithin sichtbar gehört die 1725–1727 erbaute barocke Wallfahrtskirche zu den wenigen ihrer Art aus dieser Periode in Kärnten (die meisten stammen aus der Gotik). Sie besitzt eine prächtige Einrichtung mit zartem Bandelwerkstuck, einen großen, baldachingekrönten Hochaltar (1727) mit Schnitzfiguren, sehenswerte Seitenaltäre (vielleicht von Johann Pacher) und eine schönen Kanzel mit Schnitzfiguren. Der »Augenbrunnen« besitzt ein schindelgedecktes Kegeldach.

Wandervorschlag

Wanderung zur Wallfahrtskirche Maria Hilf

HEILIGENBLUT

Höhe: 1301 m | Einwohner: 1190

Tourismusverband Heiligenblut, Hof 4
9844 Heiligenblut, Tel.: 04824/2001-21
Fax: 04824/2001-43
Internet: www.heiligenblut.at
E-Mail: office@heiligenblut.at

Allgemeines & Geschichte

Heiligenblut ist ein vielbesuchter Sommer- und Wintererholungsort am Fuße des 3797 m hohen Großglockners. Wintersportler können sich in der »Ferien-Ski-Region Großglockner« vergnügen, und Bergwanderer und Alpinisten finden im Sommer jede Menge herrlichster Wandermöglichkeiten. Bequemer ist ein Ausflug auf der Großglockner-Hochalpenstraße. Die Gemeinde wurde als (Groß)Kirchheim um 1150 erstmals erwähnt, der heutige Name kam etwa 1430 auf. Die früher nur einfach Hof genannte Gemeinde liegt an einem alten Alpenübergang, den schon die Taurisker und die Römer benutzten. Bereits um 1450 gab es hier Gold- und Silberbergbau, der aber wegen der fortschreitenden Vereisung im 16. Jh. aufgegeben werden musste. Es gab zwar Wallfahrts-Pilger »Zum heiligen Blut«, den Aufschwung brachte aber erst der Tourismus. 1864 wurde der Ort durch ein großes Feuer zerstört.

Sehenswürdigkeiten

★ Pfarrkirche St. Vinzenz

Die Pfarrkirche St. Vinzenz (15. Jh.) mit dem langen spitzen Turm, eine der stilechtesten

In prächtiger Höhenlage befindet sich die Wallfahrtskirche Maria Waitschach. (oben links) **Die Kirche von Heiligenblut** (oben rechts) **Die Pasterze erreicht man über die prachtvolle Großglockner-Hochalpenstraße.** (links) **Der »Mentlhof« in Apriach** (rechts)

gotischen Kirchen im Land, ist, zusammen mit dem schneebedeckten Großglockner im Hintergrund, wohl eines der beliebtesten Fotomotive Österreichs. Sie wurde 1491 geweiht. Bereits 1271 wurde aber von einer Vinzenz-Kapelle berichtet, die 1273 durch eine neue ersetzt wurde. Die erste Wallfahrt ist 1273 nachgewiesen und 1301 gewährte der Salzburger Erzbischof einen 40-tägigen Ablass für die Wallfahrer, die nach Heiligenblut kamen.

Betritt man die Kirche durch das spätgotische Spitzbogenportal, kann man die aufwändige und einheitliche Innenarchitektur, die überwiegend dem Baumeister Hans Hueber zugeschrieben wird, bewundern. Das dreischiffige Langhaus wird von mächtigen Pfeilern unterteilt und zeigt ein Sternrippengewölbe. Der Chor, durch den Kryptaeingang deutlich erhöht, enthält als Höhepunkt den 11 m hohen, vollständig erhaltenen gotischen Hochaltar (vollendet 1520, restauriert 1997). Der geschnitzte gotische Hochaltar, ein Flügelaltar (1520), ist einer der bedeutendsten Kärntens. Er wurde von dem Tiroler Meister Aßlinger, einem Schüler Michael Pachers, in 30-jähriger Arbeit geschaffen. Es handelt sich um einen doppelten Wandelaltar, der Ansichten für Werktage, Sonntage und hohe kirchliche Feiertage bietet. In seinem Mittelschrein sieht man die Krönung Mariens. Über dem Hochaltar befindet sich ein Fresko mit der Strahlenmadonna. Im Mittelschiff sieht man ein Temperagemälde mit der Bricciuslegende. Vom Chor aus gelangt man zur Krypta – eine Seltenheit in der Gotik. Sie ist zweischiffig und besitzt ein Sternrippengewölbe. Hier befinden sich das Hochgrab und der Altar des Briccius.

Einmalig für Kärnten ist die das gesamte Kirchenschiff umziehende Empore. Das Christophorusfresko stammt aus dem 15. Jh. Der Veronikaaltar mit dem Relief der Heiligen mit dem Schweißtuch wurde 1491 gestiftet. Die Schutzengelgruppe ist eigentlich eher für das nahe Osttirol typisch. Die vom Gewölbe herabhängende Rosenkranzmadonna stammt aus dem 16. Jh. Die barocke Kanzel wurde um 1680 geschaffen und beeindruckt durch den Farbklang schwarz-gold. Im Chorgewölbe befinden sich Fresken (Maria im Strahlenkranz) von etwa 1430. Das älteste Kunstwerk ist die Schnitzfigur der thronenden Maria mit Kind aus dem späten 14. Jh.

Das berühmteste Kunstwerk der Kirche und Ziel vieler Wallfahrten ist das 13 m hohe, 1496 errichtete Sakramentshaus, das mit den übereinandertürmenden Baldachinen und den Figuren einen großartigen Anblick bietet. Es gehört zu den aufwändigsten in Österreich und ist das größte Kärntens. In ihm wird ein Fläschchen aufbewahrt, das nach mancher Meinung etwas von dem Blut Christi enthalten soll. Es wurde von Briccius, einem Feldherrn am Hof des byzantinischen Kaisers, um 850, nach anderen Quellen im 10. Jh., bei seiner Rückkehr in seine dänische Heimat mitgetragen. Er erbat es vom Kaiser als Dank für treue Dienste. Der Kaiser bereute aber kurz danach sein Geschenk und schickte ihm Soldaten nach, die das Blut wieder zurückbringen sollten. Um die kostbare Gabe vor Wegnahme oder Verlust zu schützen, hat sich Briccius eine Wunde in die Wade geschnitten, das Fläschchen darin untergebracht und die Wunde verbunden. Er wurde jedoch von einer Lawine verschüttet. Später bemerkten die Bauern, dass aus dem Schnee 3 Ähren wuchsen. Sie gruben nach und fanden ihn. Er wurde begraben und für das Blut eine eigene Kapelle erbaut. Die Geschichte lockte Wallfahrer an, und schließlich musste eine größere Kirche errichtet werden.

Auf dem die Kirche umgebenden Friedhof befinden sich die Gräber der 1886 an der Glocknerwand verunglückten Bergsteiger Markgraf Pallavicini und Crommelin sowie ihrer Führer Ranggetiner und Rubesoier. In einem eisernen Buch werden alle Verunglückten festgehalten.

In der ★ **Nationalparkinformation** im Ortszentrum ist Interessantes über den Nationalpark Hohe Tauern zu erfahren. Öffnungszeiten: Sommer täglich 10–18 Uhr.

Feste & Brauchtum

Am 15. August ist Kräuterweihe. Am 28. Juni findet die Pinzgauer Wallfahrt statt, die von

Fusch nach Heiligenblut führt. Im September lädt das kulinarische ★ **Glocknerlammfest** zum Verkosten ein.

Ausflugsziele

Alm- und Schaukäserei Kasereck

Von Anfang Juni bis Mitte September ist Almbetrieb, dann kann man beim Käsen zusehen.

★ Nationalpark Hohe Tauern

Mit 1800 km² ist der Nationalpark Hohe Tauern der größte Nationalpark in Mitteleuropa. Er gehört zu den Ländern Salzburg, Tirol und Kärnten, wobei der höchste Berg des Nationalparks sowie Österreichs sich auf Kärntner Seite befindet: der Großglockner. In Kärnten wurde der Nationalpark 1981 eingerichtet.

Außer dem Nationalparkhaus in Döllach gibt es noch viele weitere Besucherzentren und Infostellen, z. B. entlang der Großglockner-Hochalpenstraße. Es gibt eine Fülle von sehr gutem Informationsmaterial zu Geologie, Flora und Fauna im Nationalpark, außerdem wird ein umfangreiches Programm mit Wanderungen, Bahnfahrten, Informationsveranstaltungen u. Ä. angeboten. Auskunft: Nationalparkgeschäftsstelle, 9844 Heiligenblut, Tel.: 04824/2525, Internet: www. hohetauern.org und www.hohetauern.at, E-Mail: hohe.tauern@nationalpark-kaernten.or.at

★ Großglockner-Hochalpenstraße

Im Westen Kärntens gelegen ist der Großglockner mit 3797 Meter der höchste Berg Österreichs. 1799/1800 fand seine Erstbesteigung unter Fürstbischof Salm statt. Von den Gletschern um ihn herum ist der berühmteste die 6 km lange Pasterze. Ein Schrägaufzug führt zu ihr hinab. Ein Erlebnis besonderer Art ist der 5 bis 6 Stunden dauernde Gletscherweg. Zufahrt zum Berg bietet von Mai bis Oktober die 1935 erbaute Großglockner-Hochalpenstraße, die eine der schönsten Panoramastraßen der Alpen ist. DI Franz Wallack (1887–1966) wurde 1924 damit beauftragt, eine Straße durch das Glocknergebiet zu planen. Die erste Sprengung erfolgte am 30. August 1930, und bereits nach fünf Jahren – am 3. August 1935 – wurde die Straße für den öffentlichen Verkehr freigegeben. In dieser Zeit wurden von 3200 Arbeitern die 48,5 km lange Straße sowie die 1,8 km auf die Edelweißspitze und die 8,9 km lange Gletscherstraße auf die Franz-Josefs-Höhe erbaut.

Sie führt die Besucher auf eine Höhe von 2571 m, erschließt Gipfel, Aussichtspunkte, Rundblicke, Naturlehrpfade und Museen. Befahrbar ist die Straße von Mai bis Oktober; von 22 bis 5 Uhr, in der Vor- und Nachsaison von 20.30 bis 6 Uhr herrscht aus Naturschutzgründen Fahrverbot. Ab Mitte April wird Schnee geräumt, dabei wird eine Schneemenge von 800.000 m² weggearbeitet, die einen 250 m langen Güterzug füllen würde. Heute wird die Straße jährlich von rund einer Million Touristen befahren.

Einige Stationen und Sehenswürdigkeiten entlang der Straße: auf Kärntner Seite Nationalpark-Infostelle Heiligenblut (1300 m), Informationsstelle Kasereck (1930 m), Abzweig Guttal, Gletscherstraße zur Kaiser-Franz-Josefs-Höhe (2131 m), Wilhelm-Swarovski-Beobachtungswarte, auf Salzburger Seite Hochtor (2503 m), Knappenstube (2450 m), Fuscher Lacke/Ausstellung »Bau der Straße« (2262 m) , Fuscher Törl (2428 m), Edelweißspitze (2571 m), Ferleiten mit Wildpark und Kinderspielplatz (1145 m). Auskunft: Großglockner-Hochalpenstraßen AG, Rainerstraße 2, 5020 Salzburg, Tel.: 0662/ 873673-0, Kasse Heiligenblut 04824/2212, Internet. www.grossglockner.at, E-Mail: grohag-info@grossglockner.at

Apriach

Hier findet man sehenswerte Bauernhäuser in Form alpiner Paarhöfe, bei denen Wohn- und Wirtschaftsgebäude getrennt stehen. Sie sind in Blockbauweise und, wie für das Mölltal typisch, mit flachen Satteldächern erbaut. Der vulgo »Oberfreser«, Nr. 33, ist ein Ensemble mit Wohnhaus, Stallscheune, Kapelle und Badstube, ursprünglich aus dem 17. Jh., mit späteren Umbauten. Die Kapelle besitzt Figuren aus dem 17. Jh. Nr. 34 ist der »Untere Freser«, der ab dem 16. Jh. entstand. Er besitzt ein Rundbogenportal und Sgraffitoreste. Der ★ **Mentl-Hof,** Nr. 23, ist ein prächtiger, 1610 erbauter Bergbauernhof mit Wohn- und Wirtschaftsgebäuden und

Brechelstube, innen sieht man eine Rauchkuchl und eine Werkstätte. Er dient als Schaubauernhof. Führungen: Mitte Juni bis Mitte September Sonntag, Montag, Mittwoch, Freitag 12, 14, 16 Uhr. Außerdem kann man Ziegenwürstel, Ziegenkäse und andere Bauernspezialitäten aus eigener Produktion kaufen. Tel.: 25 27.

Beim ★ **Freilichtmuseum Apriacher Stockmühlen,** Nr. 10, sind hintereinander an einem Berghang 9 alte Stockmühlen ab dem 18. Jh. erhalten. Das Gelände ist offen zugänglich. Die Mühlen zeigen jeweils ein anderes Thema.

Wandervorschläge

Trogalm, Fleißtal, Gletscherweg Pasterze, Kalvarienberg, Leiterfall, Sattelalm/Kräuterwand, Wirtsbauer-Alm, Schareck, Geotrail, Stocker Scharte, Gletscherweg Pasterze

HERMAGOR-PRESSEGGER SEE

(Stadtgemeinde)

Höhe: 600–1500 m | Einwohner: 7230

Tourismusinformation
Gösseringlände 7
9620 Hermagor
Tel.: 04282/2333-0
Internet: www.hermagor.com
E-Mail: office@hermagor.at

Allgemeines & Geschichte

Hermagor ist die größte Stadt im Gailtal und liegt an der Einmündung des Gitschtales. Sie ist Ausgangspunkt für zahlreiche Wanderungen und Bergtouren in den Gailtaler und den Karnischen Alpen, außerdem das kulturelle Zentrum der Region. Im Winter herrscht am Naßfeld reger Skibetrieb. Der flache und warme Pressegger See, einer der beliebtesten Badeseen Kärntens, ist von Wiesen, Wäldern und Bergen umgeben. Die erste urkundliche Erwähnung des bereits im 10. Jh. besiedelten Gebietes war 1169. Der Ort gehört zu den Urpfarreien des Gailtals. Durch seine zentrale Lage hat er sich bereits früh zum Markt entwickelt, 1288 wurde er als solcher genannt. 1904 gab es einen großen Brand, der vieles zerstörte. Die Stadterhebung war 1930 anlässlich der 10-Jahresfeier der Volksabstimmung.

Sehenswürdigkeiten

In der Hauptstraße stehen schöne Bürgerhäuser, z. B. Nr. 12, Gasthof mit 2 Höfen und Säulengängen, in dem Kaiser Franz-Joseph und »Sissi« 1856 auf ihrer »allerhöchsten Reise« nach Klagenfurt übernachteten. Sehenswert sind die Skulptur eines Achterjägers (Befreiung von den Franzosen 1813), das Denkmal zur Erinnerung an die Volksabstimmung 1920, das Relief von Hermagor und Umgebung, Schloss Lerchenhof und Schloss Thurnhof.

★ Pfarrkirche St. Hermagoras und Fortunatus

Die Pfarrkirche St. Hermagoras und Fortunatus war die Urpfarre des mittleren Gailtales, sie ist ein spätgotischer Hallenbau und wurde nach der Zerstörung in den Türkenkriegen 1485 neu errichtet. Nach dem Brand 1904 wurde sie im Stil der Neuromanik erbaut. Der Hochaltar stammt aus dem Spätbarock und wurde von dem Tiroler Johann Paterer 1749 geschaffen. Die angrenzende Südkapelle besitzt einen schönen, mit Schnitzereien und Bildern verzierten Flügelaltar. Sehenswert sind die Wappengrabsteine; unter anderem derer von Wolkenstein aus dem 15./16. Jh.

Feste & Brauchtum

Im Juni findet der Kirchtag statt, außerdem gibt es Stadtfeste. Im Sommer wird das ★ **Gailtaler Speckfest** – Gailtaler Speck ist eine besondere Spezialität – veranstaltet.

Ausflugsziele

Bäuerliche Architektur

In der Umgebung sind noch einige alte Bauernhäuser oder dazu gehörige Bauten zu sehen; vieles wie die Harpfen (überdachte Holzgestelle zum Trocknen des Heus) oder Getreidekästen auch bereits von der Bundesstraße aus. Typisch für das Gailtal ist ein zweigeschossiges Rauchküchenhaus mit massivem Erdgeschoss und einem schindelgedeckten Sattel- oder Krüppelwalmdach. Beispiele sind Görtschach Nr. 8, Obervellach

Der Erlebnispark am Presseg-ger See (links) **Hermagor – Ausgangspunkt für zahlreiche Wanderungen in die Gailtaler und Karnischen Alpen** (oben rechts) **Gegend um Himmelberg** (unten rechts)

Nr. 1 oder Förolach Nr. 20. Wer sich für Mühlen interessiert, sollte in Rattendorf die Fischermühle von 1910 oder die in Radnig beim Naturschwimmbad besuchen. Almsiedlungen mit vielen, teilweise noch alten Gebäuden findet man auf der Egger und der Dellacher Alm.

Egg im Gailtal

Hier bauten sich die Grafen von Khuenburg, nachdem ihre Stammburg zerstört worden war, 1540 ein Schloss. Dieses **Schloss Khünegg** bildet mit der etwas erhöht liegenden Pfarrkirche ein malerisches Ensemble. Hier nächtigte 1485 Santonino, der Kanzler des Patriarchen von Aquileja, und beschrieb die außergewöhnlich luxuriöse Ausstattung der Burg, was darauf schließen lässt, dass die Khuenburger reich waren. Es ist ein 3-geschossiger Bau mit rundem Wehrturm.

Die gotische Pfarrkirche St. Michael erinnert mit dem runden Turm noch an die einstige Wehranlage. Zu ihr führt ein gedeckter Stiegenaufgang. Der klassizistische Hochaltar stammt von Josef Stauder aus Sexten (1837) und ist mit Skulpturen geschmückt. In der Grabkapelle der Khuenburg, der Marienkapelle, sieht man zwei schöne Glasgemälde, die der Graf von Khuenburg und seine Gemahlin Dorothea 1490 gestiftet haben. Sehenswert ist der gotische Betstuhl der beiden, auf dessen Aufsatz sie mit ihren 14 Nachkommen betend und kniend gemalt sind, außerdem die Wappen und die Grabsteine der Grafen Khuenburg. Der Altar stammt von 1680.

★ 1. Kärntner Erlebnispark

Pressegger See. Hier wird für jeden Spaß und Unterhaltung geboten; mit Nautic Jet, Trampolin, Mini-Cars, Riesenwasserrutsche u.v.m. Information unter Tel.: 04282/3388, www.erlebnispark.cc

Ruine Khünburg (Khuenburg)

Die Ruine Khünburg liegt auf einer Felskuppe nordöstlich des Pressegger Sees und stammt aus der Romanik (um 1200); von ihr sind noch Teile der Ummauerung, des Palas und des romanischen Bergfrieds erhalten; zum Aussichtsturm umgebaut bietet er einen schönen Blick zum Pressegger See.

Möderndorf

Möderndorf wurde Anfang des 14. Jhs. erstmals erwähnt. Die Kirche St. Martin ist mit einem sehenswerten Christophorus-Fresko an der Außenwand geschmückt; der schöne Jüngling trägt eine Palme als Stütze. Das Bild stammt vielleicht von Urban Görtschacher (1525). Sehenswert sind auch die beiden Flügelaltäre, in deren Schreinen beachtliche Schnitzfiguren stehen. Der Säulenhochaltar ist von 1680.

Das **Heimatmuseum** des Gailtales ist im **★ Schloss Möderndorf** untergebracht. Dessen wuchtiger Bau wurde 1458 erstmals genannt und ist mit dem Wappen der Porcia versehen. Das Fresko, das den Erzengel Michael im Kampf mit Luzifer zeigt, stammt von etwa 1800. Man sieht volkskundlich und kulturgeschichtlich bedeutsame Sammlungen, u. a. einen 290 Mio. Jahre alten fossilen Baumstamm und Lutherbibeln von 1541 und 1551. Öffnungszeiten: Mai bis Oktober Montag bis Samstag 10–13 und 15–17 Uhr; im Juli und August auch Sonntag. Tel.: 3060.

Vor dem Schloss stehen ein original Gailtaler »Kees'n«, ein Trockengestell für Korn und Heu, sowie bäuerliche Geräte.

★ Sonnenalpe Naßfeld

Westlich von Hermagor kommt man durch das Trögelbachtal zur Sonnenalpe Naßfeld, einem Sattel auf dem Grenzkamm der Karnischen Alpen mitten in der beliebten Karnischen Skiregion, in der es zahlreiche Pisten und Aufstiegshilfen gibt. Im Sommer findet der Naturfreund ein herrliches Wandergebiet vor. Ab hier führt ein Sessellift auf 1885 m Höhe zum Fuß des Gartnerkofels (2195 m). Hier wächst die »blaue Blume Kärntens«, die Wulfenia carinthiaca, die man sonst nirgendwo in Europa findet. Sie wurde nach ihrem Entdecker, der sie 1779 beschrieb, Franz X. Freiherr von Wulfen benannt. Am Naßfeld-Pass, der nach Italien führt, erinnert eine kleine, verschindelte Kapelle an die Gefallenen des 1. Weltkrieges.

Wandervorschläge

Tressdorfer Alm, Wünschelruten-Wanderweg, Naßfeld, Garnitzenklamm, Egger Alm, Poludnig, Gartnerkofel, Golz

HIMMELBERG

Höhe: 662 m | Einwohner: 2360

Gemeindeamt Himmelberg
9562 Himmelberg 55, Tel.: 04276/2310-0
Fax: 04276/2310-16
Internet: www.himmelberg.at
E-Mail: himmelberg@ktn.gde.at

Allgemeines & Geschichte

Der Ort liegt anmutig in einer Talsenke. In der im Nordwesten Feldkirchens gelegenen Sommerfrische gab es im 16. Jh. eine rege Sensen- und Sichelindustrie.

Sehenswürdigkeiten

Das Ortsbild ist noch von mächtigen ehemaligen Schmiedegebäuden bestimmt. Interessant sind vor allem die verschiedenen Gewerkenhäuser, die von dem früheren Reichtum des Ortes zeugen, so z. B. die Gebäude Nr. 21 (mit Sgraffitodekorationen), 31, 39 und 48. Die **Schmiede** (Sensenschmiede) wurde um 1560 als Hammer- und Drahtzieherschmiede »Schmieden an der Tradten« und um 1700 als Sensenschmiede bezeichnet. Auf dem 4 km langen Spaziergang am Tiebelbach sieht man Mühlen und ein altes Sägewerk mit einem Venezianersägeblatt.
Die ursprünglich romanische Pfarrkirche St. Martin ist heute ein gotischer Bau, der nach einem Brand im 18. Jh. barockisiert wurde. Man sieht den mächtigen Säulen-Hochaltar mit schönen Figuren, Rokokoaltäre, eine Kanzel und intarsierte Kirchenstühle aus derselben Zeit.
Schloss Piberstein (Biberstein) stammt aus dem 16. Jh., der Vorgängerbau wurde Ende des 14. Jhs. von Marchward von Pibriach neben seiner Höhenburg im Ort errichtet. Die Khevenhüller und die ihnen ab 1662 folgenden Grafen von Lodron bauten die Anlage dann zum Renaissanceschloss um. Dieses besitzt ein sehenswertes Gitter, das aus barocken Grabkreuzen zusammengesetzt wurde, außerdem einen Arkadenhof und schöne Stuckdecken. Keine Besichtigung.

Feste & Brauchtum

Hier ist der historische Umzug der Schützenparade mit original französischen Uniformen aus den Befreiungskriegen zu nennen.

Ausflugsziele

Bäuerliche Architektur

An bäuerlicher Architektur sind hier die Paarhöfe typisch, wobei die Stadel ab dem 19. Jh. als Ziegelgitterstadel erbaut wurden. Sehenswerte Anwesen sind z. B. die Gebäude Außerteuchen Nr. 3, 11, 17 und 18 oder in Wöllach Nr. 5, 9 und 11.

Wandervorschläge

Gnesauer Höhenweg, Wanderung zu den Tiebelquellen, Waldweg zum Eggele Kreuz

HOHENTHURN

Höhe: 600 m | Einwohner: 860

Gemeindeamt Hohenthurn
Draschitz 33
9613 Feistritz/Gail
Tel.: 04256/2267-0
Fax: 04256/2267-4
Internet: www.hohenthurn.at
E-Mail: hohenthurn@ktn.gde.at

Allgemeines & Geschichte

Die Gemeinde Hohenthurn liegt im unteren Gailtal am Dreiländereck Italien, Österreich und Slowenien. Es ist eine Gemeinde mit ca. 860 Einwohnern; sie umfasst die Ortschaften Achomitz, Dreulach, Göriach, Draschitz, Hohenthurn und Stossau. Alle Ortschaften liegen abseits vom großen Verkehr und sind ein ideales Erholungsgebiet für den ruhesuchenden und wanderfreudigen Gast. Der Ort wurde 1253 als Göströsdorf erstmals genannt. In Draschitz fand man eine Wallanlage aus der Zeit 5.–10. Jh. Hohenthurn war einst eine Großgemeinde; bei der jüngsten Gemeindetrennung 1991 wurde Feistritz/Gail jedoch wieder eine eigenständige Gemeinde.

Sehenswürdigkeiten

Die Filialkirche St. Cyriacus mit dem wuchtigen Turm wurde um 1261 erstmals genannt. Sie besitzt einen Hochaltar von Ende des 17. Jhs. – die Mittelfigur stellt den hl. Cyriacus dar – und Seitenaltäre aus dem 17. und 18. Jh., die mit Knorpelwerk verziert sind. Sehenswert ist das Anwesen Nr. 25, ein für das mittlere Gailtal typisches Wohnhaus mit Laubengang.

Ausflugsziele

Achomitz

Die Ortschaft Achomitz mit Sprungschanze ist das weltweit bekannte Springerdorf, in welchem auch der Olympiasieger Karl Schnabl beheimatet war.

Wandervorschläge

Achomitzer Alm, Göriacher Alm

HÜTTENBERG

(Marktgemeinde)

Höhe: 700 m | Einwohner: 1800

Marktgemeindeamt Hüttenberg
Reiftanzplatz 1
9375 Hüttenberg
Tel.: 04263/247
Fax: 04263/784
Internet: www.huettenberg.at
E-Mail: huettenberg@ktn.gde.at

Allgemeines & Geschichte

Der Hauptort des oberen Görtschitztales liegt in einer engen Talmulde und verdankt seine Entstehung dem Erzberg und dem Bergbau. Der Ort liegt unweit der Grenze zur Steiermark und war früher ein bedeutendes Wirtschaftszentrum. Die Gegend gehörte im Mittelalter dem Erzbistum Salzburg. In dem 1266 urkundlich erwähnten Markt wurde bereits in keltischer Zeit Bergbau betrieben, bei den Römern erlangte das Hüttenberger (= norisches, Ferrum Noricum) Eisen sogar »Weltruhm«. Auch im Mittelalter war der Ort ein bedeutendes Zentrum des Erzabbaus. 1908 jedoch musste in der Heft der letzte Kärntner Hochofen »Eduard« stillgelegt werden. Nachdem man 1966 noch vom zweitgrößten österreichischen Erzvorkommen schrieb, wurde 1978 der Erzabbau ganz eingestellt und das Schaubergwerk errichtet.

Sehenswürdigkeiten

Hüttenberg weist ein nettes Ortsbild mit bunt bemalten Häusern auf; diese ursprünglich aus dem Barock stammenden Gebäude wurden größtenteils nach den Bränden im 19. Jh. erneuert. Schön ist z. B. das Kollerhaus, in dem Hutmacher und Zuckerbäcker wohnten. Am Reiftanzplatz steht das Alte Bergrichterhaus, Nr. 21. Hier saß bis 1610 das Berggericht. Das mächtige Schloss Süßenstein am anderen Ufer der Görtschitz wurde im 16. Jh. erbaut. Unterhalb des Schlosses liegt das ehemalige Bürgerspital von 1810. Die Burg Süßenstein, heute der Hof Schlossbauer, wurde 1297 erstmals erwähnt.

Pfarrkirche St. Nikolaus

Die spätgotische Pfarrkirche St. Nikolaus stammt aus dem 15. Jh. Im großen Brand von 1843 wurde jedoch auch sie schwer beschädigt. Der zwölfeckige Taufstein entstand im Astwerkstil Anfang des 16. Jhs. in der Gotik. Die übrige Einrichtung ist bis auf einzelne gotische und barocke Skulpturen nachklassizistisch, beispielsweise stammt der Altar von 1850 und die gotisierende Kanzel von 1853.

★ Bergbaumuseum mit Mineralienschau und Schaubergwerk

Hier werden die Geschichte von Hüttenberg mit seinen Montandenkmälern und seinem Bergbau, das Brauchtum der Bergleute, alte Pläne, Trachten und Fahnen gezeigt, außerdem die Sonderausstellung Grubenlampen sowie eine große Mineralienausstellung mit über 200 verschiedenen Mineralien aus hier gefundenen Exponaten (Hüttenberg zählt zu den größten Mineralienfundorten der Welt). Im Schaubergwerk, dem alten, 900 m langen Erb-Stollen, werden die verschiedenen Abbaumethoden der Vergangenheit und der Gegenwart demonstriert, außerdem Schachtanlagen sowie Bergbaumaschinen und -werkzeuge. Auf der Albert-Halde kann man selbst auf Mineralienjagd gehen. Es werden auch Kurse für Mineralogie und Geologie sowie Schleifkurse für die Bearbeitung von Edelsteinen angeboten. Öffnungszeiten: April bis Oktober täglich 9–17 Uhr; November bis März: Gruppenführungen nach Voranmeldung. Tel.: 427.

★ Heinrich-Harrer-Museum

Der berühmte, in Knappenberg geborene Schriftsteller, Weltreisende und Forscher Heinrich Harrer (*1912) verbrachte in Hüt-

Überall in Hüttenberg stößt man auf Bergbaurelikte. (oben) **Die Heft zählte zu den größten Eisenwerksanlagen des 19. Jhs.** (links) **Heinrich Harrers Pilgerpfad »Lingkor«** (Mitte) **Schloss Keutschach mit der Pfarrkirche im Hintergrund** (rechts)

tenberg seine Jugend und widmete dieses Museum seinem Geburtsort. Gezeigt werden 4000 Erinnerungsstücke aus seiner Jugend sowie »Mitbringsel« von seinen Expeditionen (u. a. Masken, Giftpfeile, Ahnenschädel aus Tibet, Ladakh, Neuguinea, Afrika, Surinam, Borneo, Amazonas, Andamanen). Wer will, kann sich auch den berühmten tibetanischen Buttertee servieren lassen. Besonders reizvoll ist der tibetanische Pilgerpfad »Lingkor« in der gegenüberliegenden Felswand. Öffnungszeiten: April bis Oktober täglich 10 bis 17 Uhr; November bis März: Gruppenführungen nach Voranmeldung. Tel.: 8108.

★ Puppenmuseum Helga Riedel

Reiftanzplatz 18. In diesem Museum kann man realistisch gestaltete Puppen bewundern. Öffnungszeiten: Mai bis Anfang Oktober täglich 13–17 Uhr, Tel.: 631.

Feste & Brauchtum

Alle drei Jahre am Dreifaltigkeitssonntag (1. Sonntag nach Pfingsten) findet der bereits 1608 erwähnte ★ **Reiftanz** der Bergknappen statt. Die komplizierten Figuren des Tanzes sind mit den historischen Ereignissen verknüpft. Im September 2002 fand in Hüttenberg die erste Biennale für bildende Kunst mit internationalen Künstlern statt.

Ausflugsziele

★ Heft

Der Weiler war früher wegen seines Bergbaus und der Eisenverarbeitung berühmt, denn die Heft zählte zu den größten historischen Eisenwerksanlagen des 19. Jhs. in Europa. Die Anlage kann als **Freilichtmuseum** besichtigt werden; zu ihr führt auch ein schöner Wanderweg, der auf einer früheren Erzbahntrasse angelegt wurde. Sehenswert ist das Ensemble von ehemaligen Gebäuden der Eisenverarbeitungsindustrie, das alte Hammerwerk mit dem mittelalterlichen Turm und den mächtigen Gewerkenhäusern. Das montangeschichtlich interessante Eisenhüttenwerk Heft ist eine der wenigen übriggebliebenen Gesamtanlagen Europas aus der Mitte des 19. Jhs. Interessant ist das 1995 von Günther Domenig für die Landesausstellung errichtete Gebäude (»Schwebender Stollengang«), eine Konstruktion aus Glas und Stahl, die Alt und Neu verbindet und die auch die Auszeichnung »Neues Bauen in den Alpen« gewann.

★ Knappenberg

Interessant ist die ehemalige **Bergbausiedlung** (Nr. 82–190), die sich die Knappen näher an der Sonne und an ihrem Arbeitsplatz erbauten. Die 108 Häuser wurden 1921–23 von den renommierten Architekten Siegfried Theiß und Hans Jaksch in einer Höhe von 1000 Metern errichtet und stellen ein bedeutendes architektonisches Denkmal dieser Zeit dar.
Auf der Rudolfshöhe steht ein 1873 zur Erinnerung an den Besuch von Erzherzog Rudolf errichteter Obelisk.
Im **Schaubergwerk** und **Bergbaumuseum** kann man 750 m im Originalstollen begehen. Hier steht auch das ehemalige Hutmannshaus, das Erbstollenhaus von 1850. Beim Schaubergwerk befindet sich ein Gesteinslehrpfad. Interessant ist auch der montanistische Wanderpfad, der zu den Stationen Tagbau, Rudolfsdenkmal und Römerstätte führt.

★ Lölling

Die Barbarakapelle in der gotischen Kirche St. Georg wurde 1862 von den Bergknappen errichtet. Im Ort stehen noch mächtige Gewerkenhäuser, sehenswert ist insbesondere das Löllinger Schloss, Graben Nr. 33, das von Gewerken erbaut und 1886 als Jagdschloss an den Thronfolger Erzherzog Franz Ferdinand verkauft wurde. Außerdem sind noch einige technische Gebäude des früheren Bergbaus zu sehen, beispielsweise das Gebläse, das Waaghäusl oder der Johanna-Hochofen auf der Schattseite.
Im **Schmiede- und Schlossereimuseum** im Gasthof Neugebauer sieht man eine alte Huf-, Wagen- und Zeugschmiede, erbaut 1845 und in Betrieb bis 1947. Öffnungszeiten: täglich 9–19 Uhr; Oktober bis April: Montag geschlossen. Tel.: 407.

Wandervorschläge

Montan-historischer Lehrpfad, Zirbitzkogel, Hörfeldmoor

IRSCHEN

Höhe: 809 m | Einwohner: 2080

Tourismusverband Irschen
9373 Irschen 41
Tel.: 04710/2377-2
Fax: 04710/2377-3
Internet: www.irschen.com
E-Mail: irschen.tourist@ktn.gde.at

Allgemeines & Geschichte

Der Ort liegt in beherrschender Lage über dem Drautal auf einem sonnigen Hang der Kreuzeckgruppe. Die Gegend war bereits 500 v. Chr. besiedelt. In der Nähe, westlich des Ortes, befand sich ein Römerkastell. Der Name wird mit dem Patriarchen Ursus I. von Aquileja, dem Gründer des Ortes (805–810), in Verbindung gebracht. Irschen nennt sich heute »Natur- & Kräuterdorf – ein Heilgarten der Alpen«. Man bietet Kräuterexkursionen, heilkundliche Führungen und Bergdörferwanderungen an. Es gibt sogar eine Kräuter-Ferienakademie. Seit 1998 ist der Ort Klimabündnis-Gemeinde.

Sehenswürdigkeiten

Der Keller des aus dem Barock stammenden Pfarrhofs (16./17. Jh.) wird als Baptisterium aus dem 11. Jh. gedeutet. Am westlichen Ortsrand steht bei Anwesen Nr. 3 das »Konduktstöckl«, eine 1779 erbaute Kapelle mit einem Kruzifix und Fegefeuerfiguren.

Kirche St. Dionys martyr

Die romanisch-gotische Kirche St. Dionys martyr mit dem schlanken gotischen Turm wurde 1190 erstmals erwähnt, im 15. Jh. in eine zweischiffige Halle umgebaut und mit einem Rippengewölbe versehen. Sie liegt wie der Ort in beherrschender Lage über dem Drautal. Interessant ist der Kirchenpatron, der Schutzheilige von Paris und Frankreich, der hier einmalig in Kärnten auftritt. Auf dem frühromanischen Grabstein in der Südwest-Ecke der Friedhofsmauer sieht man eine schematische Darstellung des Gekreuzigten.

Feste & Brauchtum

Zumeist Ende Juni findet das traditionelle ★ **Kräuterfestival** statt.

Ausflugsziele

Rittersdorf

Die gotische Filialkirche St. Andrä besitzt ein großes Christophorusfresko aus dem 14. Jh.; die Kanzel und der reich geschnitzte Hochaltar sind von 1688. Unterhalb der Kirche steht ein Bildstock aus dem 15. Jh.

Schloss Stein

Gegenüber von Irschen steht auf einem steilen Felskegel das Schloss Stein. Der Bergfried befindet sich in Alleinlage auf einem anderen Felsen und dient heute als Aussichtsturm.

Wandervorschläge

Scharnik, Mokarspitze, Kräuterwanderungen

KAPPEL AM KRAPPFELD

Höhe: 501 m | Einwohner: 2110

Gemeindeamt Kappel am Krappfeld
Bahnstraße 43
9321 Kappel am Krappfeld
Tel.: 04262/2629-15
Fax: 04262/4810
Internet: www.kappel-am-krappfeld.at
E-Mail: kappel-kr@ktn.gde.at

Allgemeines & Geschichte

Der am östlichen Rand des Krappfeldes liegende Ort wurde 1041 und 1060 als »Chabellan« erwähnt.

Sehenswürdigkeiten

Der im Kern gotische Pfarrhof stammt aus dem 16./17. Jh. Hinter dem Pfarrhof steht die spätgotische Kapelle St. Nikolaus, deren Altar von etwa 1670 stammt. In der Nähe sieht man schöne alte Häuser, meistens Paarhöfe mit Wohnhaus und Stallscheune, manche noch mit Getreidespeicher. Südwestlich des Ortes steht der Schöttlhof aus dem 16. Jh., der heute als Gasthof dient.

Pfarrkirche St. Paul

Die Pfarrkirche St. Paul ist eine ehemalige Wehrkirche mit einer Umfassungsmauer und einem früheren Befestigungsturm. Im 18. Jh. wurde sie weitgehend umgebaut. Die Einrichtung des 18. Jhs. stammt aus der Johann-Pacher-Werkstatt in St. Veit.

Ausflugsziele

St. Klementen

Die um 1200 erwähnte dreiteilige Staffelkirche St. Klementen besitzt ein hohes, auf der Seite weit herunterreichendes Dach, das mit Steinplatten gedeckt ist. Sie wird von einer hohen Mauer umgeben. Der schlanke Turm ist mit einer Doppelzwiebel versehen. Die Kirche ist mit schönen Malereien und einem barocken Hochaltar von 1711 geschmückt.

St. Martin am Krappfeld

Die Pfarrkirche St. Martin wurde bereits um 1000 genannt. Sehenswert sind die Barockaltäre und das interessante spätgotische Sakramentshäuschen. Der Hochaltar ist von 1686. Der Pfarrhof stammt aus dem 16. Jh. Nordöstlich des Ortes steht das Weiße Kreuz, ein Tabernakelbildstock von 1679. Er ist vielleicht ein ehemaliges Pestkreuz.

Silberegg

Sehenswert sind die Pfarrkirche St. Georg sowie das Schloss Silberegg. Es stammt aus dem 16. Jh. Das dreiflügelige und dreigeschossige Gebäude besitzt ein steiles Walmdach und 2 Ecktürme.

Burg Mannsberg

Die noch gut erhaltene Burg wurde um 1065 erstmals erwähnt und liegt in beherrschender Lage auf dem Ausläufer eines Berghanges. Die viergeschossige Hauptburg ist an der höchsten Stelle von einer Ringmauer umgeben. Im Hof ist der Westtrakt mit Arkaden geschmückt. Außer mittelalterlichen Teilen sieht man noch solche aus der Renaissance. Für eine Wanderung dorthin sollte man sich ein bis zwei Stunden Zeit nehmen.

Wandervorschläge

Wanderungen zu den vielen Buschenschenken, Wanderung zur Burg Mannsburg

KEUTSCHACH

Höhe: 542 m | Einwohner: 2350

Gemeindeamt Keutschach am See
9074 Keutschach 1
Tel.: 04273/2291, Fax: 04273/3389
Internet: www.keutschach.at
E-Mail: keutschach-see@ktn.gde.at

Allgemeines & Geschichte

Das in einem seenreichen Tal liegende Keutschach ist die Heimat des berühmten Erzbischofs von Salzburg, Leonhard von Keutschach. Neben dem Keutschacher See, Hafnersee und Rauschelesee (alle drei sind Badeseen) ist auch der Bassgeigensee (Naturschutzgebiet) dem 4-Seental zugehörig. Das Keutschacher Gebiet hat bis jetzt den einzigen Nachweis von Pfahlbauten in Kärnten, datiert um 2500 bis 2000 v. Chr., geliefert. 1953 wurden die Überreste des Pfahlbaues unter Denkmalschutz gestellt.

Sehenswürdigkeiten

Die **Pfarrkirche St. Georg und St. Bartholomäus** ist im Kern romanisch, hat jedoch spätgotische und barocke Zu- und Umbauten erfahren. Zum ersten Mal erwähnt wurde die Kirche im Jahre 1237. Bemerkenswert sind zwei Grabplatten, wovon die ältere der frühmittelalterlichen Epoche zugeordnet wird. Diese Platte zeigt eine vermutlich menschliche Gestalt, wobei ungeklärt ist, ob es sich dabei um einen segnenden Christus oder um die Symbolisierung eines Verstorbenen handelt. Der Hochaltar wurde etwa 1730 geschaffen. Auf dem Friedhof befindet sich eine der seltenen gotischen Totenleuchten.

Das mächtige **Schloss der Keutschacher,** später der Grafen Rosenberg, oberhalb des Ortes stammt aus dem Barock (1679). Das Schloss ist heute verwaltungsmäßiger und kultureller Mittelpunkt des Ortes und der ganzen Gemeinde Keutschach.

Ausflugsziele

In der Nähe liegen der Keutschacher See sowie der Hafner-, der Rauschele- und der Bassgeigensee. Ein abgeschlossenes Gelände am Keutschacher See ist für FKK-Anhänger reserviert.

★ Rauschelesee – Zauberwald

Der ganze Wald ist bevölkert von Waldgeistern, Gnomen und Baumkobolden. Hexen, Märchenfiguren, eine Arche Noah, Zwerge … laden vor allem kleine Kinder zum Besuch

des Zauberwaldes ein. Mit großem Spielplatz. Öffnungszeiten: von Mai bis Oktober täglich von 10–18 Uhr, Oktober bis April nur an den Wochenenden von 10–14 Uhr. Information: Familienparadies Reichenhauser, Tel.: 04273/2325.

★ **Pyramidenkogel**

Zu diesem Aussichtsturm kann man entweder mit dem Auto fahren oder von Maria Wörth aus in 1 1/2 Std. dorthin wandern. Er bietet eine prächtige Aussicht auf Kärnten und seine Seen- sowie Berglandschaft. Öffnungszeiten: April bis Oktober, Informationen: 04273/2443.

Wandervorschläge

Spintikteiche, Wanderweg nach Wurdach, Wanderung zum Pyramidenkogel

KIRCHBACH IM GAILTAL

(Marktgemeinde)

Höhe: 650 m | Einwohner: 2880

Tourismusbüro Kirchbach
Kirchbach 155, 9632 Kirchbach
Tel.: 04284/228-33
Fax: 04284/228-50
Internet: www.kirchbach-kaernten.at
E-Mail: kirchbach@ktn.gde.at

Allgemeines & Geschichte

Die beliebte Sommerfrische liegt in landschaftlich reizvoller Lage zwischen den Kalkfelsen der Karnischen und den wiesenbedeckten Kuppen der Gailtaler Alpen im oberen Gailtal. Die Gemeinde besteht aus 10 Ortschaften. Allen gemeinsam sind schöne, meist romanische Kirchen, Bergkapellen, alte Mühlen und Bauernhöfe. In der Umgebung gibt es über 100 km markierte Wanderwege, darunter einen Mühlenwanderweg. Hier sieht man auch zahlreiche schöne Bildstöcke. Von alten Zeiten erzählen die römischen Funde der Gegend und die Sagen von der untergegangenen Stadt Troi Risa. Reisach wurde 1039 als »Risah in Gilitale« erstmals erwähnt.

Sehenswürdigkeiten

Gebäude Nr. 12 ist mit einem Sonnenuhrfresko aus dem 18. Jh. verziert. An Haus Nr. 19 sind ein Gemälde mit dem »Gang nach Emaus« von Christian Brandstätter (Anfang 19. Jh.), eine Gedenktafel für den Komponisten Koschat sowie ebenfalls eine Sonnenuhr zu sehen. Auch der Pfarrhof besitzt eine Sonnenuhr. Schloss Thurnhof wurde um 1550 erbaut und weist einen dreigeschossigen Eckturm auf. Das Schloss wurde 1342 mit einem Heinricus de Turri erstmals erwähnt.

Pfarrkirche St. Martin

Die 1508 in der Gotik erbaute Pfarrkirche St. Martin wurde 1718 im Barockstil umgebaut und besitzt schöne Altäre und Deckenfresken aus dem 18. Jh.; besonders beeindruckend ist der schwarz-goldene Hochaltar (um 1700). Zu beachten sind die beiden Tore mit bemerkenswerten Fresken. Man sieht beispielsweise den hl. Martin als jugendlichen Helden, wie er seinen Mantel teilt.

Kuren

Kneippkuren in Reisach

Ausflugsziele

Reisach

Der Ort wurde 1039 erstmals erwähnt. Die Pfarrkirche St. Petrus und Paulus liegt erhöht am Ortsrand. Südöstlich des Ortes steht die Filialkirche St. Anastasia aus dem 17. Jh., die ihre Entstehung einem in Seenot geratenen Reisacher Edelmann verdankt. Anwesen Nr. 1 ist das einstige Schloss Schönberg; es stammt aus dem 16. Jh. und besitzt Anbauten aus dem 19. Jh. Am Ostrand steht das Hauserstöckl, ein gotischer Bildstock von etwa 1500. Er ist mit Malereien verziert. Am Westrand kann man das Gangl-Stöckl, einen prächtigen spätgotischen Nischenbildstock von 1499, bewundern. Unter ihm ist der Grabstein eines römischen Zöllners eingemauert. Am Faschingsdienstag findet der Brauch des Blochziehens statt. Hierbei wird, wenn im Laufe des vergangenen Jahres kein Mädchen geheiratet hat, ein Baumstamm durch das Dorf gezogen.

Wandervorschläge

Mühlenwanderweg, Nölblinger Wasserfall, Reißkofel

KLAGENFURT (Stadtgemeinde)

Höhe: 445 m | Einwohner: 90.140

Klagenfurt Tourismus, Neuer Platz, Rathaus
9020 Klagenfurt
Tel.: 0463/537-2223
Fax: 0463/537-6218
Internet: www.info.klagenfurt.at
E-Mail: tourismus@klagenfurt.at

Allgemeines & Geschichte

Die Landeshauptstadt Kärntens liegt am Ufer des mondänen Wörther Sees, der Riviera Kärntens, am Rande der weiten Beckenlandschaft des Klagenfurter Beckens. Dieses wird im Süden von der bewaldeten Sattnitz begrenzt, hinter der die Karawanken mit ihren kalkweißen Wänden aufragen. In Klagenfurt, obwohl auch eine geschäftige Handels- und Industriestadt, findet der Besucher noch eine Vielzahl von alten Vierteln, sehenswerten Straßen, hübschen Gassen und Häusern. Die auch Gartenstadt genannte Kärntner Metropole verbreitet insgesamt eine gemütliche Atmosphäre – »eine große belebte Landstadt, die sich eine heitere Gelassenheit bewahrt hat«, stand einmal geschrieben –, wozu nicht zuletzt auch die Parks und Gärten beitragen. Die Altstadt gehört zu den schönsten und gepflegtesten in Österreich, und für ihre vorbildliche Altstadtsanierung erhielt Klagenfurt 1981, 1984 und 1995 als einzige europäische Stadt gleich dreimal das begehrte Europa Nostra Diplom.

Klagenfurt wurde um 1161 als Marktflecken von Herzog Hermann gegründet und vermutlich 1252 zur Stadt ernannt, 1279 tauchte die Stadt im Testament Herzog Philipps als »Civitas« auf. Dieser ehemalige Markt Clagenvurt lag etwas nördlich des heutigen Klagenfurts am Fuß des Spitalbergs, die jetzige Stadt wurde um 1250 von Hermanns Sohn Herzog Bernhard von Spanheim (1202–1256) angelegt. Das Stadtrecht wurde 1338 von Herzog Albrecht II. von Habsburg bestätigt. 1514 wütete ein großer Brand, der viel von der alten Stadt vernichtete. Da die Kärntner Landstände eben zu jener Zeit eine eigene Stadt suchten, baten sie Kaiser Maximilian I., ihnen den nunmehr verarmten Ort zu schenken, was dieser 1518 auch tat. Maximilian war den Ständen zu Dankbarkeit verpflichtet, da sie ihm im Bauernaufstand im Gegensatz zur bisherigen Landeshauptstadt St. Veit an der Glan treu zur Seite gestanden hatten. Der Kaiser behielt sich aber vor, in der Stadt ein Zeughaus zu errichten. Des weiteren bestand er darauf, dass die Stadt aufgrund der Türkeneinfälle befestigt werden musste. 1534–91 wurden vier Tore, Mauern, Türme und Wälle angelegt, die erst 1809 von den Franzosen geschleift wurden. 1636 wütete ein weiterer Brand, der bis auf fünf Häuser die gesamte Stadt zerstörte; 1690 gab es ein Erdbeben. Nachdem 1719 Triest zum Freihafen erklärt wurde, gewann der Handel in Klagenfurt einen bedeutenden Aufschwung. In den Franzosenkriegen wurde die Stadt 1797, 1799, 1805/06 und 1809 von feindlichen Truppen besetzt. Bedingt durch die Zweiteilung des Landes in napoleonischen Zeiten ging es wirtschaftlich mit der Stadt abwärts. Nach dem Ersten Weltkrieg war Klagenfurt vom 6. bis zum 31. Juni 1919 von jugoslawischen Truppen besetzt. 1930 schloss Klagenfurt mit Wiesbaden die erste Städtepartnerschaft Europas. Im 2. Weltkrieg gab es 48 Fliegerangriffe. Am 8. Mai 1945 konnten britische Truppen nur drei Stunden vor jugoslawischen Verbänden die Stadt besetzen. 1961 entstand in der Wiener- und Kramergasse die erste Fußgängerzone Österreichs. Klagenfurt verfügt über mehr als 50 Häuser mit romantischen Arkadenhöfen aus dem 16. und 17. Jh. Manche davon sind offen und einzusehen, in manchen befindet sich eine Gastwirtschaft, in die man einkehren kann.

Sehenswürdigkeiten

★ Hauptplatz/Neuer Platz

Auf dem weiträumigen Neuen Platz steht der große ★ **Lindwurmbrunnen,** das Wahrzeichen und Wappentier der Stadt. Die 124 Zentner schwere Figur schuf Ulrich Vogelsang bzw. nach seinem Tod sein Bruder Andreas aus einem einzigen Stück grünem Chloritschiefer. Nach ihrer Fertigstellung wurde sie 1593 von 300 weiß gekleideten Jünglingen zum jetzigen Platz befördert. Der Sage nach lebte in dem sumpfigen Gebiet um Klagenfurt dieses Tier, das dann erschlagen

Typischer Hof im Krappfeld (oben) **Blick auf den Pyramidenkogel** (Mitte) **Der »Zauberwald« am Rauschelesee: ein Muss für alle Kinder!** (unten)

Das Wahrzeichen der Stadt Klagenfurt: der Lindwurm (oben) **Die Domkirche St. Peter und Paul** (links) **Das »Wörtherseemandl« erinnert an die sagenhafte Entstehung Klagenfurts.** (rechts)

wurde. Eine andere Sage erzählt, dass der Lindwurm durch ein Hochwasser aus der Gegend von Mallnitz hierher geschwemmt wurde. Der Bildhauer nahm als Vorbild für den Kopf der Skulptur den Schädel eines in der Nähe gefundenen Wollhaarnashorns, der sich heute im Landesmuseum befindet. Die Figur des Herkules und das schützende Gitter wurden erst 1636 von Meister Hönel aus Gurk errichtet.

Das bronzene **Maria-Theresia-Denkmal** erinnert an die berühmte Kaiserin (Regierungszeit 1740–80) und wurde 1764 als ihr erstes Denkmal errichtet; 1873 wurde die Hartbleistatue durch eine Bronzeplastik ersetzt. Auf der Südseite befindet sich die Inschrift: »Zur Erinnerung an die große Kaiserin«.

Auf der Westseite des Hauptplatzes befindet sich das dreigeschossige **Neue Rathaus,** Neuer Platz 1, das ehemalige Palais Rosenberg, das seit 1918 diesem Zweck dient. Das giebelgekrönte Gebäude wurde um 1580 erbaut und im 17. Jh. mehrfach umgebaut. Hier nahmen früher öfters kaiserliche Hoheiten Quartier, so Kaiser Leopold I., Kaiser Karl VI. und Maria Theresia.

★ Alter Platz

Der heute zur Fußgängerzone ernannte Alte Platz war der Kern des alten Klagenfurts. Ihn umrahmen prächtige Barockbauten mit vielen Arkadenhöfen. Der Platz war Österreichs erste Fußgängerzone!

Das **Alte Rathaus** am Alten Platz 1 – heute Palais Rosenberg mit schönen Wappen – wurde um 1600 erbaut und besitzt einen romantischen dreistöckigen Arkadenhof. Das Fresko ist von J. F. Fromiller (1739). Am Alten Platz gibt es einige bemerkenswerte Baulichkeiten, die man im Rahmen einer kostenlos geführten ★ **Altstadtwanderung** im Juli und August bewundern kann.

Die ursprünglich aus Holz bestehende **Dreifaltigkeitssäule** auf dem Alten Platz wurde 1680 als Dank für die Verschonung der Stadt von der Pest errichtet und hat ein ganz anderes Aussehen als sonstige Pestsäulen: Auf einem korinthischen Kapitell sitzt eine schlanke Säule, darüber sieht man die Weltkugel, den Halbmond und das Kreuz mit Doppelbalken. Halbmond und Kreuz wurden erst nach dem Sieg über die Türken in Wien 1683 ergänzt.

★ Stadthauptpfarrkirche St. Egidius

Pfarrplatz/Pfarrhofgasse 4. Die mächtige Kirche steht am Platz der 1255 erwähnten ältesten Kirche der Stadt. Ein »erschröckliches Erdbibben« (1690) machte im 17./18. Jh. einen Neubau erforderlich. Die Kirche gehörte ab etwa 1550 bis 1613 den Protestanten. Sie besitzt ein einschiffiges Inneres mit Seitenkapellen, die acht Altäre aufweisen. Beachtenswert sind die Deckengemälde im Chor (J. F. Fromiller) und in der Mitte des Langhausgewölbes (J. A. Mölkh). Der klassizistische Hochaltar zeigt das Bild des Almosen verteilenden und heilenden hl. Egidius. Über den Hochaltartabernakel ist das seit 1742 hochverehrte Bild des Klagenfurter Heilighauptes gestellt. Ein weiterer künstlerischer Höhepunkt ist die Barockkanzel (1743). Auch moderne Kunstwerke befinden sich in der Kirche, so einige Bilder von Peter Krawagna und Valentin Oman sowie ein Bronzeengel von Ernst Fuchs (1996). In der Kirche ist der amerikanisch-französische Schriftsteller Julien Green (1900–98) beigesetzt. An der Außenseite der Kirche kann man zahlreiche alten Wappen und Grabsteine sehen. Schön ist die Aussicht von der 47 m hohen Galerie des 97 m hohen Zwiebelturms; er ist der höchste Kärntens. Öffnungszeiten: Ostern bis September Montag bis Freitag 10–17.30 Uhr, Samstag 10–12.30 Uhr, Sonntag, Feiertag geschlossen.

★ Landhaus/Maria Saaler Hof

Landhaushof 1, zwischen Altem Platz und Heiligengeistplatz. Das Landhaus ist der wohl repräsentativste Profanbau Klagenfurts. Es wurde 1574–94 an Stelle der herzoglichen Wasserburg von den Landständen errichtet. Vor allem seine Ostfassade zählt zu den bedeutendsten Bauten im Stil des Manierismus bzw. der Renaissance im deutschen Sprachraum. Außen sieht man zwei Treppentürme mit Zwiebelhauben, außerdem besitzt das Gebäude einen prächtigen zweistockigen Arkadenhof. 1739/40 wurde nach einem Brand der **Große Wappensaal** eingebaut, an dessen Wänden

man die 665 Wappen der Kärntner Landstände sieht. Das Deckengemälde stammt von Josef Ferdinand Fromiller und stellt die Huldigung der Stände an Karl VI. dar. Sehenswert sind auch die Marmorportale, die Kamine und der intarsierte Steinboden. Der **Kleine Wappensaal** ist mit den 298 Wappen von Burggrafen und den Ständeabgeordneten geschmückt, das Deckengemälde stammt ebenfalls von Fromiller. Im Landhaussitzungssaal sieht man ein Gemälde von Suitbert Lobisser zum Kärntner Abwehrkampf (1928).
Öffnungszeiten: April bis Oktober Montag bis Samstag 9–12.30 und 15–17.30 Uhr, Sonntag, Feiertag 9–13 Uhr.

★ Domkirche St. Peter und Paul

Domplatz, südwestlich des Neuen Platzes. Die Domkirche wurde 1573–91 von den protestantischen Ständen erbaut, 1600 in der Gegenreformation geschlossen und 1604 den Jesuiten übergeben, die die Kirche ausbauten. Die 1787 zum Dom ernannte Kirche erhielt 1973 eine neue Fassade.; 1990/91 wurde der Innenraum restauriert. Die Kirche erweckt einen hellen, freundlichen Eindruck, wozu die vielen Stuckaturen und Fresken beitragen. Die Fresken an den Chorwänden wurden 1928 von Suitbert Lobisser geschaffen. Die prächtige figurenreiche Kanzel ist von 1726, gegenüber sieht man eine schöne Schnitzgruppe mit der Apotheose des hl. Nepomuk. Am prächtigen Säulen-Hochaltar befindet sich ein bemerkenswertes Barockgemälde von Daniel Gran (1752), des wohl bedeutendsten österreichischen Rokokomalers.

★ Elisabethinenkirche (St. Lorenzen) und Kloster

Völkermarkter Straße. Kloster und Kirche wurden 1720–32 gegründet; den Umbau und die Ausstattung hat teilweise die älteste Tochter von Kaiserin Maria Theresia, Erzherzogin Marianne, gestiftet, die in Klagenfurt 1768–1789 ihren Lebensabend verbrachte und die auch in der Kirche begraben ist. Die Kirche besitzt einen mächtigen Turm. Das Kreuzigungsbild an dem großen Hochaltar stammt von dem Tiroler Martin Knoller (1784). Die Seitenaltäre wurden um 1730 erbaut. Die Apotheke im Kloster wurde 1792 von Königin Karolina Maria von Neapel gestiftet und besitzt noch die Einrichtung von Ende des 18. Jhs.
Weitere sehenswerte Kirchen sind die Burgkapelle St. Domitian (Burggasse), die Heiliggeistkirche (Heiligengeistplatz), Marienkirche (Benediktinerplatz), Kapuzinerkirche (Bahnhofstraße) oder auch die Pfarrkirche St. Martin.

★ Fürstbischöfliche Residenz

Mariannengasse 2. Die Fürstbischöfliche Residenz wurde von Nikolaus Pacassi für Erzherzogin Marianne im 18. Jh. erbaut, die 1789 hier auch starb. Seit ihrem Tod residieren in der Anlage die Gurker Bischöfe. Zum Park hin sieht man ein schönes schmiedeeisernes Tor.

★ Stadttheater

Theaterplatz 4. Klagenfurt ist die einzige österreichische Landeshauptstadt, die kein Landestheater, sondern ein Stadttheater hat. Die Grundsteinlegung des Gebäudes war 1908 als »Jubiläums-Stadttheater«, es sollte damit an die 60-jährige Regierungszeit Kaiser Franz Josephs erinnert werden. Die Fassade ist im Jugendstil gestaltet, der Zubau stammt von Günther Domenig.

★ Kleindenkmäler

Das 1606 geschaffene **Standbild des Steinernen Fischers** auf dem Benediktinerplatz erinnert an die Fischer, die zum Beweis, dass die Fische frisch sind und eben erst gefangen wurden, auch im Winter ihre Ware barhäuptig und ohne Mantel anbieten mussten. Der Sage nach bezweifelte einmal eine Frau die Genauigkeit der Waage eines Fischers. Der aber schwor: »Zu Stein soll ich werden, wenn ich falsch gewogen habe« – und vor aller Augen verwandelte er sich zu Stein!
Auf dem Dr.-A.-Lemisch-Platz steht das **Wörtherseemandl.** Dieser 1962 von Heinz Goll als Metallplastik geschaffene Zwerg, aus dessem Fass Wasser sprudelt, erinnert an eine Sage. Wo sich heute der Wörther See ausbreitet, stand früher eine prachtvolle Stadt. Die Bewohner, hart und übermütig geworden, feierten selbst in der Osterwoche rauschende Feste. Als ein Männchen erschien und mehrmals zur Umkehr mahnte,

wurde es nur ausgelacht. Nach der dritten Mahnung öffnete es ein Fässchen, aus dem Wasser drang und die Stadt überschwemmte, so dass alles ertrank.

Das marmorne **Spanheimer-Denkmal,** Dr. Arthur-Lemisch-Platz, wurde 1948 von Arnulf Pichler geschaffen und ist Herzog Bernhard gewidmet, der die von seinem Vater Hermann nördlich der heutigen Stadt gegründete Siedlung um 1250 hierher verlegte.

Lendkanal

Der 1527 errichtete, 6 km lange Lendkanal wurde bereits 1202–56 von Herzog Eberhard geplant. Er speiste den Stadtgraben und diente als Handelsweg sowie zur Versorgung der Stadt mit Bau- und Heizmaterial. Der Hafen am Ostende wurde in den fünfziger Jahren des 19. Jhs. errichtet. Die steinerne Brücke über ihn stammt aus dem 16. Jh. Ein Spaziergang entlang des Kanals, der Klagenfurt mit dem Wörther See verbindet, führt vorbei an reizenden Villen aus der Zeit der Jahrhundertwende, die mit Zinnen und Türmen verziert sind.

Architektur des 20. Jahrhunderts

Klagenfurt hat zahlreiche moderne Bauten und Umbauten älterer Gebäude vorzuweisen. Hier haben seit Anfang des 20. Jhs. berühmte Architekten gewirkt, so die Theaterbauer Fellner und Helmer oder die romantischen Jugendstilarchitekten Franz Baumgartner und Karl Haybäck. Neuere Bauwerke stammen beispielsweise von Sonja Gasparin, Klaus Mayr oder Günther Domenig. Bedeutend für die Architekturszene ist der **Napoleonstadel** – Kärntens Haus der Architektur, in dem Ausstellungen stattfinden. Die Tourismus Information hat einen Prospekt mit Kurzbeschreibungen und Lageplan bedeutender architektonischer Gebäude veröffentlicht.

Wörtherseearchitektur

»Wörtherseearchitektur« ist die Bezeichnung eines Architekturstils um die Zeit der vorletzten Jahrhundertwende, der hier eine besondere Ausprägung erfuhr. In Klagenfurt findet man an der Ostbucht des Wörther Sees einige interessante Baudenkmäler. Insbesondere an der Nordseite, entlang des Friedlstrandes, befindet sich eine sehenswerte Gruppe von hölzernen Bade- und Bootshäusern (z. B. Ruderverein Albatros, Friedlstrand 11) aus der Zeit um 1920, weiter im Osten sieht man das Hotel Wörthersee, Villacher Str. 338, ein beispielgebender Bau (1891–97), außerdem ist das 1927 errichtete Strandbad ein für ganz Österreich einzigartiger Bau jener Zeit. Sehenswert ist auch das frühbarocke Schloss Loretto an der Mündung des Lendkanales.

Museen & Ähnliches

★ Landesmuseum

Museumsgasse 2. Das 1879–84 errichtete Museum zeigt eine große Sammlung zur Geschichte, zur Volkskultur und Volkskunst und zur Natur Kärntens sowie Klagenfurts. Geschichtlich am bedeutsamsten ist vielleicht der Fürstenstein aus Karnburg, auf dem 1414 der von den Bauern gewählte Herzog inthronisiert wurde, ebenso das Zeremonienschwert der Millstätter Georgsritter (1499). In der naturkundlichen Abteilung sieht man Modelle der Kärntner Gebirgswelt (Großglockner, Villacher Alpe, Karawanken). Weiters findet man Exponate zu den Bereichen Archäologie, Ur- und Frühgeschichte, Botanik und Zoologie, Geologie und Mineralogie, Kunstgeschichte, Volkskunde und Landesgeschichte. Öffnungszeiten: Dienstag bis Samstag 9–16 Uhr, Sonntag 10–13 Uhr, Tel.: 536-30540.

★ Koschatmuseum

Viktringerring 17. Das Koschatmuseum erinnert an den in Viktring geborenen Liederkomponisten Thomas Koschat (1845–1914). Öffnungszeiten: Mitte Mai bis Mitte Oktober wochentags 10–12 Uhr. Tel.: 599633.

★ Botanischer Garten

Kreuzbergl, Prof.-Dr.-Kahler-Platz 1. Gezeigt wird ein lebendiger Querschnitt durch die Pflanzenwelt Kärntens. Öffnungszeiten: Mai bis September täglich 9–18 Uhr, Oktober bis April Montag bis Donnerstag 9–16 Uhr, Freitag 9–13 Uhr. Samstag, Sonntag, Feiertag geschlossen. Tel.: 598983.

★ Bergbau-Museum

Prof.-Dr.-Kahler-Platz 1. Es handelt sich um einen ca. 500 m langen Stollen. Anhand von Karten, Erzproben und verschiedenen Geräten werden alle historischen und bestehenden Bergbaue in Kärnten vorgestellt. Öffnungszeiten: April bis Oktober tgl. 9–18 Uhr Freitag Nachmittag geschlossen, Tel.: 511252.

★ Diözesanmuseum

Domplatz, Haus am Dom, Lidmanskygasse 10/3. Hier sieht man zahlreiche Exponate aus dem kirchlichen Bereich wie Gewänder, Kunstgegenstände, Altarbilder und Glasgemälde. Mit der 1170 geschaffenen Magdalenenscheibe kann man vielleicht sogar das älteste Glasgemälde Österreichs bewundern. Öffnungszeiten: Juni bis Mitte Oktober Montag bis Samstag, Anfang Juni 10–12 Uhr, Mitte Juni bis Mitte September 10–12 und 15–17 Uhr, Mitte September bis Mitte Oktober 10–12 Uhr. Tel.: 57770-84.

★ Landwirtschaftsmuseum Schloss Ehrental

Ehrentaler Str. 119. Hier wird man mit der Arbeitswelt der Kärntner Bauern vertraut gemacht. Auch ein Außengelände mit einer Heilkräuterschau, ein mittelalterlicher Garten, eine Grünland- und Ackerpflanzenschau sowie ein Informationspfad über das Ökosystem Wald sind vorhanden, außerdem gibt es ein Café. Öffnungszeiten: Mai, September, Oktober täglich 10–16 Uhr, Juni bis August täglich 10–18 Uhr, Samstag geschlossen. Tel.: 481765-10.

★ Großer Wappensaal im Landhaus Klagenfurt

Im Großen Wappensaal sind 665 Wappen der Kärntner Landstände, ein Deckenfresko sowie zwei Wandfresken zu sehen. Öffnungszeiten: April bis Oktober Montag bis Samstag: 9–12.30 und 15–17.30 Uhr, Sonntag, Feiertag 9–13 Uhr, Tel.: 536-30540.

★ Kärntner Landesgalerie

Burggasse 8. Die Kärntner Landesgalerie befindet sich im ehemaligen Sitz des Burggrafen. In der umfangreichen Sammlung wird Bildende Kunst aus Kärnten des 19. und 20. Jahrhunderts gezeigt. Bekannte Namen sind Albin Egger-Lienz, Josef und Ludwig Willroider, Herbert Boeckl, Werner Berg, Arnulf Rainer und die Künstler des Nötscher Kreises. Öffnungszeiten: Montag, Dienstag, Donnerstag 9–12 und 13–16 Uhr, Mittwoch 9–12 und 13–18 Uhr, Freitag 9–13 Uhr, Samstag, Sonntag 10–12 Uhr, Tel.: 536-30542.

★ Musil-Literaturmuseum

Bahnhofstraße 50. Aufbewahrt wird in Musils Geburtshaus der Nachlass von Robert und Martha Musil, außerdem jener von Ingeborg Bachmann und Christine Lavant. Von Christine Lavant wurde deren legendäre Mansardenwohnung rekonstruiert, in der sie in St. Stefan im Lavanttal lebte. Die lichtempfindliche Dichterin kauerte hier nächtelang im Türkensitz in einer Ecke, trank Tee, aß Kekse und schrieb. Öffnungszeiten: Montag bis Freitag 10–17 Uhr, Samstag 10–14 Uhr, Sonn- u. Feiertag geschlossen. Tel.: 501429.

★ Wörthersee Schifffahrt

»Komm mit auf die Welle!« Nach diesem Motto verkehren auf dem Wörther See modernste Passagierschiffe im Linien- und Charterdienst. Information: Friedelstrand 3, Tel.: 0463/21155. Linienschifffahrt findet von Mai bis Oktober statt.

★ Nostalgieschifffahrt

Ein besonderes Erlebnis ist eine Schifffahrt zu den Ausflugszielen mit dem ältesten Motorschiff am Wörther See, der 1924 gebauten Loretto. Abfahrt Dienstag 18 Uhr ab Lido-Brücke beim Strandbad Klagenfurt, Ziel: Schaukraftwerk Forstsee bei Saag. Rückkehr gegen 20 Uhr. Auskunft: Tel.: 740368 und 0664/5301933.

Ausflugsziele

Schlösser

In und um Klagenfurt stehen jede Menge Schlösser, die jedoch in der Regel nicht von innen zu besichtigen sind. Die Klagenfurter Tourismus Information bietet einen Plan zum **★ »Schlosswandern«** mit Erklärungen zu den einzelnen Schlössern an: Schloss Annabichl, Renaissanceschloss Hallegg, Schloss Mageregg, »Herzoghof«, Schloss Ehrenbichl, Schloss Ehrenhausen, Schloss Ehrenthal, Schlösschen Falkenberg, Schloss Freyenthurn, Schloss Krastowitz, Schloss Maria Loretto, Schloss Pichlern, Schloss Pitzelstätten, Schloss Tentschach, Schloss Welzenegg oder Schloss Zigguln.

★ Kreuzbergl und Kreuzberglkirche (Kalvarienbergkirche)

Westlich von Klagenfurt. Hier befindet sich ein stadtnahes Erholungsgebiet mit Spazierwegen, das 1851 anlässlich des Besuchs von

Minimundus – die kleine Welt am Wörther See (oben) **Die »Badewanne« Kärntens – der Wörther See** (unten)

Kaiser Franz Joseph I. angelegt wurde. Der Botanische Garten mit Pflanzen, Steinen und Mineralien besteht seit 1954, die Sternwarte seit 1965, das Bergbaumuseum seit 1973. 660 ha stehen unter Landschaftsschutz. Die barocke doppeltürmige Kirche dient heute als Kriegergedächtnisstätte. Zwischen ihr und der Radetzkystraße befinden sich die Kreuzwegstationen. Vom Kreuzbergl aus kann man auch in einer halben Stunde nach St. Primus wandern, wo es eine kleine Kirche aus der Spätgotik gibt. In einer Stunde kommt man nach Falkenberg, wo ein Schloss steht.

★ Wörther See/Europapark/Minimundus/Reptilienzoo/Planetarium

Der 16,5 km lange, bis zu 1,5 km breite und bis zu 85 m tiefe Wörther See ist flächenmäßig Kärntens größter See, vom Wasservolumen mit 816 Mio m^2 der zweitgrößte nach dem Millstätter See. Im Sommer wird er bis zu 28 °C warm, deshalb ist er auch ein idealer Badesee. Die Orte an seinem Ufer sind völlig auf Tourismus eingestellt und bieten deshalb auch alle Einrichtungen, die man für einen erfolgreichen Urlaub benötigt. Während der See im Sommer eine herrliche »Badewanne« für alle möglichen Arten von Wassersport ist, friert er im Winter leider nur manchmal zu, um dann allerdings als riesengroßer Eislaufplatz genützt zu werden.

Am Wörtherseeufer westlich der Stadt befinden sich einige beliebte Ausflugsziele: das städtische Strandbad, Schiffsanlegestellen, der Europapark sowie das Minimundus, in dem bekannte österreichische sowie ausländische Bauwerke im Maßstab 1:25 nachgebaut sind. Im Hafen fahren Schiffe und durch das Gelände führt eine Modelleisenbahn. Computer ermöglichen, dass man die Modelle zum Teil auch bewegen kann. Daneben liegen das Planetarium und der Reptilienzoo.

★ Viktring – Zisterzienserstift u. Kirche

In Vikring wurde 1845 der Kärntner Liederkomponist Thomas Koschat als Sohn eines Färbers der Tuchfabrik geboren. Mitte des 19. Jhs. bestand hier mit dem »Viktringer Malerkreis« ein künstlerisches Zentrum in Kärnten. Der Ort ist aber vor allem wegen seines Zisterzienserstiftes und der Kirche bekannt. Sie gehören zu Kärntens bedeutendsten Kunstsehenswürdigkeiten des Landes. Das Stift wurde durch Bernhard von Spanheim und seine Gattin 1142 gegründet, die Einweihung erfolgte 1202. Seit 1977 ist in den ehemaligen Stiftsgebäuden ein Musikgymnasium untergebracht. Die Pfarr- und ehemalige Stiftskirche Unsere Liebe Frau weist kunsthistorische Besonderheiten auf: gotischer Glasmalereizyklus in den drei Fenstern des Chorschlusses, der rot-gold-gefasste Marienhochaltar mit der plastischen Gruppe der Marienkrönung im Schrein, die Bernhardkapelle mit dem Altar und dem gotischen Malereizyklus.

Wandervorschlag

Naturwandern/Radtouren

Von der Tourismus Information gibt es einen Prospekt zum »Naturwandern«, in dem Ausflüge zur Schrottkugel, zu den Hallegger Teichen, zum Ulrichsberg, zum Maria Saaler Berg und zum Sattnitzgebirge beschrieben werden. Darüber hinaus gibt es Prospekte für Radtouren, die Erlebnis-Besichtigungstour, die Picknicktour, die Altstadttour, die Schlössertour und die Große Kulturtour.

KLEBLACH-LIND

Höhe: 589 m | Einwohner: 1300

Gemeindeamt Kleblach-Lind
9753 Lind 25
Tel.: 04768/217-0
Fax: 04768/217-4
E-Mail: kleblach-lind@ktn.gde.at

Allgemeines & Geschichte

Das stillverträumte Radlerdorf mit historischem Zentrum liegt im oberen Drautal und bietet sich für Wanderungen in der Kreuzeck- und der Latschurgruppe an. Der Ort kam in der 2. Hälfte des 11. Jhs. vom Bistum Brixen an die Grafen von Lind, im 12. Jh. an die bayerischen Grafen von Lechsgemünd und danach an Tirol. 1268 gelangte er mit anderen Orten an Herzog Ulrich III. von Kärnten. Eine Burg wurde bereits 1330 erwähnt.

Sehenswürdigkeiten

Wallnerhaus

Gebäude Nr. 25 ist ein zweigeschossiges, spätgotisches Gewerkenhaus um 1500. Bemerkenswert sind die spätgotischen Gewölbeformen im Erdgeschoss und im 1. Obergeschoss sowie die hervorragend erhaltenen spätgotischen Außenputze. 1994/95 wurde eine umfassende Restaurierung vorgenommen. Heute sind im Haus Postamt, Gemeindeverwaltung, Musikschule und Bücherei untergebracht.

Die gotische **Pfarrkirche St. Bartholomäus** (Ende 15. Jh.) wurde Ende des 18. Jhs. barock erweitert und besitzt eine Fassade aus dem späten Klassizismus. Innen sieht man ein Netzrippengewölbe. Die Barockaltäre sind von etwa 1700, im Hochaltar befindet sich eine schöne gotische Plastik einer Schutzmantelmadonna von etwa 1480. Der schöne Grabstein mit einem Ritter in Rüstung ist mit 1349 datiert und vielleicht der älteste seiner Art in Kärnten. Oberhalb der Kirche befindet sich ein Kalvarienberg. Die Kapelle Maria Hilf (1347) am Berghang war vielleicht die Burgkapelle der ehemaligen Burg Unterlind. Sie besitzt eine Stifterinschrift, Fresken von Ende des 14. Jhs und einen barocken Altar mit einer gotischen Madonna.

Von der Ruine Unterlind sieht man noch Mauerreste, die vom Turm stammen. Von der Burgruine Oberlind sind Reste des Bergfrieds erhalten. Das mit einer Kapelle ausgestattete Schloss Raggnitz stammt aus dem 15. Jh. Es besitzt 2 Geschosse, sein heutiges Erscheinungsbild geht auf die Baumaßnahmen Ende des 18. Jhs. zurück.

Wandervorschläge

Latschur, Stagor und Goldeckgruppe

KLEIN ST. PAUL

(Marktgemeinde)

Höhe: 633 m | Einwohner: 2200

Marktgemeindeamt, Marktstr. 17
9373 Klein St. Paul, Tel.: 04264/2401
Fax: 04264/2401-22
Internet: www.klein-st-paul.at
E-Mail: klein-st-paul.tourist@ktn.gde.at

Allgemeines & Geschichte

Die im Görtschitztal liegende Marktgemeinde wird im Osten von der Saualpe und im Westen vom Bergzug des Waldkogels begrenzt; das Gemeindegebiet reicht bis 2050 m Seehöhe. Dank des begehrten Norischen Eisens war die Gegend bereits zur Zeit der Kelten und Römer besiedelt. 831 kam die Gegend an das Erzbistum Salzburg. Der Name wurde bereits im 11. Jh. genannt, zur Unterscheidung von St. Paul im Lavanttal erhielt der Ort aber 1850 von Kaiser Franz Joseph I. den Namen Klein St. Paul.

Sehenswürdigkeiten

Pfarrkirche St. Paulus

Die im 11. Jh. erwähnte Pfarrkirche St. Paulus besitzt ein niedriges Langhaus, das im Kern aus der Romanik stammt, und einen gotischen Chor. Der Hochaltar weist ein barockes Kruzifix auf. Am Marienaltar sieht man ein ikonenartiges Marienbild. Sehenswert ist auch der Nothelferaltar von 1730, im Schrein sind die »hl. 3 Madeln« zu sehen. Interessant sind die kleinen Statuen der 14 Nothelfer. Der ehemalige barocke Kanzelkorb aus dem 18. Jh. dient jetzt als Ambo. Nach der Innenrestaurierung 1994 wurden in Zusammenarbeit mit dem Künstler Werner Hofmeister und dem Architekten Felix Graf Orsini-Rosenberg ältere und moderne Sakralkunst behutsam aufeinander abgestimmt.

Talmuseum

Sitterbergweg 2, Lachitzhof. In dem 1550 erbauten Deutschhammerhaus, das bis 1700 als Schmelzofen und Hammer und 1700–1920 als Lohmühle diente, sieht man die Entwicklungsgeschichte des Norischen Eisens, außerdem einen Teil eines Eisenverhüttungsofens aus keltisch-römischer Zeit. Es sind auch Modelle der Burgen der Umgebung zu sehen. Im Lachitzhof befindet sich das Atelier des Konzeptkünstlers Werner Hofmeister, das nach Voranmeldung zugänglich ist. Informationen unter Tel.: 2341.

Ausflugsziele

Kirchberg

Die Wallfahrtskirche Maria Moos ist die älteste Marienwallfahrt Kärntens; das heilende Augenwasser soll mehrmals geholfen haben.

Wieting

Die ehemalige **Propsteipfarrkirche St. Margareta** wurde 1180 erwähnt und ist mit der mächtigen Propstei durch einen Gang verbunden, was insgesamt ein prächtiges Bild ergibt. Vor der Kirche sieht man die überlebensgroße Sitzfigur einer Frau, leider ohne Kopf, die nach ihrem Brustschmuck eine Keltin gewesen sein dürfte. Sie war das Ziel von Frauen mit Kinderwünschen, die sich ihr auf den Schoß setzten, oft auf der Wallfahrt nach Mariazell. Die Propstei westlich der Kirche stammt im Kern aus der Spätgotik. Am Ortsausgang steht das Schober-Kreuz, ein Bildstock aus Marmor, der vielleicht ein überarbeiteter Römerstein ist (bez. 1628). Man sieht Passionsszenen in einer Stilmischung aus Gotik, Renaissance und Frühbarock.

Ruine Grünburg

Die Ruine Grünburg, eine mittelalterliche Zwillingsburg, liegt am westlichen Abhang der Saualpe und wurde 1217 als Besitz der Grafen Görz-Tirol erstmals erwähnt. Ab dem 15. Jh. gehörte sie Kaiser Friedrich III., danach Hans von Windischgrätz (1626) und ab 1629 Georg Friedrich von Ambthofen. Man sieht noch Reste des Vorwerks, der Ummauerung, einen sechsgeschossigen Rundturm sowie eine Doppelkapelle. Der Marhof, Nr. 11, stammt aus dem 16. Jh. und besitzt ein Schopfwalmdach. Von ihm aus soll ein Gang zur Burg geführt haben.

Wandervorschläge

Weg der Harmonie (Kneippweg), Geologischer Wanderpfad, Erlebnispfad Felsregion Gutschen

KÖTSCHACH-MAUTHEN

(Marktgemeinde)

Höhe: 710 m | Einwohner: 3610

Tourismusbüro, 9640 Kötschach-Mauthen
Tel.: 04715/8513, Fax: 04715/8513-13
Internet: www.koemau.at
E-Mail: info@koemau.com

Allgemeines & Geschichte

Der Doppelort – die beiden Orte schlossen sich 1958 zu einer Gemeinde zusammen – ist der Hauptort des oberen Gailtales und liegt landschaftlich reizvoll zwischen den Gailtaler Alpen im Norden und den Karnischen Alpen im Süden. Er ist als heilklimatischer Luftkurort ausgewiesen. Über 100 km Wanderwege locken den Berg- und Naturfreund. In Kötschach gab es einen bedeutenden Bergbau. Der Name kommt vom slawischen, er bedeutet »Dorf in der Au«. Mauthen weist schon durch seinen Namen auf eine Zolleinnahmestelle hin; der Ort war die Kopfstation eines bereits vor den Römern benutzten Saumweges in den Süden, den dann die Römer zu ihrer Straßenstation Loncium ausbauten. In der Nähe, auf der Würmlacher Alm, fand man Felsinschriften, die vermutlich von den Venetern kamen, die auf der römischen Straße zogen. Sie gehören zu den ältesten Schriftdenkmälern in Österreich. Da die Bevölkerung auch hier dem Protestantismus zugeneigt war, verbrannte der Generalvikar des Patriarchen von Aquileja 1510 vor der Kötschacher Kirchentüre 2000 ins Slowenische übersetzte Bibeln.

KÖTSCHACH

Sehenswürdigkeiten

★ Pfarrkirche Unsere Liebe Frau

Die auch Gailtaler Dom genannte Kirche entstand aus einer Marienwallfahrtsstätte des 15. Jhs. 1478 wurde sie von den Türken teilweise zerstört, 1518–27 von Bartolomäus (Bartelmä) Firtaler aus Innichen neu erbaut. Sie ist eine spätgotische dreischiffige Hallenkirche und besitzt einen mächtigen Westturm mit Maßwerkfenstern. Im Turm ist eine italienische Granate aus dem 1. Weltkrieg eingemauert. Im Inneren überrascht das Langhaus durch die reiche Ausstattung mit Architekturornamentik. Im Chor sieht man hinter dem Hochaltar ein interessantes Fresko mit den Themen Tod, Himmelfahrt und Krönung von Maria, das 1499 von Nikolaus Kentner gemalt wurde. Das Chorgewölbe wurde im Rokokostil ausgeschmückt und besitzt ein Fresko mit Szenen aus der Mariengeschichte (1750). Im spätklassizistischen Hochaltar

Kötschach-Mauthen ist immer einen Besuch wert. (oben)
Kreuzweg St. Jakob (links)
Die Kirche von Laas (Mitte)
Haus bei Strajach (rechts)

(Mitte 19. Jh.) findet man eine Gnadenstatue, eine 15 cm hohe schwarze Madonna. Die restliche Ausstattung ist zum überwiegenden Teil dem Rokoko zuzuordnen; dies gilt für die von zwei Servitenbrüdern geschaffene Kanzel als auch für den rechten Seitenaltar, den Peregrinusaltar (Peregrin ist der Patron der Fußleidenden). An der Außenwand ist eine Sonnenuhr mit der Darstellung der Gnadenmutter zu sehen. An der Nordwand des Chors liegt das lang gestreckte Servitenkloster von 1715.

Amtshaus

Am Marktplatz 3 steht das aus dem 16. Jh. stammende Amtshaus der Herrschaft Pittersberg. An der Fassade sieht man das Wappen von Fürst Porcia von 1713, der die Serviten nach Kötschach holte, und einen Engelssturz von 1814. Das Portal an der rechten Hausecke war ein Torbogen der Ruine Pittersberg.

★ Wasser- und Energiewelt »Hydro-Solar«

An der Plöckenpass-Straße liegt das für Österreich einzigartige Alternativkraftwerk der Sonnen-, Wasser- und Windenergien. Am Valentinsee sieht man eine mystische Energiegrotte, Solarmodelle und einen Wasserfall. Hier ist auch der Ausgangspunkt zur Begehung des Sonnenwasserweges mit Grünsee, Großwindanlage Plöcken, dem Freilichtmuseum 1915–1918, der Nostalgieseilbahn und der Alpenfestung. Öffnungszeiten: Mitte Mai bis September täglich außer Dienstag 10–17 Uhr. Information: Hotel Post, Tel.: 429.

★ Museum 1915 bis 1918 – Vom Ortler bis zur Adria

Im Rathaus wurde 1998 das Museum der Gebirgsfront 1915–1918 eingerichtet. Es beschreibt die gesamte Front in den Südalpen mit über 1500 Fotos und Dokumenten, zahlreichen Exponaten und Nachbauten alpiner Stellungen. Alle Erklärungen sind in deutscher und italienischer Sprache gehalten. Öffnungszeiten: Mitte Mai bis Mitte Oktober, Montag bis Freitag 10–13 und 15–18 Uhr, Samstag, Sonntag, Feiertag 14–18 Uhr, Tel.: 8513-32.

MAUTHEN

Sehenswürdigkeiten

In Mauthen stehen zahlreiche sehenswerte Häuser vom Barock bis zum Klassizismus, erwähnt werden soll das so genannte Titzen-Andex-Haus, Nr. 45, westlich der Kirche, das bemalte Tür- und Fensterrahmen ähnlich den Bauernhöfen im Lesachtal zeigt.

Pfarrkirche St. Markus

Die im Kern romanische Pfarrkirche St. Markus wurde 1478 von den Türken verwüstet und Anfang des 16. Jhs. im Stil der Spätgotik wieder aufgebaut. Die Fresken an der Außenwand sind von 1514 und wurden von zwei Meistern geschaffen, sehenswert ist auch der Sonntagschristus daneben. Der prächtige Altar stammt aus dem Rokoko, die Seitenaltäre sind reich mit Knorpelwerk geschmückt. Die Kanzel stammt von 1720.

Feste & Brauchtum

Das **★ Gailtaler Käsefestival** »Alles Käse« gibt es seit 1995; es hat seither laufend an Beliebtheit zugenommen.

Kuren

Heilklima, Kneippkuren.

Ausflugsziele

Laas

Die 1510–35 erbaute kleine spätgotische Filialkirche St. Andreas ist das einzige vollständig erhaltene Bauwerk des aus Innichen stammenden Meisters Bartlmä Firtaler (Viertaler), der zwar auch in Maria Luggau und in Kötschach gearbeitet hat, dessen dortige Arbeiten aber mittlerweile großteils verändert sind. Die Kirche fällt von außen durch die mit leuchtend rotem Laaser Sandstein abgesetzten Kanten auf. An der Außenwand sieht man ein großes Christophorusfresko von 1520. Im Inneren sind die beiden Schreinwächter Georg und Florian sehenswert, die als Ritter den vermutlich aus Tirol stammenden spätgotischen Hochaltar flankieren. An der Südwand befindet sich ein Bild der Stifter, der Familie Khevenhüller, wobei Siegmund der Vater jenes Georg Khevenhüller war, der die Burg Hochosterwitz hat erbauen lassen.

★ Schloss Mandorf

Das mächtige dreigeschossige Herrenhaus von 1521 besitzt ein steinernes Krüppel-Walmdach. Es wurde von der im Bergbau tätigen Familie Mandorf erbaut, Baumeister war auch hier Bartolomäus Firtaler. Es besitzt spätgotische Portale und Fenstergewände. Hier befindet sich die Winterschule für Hanf und Flachs, in der alles über diese Naturprodukte gelehrt wird. Auskunft: Tel.: 292, Fax: 292-4.

Westlich vom Schloss steht die Maria-Loretto-Kapelle, die einstige Schlosskapelle von 1657. Im Garten der Sinne kann man verschiedene Heil- und Gewürzkräuter sowie Färbepflanzen riechen und schmecken.

Wallfahrtskirche Maria Schnee

Die Kirche 1,5 km südlich von Mauthen oberhalb der Plöckenstraße wurde 1710–12 erbaut und besitzt ein Maria-Gnadenbild von 1780 im Rokokorahmen. Der Hochaltar wurde 1715 errichtet. Die Deckenfresken mit dem Marienleben stammen von 1844. Beachten sollte man auch die Votivbilder ab Mitte des 18. Jhs. Am Weg entlang befinden sich Kreuzwegstationen.

★ Mussen

Die Mussen, der östlichste Eckpfeiler der Lienzer Dolomiten, ist eines der interessantesten Blumengebiete und ein Natura-2000-Gebiet. Die Gegend wird seit 500 Jahren von der Agrargemeinschaft St. Jakob im Lesachtal als Bergwiesen-Mahd genutzt. Die Flora gilt als die reichhaltigste und seltenste in ganz Kärnten, der Berg wird deshalb auch als der »Blumenberg Kärntens« bezeichnet. Das Wahrzeichen der Mussen ist die »Paradieslilie«. Zur Zeit ihrer Blüte Anfang Juni bis Anfang Juli finden botanische Führungen vom Tourismusbüro statt. 387 ha stehen unter Naturschutz. Den Mussenstock erreicht man auf drei Wegen. Entweder geht man von Kötschach zum Vorhegg durch den Bergwald bis zum Röthenkreuz (1285 m) oder vom Gailbergsattel zum Röthen und von dort über den ÖAV-Wanderweg oder vom Lesachtal ab St. Jakob durch den Panulwald zum Röthenkreuz.

★ Plöckenpass, Plöckenmuseum, Museum der Hochgebirgsfront

Der Plöckenpass (1360 m) ist erreichbar über die Plöckenpass-Bundesstraße B 110. Über den Pass führt ein alter Saumpfad, der auf vorkeltische Zeiten zurückgeht. Römer bauten hier eine Straße, die von Aquileja ins Drautal führte. Hier fand man drei römische Inschriftsteine (ab 180 v. Chr.). Das Museum der Hochgebirgsfront 1915–18 erinnert an den 1. Weltkrieg. Öffnungszeiten: Montag bis Donnerstag 8–12 und 13–17 Uhr; Freitag 8–13 Uhr. Tel.: 04715/268.

Weidenburg

Die 1264 als »castro weideberch« erwähnte Ruine wurde vermutlich um 1200 errichtet. Seit dem 16. Jh. verfällt sie. Erhalten ist der rechteckige Palas mit dem angebauten, mehrstöckigen Bergfried. Die Mauern sind bis zu 10 m Höhe erhalten. Im Ort steht das im 16. Jh. erbaute Schloss. Angebaut ist eine Kapelle. An der Straße steht ein Laubenbildstock mit einer Figur aus dem Spätbarock.

Wandervorschläge

Mauthner Klamm, Mauthner Alm, Missoria-Alm

KÖTTMANNSDORF

Höhe: 556 m | Einwohner: 2790

Gemeindeamt Köttmannsdorf
9071 Köttmannsdorf 1
Tel.: 04220/2203, Fax: 04220/2295
Internet: www.tiscover.at/koettmannsdorf
E-Mail: info@carnica-rosental.at

Allgemeines & Geschichte

Köttmannsdorf liegt an einem nach Süden ausgerichteten sonnigen Abhang der Sattnitz. Der 1142 erstmals genannte Ort hat mit der Hollenburg und der St. Georgskirche sowie der ältesten gotischen Totenleuchte Kärntens sehenswerte kulturhistorische Bauten. Der Blick auf die Karawanken mit den vielen Wandermöglichkeiten, die Nähe zur Landeshauptstadt und zu mehreren Seen zeichnet den Ort aus.

Sehenswürdigkeiten

Die 1194 erwähnte **Pfarrkirche St. Georg,** eine im Kern romanische Chorturmkirche, liegt erhöht inmitten eines Friedhofes, der von einer zinnenbekrönten Mauer umschlossen ist. An der Südwand findet man außen ein prächtiges Christophorusfresko (Anfang 16. Jh.). Beachtenswert sind der vielfigurige Hochaltar (um 1750), der Marienaltar (1762), der Sebastianaltar (1767) und die Sakramentsnische mit Rosengitter. Das Taufbecken stammt von 1772 und steht auf einem gotischen Schaft. Beachten sollte man auch die verschiedenen Skulpturen in der Kirche, darunter eine große Kreuzigungsgruppe. Die gotische Totenleuchte auf dem Friedhof stammt von etwa 1250 und ist die älteste der in Kärnten noch erhaltenen; während der Pestzeiten brannte hier das Armeseelenlicht.

★ Hollenburg

Die Hollenburg auf steilem Fels, hoch über dem Rosental, ist auch nach über 850 Jahren (1142 erstmals urkundlich erwähnt) der kulturhistorische Mittelpunkt der Region Rosental. Nach wechselvoller Geschichte und mehrmaligen Beschädigungen ist die Burg ein Anziehungspunkt besonderer Art. Der Zugang durch einen Torturm führt über eine 80 m lange Auffahrt zum eigentlichen Burgtor und zum fünfeckigen Burghof mit doppelgeschossigen Renaissancelauben. Besichtigen kann man den Burghof und den Söller (Burgfried), von dem man eine prächtige Aussicht ins Rosental hat. In der Kapelle befinden sich wertvolle Fresken. Die Burg wird sehr oft auch für Ausstellungen verwendet. Information: Forst- und Rentamt Hollenburg, Tel.: 04227/84013.

Ausflugsziele

Der **Plöschenberg** lädt zu Wanderungen und zur Entspannung von Geist und Körper ein. Der Naturlehrpfad Zwergohreule gewährt Einblicke in die vielfältige Tier- und Pflanzenwelt des Sattnitzgebietes und erzählt über Österreichs größtes Vorkommen dieser vom Aussterben bedrohten Eulenart. Am Plöschenberg, der oberhalb der Nebelgrenze liegt, laden Buschenschenken zum Verweilen und Genießen ein.

Wandervorschläge

Wanderungen nach Keutschach und Ludmannsdorf, Plöschenberg

KREMS IN KÄRNTEN

Höhe: 800–2300 m | Einwohner: 2160

Tourismusbüro, 9861 Eisentratten 35
Tel.: 04732/2772-15, Fax: 04732/2772-17
Internet: www.innerkrems-eisentratten.at
E-Mail: office@innerkrems-eisentratten.at

Allgemeines & Geschichte

Die Gemeinde Krems besteht aus sehr vielen Ortsteilen, wobei die größten Eisentratten, Leoben, Kremsbrücke, Innerkrems und Innernöring sind. Sie liegt an einem uralten Verkehrsweg über die Tauern. In der Umgebung findet man saftige Wiesen und prächtige Nadelwälder, darüber die sanften Bergkuppen der Nockberge, in denen man leichte Wanderungen unternehmen kann.

Ab dem 14. Jh. gehörte die Gegend zu den wichtigsten Bergbaugebieten der Umgebung, und bis zum Jahre 1884 wurde hier ein reger Eisenerzabbau betrieben. In Kremsbrücke wurde 1541 der erste Floßofen – unseren heutigen Hochöfen ähnlich – ganz Österreichs errichtet, vorher wurde mit Sticköfen gearbeitet. Im 16. Jh. war der Ort ein Zentrum des Protestantismus. Innerkrems war früher eine Knappensiedlung auf dem Territorium der Erzbischöfe von Salzburg. Eisen erscheint schon im Ortsnamen des Ortsteils Eisentratten, außerdem wurde noch nach Gold, Blei und Arsen geschürft. Hier wurde 1566 von Jakob Türk der zweite Hochofen Österreichs errichtet (der dritte Österreichs dann 1578 im ebenfalls kärntnerischen Urtlgraben); Eisenverhüttung fand bis 1883 statt. Türk wurde 1574 wegen seiner Verdienste um die »Industrie« geadelt.

Sehenswürdigkeiten

Eisentratten (802 m)

In Eisentratten wurde nach Eisen, Gold, Blei und Arsen geschürft. Hier steht ein 20 m hoher renovierter **Hochofen,** ein Quaderbau von 1863 (er löste den Hochofen von 1566, den 2. Österreichs, ab), der 1890 nach vorhe-

Hoch über dem Rosental thront die Hollenburg. (oben) **Blumengeschmücktes Haus in Krems** (links) **Mitten in Krumpendorf ist dieser schöne Bildstock zu finden.** (Mitte rechts) **Schöne Parkanlagen, wie hier in Krumpendorf, laden zum Verweilen ein.** (unten rechts)

riger Unterbrechung endgültig still gelegt wurde. Der Name des **Türkhauses,** Nr. 14, kommt von dem ehemals mächtigen Gewerken Jakob Türk. Der stattliche Bau von 1592 mit einer gemalten Sonnenuhr an der Fassade zeugt von seinem Reichtum und sozialen Stand. In der Nähe steht ein Kapellenbildstock mit einer barocken Schnitzfigur (Ende 18. Jh.). Die barocke Floriani-Kapelle besitzt einen Altar von 1664 mit einem Bild des hl. Florian und der Muttergottes über dem brennenden Eisentratten (1859). Die ev. Kirche wurde im 19. Jh. in einer Stilmischung von Klassizismus und Biedermeier erbaut und besitzt eine lebhaft geschwungene Fassade. Die kath. Kirche Christus Friedenskönig wurde 1973 errichtet. In Eisentratten wurde der Bildhauer Hans Gasser (1817–68) geboren, der in Wien u. a. das Donauweibchen und Mozarts Ehrengrab geschaffen hat. Sein Geburtshaus ist das übernächste Haus östlich der Kirche.

Kremsbrücke (952 m)

Im 1150 erstmals erwähnten Kremsbrücke wurde 1541 der erste Floßofen Österreichs errichtet. Seit 1554 war hier eine wichtige Zollstation. Die Pfarrkirche Maria Trost (1641) wurde von Kaiser Ferdinand III. gestiftet, um die Bevölkerung zum katholischen Glauben zurückzubringen. Doch auch weiterhin gab es eine große Zahl an »heimlichen« Protestanten, die oftmals des Landes verwiesen wurden. Dazu gehörte sogar Hans Khevenhüller, der Herrscher der Gegend. In der Kirche sieht man große Skulpturen, sehenswert ist die Verkündigungsgruppe. Die Einrichtung stammt von etwa 1720. Der Hochaltar ist mit reichem Akanthusschmuck versehen, die Seitenaltäre besitzen Säulen. Die Kanzel (Ende 18. Jh.) trägt einen Reichsadler als Zeichen des Kaisers auf dem Schalldeckel.

Gegenüber der Kirche steht das Gasthaus zur Post (Anfang 16. Jh.). Es war früher das Zollhaus und besitzt ein gemaltes Wappen des Erzbistums Salzburg an der Fassade. Bei Nr. 27, am Speicher des Gasthofes Rauter, in Purbach Nr. 5, bei Steinwand Nr. 1 und Nr. 3 stehen Wegkapellen und Wegkreuze. Nördlich des Ortes befindet sich die spätgotische Nikolaikirche. Im Süden ist der so genannte Lutherchor, im dem die Protestanten ihre Gottesdienste abhielten, angebaut worden. Der bunt gefasste Knorpelwerkaltar stammt von Ende des 17. Jhs. In der Friedhofsmauer steht in einer Nische ein gefasster hl. Nikolaus aus dem 14./15. Jh. Nördlich des Ortes steht die ehemalige Straßensperre Ruine Rauchenkatsch (um 1150), die allerdings beim Autobahnbau 1964 zum größten Teil zerstört wurde.

Innerkrems (1480 m)

Die Kirche St. Andreas (Knappenkirche) stammt aus der Zeit der Spätgotik, besitzt aber eine schöne barocke Einrichtung. Sehenswert sind der Hochaltar (1670), die Wandgemälde (1587), die Barockfresken, ein Renaissancegrabmal für Daniel Aschauer (1591) und Wandsäulen, z. T. mit figürlichen Verzierungen. Die Kanzel stammt von etwa 1725. Die Chorstühle sind mit »1676 hanns Hoitzfeindt dieser Zeit Zechbropst« bezeichnet. Sehenswert sind zwei Ruinen im Ort: am östlichen Ortsausgang die Ruine eines ehemaligen Gewerkenhauses (Anfang 16. Jh.) im Stil der Spätgotik/Renaissance und die Ruine des Schlösschens Aschauer aus dem 16./17. Jh. Die Innerkrems ist im Sommer ein fantastisches ★ **Wander-**, im Winter ein ★ **Skigebiet.**

Innernöring (1106 m)

In Innernöring steht hoch über dem Tal die spätgotische Kirche Hl. Erasmus (15.–16. Jh.). Sie besitzt eine barocke Zwiebelhaube, ein Altarbild auf Goldgrund, ein Kreuzigungsbild (15. Jh.) und auf der Orgelempore ein Erasmusgnadenbild. Am spätgotischen, profilierten Friedhofsportal sieht man Reste einer Bemalung. Der Pfarrhof stammt aus dem 17. Jh.

Ausflugsziele

Bäuerliche Architektur

In der Nähe findet man noch zahlreiche Bauerngehöfte im Stil der Nockbergearchitektur. Beachtenswert sind im Leobengraben die Grabenkeusche Nr. 41, die Wagnerkeusche, Nr. 15, sowie in Innernöring Nr. 26. Außerdem sieht man zahlreiche Getreidekästen, wobei die hölzernen die für die Nockberge typische Form darstellen, während die gemauerten Lungauer Einflüsse aufweisen.

Wandervorschläge

Anderlesee, Großer Königstuhl, Kleiner Königstuhl

KRUMPENDORF

Höhe: 446 m | Einwohner: 2850

Gemeinde Krumpendorf am Wörther See
Hauptstraße 145
9201 Krumpendorf am Wörther See
Tel.: 04229/2343
oder 04229/2313
Fax: 04229/2343-99
Internet: www.krumpendorf.at
E-Mail: krumpendorf@ktn.gde.at

Allgemeines & Geschichte

Der 1216 erstmals erwähnte Kurort Krumpendorf erweckt einen etwas ländlicheren Eindruck wie seine mondänen Nachbarorte. Er liegt inmitten von Parks und Gärten am Ufer des Wörther Sees und erhielt 1986 für seine vorbildliche Ortsbild- und Umweltpflege eine Auszeichnung. Es gibt ein 6 km langes Ufer, 3 schöne Seepromenaden, öffentliche Strandbäder, Parks und Blumengärten, grüne Wiesen und dunkle, schattige Wälder. Von hier aus hat man prächtige Blicke zu den Karawanken. Der Ort war, wie Funde belegen, bereits in der Steinzeit bewohnt und dort, wo heute die Pfarrkirche steht, befand sich einst ein heidnischer Tempel. Auch die Römer fühlten sich hier wohl; hier befand sich während ihrer Herrschaft eine Straßenstation namens Saloca. Man fand aus ihrer Zeit einen Meilenstein und Mauerreste. 1429 wurde der Ort zum ersten Mal erwähnt.

Sehenswürdigkeiten

Schön ist ein Spaziergang durch den Kurpark. Ansonsten sieht man in Krumpendorf einige Villen im Stil der Gründerzeit (um 1900), also mit historistischen Fassaden, gemischt mit Jugendstilelementen und Formen der Wiener Secession. Ein bemerkenswertes Jugendstilgebäude, gemischt mit dem späteren Heimatstil, ist das von dem Wiener Jugendstilarchitekten Karl Haybäck für sich selbst geplante Gebäude Am Hang 6. Die Villa Janesch, Berthastr. 59, wurde 1888/89 im Stil der Nationalromantik errichtet. Das Schloss, Hauptstr. 161, wurde um 1820 im Biedermeierstil erbaut. In seinem Park stehen ein römischer Schalenbrunnen und zwei (heute private) Gartenhäuser. Die Pfarrkirche St. Georg liegt auf einem Hügel, wurde 1959–62 erbaut und besitzt eine holzverkleidete Decke. In ihr tragen sich nach unten verjüngende Stahlbetonpfeiler eine Satteldachkonstruktion.

Feste & Brauchtum

Alle 2 Jahre treffen sich hier die Feuerwehr-Musikkapellen. Alle 3 bis 5 Jahre finden auch internationale Feuerwehr-Sternfahrten statt.

Ausflugsziele

Bäuerliche Architektur

Sehenswerte bäuerliche Gebäude sind der Hof Nagele-Kropfitsch, Erlachweg 23, aus dem 15./16. Jh., in Leinsdorf der Ziergitterstadel bei Leinsdorfer Straße 5 sowie das Gehöft Nußberg Nr. 6.

Schlösser

Das 1284 erstmals erwähnte Schloss Drasing wurde im 16. Jh. in der Renaissance erbaut und besitzt einen mächtigen Bergfried (um 1570), eine Zinnenbekrönung und einen schönen Arkadenhof. In karolingischer Zeit war es vielleicht eine Vorburg zur Pfalz in Moosburg. Das nördlich von Krumpendorf gelegene Schloss Hornstein ist ein kleiner kubischer Bau mit runden Ecktürmen mit Kegeldächern. Es stammt aus dem 15./16. Jh.

Wandervorschläge

Wandern und Spazieren entlang des Wörther Sees

LAVAMÜND

(Marktgemeinde)

Höhe: 345 m | Einwohner: 3550

Tourismus-Verein Lavamünd
9473 Lavamünd 42
Tel. 04356/2423
Fax: 04356/2255-24
Internet: www.lavamuend.at
E-Mail: lavamuend@ktn.gde.at

Allgemeines & Geschichte

Der Ort liegt im Drautal im südöstlichsten Zipfel Kärntens in der Nähe der slowenischen Grenze und zählt zu den am niedrigsten gelegenen Orten des Landes. Hier herrscht ein mildes, bereits südliches Klima; hier mündet die Lavant in die Drau und verlässt Kärnten in Richtung Slowenien.

1091 wurde bereits ein »Hof bei Lavamünd« erwähnt, als er von Herzog Engelbert von Spanheim an das Kloster in St. Paul übereignet wurde; nach anderen Quellen wurde der Markt 1240 gegründet. Lavamünd lag an einem Straßenknotenpunkt der Drau- und Lavanttalstraße, der bereits zur Römerzeit besiedelt war. 1458 gingen Schloss, Ort und Herrschaft an Kaiser Friedrich III. über.

1479 gab es eine große Heuschreckenplage, 1715 herrschte die Pest. Durch die nahe Lage zu Slowenien hatte die Gegend früher viel unter den Türken- und Ungarnüberfällen zu leiden. Auch nach dem 1. Weltkrieg war der Ort bis zur Volksabstimmung im Oktober 1920 von jugoslawischen Truppen besetzt.

Die Kalkberge der Umgebung sind das artenreichste Gebiet Unterkärntens, denn hier treffen der baltische Klimaraum, die illyrische Flora von Süden und die des ungarischen (pontischen) Raumes aufeinander. Der See, der die Drau zur Stromgewinnung aufstaut, entstand bereits 1944, stromaufwärts haben sich eine reiche urwaldartige Vegetation und ein Eldorado für Wasservögel entwickelt. Der Ort und seine Umgebung sind ein Paradies für Zweiradfans und Wanderer, auch bei Anglern ist er sehr beliebt.

Sehenswürdigkeiten

Pfarrkirche Mariä Himmelfahrt

Die 1193 erwähnte gotische Pfarrkirche Mariä Himmelfahrt ist eine dreischiffige Hallenkirche und stammt aus dem 15. Jh., der Chor aus dem 14. Jh. Beachtenswert ist die Bauplastik: Schlusssteine, Konsolen und Maßwerkfenster. Sie besitzt einen prachtvollen Hochaltar (1703) und eine Kanzel (um 1700), sehenswert sind auch die Freskenreste und die Reste der gotischen Glasmalereien im Chor.

Marktkirche Johann d. T.

Ein einfacher Bau ist die Mitte des 17. Jhs. erbaute und im 18. Jh. barockisierte Marktkirche Johann d. T. Der Säulenhochaltar besitzt eine Skulpturengruppe mit Maria, am linken Seitenaltar sieht man eine Schnitzarbeit mit der Taufe Christi.

Kalvarienbergkirche

Die Kirche Hl. Dreifaltigkeit liegt weithin sichtbar auf einem Felshügel, etwa 100 m über dem Ort, wurde ab 1690 erbaut und 1725 erweitert. Der dreigeschossige Hochaltar und die übrige Einrichtung stammen aus der Zeit um 1700. Am Dreifaltigkeitssonntag (1. So nach Pfingsten) wird ein Kirchtag gefeiert.

Ausflugsziele

Ein Naturbadesee mit eigenem Kinderbereich ist in Planung.

Burgstallkogel

Zur Dreifaltigkeitskirche auf dem Burgstallkogel führt ein etwa einstündiger Spaziergang. Sie bietet eine prächtige Aussicht. Die Kirche wurde 1690 zum Dank für die Türkenbefreiung erbaut, wie aus einem Votivbild ersichtlich ist. Die Ruine Strassberg wurde im 13. Jh. zerstört. Zu sehen sind noch Reste der Anlage und der Ummauerung.

Magdalensberg

Die kleine gotische Kirche auf dem Magdalensberg, der in etwa 1000 m Höhe an den Ausläufern der Koralpe liegt, besitzt Maßwerkfenster im Chor und eine spätgotische Skulptur des Kirchenheiligen. Man sollte auch den rechten Seitenaltar mit dem um 1750 entstandenen Bild der Himmelfahrt des Nikolaus beachten. Die Magdalenenstatue stammt von Anfang des 16. Jhs. Die Sobother Straße führt durch eine prächtige Landschaft in die Steiermark nach Eibiswald.

Wandervorschläge

Zeil, Koglereck, Dreieckkogel, Geologischer Lehrpfad

Heustadeln im Lesachtal (oben links) **Die Wallfahrtskirche in Maria Luggau** (oben rechts) **Ein Kruzifix unter Apfelbäumen im »fruchtbaren« Lavanttal** (links) **Das Lesachtal wird nicht umsonst als das Tal der 100 Mühlen bezeichnet.** (Mitte) **Ausgrabungen in St. Peter in Holz bei Spittal/Drau** (unten Mitte) **Bei St. Lorenzen, im Hintergrund die Kirchturmspitze** (rechts)

LENDORF

Höhe: 560 m | Einwohner: 1780

Gemeindeamt Lendorf, Feicht 2a
9811 Lendorf, Tel.: 04762/2264-0
Fax: 04762/2264-4, Internet: www.lendorf.at
E-Mail: lendorf@ktn.gde.at

Allgemeines & Geschichte

Hier inmitten der prächtigen Kärntner Bergwelt und inmitten von fruchtbaren Feldern, Wiesen und Wäldern sind schöne Spaziergänge und Wanderungen möglich. Eine naturkundliche Besonderheit ist die »Wunderblume von Lendorf«, die von Mitte Mai bis Anfang Juni einen herrlich orangegelben Blütenschmuck zeigt. Lendorf wurde im Jahre 1887 zu einer selbstständigen Gemeinde erklärt.

Sehenswürdigkeiten

Alpenrosenhain Lendorf

Ein botanisches Juwel besonderer Art, die »gelbe Alpenrose«, erwartet Wanderer, Spaziergänger und Botanik-Freunde am Fuße des Hühnersberges. Von Mitte Mai bis Anfang Juni prangt dieser Strauch in herrlich orangegelbem Blütenschmuck. Die Blüten ähneln denen des Almrausches, daher nennen die Botaniker diesen Strauch »Rhododendron luteum sweet«. Er ist das einzige Exemplar in ganz Österreich!

Ausflugsziele

★ St. Peter in Holz/Teurnia

Während der Römerzeit lag hier die ausgedehnte Stadt Teurnia. **Ausgrabungen** haben jedoch belegt, dass Teurnia aus noch älterer Zeit stammt. Um 1910 wurde mit Grabungsarbeiten begonnen, im Zuge derer außerhalb der Stadtmauern Teurnias eine frühchristliche Friedhofskirche freigelegt wurde. Als bedeutendster Fund gilt dabei das bestens erhaltene Mosaik der südlichen Seitenkapelle mit symbolischen Tier- und Ornamentdarstellungen. Des Weiteren entdeckte man das Forum, eine große Badeanlage und Wohnterrassen der mittleren römischen Kaiserzeit. Im Anschluss an die Ausgrabungen befindet sich das **Museum Teurnia** mit zahlreichen Reliefs, Inschriften, Kleinfunden und Münzen, die vom künstlerischen Schaffen der Stadt und vom gesellschaftlichen Leben der Bewohner zeugen. Eine archäologische Sensation stellte die 1984 am westlichen Ausläufer des Holzerberges entdeckte dreischiffige Bischofskirche aus der 1. Hälfte des 6. Jhs. n. Chr. dar. Informationen: Archäologisches Museum Teurnia/St. Peter in Holz, Tel.: 04762/338.

Wandervorschläge

Kohlmaierhütte, Gmeineck

LESACHTAL

Höhe: 1043 m (Liesing) | Einwohner: 1560

Tourismusbüro Lesachtal, 9653 Liesing 29
Tel.: 04716/24212, Fax: 04716/24212-20
Internet: www.lesachtal.com
E-Mail: info@lesachtal.com

Das Lesachtal, wohl eines der schönsten bewohnten Hochgebirgstäler Österreichs, liegt im südwestlichsten Teil Kärntens vor der Grenze zu Tirol, eingebettet zwischen den Karnischen Alpen im Süden und den Lienzer Dolomiten im Norden. Das Tal hat sich dem sanften Tourismus verschrieben und wurde zu Europas naturbelassensten und umweltfreundlichsten Urlaubstal ausgezeichnet und von den Naturfreunden international zur Europäischen Landschaft des Jahres 1995/96 erklärt. In der Umgebung sieht man schöne Lesachtaler Bauernhäuser, an denen Tiroler Einflüsse zu sehen sind. Sie besitzen flache, breite Satteldächer und sind im Obergeschoss in Blockbauweise errichtet. Auf dem »Solder«, dem überdachten Balkon, wurde der Mais getrocknet. Oft sind sie mit gemalten Fensterumrahmungen und bunten Fresken mit Heiligen an der Fassade geschmückt.

Allgemeines & Geschichte

Die Gemeinde Lesachtal besteht aus den Hauptorten Maria Luggau, St. Lorenzen im Lesachtal, Liesing und Birnbaum und über 40 weiteren Orten (St. Jakob, Kornat, Nostra, Tscheltsch, Obergail, Frohn, Xaveriberg ...). Die Orte und Siedlungen liegen hoch über der Gail, meist auf der Sonnseite des Tales und fast alle über 1000 m Höhe, einige sogar

über 1400 m. Das Tal besitzt eine schöne Lage, eingerahmt von den Karnischen Alpen im Süden und den Lienzer Dolomiten im Norden. Bauweise der Häuser und Dialekt erinnern an das nahe Tirol. Der Name kommt von dem ehemaligen Waldland (slowenisch heißt Lesah = bei den Waldleuten). Das Tal wurde im Mittelalter besiedelt und »Tal der 72 Gräben« oder »Tal der 100 Mühlen« genannt. Es ist für seine unberührte Landschaft bekannt und wurde vom Europarat als das »naturbelassenste Tal« bezeichnet. Im 17. und 18. Jh. wurde ein lebhafter Viehhandel betrieben, in dem die Talbewohner in Tirol und Salzburg Jungvieh einkauften, es über den Sommer auf ihren Weiden hielten und im Herbst nach Italien verkauften.

★ **Birnbaum** (1032 m) liegt auf einem nach Süden vorspringenden Bergrücken. Das Streudorf ist gut geeignet für erholsame Aufenthalte im Sommer wie im Winter. 1374 wurde es erstmals erwähnt.

Die Kapelle zur Unbefleckten Empfängnis der allerseligsten Jungfrau wurde Ende des 18. Jhs. erbaut. Sie besitzt außen in einem vertieften Wandfeld eine Taufe Christi. Das Deckengemälde zeigt die Enthauptung des Johannes. Das Marienbild an dem Rokokoaltar wurde von Christoph Brandstätter 1819 gemalt.

Das hoch gelegene ★ **Liesing** (1043 m) ist der Hauptort der Gemeinde, ein ruhiger Erholungsort am südlichen Abhang der Lienzer Dolomiten und ein guter Ausgangspunkt für Wanderungen auf die Almen oder zum Karnischen Höhenweg. Durch sonnseitige Lage gibt es hier eine überdurchschnittliche hohe Sonnenscheindauer und Nebelfreiheit.

Die gotische Pfarrkirche St. Nikolaus wurde 1321 genannt und im 18. Jh. teilweise barockisiert. Der Turm besitzt eine gemalte Eckquaderung und im oberen Teil gemalte, marmorierte Säulen, was wohl einmalig ist. An ihrem mächtigen Turm sieht man Schießscharten und an der Nordwand ein Christophorusfresko. Innen wurden die gotischen Rippen im Barock abgeschlagen, in Zeiten der Neugotik aber wieder aufgemalt. In der Vorhalle sieht man drei gemalte Heiligenköpfe und in Nischen einen sitzenden Schmerzensmann und einen Christuskopf. Der Hochalter stammt aus dem Spätbarock (1700) und zeigt schöne Bilder und 3 gotische Heiligenfiguren. Sehenswert sind die Schnitzreliefs mit der Nikolauslegende an den Chorwänden, die von einem spätgotischen Altar stammen und die geschnitzte Pietà (um 1400) an der Nordwand. An der Südwand hängt ein päpstlicher Ablassbrief von 1518. Beachten sollte man die zwei Vortragskreuze. Die Seitenaltäre sind neugotisch. Ungewöhnlich gerahmt sind die Kreuzwegbilder. Östlich des Ortes sieht man einen spätbarocken Bildstock. Der Musikantenbrunnen stammt von Konrad Campidell (1985).

Der Luftkurort ★ **St. Lorenzen** (1128 m) ist vielleicht die schönste Ortschaft im Lesachtal und liegt auf einem breiten Plateau über der Gail. Er wurde 1374 erstmals erwähnt. In der Umgebung sieht man noch zahlreiche große Bauernhöfe, die als Ein- und Paarhöfe in Blockbauweise und flachen Dächern an das nahe Tirol erinnern, außerdem bemalte und gezimmerte Getreidespeicher und Heuständer. In seiner Mitte liegt die Dorfkirche. Typisch für die Bauweise der Gegend sind die gemalten Umrahmungen der Fenster. An den Hausfassaden sind manchmal Medaillons mit Heiligendarstellungen angebracht.

Einige Häuser sind nach Art bayerischer Orte mit »Lüftlmalerei« versehen: Westlich der Kirche steht ein Haus mit Wandmalereien, an Haus Nr. 22 im Westen des Ortes wurden 1846 an der Fassade Wandbilder angebracht. Hier steht auch ein Speicher von 1848. Im Südosten des Ortes findet man einen Speicher, der mit ornamentalen Malereien geschmückt ist.

Pfarrkirche St. Laurentius

Die 1374 erwähnte spätgotische Pfarrkirche St. Laurentius ist eine ehemalige Wehrkirche, deren mächtiger Turm noch Schlüssellochschießscharten besitzt. In der Westwand befindet sich eine Maßwerkrosette, in Chor und Langhaus Sternrippengewölbe. An der Nordwand des gotischen Langhauses ist eine spätbarocke Kapelle zu finden. Außerdem sieht man einige Fresken aus dem 15./16. Jh., u. a. ein Jüngstes Gericht an der Nordwand des Langhauses von Urban Görtschacher (um 1480). In ihm sind Kaiser Friedrich III. und seine Frau Eleonore von Portugal bei den Auserwählten zu finden. Der barocke Säulen-Hochaltar stammt aus Mallnitz; er besitzt schöne spätgotische Figuren von etwa 1500.

★ **Maria Luggau** (1179 m) liegt am Ostende des Lesachtales an der Grenze zu Osttirol; die Grenze verläuft beim Gasthof »Zur Wacht«. 1374 wurde der Ort erstmals erwähnt. Bekannt ist er vor allem wegen seiner Wallfahrtskirche.

★ Pfarr- und Wallfahrtskirche Maria Schnee und Servitenkloster

Der spätgotische Bau (Weihe 1536) geht auf eine Legende zurück, nach der einer Bäuerin 1513 im Schlaf der Bau einer Kirche befohlen wurde. Sie erwarb eine hölzerne Pietà und baute erst eine kleine Holzkirche, später entstand eine steinerne, die Anfang des 18. Jhs. weitgehend umgebaut wurde. Die Kirche wurde erst ab 1591 von den Franziskanern, ab 1635 von den Serviten betreut.

Der mächtige, das Landschaftsbild beherrschende Turm besitzt reichen Schmuck aus der Spätgotik und einen aufwändigen barocken Abschluss von 1741. Er trägt die Inschrift: »Pawmayster mayster Partlmä Vierthaller, 1520«. Bartlmä Firtaler (Viertaler) erbaute auch die Kirchen in Kötschach und Laas. Von seinem Bau ist allerdings nur mehr wenig erhalten, denn die Mönche wünschten sich später eine moderne Ausstattung und bauten seine Kirche im 18. Jh. im Barockstil um. Heute ist die Kirche mit Stuck von Franz Hannibal Pittner aus Spittal geschmückt. Das Hauptbild im Chor stammt von Christoph Brandstätter, die anderen Bilder sind von Jakob Delajo aus Bozen (Gnadenbild, Madonnenerscheinung an Helena u. a.). Die prunkvolle Einrichtung stammt größtenteils aus der Zeit der Umbauarbeiten im 18. Jh. Der Hochaltar, in dem das Gnadenbild steht, wurde 1749 im spätbarocken Stil errichtet. Die Orgelbalustrade stammt von 1765.

Im Südosten der Kirche schließt das 1593 erstmals errichtete, mehrfach ausgebaute Klostergebäude an. Interessant ist der Friedhof mit den zahlreichen schmiedeeisernen Grabkreuzen, darunter eines, das der mit 94 Jahren gestorbenen Pflegemutter von 65 Kindern gewidmet ist. Im Garten steht ein Pavillon mit einer hölzernen Laterne.

Museum »Des Bauern Sach und Zeug«

Das Freilichtmuseum in Maria Luggau besitzt vier voll funktionsfähige Mühlen mit oberschlächtigen Wasserrädern aus dem 17./18. Jh., eine Brechelstube und ein Museum zum bäuerlichen Leben.

Tel.: 04716/269. Öffnungszeiten: Nach Anmeldung jederzeit.

Mühlenmuseum Hanseler Mühle

Sehenswert ist das Mühlenmuseum Hanseler Mühle am Trattenbach. Hier stehen hintereinander insgesamt fünf kleine, oberschlächtige Radmühlen aus Holz. Öffnungszeiten: April bis November auf Anfrage.

Mühlen

In der Umgebung gibt es zahlreiche Mühlen, einst sollen es so viele gewesen sein, dass das Lesachtal den Beinamen »Tal der 100 Mühlen« trug. Allein in Maria Luggau sollen es 50 gewesen sein! Sehenswert ist z. B. die Wachterbachmühle in Tiefenbach, eine 1750 erbaute Doppelmühle, bei der sich unter einem Dach zwei Mühlräder drehen.

Bäuerliche Architektur

In der Umgebung sind noch einige alte Bauernhöfe zu sehen. Sie sind als Paarhöfe errichtet und besitzen oft gemalte Architekturdekors. Beispiele sind Klebas Nr. 2, 6 und 10, Liesing Nr. 4 und 14, Nostra Nr. 12, St. Lorenzen Nr. 2 und 24 oder Maria Luggau Nr. 22 und 33. Eine bemerkenswerte Lüftlmalerei sieht man an Haus Nr. 21 in Maria Luggau; an Anwesen Nr. 60 in Stoffanell sieht man gemalten Fassadendekor.

Feste & Brauchtum

Besonders schön gefeiert werden in Maria Luggau die kirchlichen Feste mit Prozessionen wie Fronleichnam, Mariä Himmelfahrt, das Siebenschmerzensfest am 3. Sonntag im September und das Erntedankfest. Am Erntedankfest, das den hart arbeitenden Bauern vermutlich besonders am Herzen liegt, wird eine beeindruckende, 1 x 2 m große »Erntekrone« gezeigt. Auch alte Adventsbräuche werden noch gepflegt.

Kuren

Im Tuffbad gibt es eine laue Gipsquelle. Indikationen: leichte und mittelschwere Diabetes, Steine in den Harnwegen. Sulfatgewässer.

Schmuckes Bienenhaus bei Liebenfels (oben) **Ruine Liebenfels** (links) **Kirche bei Liebenfels: Auch hier kann man noch Teile der ehemaligen Wehrmauer erkennen.** (rechts)

Ausflugsziele

Kraftquelle/Kirche St. Radegund

Die spätgotische Filialkirche liegt an der Einmündung des schluchtartigen Radegundgrabens ins Lesachtal. Die 1085 geweihte Kirche soll die älteste im Lesachtal sein. Sie besitzt an der Außenwand eine gemalte Christophorusfigur in einem Renaissancearchitekturrahmen von Urban Görtschacher von etwa 1520–30. Schön ist auch der Knorpelwerkaltar, außerdem sieht man eine Statue der hl. Radegund. Sehenswert sind das alte Kraftwerk von 1921, die Wassermühle und die historische Dorfschmiede.

Wandervorschläge

Lumkofel, Wolayer See, Rautalm, Hochweißsteinhaus, Themenwanderungen: Mühlenweg, Kräuterweg, Waldlehrpfad

LIEBENFELS

Höhe: 500 m | Einwohner: 3270

Marktgemeinde Liebenfels, Hauptplatz 9
9556 Liebenfels, Tel.: 04215/2216-0
Fax: 04215/3086
Internet: www.liebenfels.at
E-Mail: liebenfels@ktn.gde.at

Allgemeines

Die Gemeinde liegt in nebelfreier Mittelgebirgslage im Glantal am Südhang der Wimitzer Berge, 6 km westlich der Herzogstadt St. Veit.

Sehenswürdigkeiten

★ Ruine Hohenliebenfels

Die oberhalb von Pulst gelegene, 1333 erwähnte Ruine ist eine große Anlage mit zwei hohen Bergfrieden aus der Romanik; sie zählt zu den eindrucksvollsten Burgen des Landes. Der westliche Turm besitzt eine Mauerstärke von 2,5 m und ist noch bis zu einer Höhe von 4 Stockwerken erhalten; der fast 100 m entfernt im Osten liegende Turm besitzt sogar 3 m dicke Mauern und eine Höhe von 6 Stockwerken. Ein weiterer, kleinerer Turm steht auf der Südseite. Die trichterförmigen Öffnungen, die man an den Türmen sieht, sowie die fünf Fenster in den Wohngebäuden gehörten zum mittelalterlichen Nachrichtensystem. Die ehemaligen, nur noch in Resten erhaltenen Wohngebäude in der Anlage stammen aus dem 15. und 16. Jh. Die 1419 erwähnte Doppelkapelle St. Nikolaus ist weitgehend zerstört. Um die etwa dreieckige Burganlage verläuft eine Mauer mit Zinnenkranz. Hier finden große Feste und kulturelle Veranstaltungen statt.

Pfleghaus

Im ehemaligen Pfleghaus, Hochliebenfels 4, saß vermutlich der Verwalter; heute ist es ein Bauernhaus. An der Südfassade sieht man schöne Portalgewände.

Feste & Brauchtum

Auf der Ruine Liebenfels findet jedes Jahr ein Burgfest statt. Beliebt sind auch die Sörger Faschingsbräuche.

Ausflugsziele

Bäuerliche Architektur

In der Umgebung sind noch einige alte Paarhöfe, oft mit Walmdach, zu sehen. Sehenswert sind das schlossartige Anwesen Mailsberg Nr. 1, Pulst Nr. 15 und Radelsdorf Nr. 1. Außerdem sollte man die beiden mit Sgraffitomalerei verzierten Troadkasten (Getreidekästen) bei Miedling Nr. 1 (1609) und Sörgerberg Nr. 7 (1578) beachten.

Dobra-Moor

Das Dobra-Moor ist eine unberührte Flachmoorlandschaft mit seltenen Pflanzen. Die sibirische Strauchbirke hat hier ihr einziges Vorkommen in Kärnten. Eine Wanderung führt ab Gradenegg über Wegscheide dorthin.

Gradenegg
Die 1285 erstmals erwähnte romanisch/gotische **Pfarrkirche St. Nikolaus** besitzt einen von 1788 stammenden Turm, der mit Architekturdekor versehen ist. In der Laibung des Triumphbogens und im Chor sieht man Freskenreste aus dem 14./15. Jh., die Deckenmalerei stammt aus dem 18. Jh. Sehenswert sind auch die Skulpturen und die Wappengrabsteine aus dem 17. und 18. Jh. An der ehemaligen Wehrmauer sieht man noch einen viereckigen Turm. Der Pfarrhof stammt im Kern aus der Gotik. Die 1192 erstmals erwähnte **Ruine Gradenegg** liegt in beherrschender Lage etwa 500 m über dem Tal auf einer Bergkuppe und wird von einer hohen Ringmauer mit Türmchen umschlossen. Interessant ist, dass die auf der Burg sitzenden Herren von Gradenegg das seltsame Amt des Erbmähders besaßen: Die Rechtsinhaber durften solange im ganzen Land Gras nach Belieben mähen, solange der neu gewählte Herzog auf dem Herzogstuhl/Zollfeld saß. Erhalten sind noch Reste der Ummauerung und eines rechteckigen Bergfrieds aus der Romanik.

Hardegg
Die hoch über dem Glantal und nordwestlich von Zweikirchen liegende Burgruine wurde 1134 erstmals erwähnt, gehörte im 13. Jh. den Bamberger Bischöfen und war ab dem 14. Jh. Lehen und eine der Hauptburgen der Herzöge von Kärnten. Seit dem 17. Jh. verfällt sie. Von den einst 2 Türmen steht noch der nordöstliche, auf einer südlich gelegenen Bergkuppe befindet sich noch ein weiterer romanischer Rundturm. Außerdem sieht man die Reste einer Kapelle aus dem 12. Jh.

Hohenstein
Hier grub man die Fundamente eines der Göttin Noreia-Isis geweihten Tempels aus, außerdem fand man Münzen, Reste von Bauten, die Köpfe von Skulpturen der Göttin und eines römischen Statthalters aus der Zeit etwa 125 n. Chr. An der Fundstelle steht heute eine kleine Kapelle. Das private Schloss Hohenstein wurde 1537 erbaut und ist eine romantische Anlage. Der zweistöckige Bau besitzt einen Arkadenhof. Unterhalb des Schlosses steht eine Wegkapelle aus dem 19. Jh.

Liemberg
Die **Pfarrkirche St. Jakobus major** erhielt im 19. Jh. einen geschweiften Giebel und Fenster, die an orientalische Einflüsse erinnern. Innen besitzt sie Reste von gotischen Fresken (15. Jh.), im Chor zwei Glasbilder aus der Spätgotik. Sie war einst eine Wehrkirche, was man an der zinnenbesetzten Friedhofsmauer erkennt. Liemberg ist auch Station der Vierbergewallfahrt: Hier besuchen die Wallfahrer die 5. und damit letzte Messe des Tages. Das Renaissanceschloss Liemberg stammt aus dem 16. Jh. und besitzt in seinem Südturm gekuppelte Fenster. Das Wirtschaftsstöckl unterhalb des Schlosses stammt aus dem 15. Jh. Der Meierhof, Nr. 12, unterhalb des Schlosses besitzt ein großes Walmdach. Von der 1147 erwähnten Ruine Altliemberg ist noch der Rest eines romanischen Rundturms erhalten, außerdem der quadratische Bergfried aus dem 13./14. Jh.

Pulst
Der 961 als »villa« erwähnte Ort war ursprünglich eine Kommende des Johanniterordens, der ihn 1263 von Herzog Ulrich III. geschenkt erhielt; der letzte Komtur herrschte bis 1822. Die spätgotische **Pfarrkirche Mariae Himmelfahrt** ist eine mächtige Kirchenburg, in deren 4 m hoher Kirchhofmauer noch Schießscharten erhalten sind. Der Turm besitzt eine gemalte Eckquaderung. Auf der Nordseite befindet sich ein profiliertes Kielbogenportal. Im Langhaus sieht man ein graues, im Chor ein gelbes Rippengewölbe. Sehenswert sind die Seitenkapelle mit dem Maßwerkfenster, der prächtige spätbarocke Hochaltar (1797) mit den gedrehten Säulen und verschiedenen Schnitzfiguren, darunter viele Engel, das Chorgestühl mit den gemalten (!) Intarsien und die Kanzel (etwa 1780). Außen befinden sich Römersteine. Der Karner auf dem Friedhof stammt aus der Romanik.

Seen
In der Umgebung liegen der Haidensee (1,4 ha, 6 m tief), den man von Rohnsdorf aus erwandern kann und der Hörzendorfer See südlich des gleichnamigen Ortes. Der

Tatschnig-Teich ist besonders reizvoll gelegen. Der Zmulner See (Sygergutsee) ist ein idyllischer kleiner Badesee mit natürlicher Ufervegetation. Etwas weiter westlich findet man den künstlich aufgestauten St. Urbaner See, der 9 ha groß ist. Er liegt in einem 140 ha großen Landschaftsschutzgebiet und ist wegen seines Fischreichtums bei Anglern sehr beliebt. Auch der Goggausee liegt in der Nähe. Er ist 10 ha groß, 12 m tief und liegt auf 770 m Höhe. An seinen beiden Schmalseiten findet man Verlandungsmoore. Er ist von einem 100 ha großen Landschaftsschutzgebiet umgeben.

★ Sörg

Sörg liegt auf der Terrasse eines Berghanges und bietet eine prächtige Aussicht. Der Ort wurde bereits 954 erwähnt und ist noch teilweise von einer Wehrmauer mit Schießscharten und einem Rundturm umgeben. Die bereits im 11. Jh. erwähnte Kirche St. Martin ist eine mächtige Wehrkirche mit z. T. noch erhaltener Umfassungsmauer. Im klassizistischen Hochaltar (1780) befindet sich eine Figur des Kirchenheiligen, außerdem sieht man weitere Schnitzwerke, Römersteine und ein Kanalgitter aus der Römerzeit, was wohl eine Seltenheit sein dürfte. Einige Meter nördlich der Kirche steht der aus der Romanik stammende Turm einer früheren Kirche. Schön ist auch der Ausblick von der Kirche ins Land, hier sieht man zahlreiche Burgen und Kirchen sowie die mächtige Kette der Karawanken. Der barocke Pfarrhof stammt von Ende des 18. Jhs. Der Kapellenbildstock wurde etwa 1900 errichtet und besitzt ein hölzernes Kruzifix und einen gemalten Hintergrund (Jerusalem) von 1975. Sehenswert ist auch der Wasserfall Sörg, der von der Straße zwischen Sörg und Hart zu erreichen ist. An Fasching wir hier alternierend das Bärentreiben und das Blochziehen veranstaltet.

Wandervorschläge

Wanderweg Sörg-Pulst-Rosenbichl-Beißendorf-Treffelsdorf, Wanderweg Gradenegg-Wegscheide-Dobra-Moor-Liemberg

LUDMANNSDORF

Höhe: 600 m | Einwohner: 1830

Gemeindeamt Ludmannsdorf
9072 Ludmannsdorf 27
Tel.: 04228/2220
Fax: 04228/2220-20
Internet: www.ludmannsdorf.at
E-Mail: ludmannsdorf@ktn.gde.at

Allgemeines & Geschichte

Der Erholungsort liegt auf einem bewaldeten Höhenrücken in ruhiger Lage zwischen dem Sattnitzgebirge und der Drau. Er wurde 1142 erstmals in Zusammenhang mit der Gründung des Viktringer Klosters genannt.

Sehenswürdigkeiten

Pfarrkirche St. Jakobus major

Die Pfarrkirche St. Jakobus major stammt im Kern aus der Romanik, wurde aber in der Gotik umgebaut (Bauinschrift von 1518). Neben dem Portal befindet sich eine mit einem Kielbogen geschmückte Opfernische. Der Christophorus an der Südwand stammt von 1523. Im Chor befindet sich eine Sakramentsnische. Die Altäre wurden im 18. Jh. erstellt.

Ausflugsziele

Die **Filialkirche St. Helena** wurde in der Gotik erbaut und besitzt ein steiles Schindeldach mit einem Dachreiter, ein Netzrippengewölbe, verzierte Schlusssteine, Maßwerkfenster, Altäre aus dem 17./18. Jh. und Schnitzfiguren. Über dem gotischen profilierten Portal befindet sich ein reliefiertes Malteserkreuz, an der Südseite ein Christophorusgemälde.

Bäuerliche Architektur

In Muschkau sieht man bei Haus Nr. 1 einen schönen Mauerspeicher. Sehenswerte alte Gebäude sind auch in Edling Haus Nr. 3, in Niederdörfl Haus Nr. 2 und 4, in Pugrad Haus Nr. 5, in Wellersdorf Haus Nr. 7, in Großkleinberg Haus Nr. 4 und in Moschenitzen Haus Nr. 2. Eine Besichtigung wert sind auch die Venezianer Säge und die Mühle, wobei die Säge noch in Betrieb ist.

Feste & Brauchtum

Tradition hat der Kirchtag, bei dem die Ludmannsdorfer Saure Suppe serviert wird.

Die gewaltige Staumauer der Kölnbreinsperre (oben) **Gasthaus zur Post in Möllbrücke mit dem »französischen Offizier«** (links) **Die Wallfahrtskirche Mariä Himmelfahrt in Maria Rain** (rechts)

Wandervorschläge

Meditationsweg »Plätze der Kraft«, Kindererlebnisweg, Begegnungs- und Glücksfelsen mit einem Wasserfall

LURNFELD-MÖLLBRÜCKE

(Marktgemeinde)

Höhe: 550 m | Einwohner: 2720

Marktgemeinde Lurnfeld
Hauptstraße 2
9813 Möllbrücke
Tel.: 04769/22110
Fax: 04769/2783
Internet: www.lurnfeld.com
E-Mail: lurnfeld@.ktn.gde.at

Allgemeines & Geschichte

Die Gemeinde Lurnfeld mit ihren Ferienorten Möllbrücke, Pusarnitz und Göriach liegt an der Einmündung des Mölltales in das Drautal am Ende des Lurnfeldes und bietet sich als Ausgangspunkt für viele Wanderungen in der umliegenden Bergwelt an. Der Name spricht für einen frühen Flussübergang. In Anbetracht der historischen und heutigen Verkehrswege wurde an der Vereinigung der Mölltal- mit der Drautalstraße ein Bildstock mit hohem, spitzem Dach errichtet.

Wie auch das Zollfeld gehört das Lurnfeld zu den historisch bedeutendsten Landschaften Kärntens. Der Ort hieß bei den Römern Lurno und wurde 891 als Liburnia genannt. Der Name Mölnprukke tauchte 1253 erstmals auf. Großes Leid brachte der Franzosenkrieg im Jahr 1809. Der Ort war früher eines der Bergbauzentren Kärntens, und ab 1599 bestand hier eine Messingfabrik, in der man das Kupfer aus den Hohen Tauern verarbeitete, im 18. Jh. auch Eisenerz.

Sehenswürdigkeiten

Der Gasthof Zur Post an der Bundesstraße stammt aus dem 16. Jh. und besitzt im 2. Stock ein von Suitbert Lobisser 1926 gemaltes Fenster mit dem Bild eines französischen Offiziers. Es wird erzählt, dass dieser von hier aus 1809 die blutige Schlacht verfolgt habe, bis ihn eine Kugel traf. Haus Hauptstraße 17 besitzt Malereien von Suitbert Lobisser. In der Mitte des Ortes bei Haus Nr. 2 steht eine Wegkapelle mit einer Johannes-Nepomuk-Statue. An der Straße nach Sachsenburg befindet sich ein Nischenbildstock von Anfang des 18. Jhs. An der Draubrücke in Richtung Sachsenburg steht ein römischer Meilenstein.

★ Pfarrkirche St. Leonhard

Die mächtige spätgotische Pfarrkirche St. Leonhard (1400–73) ist eine ehemalige Wehrkirche; man sieht an der Westwand noch die Schießscharten. Sie besitzt ein sehenswertes 6-sitziges Chorgestühl (1512) und einen bedeutenden spätgotischen Flügelaltar (1512–15), in dessen Mittelschrein eine große Leonhardsstatue steht, umgeben von weiteren Heiligenfiguren. Die Seitenaltäre sind aus dem 17./18. Jh. Sehenswert sind auch die Gemälde, in denen sich bereits die Renaissance ankündigt und die Rokoko-Kanzel von 1770. Die Wandmalerei mit dem hl. Leonhard außen an der Südwand des Chors stammt von Suitbert Lobisser (1926).

Filialkirche St. Magdalena am Lurnfeld

Die nahe Filialkirche St. Magdalena am Lurnfeld ist von prächtigen Linden umgeben. Der Sage nach wurde sie an der Stelle errichtet, an der 772 der bayerische Herzog Tassilo die Slawen besiegte.

Ausflugsziele

★ Maria Hohenburg

Pusarnitz. Maria Hohenburg ist die ehemalige Burgkapelle der Hohenburg, die im 1. Jahrtausend Sitz der Grafen von Lurn war. Sie wurde zu Beginn des 18. Jhs. zu einer Wallfahrtskirche ausgebaut. Unterhalb der Kirche befindet sich heute ein Gasthof mit einer wunderschönen Aussichtsterrasse und einem Streichelzoo für Kinder.

Schloss Drauhofen

Möllbrücke. Schloss Drauhofen ist heute eine landwirtschaftliche Fachschule für Mädchen. Das Schloss besteht aus einem dreigeschossigen Hauptgebäude mit zwei achtkantigen Ecktürmen; 1965/66 wurde ein Nebentrakt angebaut. Es dient auch als Veranstaltungsort für Ausstellungen und musikalische Darbietungen.

Burgruine Feldsberg
Sie steht westlich von Pusarnitz auf einer Kuppe. Von dieser salzburgischen Feste aus wurde das Gebiet des Burgfrieds von Salzburg verwaltet. Im Jahre 1460 wurde dort der »Friede von Pusarnitz« geschlossen.

Wandervorschläge
Reißeck, Kreuzeck, Goldeck

MAGDALENSBERG
Höhe: 422 m | Einwohner: 2980

Gemeindeamt Magdalensberg
Deinsdorf 10
9064 Pischeldorf
Tel.: 04224/2213
Fax: 04224/2113-23
E-Mail: magdalensberg@ktn.gde.at

Allgemeines & Geschichte
Die Gemeinde Magdalensberg bietet sowohl Touristen als auch den Bewohnern eine ideale Lebensumgebung. Die Nähe zu den herrlichen Seen Kärntens (Wörther See, Klopeiner See, Turner See und Längsee), zu zahlreichen Sehenswürdigkeiten und zur Landeshauptstadt Klagenfurt ist für alle Besucher gleichermaßen angenehm. Und wer Geschichte »fühlen« möchte, der ist auf »Magdalensberger Boden« genau richtig. Die Ausgrabungen hier zeugen von unserer 2000-jährigen Vergangenheit.

Sehenswürdigkeiten
Magdalensberg
Der Berg ist von Willersdorf nördlich von Maria Saal zu erreichen. Von ihm aus hat man eine gute Aussicht. Die Ausgrabungsstätte ★ **Archäologischer Park** zeigt eine etwa 2,5 km^2 große Siedlung aus spätkeltisch-frührömischer Zeit. Hier befand sich etwa 120 m unterhalb des Gipfels vermutlich vor der Römerzeit die nach der keltischen Göttin Noreia benannte, gleichnamige Hauptstadt Noreia, das »Regnum Noricum«, ein Staat, der durch die Verarbeitung und den Handel mit Metallen (Ferrum Noricum) reich und berühmt geworden ist. Erst als die Gegend in eine römische Provinz umgewandelt und auf dem Zollfeld die Siedlung Virunum angelegt wurde, verlor die Stadt auf dem Berg an Bedeutung. Das etwa 3 ha große Freilicht- und Grabungsmuseum in der keltisch-römischen Stadt ist die größte archäologische Grabungsstätte Österreichs. Man sieht mehr als 22 antike Bauten, u. a. das Forum, Wohngebäude und Werkstätten, den Tempelbezirk mit dem Kaiserkulttempel, ein Repräsentationsgebäude, ein Bad und Terrassenhäuser, Händlerbauten am Rand des Forums sowie Werkstätten und Wohnbauten entlang der Straße, außerdem ein Bühnentheater, was einmalig im Alpenraum ist. In den restaurierten Gebäuden sind zahlreiche Schauräume eingerichtet, in denen man u. a. Keramik, Bronzen, Glas, Schmuck, Fresken und Grabsteine besichtigen kann. Öffnungszeiten: Mai bis Oktober täglich 8–18 Uhr, Tel.: 04224/2255.
Auf dem Gipfel des Magdalensberges steht auf dem Platz eines keltischen Mars-Latobius-Tempels die spätgotische ★ **Wallfahrtskirche St. Helena und Magdalena.** Sie besitzt einen sehenswerten gotischen Flügelaltar von 1502, der der hl. Helena als Patronin gewidmet ist. Er enthält als zentrale Figur die graziös stehende Heilige mit einer Krone auf dem Haupt und einem Kirchenmodell in den Armen.
Reste eines weiteren gotischen Altares haben sich durch die Einbindung in den Barockaltar des südlichen Chores erhalten. Es sind dies vier Reliefwiedergaben von Szenen aus dem Leben der hl. Magdalena sowie eine Statue der hl. Magdalena. Die Kirche ist Ausgangspunkt der Vierbergewallfahrt. Von hier oben hat man eine wunderbare Aussicht.
★ **Gipfelhaus Magdalensberg** – Kärntner Küche, gut-bürgerliche Küche, Hausmannskost, Mehlspeisen und regionale Spezialitäten werden hier geboten. Besonders be-liebt sind die vielfältigen Nudelgerichte. Mit Kinderspielplatz und Tiergehege.
Tel.: 04224/2249-0.

Feste & Brauchtum
★ **Vierbergelauf**
Einer der seltsamsten Bräuche ist der des Vierbergelaufs, der heute zwar als christli-

cher Kult erscheint, aber vielleicht auf den heidnischen Sonnenkult und einen Wachstumszauber zurückgeht. Es ist auch die einzige Wallfahrt in Kärnten, bei der kein Priester an der Spitze geht. So sollen bereits in keltischer Zeit Wanderungen zu den vier heiligen Bergen, die sich im Besitz von vier Stämmen befanden, stattgefunden haben. Er findet am »Dreinagelfreitag«, dem 2. Freitag nach Ostern statt. Dann versammeln sich in der Wallfahrtskirche St. Helena und Magdalena auf dem Magdalensberg die Gläubigen um Mitternacht, um die Messe zu feiern. Danach wandern sie mit Fackeln, dem Vorbeter folgend, auf den Ulrichsberg (1018 m), den Veitsberg (1175 m) und den Lorenziberg (996 m). Die gesamte Strecke beträgt 40 km.

Ausflugsziele

Ottmanach

Sehenswert sind die Pfarrkirche St. Margaretha und das Schloss, welches von einer schönen, in Terrassen angelegten Parkanlage umgeben ist. Am Kirchplatz steht das Smode-Kreuz, ein von Anfang des 19. Jhs. stammender Laubenbildstock. Das Kuess-Kreuz wurde 1962 mit Fresken geschmückt. Das Zechner-Kreuz ist ein Pfeilerbildstock und besitzt Gemälde von 1851.

St. Thomas am Zeiselberg

Die spätgotische Pfarrkirche ist eine ehemalige Wehrkirche und besitzt ein Tympanon mit einem Fresko des Kirchenheiligen. An der Außenwand der Kirche ist ein Christophorusfresko zu sehen. Außerdem sieht man einige Römersteine. Der barocke Pfarrhof (im Kern 16. Jh.) steht im Verband mit der Kirchhofmauer. In der Nähe liegt in einem Park Schloss Gundersdorf, eine hufeisenförmige, zweigeschossige Anlage aus der Mitte des 18. Jhs. Die Ruine Zeiselberg steht oberhalb der gleichnamigen Ortschaft. Sie wurde 1250 erstmals erwähnt, heute sieht man noch einige, allerdings niedrige Mauerreste.

Wandervorschläge

Ein einmaliges Erlebnis ist sicherlich die Teilnahme am Vierbergelauf: Magdalensberg, Ulrichsberg, Veitsberg und Lorenziberg.

MALLNITZ

Höhe: 1200 m | Einwohner: 1030

Urlaubsinformation Mallnitz, 9822 Mallnitz 11
Tel.: 04784/290, Fax: 04784/635
Internet: www.mallnitz.at
E-Mail: info@mallnitz.at

Allgemeines & Geschichte

Der Erholungs- und Wintersportort Mallnitz liegt inmitten der herrlichen Bergwelt der Hohen Tauern und bietet sich als Ausgangspunkt für Bergtouren an. Hier ist auch das südliche Tor des 8,6 km langen Eisenbahntunnels durch die Hohen Tauern. Im Bereich der Mallnitzer Tauern gab es in spätkeltischer und römischer Zeit ein Passheiligtum. Der Name kommt vielleicht aus dem slawischen (mali = klein), ebenso Stappitz, Rabisch, Lassach und Dösen. Mallnitz wurde 1288 erstmals urkundlich genannt. Ab dem 14. Jh. mehrten sich die Goldfunde, die Bergwerke blühten von 1460 bis 1560. Für ihre Bedeutung sprach, dass der Oberstbergmeister für alle innerösterreichischen Länder seinen Sitz im nahen Obervellach hatte. Die mit den Knappen eingedrungene protestantische Lehre wurde von der Gegenreformation bekämpft. Die zur Auswanderung gezwungenen Knappen zerstörten die Mundlöcher der Stollen und vernichteten Bergwerkskarten. Ein weiterer bedeutender Erwerbszweig war der Saumhandel über den Tauern ins Salzburgische.

Sehenswürdigkeiten

Anstelle der 1758 geweihten Kirche hl. Aloisius wurde 1974/75 die Christkönigskirche errichtet. Es ist ein zeltartiger Bau mit spitzem, verschindelten Glockenturm. 1991 bekam die Kirche eine neue Orgel. In der Schusterkeusche sitzt das ★ **Nationalparkmuseum.** Nationalparkinformation: Tel.: 701. Gebäude Nr. 36 ist die Villa Liebermann, die um 1900 im Stil des Historismus erbaut wurde. Ein sehenswerter Blockstadel steht in Rabitsch Nr. 7 bei Maltschnig (Thalerhof). Getreidekästen, meist gemauert, sieht man in Rabitsch 8 sowie Dösen 1 und 8 (Gasthof Schöne Aussicht). Die Hubertuskapelle wurde 1853 erbaut. Bei Rabitsch steht ein Bildstock mit einer barocken Mondsichel-

Die Wallfahrtskirche von Maria Saal (links) **Das Keutschacher Epitaph stammt aus dem 16. Jh.** (oben rechts) **Auch der »Römerwagen« ist an der Kirche von Maria Saal zu finden.** (Mitte rechts) **Bauerngehöft im Kärntner Freilichtmuseum** (unten rechts)

madonna. Am Eingang des Dösentales wurde ein aufgelassenes Sägewerk mit einem alten Venezianergatter (Holzgatter) renoviert; es dient als Schausägewerk. Der Antrieb erfolgt mittels einer Turbine.

★ Nationalparkzentrum BIOS
Hier kann man lange Zeit verbringen, ohne dass es einem langweilig wird. Man kann lebende Tiere unter dem Mikroskop beobachten, mit den eigenen Augen, Fingern und Ohren Rätsel lösen, man erlebt 80 interaktive Erlebnisstationen, hört, riecht, tastet und sieht 350 Naturphänomene, kann mit Riesenseifenblasen spielen und vieles mehr – ein Erlebnis für Jung und Alt! Öffnungszeiten: Mai bis Oktober 10–18 Uhr, Winter 13–19 Uhr. Tel.: 200 02.

Feste & Brauchtum
Am 15. August findet eine Prozession zum Tauernkreuz bzw. zur Hagener Hütte statt. Im Juli wird das Dorffest gefeiert. Von Mitte Juli bis Ende August finden die »Klassischen Konzerte Pro Musica Mallnitz« statt.

Kuren
Heilklima

Ausflugsziele
★ Hochgebirgsbahn Ankogel
Mitten im Nationalpark Hohe Tauern ist der Ankogel einer der »schneesichersten« Berge Kärntens. Einem Skivergnügen im Winter steht also nichts mehr im Wege. Im Sommer kann man mit der Kabinenbahn bis zum Hochalmblick fahren und von dort kleinere oder größere Bergtouren unternehmen.

Wandervorschläge
Altes Tauernhaus/Niederer oder Mallnitzer Tauern, Hoher Tauern (Korntauern)/Römerstraße, Naturlehrpfad Seebachtal, Dösener See/Säuleck, Rabischschlucht, Ankogel, Auernig, Häusleralm, Höllgrübl/Tauerntal

MALTA
Höhe: 834 m | Einwohner: 2190

Nationalparkgemeinde Malta, 9854 Malta 13
Tel.: 04733/220, Fax: 04733/220-17
Internet: www.familiental.com
E-Mail: malta@ktn.gde.at

Allgemeines & Geschichte
Malta liegt am Eingang des gleichnamigen Tales und bietet sich für Wanderferien an. Jede Menge Kultur findet man im nahen Gmünd. Die Gegend war bereits in der Jungsteinzeit besiedelt, der Ort wurde Ende des 10. Jhs. als »locus malontina« erstmals erwähnt. Damals gehörte er zum Bistum Freising. Herren von Malta sind seit dem 11. Jh. nachzuweisen, ein Walther von Malta wurde zwischen 1129 und 1170 genannt; er nahm 1147 an einem Kreuzzug teil und war 1154 auf der Romfahrt Kaiser Friedrich Barbarossas dabei. Malta wurde an die Grafen von Heunburg vererbt; ein Zweig davon nannte sich »Grafen von Malta«. Sie starben im 18. Jh. aus.

Sehenswürdigkeiten
★ Pfarrkirche Maria Hilf Assumptio
Die um 1006 erstmals erwähnte spätgotische Pfarrkirche Mariahilf stammt aus dem 14./15. Jh. und besitzt eine prächtige Einrichtung, was man von einer Kirche in einer früher so abgelegenen Gegend nicht erwarten würde. So findet man aus der Spätgotik beachtenswerte Skulpturen und Fresken, die übrige Einrichtung stammt aus dem Barock. Der figurengeschmückte Hochaltar wurde

1782 geschaffen. Die reich geschmückte Kanzel stammt von 1725/30. Auf die Chornordwand ist ein faszinierender Dreikönigszug des 14. Jhs. gemalt. Größte Originalität kennzeichnet auch die beiden an die Wand gemalten Bilder: Verkündigung der Madonna und Madonna in den Wehen; ein Bild, das zu zahlreichen Wallfahrten schwangerer Frauen geführt hat. Der romanisch-gotische Rundkarner stammt aus dem 12. Jh. und besitzt ein Kreuzigungsfresko aus dem 14. Jh. Die schindelgedeckte Friedhofsmauer war einst wahrscheinlich eine Wehrmauer. Nördlich der Kirche steht der ehemalige Pfarrhof aus dem 17. Jh. Die Fassade wurde im Frühbarock gestaltet.

Ausflugsziele

Bäuerliche Architektur

In der Nähe gibt es schöne alte Bauernhöfe, meist Einhofanlagen, bei denen alles unter einem Dach untergebracht ist. Man sieht aber auch alpine Paarhöfe. Sehenswert ist der Pflüglhof, der aus einem Hammerwerk hervorging.

Dornbach

Sehenswert sind die Kirche St. Katharina und das Schloss. Letzteres ging aus einer gotischen Wasserburg hervor und gehörte von 1639 bis 1932 den Grafen von Lodron. Es besitzt eine Ringmauer, einen Wassergraben und eine Schlosskapelle.

Fischertratten

Die ev. Kirche wurde 1790 in einer barock-klassizistischen Stilmischung errichtet, auch der schöne, mit Säulen verzierte Kanzelaltar stammt aus dieser Zeit.

★ Maltatal-Hochalmstraße

Durch das hintere Maltatal führt die 18,3 km lange Maltatal-Hochalmstraße (Mautstraße) bis hinauf zur **★ Kölnbreinsperre.** Der Name Kölnbrein stammt aus der Blütezeit des Bergbaus und weist auf die großen Mengen von Holzkohle hin, die zur Verhüttung des goldhaltigen Gesteins benötigt wurden. Die Kölnbreinsperre der Kraftwerksgruppe Malta wurde 1971–78 von der Österreichische Draukraftwerke AG errichtet. Die 200 m hohe Staumauer ist die höchste Österreichs. Informationen: Tel. 0463/23716 oder 04732/28510.

★ Tierpark Diana

Mit heimischen und exotischen Tieren, Streichelzoo und Tiermuseum.
Ganzjährig geöffnet. Informationen: Familie Mitterschaider, Schlatzingerau 11, 9854 Malta, Tel.: 04733/273.

Wandervorschläge

Osnabrücker Hütte, Kleinelendtal, Fallbach/Gößfälle, Gößfälle/Naturkundlicher Lehrweg, Gießener Hütte, Maralmbachfall/Malteiner Wasserspiele, Großer Hafner, Kattowitzer Hütte

MARIA RAIN

Höhe: 650 m | Einwohner: 2020

Gemeinde Maria Rain, Kirchenstr. 1
9161 Maria Rain, Tel.: 04227/84220
Fax: 04227/84220-77
Internet: www.maria-rain.at
E-Mail: maria-rain@ktn.gde.at

Allgemeines & Geschichte

Im Süden von Klagenfurt – über dem Rosental mit Blick auf die Karawanken – liegt die Gemeinde Maria Rain. Sie entwickelt sich zu einer stark wachsenden Wohngemeinde, denn die Einwohnerzahl hat bereits die Zweitausender-Grenze überschritten. Das Gemeindegebiet umfasst eine Fläche von ca. 2550 ha, welche vorwiegend landwirtschaftlich genutzt wird. Im Jahre 927 wurde erstmals ein »sanktam Mariam ad Dravum« erwähnt. Die Gemeinde entstand aber erst im Jahre 1895. Aus der damaligen Katastralgemeinde Toppelsdorf wurde – bezogen auf die Wallfahrtskirche – die Gemeinde Maria Rain.

Sehenswürdigkeiten

Die reizvoll vor dem Karawankenmassiv, oberhalb des Rosentales auf dem Rücken des Sattnitzzuges gelegene **★ Wallfahrtskirche Mariä Himmelfahrt** wurde bereits 927 als Marienkirche erwähnt; es war eine Kapelle des karolingischen Königshofes. Der heutige Bau mit der Doppelturmfassade besteht aus dem spätgotischen Kernbau und der im 18. Jh. erbauten barocken Anlage im Osten mit einem kleeblattförmigen Chor. Am

Hochaltar (1694) befindet sich die Statue der »Gnadenmadonna mit Kind«; in den Säulenzwischenräumen wird sie von den vier Skulpturen männlicher Heiliger (die beiden Johannes, Bernhard von Clairvaux und hl. Benedikt) umgeben. Das Aufsatzbild zeigt den über einer Wolkenbank thronenden Gottvater (von Ferdinand Steiner, dem Lehrer Fromillers). Die zahlreichen Seitenkapellen besitzen ebenfalls sehenswerte Barockaltäre mit Schnitzfiguren und Bildern, auch die Heilig-Grabkapelle stammt aus dem Barock. Die Kanzel wurde 1706 erbaut. Besonderes Objekt der Verehrung ist eine Monstranz mit der Blut-Christi-Reliquie. Hauptwallfahrtstage sind der 1. und 5. Sonntag nach Ostern, zudem der 15. August und der 8. September.

Ausflugsziele

Bäuerliche Architektur

Sehenswerte Bauernhöfe, meist Paarhöfe, sind beispielsweise Obertöllern Nr. 2, Saberda Nr. 1 und 7, Toppelsdorf Nr. 7 und 9. Bei den Anwesen Göltschach Nr. 16 und Toppelsdorf Nr. 2 sieht man schöne Ziegelgitterstadel, einen Blockbauspeicher bei Anwesen J.-Lutschounigstr. 10.

Guntschach

Das tiefstgelegene Dorf der Gemeinde befindet sich auf einer Seehöhe von ca. 450 m. Da beide Ortsteile – Ober- und Unterguntschach – fast auf der Höhe der Drau liegen, kam es im Laufe der Jahre zu vielen Überschwemmungen. Die Filialkirche Guntschach wurde daher auf einem kleinen Hügel erbaut. Die Kirche wurde 1993 renoviert. Zu erreichen ist Guntschach über eine sehr steile, schmale Straße, die unter dem bekannten »Hemmafelsen« vorbeiführt oder mit der Fähre von Glainach über die Drau. Unter dem Felsen soll die hl. Hemma auf ihrer Rückreise von Krain Schutz vor einem Gewitter gefunden haben.

Feste & Brauchtum

Am 5. Dezember werden von der Brauchtumsgruppe Krampusläufe abgehalten.

Wandervorschläge

Wanderung zum Aussichtspunkt Petelinz und zum Wasserfall »Ewiger Regen«

MARIA SAAL (Marktgemeinde)

Höhe: 505 m | Einwohner: 3840

Marktgemeindeamt Maria Saal, Am Platzl 7
9063 Maria Saal, Tel.: 04223/2214
Fax: 04223/2214-23
Internet: www.maria.saal.at
E-Mail: karin.hinteregger@ktn.gde.at oder maria-saal@ktn.gde.at

Allgemeines & Geschichte

Der im Zollfeld nördlich von Klagenfurt gelegene Wallfahrtsort Maria Saal gehört zu den geschichtlich bedeutendsten Orten Kärntens und nennt sich daher nicht nur in geografischer Hinsicht »das Herz Kärntens«. Bereits um 750 weihte hier der vom Salzburger Bischof Virgil geschickte Chorbischof Modestus eine Marienkirche, als nach den schweren Zeiten der Awaren- und Slaweneinfälle in der Spätantike Kärnten neu missioniert werden musste; Maria Saal war der Ausgangspunkt hierzu. Als Chorbischof Gotabert 945 keinen Nachfolger bekam, wurde Kärnten kirchlich wieder von Salzburg betreut. Maria Saal blieb aber das zentrale Heiligtum im Land. Von der ersten Kirche ist allerdings nichts mehr zu sehen, von der 2., im 12. Jh. erbauten blieben nur das Modestusgrab und eine Säule im Südturm übrig. Anfang des 12. Jhs. errichtete der Salzburger Erzbischof Konrad eine Propstei. In den Zeiten der Türkenbedrohung wurde die Wehrmauer errichtet. Der heutige gotische Neubau der Kirche wurde von 1430–1459 wahrscheinlich über dem Grundriss des romanischen Vorgängerbaues errichtet, wobei die gotisch ausgestattete Doppelturmfassade (1699 mit barocken Helmen versehen) an romanisches Westwerk gemahnt. In der Kirche fand bei der Zeremonie der Herzogseinsetzung, die ja auch auf dem Zollfeld stattfand, die feierliche Messe statt. 1930 wurde der Ort zum Markt erhoben.

Sehenswürdigkeiten

An der Süd- und Ostseite der »Kirchenburg« sind in lockerer Verbauung zwei- und dreigeschossige Häuser zu bewundern. Am westlichen Ortseingang steht das Modestusstöckl, eine kleine, an ein Wohnhaus angebaute Kapelle. Im Thonhof, Schnerichweg 2, saßen

Die idyllische Halbinsel Maria Wörth (oben) **Die Winterkirche in Maria Wörth ist mit vielen Kunstschätzen ausgestattet.** (links) **Symbol für das alljährliche GTI-Treffen in Reifnitz** (rechts)

einst die Herrschaft und das Landgericht. Hier weilten als Gäste der Besitzer Maja und Gerd Lampersberg berühmte Literaten wie Thomas Bernhard, H. C. Artmann, Christine Lavant, Peter Turrini u. a. Am östlichen Ortsende beim Parkplatz des Freilichtmuseums steht das freskengeschmückte Pestkreuz. Es ist ein turmartiger, offener Bau mit Steinplattendach. Der Sage nach geht der Bau auf einen aus Triest stammenden Räuber zurück, der die Bevölkerung drangsalierte, dann aber an der Pest starb. Die Mariensäule auf dem Platz östlich der Kirchenburg wurde 1672 aufgestellt.

★ Propstpfarr- und Wallfahrtskirche Mariä Himmelfahrt

Die auf einem Hügel gelegene gotische Wallfahrtskirche wurde in der ersten Hälfte des 15. Jhs. auf den Resten einer romanischen Basilika als Wehrkirche gegen die Türken erbaut. Kirche und Friedhof sind noch von einer Wehrmauer umgeben. Der basilikale dreischiffige Innenraum mit deutlich abgesetztem mächtigen Chor präsentiert sich als einer der prachtvollsten gotischen Innenräume Kärntens: großartige Deckenbemalung im Mittelschiff (in 81 Feldern ist der Stammbaum Christi gemalt), gotische Wandmalereien des Chores (Dreikönigszug, bethlehemitischer Kindermord, Flucht nach Ägypten), gotische Deckenmalereien des Chores und über dem Sakristeiportal die »Errettung Petri« von Herbert Böckl (1928). Im Hauptchor steht der zweigeschossige Hochaltar, der in der Mittelnische die vor einen Strahlenkranz gesetzte gotische Madonna mit Kind zeigt. Im Chor befinden sich 2 sehenswerte spätgotische Altäre, links im Nordchor der Arndorfer Altar (1520) aus der Villacher Werkstatt und rechts im Südchor der aus St. Georgen am Sandhof stammende Flügelaltar mit dem Drachenkampf des hl. Georg im Relief. Bemerkenswert sind auch die Kanzel von Johann Pacher (1747), die plastische Gruppe des hl. Nepomuk in der Glorie sowie die Orgel mit dem prachtvollen Prospekt (1730). Von den vielen Kapellen sei die Sachsenkapelle (Kreuzaltar mit gotischer Kreuzigungsgruppe, Modestussarg unter einem romanischen Tischaltar) genannt.

Man sollte auch die Votivbilder im Chor beachten, so z. B. das mit den Landständen von 1683 und das mit der Ungarnbelagerung von 1482. Bekannt ist auch die Glocke, die »Maria Saalerin«, die aus erbeuteten türkischen Kanonen gegossen wurde und 6,6 t wiegt; sie ist die größte Glocke Kärntens. An der Südwand der Kirche sind alte Grabsteine aus der Römerzeit und dem Mittelalter eingemauert. Bekannt ist die Darstellung eines römischen (Post)wagens mit Kutscher und Pferden, ein »Seelenwagen« ins Jenseits (3. oder 4. Jh. n. Chr.).

Bedeutend ist auch das Keutschacher Epitaph aus dem 16. Jh. mit einer Marienkrönung von H. Valkenauer, das Erzbischof Leonhard von Keutschach für seine Brüder gestiftet hatte. Die Propsteipfarr- und Wallfahrtskirche wird noch heute von einer mächtigen Wehrmauer mit Karner umgeben. Zwischen Kirche und Karner steht eine Lichtsäule aus der Spätgotik (1497), die als die kunstvollste und zierlichste in Kärnten bezeichnet wird. Auf dem Friedhof ist Johann Baptist Türk, der »Kärntner Andreas Hofer« begraben, der gegen Napoleon kämpfte.

★ Kärntner Freilichtmuseum

Im Kärntner Freilichtmuseum sieht man Bauernhäuser und Wohnformen aus den verschiedenen Gegenden Kärntens. Auch das Handwerk ist dokumentiert. Außerdem findet man Floder- und Sägemühlen, Kohlenmeiler, einen Kalkofen sowie einen Krämerladen. Ein Naturlehrpfad bringt die wichtigsten Pflanzen Kärntens nahe. Einkehren kann man in einer ländlichen Gaststätte. Öffnungszeiten: Mai bis Mitte Oktober täglich außer Montag 10–18 Uhr, Tel.: 3166.

Feste & Brauchtum

Es finden der Maria Saaler Krippenadvent, die Kräuterweihe und der Kirchtag am 15. August, der Internationale Sporttag und das Fest »Singen, Spielen und Tanzen im Mai« statt. Am 2. Freitag nach Ostern findet der Vierbergelauf statt, am 1. Sonntag im Oktober das Ulrichsbergtreffen.

Ausflugsziele

Arndorf

Die Filialkirche St. Leonhard liegt in der Mitte des Dorfes auf einem Hügel und wurde um 1500 erbaut. Der Turm ist mit einem barocken Zwiebelhelm gekrönt. Die Holzdecke im Langhaus besitzt Reste von Rankenmalerei aus der Spätgotik. Der barocke Hochaltar wurde 1643 errichtet und ist mit Bildern und Figuren aus dem 18. Jh. geschmückt. Das geschnitzte Kruzifix stammt aus dem Barock. An der Ottmanacher Landstraße steht das Pirknerkreuz, ein Bildstock aus dem 16. Jh.

★ Fürstenstein und Herzogstuhl

Auf dem Zollfeld. Der Kärntner Herzogstuhl steht etwa 1,5 km nördlich von Maria Saal rechts neben der Bundesstraße und ist seit 1834 von einem Gitter umgeben.

Prunner-Kreuz (Antonius-Kapelle)

Das Prunner-Kreuz nördlich des Herzogstuhls in der Nähe des Gasthofes Fleißner wurde 1692 als Nischenkapelle von dem Kanzlist der Landstände und »Hobbyarchäologen« Johann Dominikus Prunner als Dank für das Finden der alten Römerstadt auf dem Zollfeld erbaut und Antonius, dem Patron der Suchenden, geweiht. Die Wände sind mit zahlreichen Inschriften- und Reliefsteinen, von der Kelten- über die Römerzeit bis ins 19. Jh. bedeckt.

★ Karnburg

Westlich des Freilichtmuseums liegt der Ort Karnburg, der bereits in der Hallstattzeit besiedelt war. Die Pfarrkirche St. Peter und Paul gilt als die älteste mittelalterliche Kirche Kärntens und wurde wahrscheinlich im 9. Jh. als Kapelle der dort befindlichen karolingischen Pfalz errichtet. Es heißt, König Arnulf hätte 888 darin das Weihnachtsfest gefeiert. Die heutige Kirchenanlage präsentiert sich als Pfarrkirche mit einem mächtigen gotischen Westturm (15. Jh.) sowie der im 14. Jh. errichteten kleinen Annenkapelle, die mit der Pfarrkirche durch einen gemauerten Verbindungstrakt verbunden ist.

Meiselberg

Das mächtige Schloss besitzt eine interessante Fassade, denn hier wechseln Diamantquader mit Ornamenten aus Blendfeldern; durch die Marmorierung wirkt die Anlage außergewöhnlich bunt. Schön ausgestattet ist auch die Schlosskapelle. Privat.

Töltschach

Das Ende des 15. Jhs. genannte Schloss wurde 1691 erweitert, die Innengestaltung stammt aus dem 18. Jh. In der Schlosskapelle St. Johannes d. T. sieht man Rokokofresken (1786). Am Schloss und an den Wirtschaftsgebäuden sind zahlreiche Römersteine aus dem Zollfeld angebracht. Privat.

Wandervorschläge

Magdalensberg, Ulrichsberg, Radwanderwege um und in Maria Saal, Radtour ins Zollfeld

MARIA WÖRTH

Höhe: 450 m | Einwohner: 1260

Tourismusinformation Maria Wörth
Seepromenade 5, 9082 Maria Wörth
Tel.: 04273/22400, Fax: 04273/3703
Internet: www.maria-woerth.at
E-Mail: maria-woerth@ktn.gde.at

Allgemeines & Geschichte

Der reizvoll am Südufer des Wörther Sees gelegene und von sanften, bewaldeten Höhenzügen umgebene Ort ragt auf einer schmalen Halbinsel in den See hinein. Er wurde bereits in der 2. Hälfte des 9. Jhs. erwähnt und kam als »Uweride« unter Bischof Arnold von Freising in der Zeit 875–883 an dieses Bistum. Dessen übernächster Nachfolger Waldo, ein guter Freund von Kaiser Arnulf, setzte sich besonders für das Eigentum der Freisinger im eigentlich doch weit entfernten Kärnten ein. Als die Reliquien der Märtyrer Primus und Felician aus Rom unter Waldos Herrschaft hierher überführt wurden, setzte eine starke Wallfahrt ein. Der Geschichtsschreiber Bischof Otto von Freising gründete 1151 hier ein Chorherrenstift, das 1529 an die Millstätter St. Georgsritter überging. Ihnen folgten die Jesuiten, und heute gehört Maria Wörth den Benediktinern in St. Paul. 1399 brannten Stifts- und Pfarrkirche ab, wurden danach aber wieder aufgebaut, allerdings langsam und im gotischen Stil. Die kleine Pfarrkirche war 1420 fertig, die Propsteikirche erst einige Jahrzehnte später.

Sehenswürdigkeiten

★ Pfarr- und ehemalige Stiftskirche St. Primus und Felician

Die auf 3 Seiten von Wasser umgebene Pfarrkirche steht auf einem Felsen und wurde in der Spätgotik erbaut. Zu ihr gelangt man auf einer schindelbedeckten Treppe, am Eingangsportal von 1687 sind die Heiligen Primus und Felician gemalt. Das Südschiff wurde nach einem Brand 1339 von den Jesuiten angebaut. Man betritt die Pfarrkirche an der Südseite durch ein romanisches Rundbogenportal, eines der ältesten Teile der Kirche. Das zweischiffige Langhaus besitzt eine sehenswerte barocke Innenausstattung und eine romanische Krypta, die auf die Entstehungszeit zurückgeht. Sie wurde im 17. Jh. mit Fresken bemalt. Der Hochaltar wurde Mitte des 17. Jhs. erbaut. In ihm befindet sich eine schöne spätgotische Schutzmantelmadonna von 1460, neben ihr sieht man die barocken Skulpturen der beiden Kirchenpatrone. Sehenswert sind auch der schlanke, skulpturengeschmückte Kreuzaltar an der Nordwand mit einem Kruzifixus aus dem 16. Jh. und die mit schönen Reliefs und Skulpturen der Evangelisten geschmückte Kanzel (1761).

Die Rosenkranz- oder Winterkirche wurde 1996 restauriert und verdankt ihre Bedeutung den Wandmalereien im Chor, der Glasmalerei von 1420, einer Madonnenstatue von 1444 und der geschnitzten Beweinungsgruppe um 1500. Das Kirchenensemble von Pfarrkirche und kleinerer Winterkirche wird noch von einem romanischen Karner ergänzt.

Feste & Brauchtum

Am 15. August findet eine große Schiffsprozession auf dem Wörther See statt. Jedes Jahr um das Fest Christi Himmelfahrt herum findet in Reifnitz das GTI-Treffen statt.

Kuren

Kneippkuren in Maria Wörth-Dellach

Ausflugsziele

★ Schifffahrten auf dem Wörther See

In Maria Wörth befindet sich eine Anlegestelle für den Schiffsverkehr auf dem Wörther See.

Bildstöcke

In der Umgebung gibt es zahlreiche Bildstöcke verschiedensten Alters. Beispiele sind in Maria Wörth der Bildstock Freisinger-Platz, das Bären-Kreuz, das Teixl-Kreuz, das Schüttelkopf-Kreuz, das Stessl-Marterl, in Sekirn ein Säulenbildstock beim Haus Horten, das Winter-Kreuz, der Säulenbildstock beim Haus Herzele, das Adlassnig-Kreuz, das Paulitsch-Kreuz, das Setz-Kreuz, in Obersekirn die Kruschitz-Wegkapelle sowie das Berger-Kreuz. In Reifnitz findet man das Mackh-Kreuz, das Rader-Kreuz, das Tuschkreuz und den Rautnig-Bildstock.

Sekirn

Die Filialkirche St. Hubertus wurde 1975/76 als Mausoleum für den deutschen »Kaufhauskönig« Helmut Horten errichtet. Über dem Eingang sieht man ein Sgrafitto des hl. Hubertus von Thaddäus Kolig, innen ein großes Hängekreuz mit Achatsteinen von Werner Lössl. Die Villa Siegel, Nr. 31, am Ufer des Wörther Sees wurde 1900/01 für den Komponisten Gustav Mahler als Sommersitz errichtet. Im Wald oberhalb der Wörthersee-Süduferstraße steht das Komponierhäusl Mahlers. Nachdem Mahler sein Komponierhäuschen in Steinbach am Attersee verloren hatte, wurde er auf der Suche nach einem ruhigen Ort im Sommer 1900 hier fündig. Er vollendete die Symphonien 4 bis 7 und Teile der 8., den Tambours-g'sell aus »Des Knaben Wunderhorn«, die Rückert-Lieder und die Kindertotenlieder. Es ist ein einfacher Bau mit einem Raum. Zugang vom Parkplatz Strandbad Maiernigg, etwa 15 Minuten Gehzeit. Öffnungszeiten: Mai bis Oktober täglich 10–16 Uhr, Tel.: 537-5632.

St. Anna am Zackel

Die einschiffige, 1385 erwähnte spätgotische Wallfahrtskirche St. Anna westlich von Reifnitz ist von alten Linden umgeben und an der Außenwand mit einem großen frühbarocken Christophorusfresko (17. Jh.) mit interessanten Details wie Meerjungfrauen geschmückt. Sie besitzt einen reich geschmückten und goldverzierten barocken Säulen-Hochaltar von 1740.

Die Filial- und Wallfahrtskirche St. Wolfgang in Grades (links) **Der Karner von Metnitz** (rechts) **Die Totentanzfresken in Metnitz sind einzigartig in Österreich.** (unten)

Wandervorschläge
Spaziergang durch den Ort, Wanderungen entlang des Wörther Sees, Wanderung zum Komponierhäuschen Mahlers

METNITZ (Marktgemeinde)
Höhe: 857 m | Einwohner: 2450

Fremdenverkehrsverein Metnitz
Marktplatz 13, 9663 Metnitz
Tel.: und Fax: 04267/711
Internet: www.metnitz.at
E-Mail: info@metnitz.at

Allgemeines & Geschichte
Die hoch über der Metnitz gelegene Gemeinde ist mit einer Fläche von rund 223 km² eine der größten Gemeinden Kärntens. Das Metnitztal zieht von der Flattnitzer Höhe bis nach Friesach. Fernab von stark frequentierten Straßen gibt es hier eine schadstofffreie Luft. Für gesundheitsbewusste Gäste finden Fastenkuren statt. Der Ort wurde 1043 als »Parochia Motniz« (motniza, slaw. = trübes Wasser) erstmals erwähnt. Der Name Metnitz entwickelte sich aus Motnitz, was »Trübenbach« bedeutete. Das Bistum Gurk richtete zur Verwaltung seiner Güter im Metnitztal die beiden Ämter Feistritz und Metnitz ein, die später das Landgericht Grades bildeten. Das obere Metnitztal war ein wichtiger Verkehrsknotenpunkt, denn hier führten verschiedene Transportwege vorbei, die Salz aus dem Salzkammergut nach Kärnten und im Gegenzug Wein nach Salzburg brachten.

Sehenswürdigkeiten
★ Pfarrkirche St. Leonhard
Die gotische Pfarrkirche St. Leonhard ist eine Wehrkirche, die mitsamt dem Karner noch von einer wehrhaften Mauer mit Schießscharten umgeben ist. Sie liegt auf einem steil abfallenden Hügel und beherrscht das Landschaftsbild. Im Inneren der Kirche sind an den Rundpfeilern und an den Wänden 13 lebensgroßen hölzerne Apostelstandbilder aus einer Judenburger Schnitzwerkstatt zu bewundern. Sehenswert ist der reich mit Skulpturen geschmückte Säulen-Hochaltar aus der Werkstatt des Balthasar Brandstätter (um 1750); das Altarblatt mit dem Bild des schwebenden hl. Andreas in der Glorie stammt von Josef Fromiller. Im kreuzrippengewölbten Chor haben sich romanische und gotische Wandmalereien erhalten (Evangelistensymbole, Marienkrönung, Beweinungsszene …). Der achteckige gotische Karner im Südosten der Kirche verdankt seine überragende Bedeutung der um 1500 entstandenen Totentanzdarstellung, die in gemalten Streifen die Außenmauer des Karners umzog und 28 Figurenpaare umfasste, in denen der Tod die Menschen, und zwar vom Kind bis zum Greis, zum Mitgehen einlädt. Es ist das einzige in Österreich erhaltene Beispiel dieses Themas, das im 15./16. Jh. in ganz Europa dargestellt wurde. Die um 1970 abgenommenen Originaldarstellungen befinden sich seit 1996 im nahen ★ **Totentanzmuseum.** Öffnungszeiten: Mai bis Oktober, 10–12 und 14–17 Uhr. Auskunft: Tel.: 251.

Kalvarienbergkapelle
Auf einem Felshügel steht die 1726 erbaute Kalvarienbergkapelle. Sie besitzt eine Ausstattung aus dem 18./19. Jh. Auf dem Weg zu ihr kommt man an 5 Bildstöcken vorbei. Hier befand sich einst die Ruine der 1302 zerstörten Burg Trübenberg.

Feste & Brauchtum
Die alte Metnitzer Schützengarde mit Musikkapelle wurde noch von Kaiserin Maria Theresia privilegiert. Alle vier Jahre gibt es Totentanzaufführungen. Nach dem 8. Dezember (Unbefleckte Empfängnis Mariens) findet das Marientragen (Herbergssuche) statt, bei dem eine Marienstatue in die Häuser getragen wird.

Ausflugsziele
Grades
Die hoch über dem Ort liegende ★ **Filial- und Wallfahrtskirche St. Wolfgang** ist eine der schönsten gotischen Wehrkirchen in Kärnten. Besondere künstlerische Akzente bilden das nördliche Kirchenportal mit dem Tympanonrelief (Darstellung des Schmerzensmannes) und das reich profilierte Westportal mit Kielbogenabschluss. Das Innere der Kirche überrascht durch die von den hohen

Maßwerkfenstern ausgehende Helligkeit und lässt bedeutende bildhauerische Detailarbeiten, die Gewölbe sowie fantasievoll gemalte Blatt- und Blütenranken erstrahlen. Blickfang der Kirche ist jedoch der über 10 m hohe prachtvolle gotische Flügelaltar mit der thronenden Gestalt des hl. Wolfgang, begleitet von den hl. Stefanus und Laurentius im Schrein. Künstlerische Höhepunkte sind auch die Schreinreliefs mit den vier Szenen aus dem Marienleben, die Gesprengefiguren und die gemalten Szenen der Wolfganglegende an der Rückseite der Flügel. Zum gotischen Bestand der Kirche zählt auch die Steinkanzel (um 1480).
Auf einem steilen Hügel über der Metnitz steht das Schloss, das vermutlich 1173 erstmals unter den Gurker Bischöfen erbaut wurde. Es war erst eine Sperrfeste und wurde dann zum Schloss umgebaut. Das heutige Aussehen erhielt es durch die Baumaßnahmen des 15./16. und des 17./18. Jhs. Im 18. Jh. diente es einer Seidentapetenfabrik als Produktionsstätte. Der Eingangsturm der vierflügeligen Anlage ist mit einer Zwiebelhaube versehen. In den Sälen befinden sich prächtige Deckenstuckaturen. Privat.

Maria Höfl

Die gotische Wallfahrtskirche besitzt prächtige Glasmalereien im Chor (um 1420/30), Fresken von Anfang des 15. Jh. und einen Schnitzlüster von etwa 1850. Der Hochaltar stammt von ca. 1670, er und die Seitenaltäre sind mit schönen Schnitzfiguren versehen. Man sollte auch die übrigen Skulpturen in der Kirche beachten.

Wandervorschläge

Frauenalpe, Hirschstein, Themenwanderwege: Wald- und Wiesenweg, Märchenweg, Erholungsweg Oberhof, Kräuterwanderung

MICHELDORF

Höhe: 634 m | Einwohner: 1200

Gemeindeamt Micheldorf, Hauptstraße 28
9322 Micheldorf, Tel.: 04268/3939-0
Fax: 04268/3939-13
Internet: www.micheldorf-hirt.at
E-Mail: micheldorf@ktn.gde.at

Allgemeines & Geschichte

Die Gemeinde Micheldorf ist südlich von Friesach gelegen und wurde 1074 in einem Güterverzeichnis des Klosters Admont zum ersten Mal urkundlich erwähnt. 1252 wird ein Hainricus de Micheldorf als Zeuge genannt.
Die Gemeinde besteht aus mehreren Ortsteilen, wobei sicherlich Hirt der bekannteste ist – schon allein des Bieres wegen.

Sehenswürdigkeiten

Die **Pfarrkirche hl. Veit** ist ein mittelgroßer, in den Mauern des Langhauses romanischer Bau, der im 18. und 19. Jh. verändert wurde. Der barocke Hochaltar ist mit 1643 bezeichnet, das Altarblatt zeigt das Martyrium des hl. Veit. Im Langhaus sind das bemerkenswerte Ölbild Salome mit dem Haupt des Johannes sowie gemalte Kreuzwegstationen des 19. Jh. zu bewundern.

Ausflugsziele

★ Hirt-Brauereikeller

Bei einem Rundgang durch die Brauerei lernt man den Weg des Hirter-Bieres durch die einzelnen Produktionsstätten kennen. Nach der Besichtigung bietet sich ein Besuch des Braukellers zu Hirt an, der mit der typischen Kärntner Gastlichkeit, den besonderen kulinarischen Schmankerln der Kärntner Küche und den gesamten Biersorten der Brauerei aufwartet. Nach Anfrage kann man in größeren Gruppen auch den Hirter Hochofen besichtigen (Wissenswertes über das Leben und Wirken der hl. Hemma von Gurk, Arbeitsweisen und -bedingungen der Eisenschmelzer im 17. Jh., Geschichte und Kultur des Hemmalandes).
Informationen: Brauerei Hirt GmbH, Tel.: 04268/2050-0.

Wandervorschläge

Wanderung zur Kirche am Lorenzenberg, Wanderwege nach Friesach (über Teichbauer, über Gulitzen oder über Lorenzenberg), Wanderung nach Straßburg (über Dobersberg oder über Hohenfeld/ Hackl)

MILLSTATT (Marktgemeinde)

Höhe: 588 m | Einwohner: 3350

Tourismusbüro Millstatt, Marktplatz 8
9872 Millstatt, Tel.: 04766/2022-0
Fax: 04766/3479, Internet: www.millstatt.at
E-Mail: info@millstatt.at

Allgemeines & Geschichte

Der Kurort Millstatt liegt auf dem Schwemmkegel, den der Riegenbach halbinselförmig im Laufe der Jahrtausende in den See geschwemmt hat. Der Ort am Nordufer des gleichnamigen Sees ist ein beliebtes Urlaubsziel. Der 12 km lange und 1,5 km breite Millstätter See ist der zweitgrößte See Kärntens und mit bis zu 141 m auch der tiefste. Die Fertigstellung der Tauernbahn brachte die ersten Fremden an den See. Wassersportfreunde und Bergwanderer finden hier gleichermaßen Gelegenheit, ihrem Sport zu frönen – ideal auch zum Kombinieren von verschiedenen Vorlieben innerhalb einer Familie. Für Golfliebhaber gibt es eine Anlage hoch über dem Millstätter See mit fantastischer Aussicht.

Als karolingischer Fürstensitz wurde der Ort bereits im 9. Jh. nachgewiesen, 1065 wurde er als Milistat erwähnt. Das Kloster, lange Zeit kultureller Mittelpunkt Kärntens, wurde um 1070–1088 als Benediktinerstift vom bairischen Pfalzgrafen Aribo II. und seiner Frau sowie seinem Bruder Poppo gegründet. Hier entstand im 12. Jh. mit der Millstätter Sammelhandschrift, der Millstätter Genesis, die erste deutschsprachige Dichtersammlung in Österreich. Im Jahre 1469 kam das Stift an den Georgsritterorden unter dessen erstem Hochmeister Johann Siebenhirter, der das Stift wehrhaft ausbauen ließ. 1598 wurde es (auch im Zuge der Gegenreformation) dem Jesuitenorden übergeben, dem die barocke Neuausstattung der Kirche zu verdanken ist. Anschließend wurde die Stiftskirche zur Pfarrkirche. Für den Ortsnamen gibt es mehrere Erklärungsversuche. Einerseits glaubt man, er kommt von Mühlen, »Stätte am Mühlenbach« oder »Stätte an der Mils«, wobei mit Mils der slawische Name für den Riegenbach gemeint ist; glaubhafter wohl ist die Version, dass er vom Slawischen »mil« und »stat«, das heißt »Ort der Gnade« abgeleitet ist. Eine andere Erklärung ist die Ableitung vom vorrömischen Wort »melissia« = Gegend der Bergbäche. Am häufigsten liest man aber die sagenhafte Erklärung, dass der Karantanenherzog Domitian hier nach seiner Bekehrung zum Christentum die 1000 Statuen (mille statuae) eines heidnischen Tempels in den See geworfen haben soll.

Sehenswürdigkeiten

Das ehemalige Hochmeisterschloss, das spätere Hotel »Lindenhof«, stammt im Kern aus dem 15. Jh. Am Westturm (Siebenhirterturm) sieht man eine Wappentafel des Hochmeisters Siebenhirter (1499). Im Lindenhof steht eine 1000-jährige Linde mit 12 m Stammumfang, im Benediktinerhof eine 500-jährige Linde. Sehenswert ist der Marktplatz, der von interessanten Gebäuden umstanden ist, z. B. das Rathaus (16. Jh.), das Burgstallerhaus (17. Jh.) mit Schnitzstatue und das ehemalige Spital, Seestr. 71, mit Wandbildern. Hier steht auch der historische Marktbrunnen, ein Schalenbrunnen in drei Etagen von etwa 1900. Der Pfarrhof, Stiftsgasse 3, stammt von etwa 1850. Bemerkenswert sind die modernen Skulpturen, die man um die Kirche, aber auch sonst im Ortsbild sieht. Am östlichen Ortsende steht ein mächtiger, 9 m hoher Bildstock (Hohes Kreuz) von etwa 1610/20; er ist mit Fresken und Skulpturen geschmückt. An der Brücke sieht man einen Nischenbildstock mit einer Nepomukskulptur von 1730. Oberhalb des Marktes findet man im Friedhof die barocke Kalvarienbergkirche mit der Hl.-Grab-Kapelle. Sehenswert sind die lebensgroße, geschnitzte Kreuzigungsgruppe und der lebensgroße liegende Christus in einer Felsnische (um 1700). Die Fresken wurden teilweise 1965 in modernem Stil erneuert.

★ Benediktinerstift

Das ehemalige, romanische Benediktinerstift mit Kreuzgang schließt südlich an die Kirche an und gilt als das wichtigste Zeugnis romanischer Kunst in Kärnten. Insbesondere die romanischen Säulenfüße und die Kapitelle im mit Spitzbogengewölben ausgestatteten Kreuzgang sind reich mit Fabelwesen und anderen Verzierungen geschmückt

Blick auf Millstatt am gleichnamigen See (oben) **Die Pfarr- und ehemalige Stiftskirche Christus Salvator in Millstatt** (links) **Die Arkaden sind mit Blumen geschmückt.** (Mitte) **Kunstvoller Schalenbrunnen** (rechts)

(ab 11. Jh.). Sehenswert ist auch das reich verzierte Portal. Das Wandgemälde im Ostflügel stammt vielleicht von Friedrich von Villach (um 1430). Im Durchgang zum Hof sieht man zwei karolingische Flechtwerksteine, die einen Vorgängerbau um 800 vermuten lassen.

Im ★ **Stiftsmuseum** werden vor allem die Millstätter Geschichte, insbesondere vom 11. bis zum 18. Jh., und Exponate zur Geologie des Kärntner Oberlandes gezeigt, außerdem Exponate aus der Römerzeit. Besonders sehenswert ist die Gonzaga-Truhe, eine Katharinentafel aus der Spätgotik und der mit Ritzzeichnungen versehene ehemalige Kerker. Öffnungszeiten: Juni bis September täglich 9–12 und 14–18 Uhr. Tel.: 3039

★ Pfarrkirche und ehemalige Stiftskirche Christus Salvator

Die Kirche des 1070 gegründeten Benediktinerstifts ist ein dreischiffiger romanischer Pfeilerbau mit Stufenportal (um 1170) und zwei mächtigen Zwiebeltürmen. Entstanden im 11. Jh., wurde sie durch verschiedene Brände im 12., 13. und 15. Jh. schwer beschädigt. Baumaßnahmen der St. Georgs-Ritter im 15. und 16. Jh. bestimmen ihr heutiges Aussehen. In der Zeit der Gotik wurden Chor und Gewölbe umgebaut, die Jesuiten fügten noch die Barock- und Rokoko-Ausstattung im Inneren dazu.

In der mit einem Rippengewölbe gedeckten Vorhalle sieht man Passionsfresken von Friedrich von Villach (1482). Besonders schön mit seinen vielen Figuren ist das um 1170 entstandene romanische Stufenportal mit dem segnenden Christus im Tympanon, das zu den bedeutendsten romanischen Plastiken in Kärnten gerechnet wird. Das Innere der Kirche wurde um 1520 mit mehrfarbig getönten Sternrippengewölben eingedeckt. Um diese Zeit entstand auch das bedeutende Weltgerichtsfresko von Urban Görtschacher, das 1966 in den Innenraum übertragen wurde. Die Ausstattung gehört größtenteils dem Barock an. Beherrschend ist dabei der 1648 geschaffene Hochaltar mit dem Hauptbild der Dreifaltigkeitsverehrung (1825). Seitenaltäre und Kanzel werden in die Zeit um 1770–73 datiert. Von den Kapellen seien jene der beiden Hochmeister Johann Siebenhirter und Johann Geumann, deren kunstvoll gestaltete Grabdeckplatten sie in Ritterrüstung zeigen, erwähnt, ebenso aber auch die Domitianskapelle zu Ehren des legendären Gründers von Millstatt mit einem prunkvollen Barockaltar. In der Fastenzeit hängt vor dem Hochaltar das zweitgrößte Fastentuch Kärntens.

Feste & Brauchtum

Beliebt sind die Internationalen Musikwochen. Bei der Fronleichnamsprozession marschiert die Millstätter Bürgergarde, eine uniformierte historische Schützengarde, mit.

Kuren

Heilklima

Ausflugsziele

Villenweg

Im Ort sieht man noch einige beeindruckende Hotel- und Villenbauten aus der Zeit um 1900 mit historisierenden Fassaden. Auf dem Villenweg kann man 20 historische Villen in Millstatt auf eigene Faust erkunden. Bei der Tourismusinformation ist hierzu ein Faltblatt erhältlich (Villa Gabrielenheim, Villa Amthof, Schloss Heroldeck ...).

★ Schifffahrt auf dem Millstätter See

Neun Anlegestellen rund um den See sorgen für Ein- und Ausstiegsmöglichkeiten. Besonders schön ist eine Fahrt zum Laggerhof, wo man sich stärken kann, um anschließend eine schöne Waldwanderung nach Döbriach zu machen. Information: Seemühlgasse 83, Tel.: 04766/2075

Laubendorf

Der Ort wurde 1177 erstmals erwähnt. 1957 wurden die Grundmauern einer frühchristlichen Saalkirche (Mitte 5. Jh.) entdeckt. Sehenswert ist die Priesterbank in der Apsis. Der Reliquienschrein, der mit einer römischen Inschriftplatte von 600 abgedeckt ist, und ein liturgischer Becher aus derselben Zeit sind jetzt im Stiftsmuseum Millstatt verwahrt.

Obermillstatt

Um den oberhalb Millstatts liegenden Ort sind schöne Wanderungen möglich. Die

Pfarrkirche St. Johann Baptist stammt aus dem 17. Jh. (urkundlich erwähnt 1060/70). Sie besitzt einen mächtigen Zwiebelturm, ein Langhaus mit flacher Decke und einen kreuzrippengewölbten Chor. Von der barocken Ausstattung sind der mit Schnitzfiguren geschmückte Hochaltar (Anfang 18. Jh.), der spätgotische Taufstein und die ornamental verzierte Kanzel (um 1720) sehenswert. In der ehemalige Volksschule, Nr. 7, wurde das Heimatmuseum eingerichtet. Hier erfährt man einiges über die Entwicklung des Fremdenverkehrs sowie die Geschichte des Handels und Brauchtums der Region Millstatt. Öffnungszeiten: Juli, August Montag, Mittwoch, Freitag 15–18 Uhr, Juni, September Montag, Mittwoch, Freitag 15–17 Uhr; Mai, Oktober nach tel. Vereinbarung. Tel.: 04766/20220 oder 2617.

Wandervorschläge

Millstätter Alpe, Klangwanderweg, Tschiernock, Alexanderhütte, Lammersdorfer Hütte, Wanderungen um den See

MÖLBLING

Höhe: 550–1050 m | Einwohner: 1270

Gemeinde Mölbling
Mölbling 16, 9330 Althofen
Tel.: 04262/2338, Fax: 04262/2338-3
Internet: www.moelbling.at
E-Mail: moelbling@ktn.gde.at

Allgemeines & Geschichte

Die Gemeinde Mölbling liegt eingebettet in einer hügeligen, bewaldeten, reizvollen Landschaft mit vielen Rad-, Reit- und Wanderwegen, die jeden Naturliebhaber und Erholungssuchenden zu vollem Genuss kommen lassen. In der Gemeinde befindet sich das Schloss »Welsbach«, des berühmten Erfinders Karl Auer von Welsbach. Meiselding, die größte Ortschaft in der Gemeinde, besitzt eine sehenswerte Pfarrkirche, die dem hl. Andreas geweiht ist. Die interessante Geschichte, die unberührte Natur und die gediegenen Gasthöfe und Jausenstationen laden jeden Gast ein, erholsame Stunden in Mölbling zu genießen.

Sehenswürdigkeiten

Meiselding-Stadlmuseum

Ein magischer Ort für alle, deren Herz für Oldtimer, seltene Motorräder, Kutschen und andere historische Fahrzeuge schlägt. Informationen unter Tel.: 04262/7355

Ausflugsziele

Wolschartwald

Entlang der Bundesstraße erstreckt sich ein »Wald der Geschichte«: Hier hauste im 19. Jh. der legendäre Räuber Simon Kramer (»Krapfenbäck Simale«) mit seinen Spießgesellen und lieferte sich erbitterte Kämpfe mit den napoleonischen Soldaten.

Gunzenberg

Fährt man nach Meiselding, kann man einen Blick auf das in der Nähe liegende Schloss Rastenfeld (erwähnt 1241, später im Besitz der Gurker Bischöfe) werfen. Östlich des Schlosses steht eine unter Einbeziehung eines Wehrbaus errichtete Wegkapelle von 1773. Dann wandert man auf den Gunzenberg, wo die 1449 erwähnte Wallfahrtskirche St. Florian steht.

Wandervorschläge

Wolschartwald, Hemmaland-Pilgerweg (kleine Route), Gunzenberg

MÖRTSCHACH

Höhe: 950 m | Einwohner: 940

Gemeinde Mörtschach
9842 Mörtschach 42
Tel.: 04826/701, Fax: 04826/287
Internet: www.nationalparkgemeinde-moertschach.aon.at
E-Mail: nationalparkgemeinde-moertschach@aon.at

Allgemeines & Geschichte

Die kleine Nationalparkgemeinde Mörtschach bietet als idyllisches Bergdorf vor allem dem naturverbundenen Gast Ruhe und Erholung. Gut markierte Wege ermöglichen beschauliche Wanderungen. Auch für den erfahrenen Bergsteiger ist die Lage zwischen den Dreitausendern der Schobergruppe und der Nähe zum Großglockner ein gerne gewählter Ausgangspunkt für anspruchsvolle Klettertouren.

Sehenswürdigkeiten

Pfarrkirche hl. Leonhard

Laut Inschrift am Westportal wurde die Kirche 1516 erbaut. Die mittelgroße spätgotische Anlage weist im Inneren einen Hochaltar von 1754/55 mit dem Mittelbild des hl. Leonhard auf. Der linke Seitenaltar wird von den hll. Petrus und Paulus, König David und einer nicht identifizierbaren Figur geschmückt; der rechte Seitenaltar zeigt eine Lourdes-Madonna.

Das **Schmutzerhaus** ist eines der ältesten Gebäude der Gemeinde, welches in den Jahren 1994/95 revitalisiert wurde. Im Schmutzerhaus sind der Kindergarten, der Bauern-Handwerksladen, die Tourismusinformationsstelle und die Ausstellung des Nationalparks Hohe Tauern »Park der 100 Seen« unter einem Dach vereint. Im Bauern-Handwerksladen kann man Wollprodukte, Schnäpse, Wandschmuck, Holzarbeiten u. v. m. kaufen bzw. auch an diversen Kursen und Workshops teilnehmen. Informationen: Göritzer Silvia, Tel.: 04826/579 oder Mössler Erika, Tel.: 04826/575.

Ausflugsziele

Ein kleines Paradies für Kinder und Erwachsene ist die **Kleintierschau** bei der Familie Pichler in Stranach. Ca. 150 verschiedene Tierarten, Hängebauchschweine, Lamas, Ziegen, Trauerschwäne, Gänse ... warten darauf, besucht zu werden. Informationen: Elfrieda und Karl Pichler, Tel.: 04826/352

Das **Astental** bietet hervorragende Wandermöglichkeiten für Jung und Alt. Der Naturlehrweg »Astner Moos« führt durch ein achtzig Meter breites und einen Kilometer langes Niedermoor, wo es Pflanzen zu entdecken gibt, die in Österreich selten vorkommen. Die Asten ist ein besonderes Eldorado für Tourengeher; zudem findet man in der Asten Kärntens höchstgelegene Schule.

Wandervorschläge

Winklerner Alm, Wangenitzensee-Hütte, Wanderungen im Nationalpark Hohe Tauern

MOOSBURG (Marktgemeinde)

Höhe: 500 m | Einwohner: 4460

Tourismusbüro Moosburg
Kirchplatz 1, 9062 Moosburg
Tel.: 04272/83400-30
Fax: 04272/83400-33
Internet: www.moosburg.gv.at
E-Mail: moosburg@ktn.gde.at

Allgemeines & Geschichte

Nördlich des Wörther Sees liegt das von mehreren Badeseen umgebene Moosburg, eine Fremdenverkehrsgemeinde in prächtiger, naturbelassener und waldreicher Landschaft. Hier befand sich einst die römische Siedlung Herolonis, die Römersteine an der Kirchenwand erinnern daran. Im frühen Mittelalter zur Zeit der Karolinger befand sich hier eine dem König Karlmann, Sohn König Ludwigs des Deutschen, gehörende Pfalz. Angeblich wurde dort Karlmanns Sohn Arnulf (850–899) geboren, der spätere Arnulf von Kärnten, der deutscher Kaiser wurde. Idyllische Natur bieten die Teiche, die in einem 204 ha großen Landschaftsschutzgebiet liegen. Ihr braunes Wasser kommt von den umliegenden Flachmooren. Auch der Golfplatz zwischen Pörtschach und Moosburg vermittelt den Eindruck eines riesigen Naturparks.

Sehenswürdigkeiten

Pfarrkirche St. Michael und St. Georg

Die Kirche wurde urkundlich 1386 erstmals genannt, 1479 im Zuge eines Türkeneinfalls schwer beschädigt und im letzten Drittel des 18. Jhs. umgebaut (barocke Umgestaltung). Sie besitzt eine prächtige Barockfassade mit einer Freitreppe. Innen sieht man ein sehenswertes Epitaph und Fresken. Die Hauptbilder der Wandmalereien sind in Grisaillenmedaillons eingelassen. Das Hochaltarbild enthält den hl. Michael im Kampf mit dem Teufel.

Schloss Moosburg

Das von den Herren von Ernau erbaute mächtige Schloss stammt aus dem 16. Jh. und besitzt ein Walmdach, einen Laubengang aus dem 17. Jh., Stuckdecken und eine Kapelle. Die Außenbefestigungen sind noch teilweise erhalten. Privat.

Das Karolingermuseum in Moosburg erinnert an alte Zeiten. (oben) **Museum des Nötscher Kreises** (unten)

Ruine Etzelburg (Hetzelburg)

Die karolingisch-romanische, 17 m hohe quadratische Turmruine (Arnulfsturm) ist der Rest der Pfalz »Mosapurch«, vielleicht einer Wasserburg, in der der spätere Kaiser Arnulf von Kärnten in seiner Jugend lebte. Die Anlage gehörte vom 12. bis zum 15. Jh. den Grafen von Görz. Nach dem Bau des Schlosses im 16. Jh. verfiel die ausgedehnte, auf 3 Hügeln liegende Anlage mit den 3 in sich geschlossenen Baukomplexen.

★ Karolingermuseum

Krumpendorferstr. 3. Das Museum ist der bis in die Karolingerzeit zurückreichenden Geschichte Moosburgs und Arnulf von Kärnten gewidmet. Unter anderem sieht man einen in der Nähe der Kirche gefundenen karolingischen Flechtstein und frühmittelalterlichen Schmuck. Öffnungszeiten: Mitte Juni bis Mitte September täglich 10–12 und 16.30–19 Uhr; Ende Mai bis Mitte Juni und Mitte September bis Anfang Oktober Samstag und Sonntag 9–12 Uhr Tel.: 04272/83624.

Feste & Brauchtum

Ein großes Fest ist seit vielen Jahren das **★ Arnulfsfest** (Mitte Juli).

Ausflugsziele

Sommerrodelbahn Moosburg

Mit nur 10 % Gefälle ist die Sommerrodelbahn Moosburg eine der flachsten Österreichs. Und damit auch eine der sichersten, besonders für die Kleinsten unter den Rodelfans. Öffnungszeiten: Mai bis Oktober; Mai bis August von 9–19 Uhr, September und Oktober 10–18 Uhr, Tel. 04272/83139.

Freudenberg bei Tigring

Die Wallfahrtskirche Maria Sieben Schmerzen geht auf eine Muttergotteserscheinung in einer Fichte zurück, die ein Knecht hatte. Daraufhin wurde eine Kapelle erbaut, ab 1842 die heutige barocke Kirche. An der Außenwand des Chors befindet sich eine überlebensgroße Schnitzgruppe. Die Glocke im Westturm stammt von etwa 1100 und gehört zu den ältesten Kärntens. Die Kanzel wurde um 1800 geschaffen.

Tigring

Die erhöht gelegene gotische Pfarrkirche St. Egyd aus dem 14. Jh. wurde in der Barockzeit verändert und um die Antoniuskapelle erweitert. Turm und Chor sind mit einem wehrhaften Obergeschoss versehen. An der Nordwand hat man sehenswerte Fresken aus dem 14. Jh. freigelegt. Der Taufstein stammt aus der Gotik, sein Aufsatz mit dem geschnitzten Johanneskopf sowie die Altäre aus dem 17. Jh. Der Hauptaltar von 1680 ist mit Knorpelwerk verziert. Die Antoniuskapelle ist mit Stuck geschmückt. Der romanische Rundkarner im Friedhof wurde 1136 von Bischof Roman, der auch den Gurker Dom erbauen ließ, geweiht. Sein Kegeldach ist mit einem Steinplattendach gedeckt. Das um 1650 erbaute Schloss Tigring liegt auf einem Hügel außerhalb des Ortes. Der dreigeschossige Bau entstand aus einem Bauernhof und besitzt prächtige Fresken. Heute Altersheim.

Wandervorschläge

Wanderung auf die Arnulfsfeste, Wanderung zum Schloss Tigring

MÜHLDORF IM MÖLLTAL

Höhe: 589 m | Einwohner: 960

Gemeindeamt Mühldorf
9814 Mühldorf 10
Tel.: 04769/2285
Fax: 04769/2990
Internet: www.muehldorf-ktn.at
E-Mail: muehldorf@ktn.gde.at

Allgemeines & Geschichte

Mühldorf ist ein guter Ausgangspunkt für Touren in der Reißeck- und der Kreuzeckgruppe. Der Ort wurde 1070 vom bayerischen Pfalzgrafen Aribo dem Stift Millstatt geschenkt. Im Jahre 1888 wurde im Haselangerfeld nahe dem heutigen Zubringerkanal eine römische, bodengeheizte Badeanlage ergraben. Das Bad soll noch im 5. Jh. genützt worden sein. Leider ist heute davon nichts mehr zu sehen.

Sehenswürdigkeiten

Die spätgotische Pfarrkirche St. Veit wurde 1177 erwähnt, besitzt einen sehenswerten Säulenhochaltar (um 1700), der im Mittelbild den hl. Veit zeigt. Die Rokokokanzel mit den vier Evangelisten stammt von etwa 1750.

Ausflugsziele

Mühldorfer Alm

Das Almgebiet bietet schöne Aussichten; ab hier kann man auch zur Salzkofelhütte bzw. zum gleichnamigen Berg wandern.

Rappersdorf

Die 1380 erwähnte Filialkirche St. Andreas besitzt einen Seitenaltar, der vielleicht vom Meister von Millstatt stammt. Der reich geschmückte Hochaltar wurde Anfang des 18. Jhs. errichtet. Im Turminneren sieht man die Reste eines Christophorusfreskos (15. Jh.). Oberhalb der Bundesstraße steht das Jahnkreuz, eine Wegkapelle mit einer Grabinschrift aus der Römerzeit.

★ »Barbarossa-Schlucht« (Klinzerschlucht)

Der Mühldorfer Bach, der die rund tausend Meter lange Schlucht durchtobt, ist ein recht wilder Geselle. Man überquert ihn auf schwankenden, schmalen Brücken, kommt am Barbarossatisch, einer Sitzgelegenheit mit einer felsigen Tischplatte unter einem weit überhängenden Felsen, vorbei und hat von der Kanzel nochmals einen prächtigen Rückblick auf die Schlucht.

Wandervorschläge

Barbarossa(Klinzer)schlucht, Salzkofel, Reißeckgruppe

NEUHAUS

Höhe: 380 m | Einwohner: 1240

Gemeinde Neuhaus
9473 Neuhaus 12
Tel.: 04356/2043-0
Fax: 04356/2043-13
Internet: www.neuhaus.cc
E-Mail: neuhaus@ktn.gde.at

Allgemeines & Geschichte

Der im südöstlichsten Teil des Landes liegende Ort wurde durch sein Hadnfest bekannt (Hadn = Buchweizen). Wandern, Rad fahren, Fischen, Faulenzen ... und tatsächlich kann man Urlaub beim Spazieren durch blühende Wiesen und schattige Wälder, beim sanften Bergauf und Bergab, beim Kneippen und auf dem Wassererlebnisweg genießen. In der Umgebung sind große Bauernhöfe zu sehen, die alles besaßen, was den Bewohner autark machte: Sägewerke, Mühle u. Ä. Ein Niclas von dem Newenhavs wurde 1288 als Besitzer der Burg genannt. (erste urkundliche Erwähnung). Nach mehrmaligem Besitzerwechsel kam die Burg dann an die Habsburger. Die Ungarn setzten das Schloss 1481 in Brand. Danach wurde der Ort neu aufgebaut. Teile der Gemeindegrenze bilden auch die Staatsgrenze zu Slowenien.

Sehenswürdigkeiten

Pfarrkirche St. Jakobus Major

Die 1408 erwähnte Pfarrkirche St. Jakobus Major wurde ab 1370 erbaut. Im quadratischen Schiff sieht man ein Sternrippengewölbe von etwa 1500. Bedeutend sind die umfangreichen Freskenreste (1400–1450). Die Maßwerkfenster hinter dem Altar sind mit gotischen Glasbildern von Anfang des 15. Jhs. geschmückt. Der Hochaltar ist mit einer Skulptur des Kirchenheiligen von etwa 1350 geschmückt, als Besonderheit ist das Altarblatt versenkbar. Die übrige Einrichtung stammt vorwiegend aus dem Barock. Hinter dem Hochaltar sieht man ein Ende des 17. Jhs. gemaltes Bild einer Marienkrönung. Beachten sollte man auch die Seitenaltäre und die Kanzel von etwa 1750.

Schloss Neuhaus (Neuhäusl)

Das auch Neuhäusl genannte, wuchtige Renaissanceschloss mit Ecktürmen entstand um 1500 an Stelle einer 1278 genannten Burg, die von den Türken zerstört wurde. Später wurde es barockisiert, auch die Säulenarkaden im Hof stammen aus dieser Zeit. Die im Rokokostil eingerichtete Schlosskapelle (um 1750) besitzt einen Hochaltar mit einem illusionistischen Bild. 1992 wurde es von Günther Domenig restauriert. Privat.

Bauernmuseum Patekmühle

Die renovierte Mühle ist voll einsatzbereit. Informationen: 9473 Bach 15, Tel.: 2558.

Feste & Brauchtum

Beim ★ **Hadnfest** im Juli gibt es Hadnspezialitäten (aus Buchweizen).

Ausflugsziele

Heiligenstadt/Sveto Mesto

Die Filial- und Wallfahrtskirche St. Maria ist die 2. Station des Dreibergelaufs und wurde 1571 erstmals genannt. Sie besitzt einen mächtigen Westturm. Der Chor wurde im 19. Jh. im Rokokostil ausgemalt. Die von etwa 1770 stammenden Altäre sind mit einer schönen Marmorierung verziert und mit Holzskulpturen versehen. Auch die Bilder sind sehenswert. Der heutige Ambo war einst der Kanzelkorb (1700). Das intarsiengeschmückte Chorgestühl stammt von etwa 1750.

Oberdorf/Gornja Vas

Die auf einem bewaldeten Hügel liegende Filialkirche St. Georg stammt aus der Romanik (Langhaus) und dem Barock (Chor, Turm). Die Kassettendecke im Schiff ist mit Schablonenmalerei verziert (17. Jh.). Sehenswert sind insbesondere die Fresken von Ende des 13. Jhs. Der Hochaltar stammt von 1720. Bei den Anwesen 14 und 20 sieht man schöne Ziegelgitterstadel.

Wandervorschlag

Wassererlebnisweg

NÖTSCH (Marktgemeinde)

Höhe: 600 m | Einwohner: 2350

Marktgemeindeamt Nötsch
9611 Nötsch 222, Tel.: 04256/2145-0
Fax: 04256/2145-5
Internet: www.noetsch.at
E-Mail: noetsch@ktn.gde.at

Allgemeines & Geschichte

Der Erholungsort liegt in schöner, sonniger Lage am Fuß der Villacher Alpe im breiten Gailtal. Zu ihm gehören 17 Ortschaften zwischen 500 und 1000 Meter Seehöhe. Hier verliefen schon früh verschiedene Verkehrswege. Bekannt geworden ist der Ort durch die Künstlergruppe »Nötscher Kreis«. Die Gegend war schon früh besiedelt, und 1988 machte man in Förk bedeutende keltische Funde aus dem 4. Jh. v. Chr. 1253 wurde der Ort als »Nezzach« (ahd. Netz-aha = Bach, der die Ufer netzt) erstmals erwähnt.

Sehenswürdigkeiten

Nötsch bietet mit seinen herrschaftlichen Häusern eigentlich ein städtisches Ortsbild. Gebäude Nr. 5 stammt aus dem 18. Jh. Das Geburtshaus des Malers Franz Wiegele war ein ehemals bürgerliches Gebäude, das in der 2. Hälfte des 19. Jhs. zum Herrenhaus umgebaut wurde. Das Geburtshaus des Malers Sebastian Isepp stammt aus dem 18. Jh. und dient heute als Gastwirtschaft. In Haus Nr. 39 traf sich der »Nötscher Kreis«.

★ Museum des Nötscher Kreises

Es zeigt Arbeiten der Künstler, die zum »Nötscher Kreis« gehörten: Sebastian Isepp (1884–1954), Franz Wiegele (1887–1944), Anton Kolig (1886–1950) und Anton Mahringer (1902–1974). Öffnungszeiten: Donnerstag bis Sonntag, Feiertag, 14–18 Uhr. Tel.: 3664.

Feuerwehrmuseum

Zu besichtigen sind Uniformen, Ausrüstungsgegenstände, Dokumente, Fotos, alte Tragkraftspritzen etc. Informationen unter Tel.: 04256/2145-14.

Feste & Brauchtum

Im Oktober findet das traditionelle ★ **Polentafest** statt.

Ausflugsziele

Schloss Wasserleonburg

Der Bau in seiner heutigen Form ist ein jahrhundertelang gewachsener herrschaftlicher Repräsentationsbau, der mehrmalige Besitzerwechsel zu verzeichnen hat. Er befindet sich in Privatbesitz, nur in Gruppen und gegen Voranmeldung ist eine Teilbesichtigung möglich. Information: Forstverwaltung – Ferienhäuser Schloss Wasserleonburg, Saak 1, 04256/2141.

St. Georgen im Gailtal

Die wuchtige, gotische Pfarrkirche St. Georg wurde 1212 erwähnt und Ende des 15. Jhs. errichtet. An der nördlichen Außenwand befinden sich Wandmalereien aus dem 14./15. Jh. Das Christophorusfresko ist von etwa 1510. Innen sieht man eine barocke Empore auf interessanten Säulen. Der Säulen-Hauptaltar stammt von etwa 1750, er und die Seitenaltäre sind mit sehenswerten Figuren geschmückt. Auch sonst ist die Kir-

Blick auf Oberdrauburg und das weite Drautal (oben) **Die Kirche von Zwickenberg mit sehenswerten Fresken** (links) **Burg Falkenstein bei Obervellach** (rechts)

che reich mit gotischen und barocken Figuren versehen. Die Kanzel stammt von etwa 1750.

Wandervorschläge

Wanderungen auf den Spuren der Nötscher Maler, Naturlehrpfad Erlachgraben, Kräuterwanderungen

OBERDRAUBURG

(Marktgemeinde)

Höhe: 620 m | Einwohner: 1330

Marktgemeinde Oberdrauburg
Marktplatz 1
9781 Oberdrauburg
Tel.: 04710/2249-22
Fax: 04710/2249-16
Internet: www.oberdrauburg.at
E-Mail: oberdrauburg@ktn.gde.at

Allgemeines & Geschichte

Der nette Erholungsort liegt in schöner Lage im oberen Drautal in der Nähe der Grenze zu Osttirol, wo die aus dem Gailtal über den Gailbergsattel kommende Straße ins Drautal einmündet. Er ist ein guter Ausgangspunkt für Touren in die Lienzer Dolomiten und die Kreuzeckgruppe. Hier kreuzt das Drautal die schon früher bedeutende Verbindung von Nord nach Süd über den Plöcken in Richtung Triest. Diese verkehrsgünstige Lage war auch maßgebend für die frühe Besiedlung der Gegend. Der Ort wurde 1240 als castrum traburc erstmals erwähnt und wechselte in der Folgezeit öfters die Besitzer, z. B. die Grafen von Görz, von Ortenburg, von Cilli und ab 1500 die Habsburger; von ihnen kam er an Gabriel Salamanca und später an den Fürsten Porcia. Die Markterhebung war 1325.

Sehenswürdigkeiten

Oberdrauburg besitzt eine hübsche Altstadt mit schönen Häusern aus dem 16.–19. Jh. in der Kirchgasse und der Marktstraße. In Gebäude Marktstraße 3 befindet sich das **Museum für Masken und Brauchtum** mit handgeschnitzten Perchten und Krippen. Bei Haus Nr. 10 sieht man über dem Portal ein Wappen und am Erker einen Gedenkstein. An Haus Nr. 12 befinden sich eine Sonnenuhr und ein St. Florian-Bild. Am westlichen Ortsausgang steht eine barocke Wegkapelle.

Pfarrkirche St. Oswald und Florian

Die 1422 erstmals erbaute Kirche wurde 1805–1819 auf einem gotischen Vorgängerbau im Stil des Spätbarock/Klassizismus errichtet. Sehenswert sind die Malereien im Gewölbe, die 1809 von Christoph Brandstätter geschaffen wurden. Der Altar wurde im Stil der Neorenaissance von Melchior Paul Deschwanden aus der Schweiz errichtet.

Museum für Archäologie und Siedlungsgeschichte

Marktstraße 18. Hier werden Ausgrabungsfunde gezeigt.
Öffnungszeiten: Juni bis September Montag bis Freitag 10–12 und 17–19 Uhr, Samstag 10–12 Uhr, Tel.: 224822

Feste & Brauchtum

Am Vorabend des Nikolaustages findet der Oberdrauburger Perchtenlauf (Bartllauf) statt. Beliebt sind auch der Kirchtag oder der Bauernmarkt. In Ötting – einem Ortsteil von Oberdrauburg – wird am Tage der 7 Schmerzen Mariens (das ist der Freitag vor dem Palmsonntag) ein Widder zu wohltätigen Zwecken versteigert. Im Sommer findet das ★ **Kärntnernudelfest** statt.

Ausflugsziele

Ruine Flaschberg

Die 1154 erwähnte, romanische Burg war einst eine mächtige Anlage, seit dem 17. Jh. verfällt sie. Die Herren von Flaschberg verließen im 16. Jh. das Land. Am Fuß des Burgberges steht das mit Erkern versehene Schloss/Verwalterhaus aus der Renaissance. Bei Ausgrabungen fand man eine Vielzahl mittelalterlicher Gegenstände.

★ Ruine Hohenburg/Rosenberg

Die Ruine Hohenburg (Rosenberg) wurde 1142 erstmals als Castrum Hohenburc erwähnt. Sie lag an einer strategisch günstigen Stelle zu der Straße, die nach Aguntum (Lienz) führte, gehörte den Salzburger Bischöfen und war Lehen der Grafen von

Ortenburg und Cilli. 1460 kam sie an Kaiser Friedrich III. Erhalten sind beachtliche Reste des 1911 eingestürzten Bergfrieds, des Palas und der Mauer mit einem Eckturm. Sie wurde um 1970 ausgebaut, der hölzerne Wehrgang stammt von 1994. Am Fuß der Ruine steht der Schröttlhof, der den Herrschaften gehörte. Er besitzt ein Walmdach und ein Rundbogenportal. Die Kapelle Maria Hilf am Rosenberg wurde 1789 erbaut und 1867 von Georg Egger, dem Vater des berühmten Expressionisten Albin Egger-Lienz, mit Fresken ausgemalt.

Pirknergraben

Hier sieht man einen herrlich ursprünglichen Bachlauf mit beeindruckenden Felsabstürzen.

Unterpirkach

Auf Grund einer Marienerscheinung wurde 1800–03 die Wallfahrtskirche Maria Rosenkranzkönigin im Stil des Barock/Frühklassizismus erbaut. Sie wurde von Christoph Brandstätter d. Ä. ausgemalt.

★ Zwickenberg

Die Pfarrkirche St. Leonhard aus dem 13. Jh. bietet große kunsthistorische Sehenswürdigkeiten. Ihre reiche Ausstattung steht in Verbindung mit dem hier früher betriebenen Goldbergbau. Die am steilen Hang liegende Kirche besitzt einen schlanken hohen Turm mit vier Giebeln und einem Spitzhelm. Im Schiff sieht man Sternrippen-, im Chor Kreuzrippengewölbe. Außen sind zwei Christophorusfresken angebracht (13. und 16. Jh.); daneben findet man die gemalte Leonhardslegende aus dem 13. Jh. Prächtig ist die Innenausstattung: Die Fresken wurden 1438 geschaffen. Der Hochaltar, ein sehenswerter Flügelaltar, stammt von etwa 1500 und ist mit sieben schönen geschnitzten Heiligenfiguren eines Tiroler Meisters (Ende 15. Jh.) und Malereien verziert. Vom Triumphbogen hängt eine Rosenkranzmadonna herab (um 1700). Sehenswert ist noch die sitzende Madonna mit Kind aus der Spätgotik (um 1420).

Wandervorschläge

Silberfall, Hochstadel

OBERVELLACH (Marktgemeinde)

Höhe: 676 m | Einwohner: 2540

Tourismusbüro Obervellach
9821 Obervellach 21, Tel.: 04782/2510
Fax: 04782/2505, Internet: www.obervellach.at
E-Mail: info@obervellach.at

Allgemeines & Geschichte

Der schön gelegene, sonnenreiche Hauptort des Mölltal ist ein beliebtes Urlaubsziel. Er ist ein alter Markt und liegt am Fuß des Polinik und der Sadniggruppe. Man kann hier herrliche Bergtouren unternehmen, außerdem werden Raftingtouren auf der Möll veranstaltet. Obervellach wurde im 10. Jh. als »velah« in einer Tauschurkunde erstmals genannt, war aber bereits in urgeschichtlicher und römischer Zeit bewohnt. Es gehörte erst zum Bistum Freising, dann zu Salzburg. Im Mittelalter fand man hier in den Bergen Gold und Silber, wovon heute noch zahlreiche Stollen zeugen. Die Blüte des Bergbaus war im 16. Jh., als bis zu 3000 Personen in den Stollen gearbeitet und 4 t Gold jährlich gewonnen haben sollen. 1509 bis 1792 befand sich im Ort das österreichische Oberstbergmeisteramt, die oberste Instanz im Bergbauwesen in Innerösterreich, die später nach Klagenfurt verlegt wurde. Zum neuerlichen Aufleben des Bergbaues kam es, als man 1690 Kupfer fand. Der Kupferbergbau dauerte bis 1830. Außer Gold und Kupfer wurden hier Bergkristalle und Granate gesammelt. Um 1820 hat ein Hochwasser den Ort bis auf ein Haus vernichtet.

Sehenswürdigkeiten

Der Marktplatz (Hauptplatz) ist von alten, prächtigen Bürgerhäusern umstanden, wobei man besonders beachten sollte, dass die Herkunft des Vermögens bei einigen Häusern an der Fassade zu erkennen ist. So sieht man an Haus Nr. 18a einen Bergkristall und an Haus Nr. 27, einem ehemaligen Gewerkenhaus und Sitz des Oberverwesers, Erzstücke. Es wurde 1716 barockisiert. Nr. 58 war das ehemalige Oberstbergmeisterhaus; es stammt aus der Renaissance (um 1570) und besitzt ein sehenswertes Portal aus dieser Zeit und einen Arkadenhof.

★ **Pfarrkirche St. Martin**
Eine erste Kirche wurde in der 2. Hälfte des 10. Jhs. genannt, im 12. Jh. gelangte sie an das Erzbistum Salzburg (bis 1786). Der heutige Bau – gelegen mitten im ummauerten Friedhof – entstand zur Zeit der Hochblüte des Bergbaus. Man betritt die Kirche im Westen durch ein gestuftes Spitzbogenportal und gelangt in den breiten Saalraum des Langhauses mit Sternrippen- und in den Chor mit Netzrippengewölbe. Dort sind innerhalb von Dreipassflächen 21 Heiligenbüsten dargestellt.
Das wertvollste Ausstellungsstück ist der Flügelaltar mit Bildern des niederländischen Dürerschülers Jan van Scorel von 1520 in der Nordkapelle. Der Altar selbst wurde 1692 im Barockstil errichtet. Scorel zog nach seiner Zeit bei Dürer in Nürnberg nach Italien und malte auf der Durchreise dieses Werk. In der Mitte sieht man die Sippe Christi, links und rechts die hll. Christophorus und Apollonia. Gestiftet wurde das Werk vom kaiserlichen Feldhauptmann Christoph Frangipani und seiner Frau Apollonia, einer Schwester des Salzburger Erzbischofs Matthäus Lang von Wellenburg (1519–1540), als Dank für die Freilassung aus venezianischer Gefangenschaft.
Vom Altar selbst wird vermutet, dass er vielleicht aus der Schlosskapelle von Oberfalkenstein stammt und aus zwei eigenständigen Werken zusammengesetzt ist. Beachtenswert ist auch die Landschaftsdarstellung in den Arbeiten, insbesondere beim Bild mit der hl. Apollonia. Der Hochaltar stammt von 1780 und zeigt im Hauptbild die Himmelfahrt Mariä. Die beiden Seitenaltäre sind um 1702 entstanden. Außerdem besitzt die Kirche gotische Glasmalereien mit der Wiedergabe von Stiftern und Heiligen, das 14 Nothelferbild mit Kreuzigungsdarstellung, eine »Madonna mit Kind«, ein Ölbergrelief sowie die gemalte Darstellung des Jüngsten Gerichts.

**Schusterwerkstatt/
Historische Schuhsammlung**
In der privaten Schau sind allerlei Kuriositäten zusammengetragen, u. a. die Schuhe, mit denen Reinhold Messner den Mount Everest bestieg, Ski von Lucki Leitner oder ein Rucksack von Louis Trenker. Auskunft: Fremdenverkehrsamt.

Schloss Trabuschgen
Das 1434 erwähnte Schloss wurde 1716 von der Familie Stampfer – durch den Kupferbergbau reich geworden – im Barockstil umgebaut. Im Festsaal findet man Deckengemälde von Johann Ferdinand Fromiller, in der Kapelle Fresken von A. Zoller. Es war der erste Auftrag des damals 23-jährigen Fromillers nach seinen Studien in München. Führungen nur gegen Voranmeldung möglich. Pensionsbetrieb und Reitschule angeschlossen.

Kuren
Heilklima, Luft- und Schrothkurort

Ausflugsziele

Burg Groppenstein
Semslach. Die Burg wurde zwischen dem 13. und dem 15. Jh. errichtet, wobei der mächtige, fünfstockige Bergfried aus dem 13. Jh. der älteste Teil ist. Er ist mittels einer Holzbrücke mit dem Hauptbau verbunden. Die unterhalb liegende Burgkapelle St. Katharina aus dem 15. Jh. besitzt noch eine romanische Apsis. Privatbesitz.

**Burg Falkenstein
(ehemals Schloss Niederfalkenstein)**
Der etwa 200 m unterhalb der Burgruine Oberfalkenstein gelegene Bau wurde im 18. Jh. zum Schloss und 1906 im Stil des Historismus auf dem Kern eines alten Vorwerks von 1164 errichtet. Einen besonders eindrucksvollen Anblick bietet die Anlage vom Tal her vor dem Hintergrund der Eisenbahnbrücke. Privatbesitz.

Stallhofen
Sehenswert ist die spätgotische Filial- und Wallfahrtskirche hl. Maria Tax.

★ **Söbriach**
Die Kirche St. Ruprecht besitzt einen schönen Hochaltar mit Opfergangsportalen (um 1680) und bemerkenswerten Schnitzarbeiten.

Wandervorschläge
Fraganttal, Mölltaler Polinik, Groppensteiner Schlucht, Reißeckgruppe, Oberkärntner Dreischluchtenweg

Blick auf den Ossiacher See (oben) **Farbenfrohe Stuckarbeiten in der Stiftskirche** (links) **Detail aus dem Flügelaltar in der ehemaligen Stiftskirche Mariae Himmelfahrt in Ossiach** (rechts)

OSSIACH

Höhe: 510 m | Einwohner: 750

Ossiach Information
9570 Ossiach 8
Tel.: 04243/497 oder 8420
Fax: 04243/8763
Internet: www.ossiach.at
E-Mail: ossiach@ktn.gde.at

Allgemeines & Geschichte

Der den Namen des Ossiacher Sees tragende Ort liegt an dessem Südufer in schöner Umgebung. Er bietet sich für Badeferien sowie verschiedene Wassersportarten an, man kann herrliche Wanderungen in der Bergwelt der Nocken unternehmen oder Rad fahren. Der Name kommt aus dem slowenischen, wo »Osoje« »die im Schatten Wohnenden« bedeutet. Bereits Anfang des 11. Jhs. wurde vermutlich von dem bairischen Adeligen Ozi ein Benediktinerstift gegründet, das sich nach Türkenbedrohung und Bauernaufstand bis zu seiner Aufhebung im Jahre 1783 gut behaupten konnten.

Sehenswürdigkeiten

Das ★ **Benediktinerstift** wurde vor 1028 von dem bairischen Adeligen Ozi und seiner Frau Glismond als erstes Männerkloster Kärntens gestiftet. Die Gebäude des Stiftes stehen südwestlich der Kirche. Sie wurden 1628 erweitert. Als Mitte des 17. Jhs. viele Mönche erkrankten und man dies auf die »ungesunde Lage« zurückführte, erwog man bereits die Umsiedlung nach Schloss Wernberg, ließ es jedoch, als sich die gesundheitliche Lage nach dem Bau einer neuen Wasserleitung besserte. Trotzdem hat Wernberg seine schöne Innenausstattung dem Kloster zu verdanken. Das Kloster wurde auf Grund der Josephinischen Maßnahmen 1783 aufgelöst; die große Bibliothek wurde fast vernichtet, ein Teil kam in die Bibliothek nach Klagenfurt. Die Bauern allerdings, die den Transport zu besorgen hatten, leerten einen Großteil der Bücher einfach in den See. Danach wurde das Stift als Militärgestüt genutzt, wofür man sogar den Kreuzgang abriss, um Pferdeställe zu erbauen. Nachdem auch eine italienische Besetzung im Ersten Weltkrieg schwere Schäden mit sich brachte, wurde mit den Sanierungsarbeiten begonnen, anfangs jedoch nur im allernötigsten Ausmaß. Auch die folgenden Nutzungen waren der Anlage wohl kaum angemessen: Erholungsheim, Schulungsheim, Flüchtlingslager, Fliegersportschule, Kriegsgefangenenlager, Filmschauplatz u. Ä. Die Schäden waren letztendlich so schlimm, dass man 1946 glaubte, ein Abriss wäre unumgänglich. Mittlerweile ist die Anlage jedoch dank des Engagements der Österreichischen Bundesforste und des Denkmalamtes wunderbar saniert.

Eine besonders prächtige barocke Fassade besitzt der Südflügel. Innen sieht man mit schönen Stuckaturen und Fresken geschmückte Säle. Das Treppenhaus im Südflügel geht in den Benediktussaal über, einen von Fromiller mit Fresken ausgeschmückten Festsaal mit 20 Marmorsäulen. Im Westtrakt liegt der Fürstensaal, der in gemalter Scheinarchitektur von Fromiller 14 Persönlichkeiten aus dem Geschlecht der Habsburger zeigt. Interessant sind auch die Bilder über den mit Intarsien geschmückten Türen, denn sie zeigen alte Ansichten des Stiftes, eine Herzogseinsetzung auf dem Zollfeld und die 1518 erfolgte Übergabe Klagenfurts an die Stände. Interessant ist die Sonnenuhr am Nordtrakt, denn sie zeigt zweierlei Zeiten: griechische und welsche Stunden, d. h. den Gegensatz Ost (»Kriechisch Stunnd«: Griechenland/Konstantinopel) und West (»Welsch Stunnd«: Italien/Rom). Neben vielen anderen Nutzungen dient das Stift heute dem Carinthischen Sommer.

★ Ehemalige Stiftskirche Mariae Himmelfahrt/Stiftsbauten

Die Pfarr- und ehemalige Klosterkirche wurde über einem Vorgängerbau des 9. Jhs. im 1. Viertel des 11. Jhs. gemeinsam mit dem Benediktinerkloster errichtet. Von außen wirkt die Kirche schlicht und verrät nichts von ihrem prachtvollen Inneren. Das Innere der dreischiffigen romanischen Pfeilerbasilika wurde großteils unter Abt Ludinger (1737–44) in die heutige Gestalt mit der Einwölbung von Mittelschiff, Querhaus, Seitenschiffen sowie Chor gebracht und mit

farbenfroher Stuckarbeit der Wessobrunner Stuckateure versehen. Stuck umzieht Arkadenbögen, Kapitelle sowie Zwickelflächen und umrahmt schließlich die von J. F. Fromiller geschaffenen Fresken (ca. 1741–44). Die Deckenbilder zeigen die Himmelfahrt Mariä, die hl. Katharina in der Glorie und Gottvater. Fromiller schuf auch die Seitenaltarbilder; links die Flucht nach Ägypten und rechts das Martyrium des hl. Sebastian. Der Hochaltar beinhaltet in der Mittelnische eine Madonnenstatue flankiert von den hll. Benedikt und Scholastika. In der so genannten Taufkapelle hat sich ein gotischer Flügelaltar aus der »Villacher Werkstatt« erhalten.

Feste & Brauchtum

Alljährlich findet hier im Juli und August der ★ **Carinthische Sommer** statt. Dieses Musikfestival bietet Opern, Orchester- und Kammerkonzerte sowie Liederabende. Im Sommer findet am Ossiacher Tauern das kulinarische ★ **Rindfleischfest** statt.

Ausflugsziele

Der ★ **Ossiacher See** ist der drittgrößte See Kärntens. Er ist von bewaldeten Bergen und Hügeln umgeben, so im Norden von der Gerlitzen, die noch zu den Nockbergen gehört, und ihren Ausläufern und im Süden von den Ossiacher Tauern. Um den See liegen einige kleinere Naturschutzgebiete. Eine Besonderheit ist das Vorkommen des Kalmus, der die Ufer oft zusammen mit Igelkolben und Wasserschwertlilien bewächst. Die im 16. Jh. eingebrachte Pflanze soll heilkräftig sein. Daher soll das Baden im Ossiacher See wegen seines starken Kalmusgehaltes eine heilkräftige Wirkung haben. Die Orte am Ufer sind für Badegäste und Wassersportbegeisterte eingerichtet, schließlich erreicht das Wasser Temperaturen von 25 °C und mehr. Auskunft: Touristikgemeinschaft Ossiacher See, 9520 Sattendorf, Tel.: 04248/2336, Fax: 2336-5, Internet: tiscover.com/treffen-sattendorf, E-Mail: sattendorf@ossiachersee.at, Schifffahrt: Auskunft: Tel.: 04242/58071.

Wandervorschlag

Gerlitzen

PATERNION (Marktgemeinde)

Höhe: 528 m | Einwohner: 6200

Marktgemeinde Paternion
Hauptstraße 83
9711 Paternion
Tel.: 04245/2888-11
Fax: 04245/2888-40
Internet: www.paternion.at
E-Mail: paternion@ktn.gde.at

Allgemeines & Geschichte

Der nette Urlaubsort mit den 19 Ortschaften ist der Hauptort des mittleren Drautales, liegt zwischen Villach und Spittal und ist von bewaldeten Bergzügen umgeben; das fruchtbare Drautal selbst wird als Ackerland genutzt. Die klimatisch begünstigte Gegend bietet schöne Wandermöglichkeiten, beispielsweise am Mirnock, am Goldeck oder am Hochstaff. Der Name des 1296 erstmals erwähnten Ortes geht auf den Kirchenpatron St. Paternianus, einen italienischen Bischof aus Fano (gest. 360), zurück. Er soll der Sage nach hier einmal gerastet haben. Südlich des Ortes gab es früher eine Fliehburg. Auf dem Dueler Hügel wurde von den Römern etwa 400 n. Chr. eine Burganlage errichtet. Ab dem 14. Jh. war hier ein reiches Bergbaugebiet. Es wurden Blei, Eisen, Zink, Kupfer, Quecksilber und Zinnober, im 15. Jh. auch Gold gefördert, außerdem saß hier ein Bergrichter und im 16. Jh. gab es ein Landgericht. Die Markterhebung war 1530.

Sehenswürdigkeiten

Im Zentrum des Ortes, am Kirchplatz und entlang der Hauptstraße, stehen sehenswerte Gebäude aus dem 16. Jh., beachten sollten man Hauptstraße 10, 12 und 20 (Gasthöfe Rauter/Lochbräuer bzw. Alte Post, ein Renaissancegebäude), Anna Plazotta-Str. 14, 44 und 45 (mit Wandmalerei), Bahnhofstraße 47 (mit Rundbogenportal und Doppelrundbogenfenster 1588), 48 (Pfarrhof) und 49. Letzteres wurde vom protestantischen Pfarrer Konrad Rueß erbaut, an den ein Marmorstein am Rundbogenportal erinnert.

Die schöne **Pfarr- und Wallfahrtskirche St. Paternianus** stammt von 1675 und ist eine der seltenen Barockkirchen in Kärnten. Vorhanden sind aber auch noch Reste aus der Spätgotik. Sie besitzt einen großen Innenraum mit mächtigen Gewölben und Malereien. Von ihrer reichen Ausstattung sind der Hauptaltar von 1773 mit den beiden großen Figuren, der bunte Marmoraltar in der Westkapelle (Ende 18. Jh.), die Kanzel mit den Evangelistenbildern (um 1720), der Taufstein (1652), Grabsteine und eine Schnitzstatue zu erwähnen. Die Konsolfigur des Paternianus stammt aus dem 15. Jh. Im Gewölbe sieht man über dem Marienaltar eine Malerei, die an den Pfarrer Konrad Rueß erinnert, der zum protestantischen Glauben übergetreten war. Das ausgedehnte **Renaissanceschloss Paternion** stammt aus dem 15./16. Jh. und wurde im 19. Jh. nach einem Brand (1859) verändert. Rechts vom Schlossportal befindet sich eine römerzeitliche Inschrift, an der Ostfront ist ein romanisches Marmorkreuz eingemauert.

Ausflugsziele

Feistritz an der Drau

Hier gab es einen wichtigen Verbindungsweg zwischen dem Drau- und dem Gailtal. Bereits um 400 wurde bei Duel ein Kastell zur Sicherung der Straßenverbindung angelegt. Es wurde im Awarensturm um 600 zerstört. Man kann noch teilweise die Befestigungsmauern erkennen, außerdem Fundamente der Kirche und anderer Bauten. Nordöstlich von Feistritz liegt die Wallanlage Görz, die in der Latènezeit erbaut wurde; später errichteten die Römer hier ein Kastell. Sehenswert sind die spätgotische Pfarrkirche St. Georg und vor allem die Filialkirche Maria am Bichl. Ihre Bekanntheit verdankt sie den an den Chorwänden und im Chorschluss flächendeckend angebrachten Wandmalereien aus der Zeit der ersten Nennung um 1420. Darüber hinaus ist auch die prachtvolle barocke Altarausstattung mitsamt den Seitenaltären beachtenswert.

Kreuzen

Der Ort war ein Zentrum des Silber-, Blei- und Eisenbergbaus der Gegend. Die Pfarrkirche St. Veit und St. Leonhard stammt aus der Gotik und wurde im Barock verändert. Die Netzrippen im Chor sind mit Wappenschlusssteinen versehen, außerdem sieht man hier Wandmalereien von 1862. Der Hauptaltar stammt von 1660. Die Kanzel wurde um 1780 errichtet. An der Südwand sieht man ein Christophorusfresko. Oberhalb des Ortes im Wald liegt die 1714–16 erbaute Kapelle St. Johann mit Kreuzwegstationen. Der Gasthof Staber, Nr. 15, besteht seit mindestens 1570. Schloss Kreuzen an der vom Drautal über die Windische Höhe ins Gailtal führenden Straße wurde 1591 von den Khevenhüllern als Sitz des Verwalters (Verwesers) für ihre umliegenden Bergwerke errichtet. Es diente auch als Jagdschloss, z. B. soll Kaiser Maximilian hier zur Bärenjagd Gast gewesen sein. Es ist ein mächtiger Vierkanthof, gedeckt mit einem großen Schindeldach. Es besitzt zwei runde Ecktürme und ist außen mit einer Sonnenuhr, einem Wappen und gemalten Fensterumrahmungen versehen. Die Hundskirche ist eine senkrechte Kalkwand, die rund 5 km westlich des Ortes liegt. An ihr sieht man eine seltsame Inschrift, eine Kirche, einen Hund und eine Schlange eingemeißelt. Man vermutet, dass sich hier die Protestanten in der Zeit der Gegenreformation im Geheimen trafen. Der Name soll von dem Gegenreformator Peter de Hondt stammen.

Pöllan

Mit dem Bau des Schlosses wurde 1592–1596 unter Moritz Christoph Khevenhüller begonnen, er wurde aber wegen der Wirren der Gegenreformation nicht vollendet. Der unverputzte Bruchsteinbau besitzt 4 sechseckige Ecktürme, von denen 2 ausgebaut sind, außerdem ein Rundbogenportal aus braunem und rotem Stein.

Wandervorschläge

Amberger Alpe, Mirnock

POGGERSDORF

Höhe: 495 m | Einwohner: 2850

Gemeindeamt Poggersdorf
Hauptplatz 1, 9131 Grafenstein
Tel.: 04224/81888

Allgemeines & Geschichte

Östlich der Landeshauptstadt Klagenfurt, inmitten einer hügeligen, zum Teil mit Wald bedeckten Landschaft, liegt die Gemeinde

In Pörtschach stehen sehenswerte, alte Villen. (oben) **Blick auf den Wörther See – im Hintergrund ist der Pyramidenkogel zu erkennen.** (links) **Schloss Leonstein in Pörtschach** (Mitte) **Pfarrkirche in Paternion** (rechts)

Poggersdorf. Bereits die Kelten wussten den Reiz der Gegend zu schätzen und besiedelten das Gebiet. Aus dieser Zeit stammt auch eine der Sehenswürdigkeiten – der Keltenbrunnen. Wer sich weniger für Geschichte, dafür aber für aktive Erholung interessiert, findet ideale Verhältnisse zum Rad fahren, Wandern, Laufen und Reiten vor.

Sehenswürdigkeiten

Die **Pfarrkirche hl. Georg und hl. Jakobus major** wurde erstmals 1616 als Filiale von Tainach urkundlich erwähnt; seit 1778 ist sie Pfarre. Im Zuge der Außenrestaurierung im Jahre 1984 wurde an der Südfassade ein Christophorus-Fresko von 1536 entdeckt. Der Hochaltar stammt von 1754 und ist mit vielen Heiligenfiguren ausgestattet.

Wabelsdorf/Keltenbrunnen

Im Ortsteil Wabelsdorf wurde ein römischer Tempel ausgegraben, dessen Weihesteine heute im Landesmuseum in Klagenfurt sind. Ein rekonstruierter Kultbrunnen steht beim Schulhaus. Ebenfalls in Wabelsdorf, auf einem Hügel, steht die gotische Filialkirche St. Georg. Im Chor ist ein Freskenzyklus der Georgslegende aus der 2. Hälfte des 15. Jhs. zu finden. Der reich geschmückte Hochaltar stammt aus dem Barock und zeigt den Kirchenheiligen auf einem Pferd. Das Hutzkreuz an der Packer Bundesstraße ist ein Nischenbildstock mit einem 1935/36 geschaffenen Gemälde von Suitbert Lobisser. Das Bettlerkreuz, südlich von Wabelsdorf, ist ein Bildstock vermutlich aus dem 17. Jh. Er ist mit einem kunstvollen Schindeldach mit Laterne ausgestattet.

Ausflugsziele

Der **Islandpferdehof Rapoldi** befindet sich, nur 15 Autominuten von Klagenfurt entfernt, in wunderschöner Ruhelage in der Gemeinde Poggersdorf. Geübte Reiter können die idyllische Umgebung bei zahlreichen Ausritten genießen. Und solche, die es noch werden wollen, können es bei Wilhelm Rapoldi lernen. Angeschlossen sind ein Reiter-Café-Restaurant mit Terrasse und Spielplatz sowie ein Streichelzoo für die Kleinsten. Informationen: Islandpferdehof Familie Rapoldi, Am Römerweg 30, Leibsdorf, Tel.: 04224/81729.

Die Anlage, eingebettet zwischen Wiesen und Wäldern, bietet große Weideflächen, zahlreiche Ausreitmöglichkeiten und eine eigene Ovalbahn.

Wandervorschläge

Wanderung nach St. Michael ob der Gurk, Rundwanderung von Poggersdorf über Wabelsdorf nach Leibsdorf und zurück nach Poggersdorf, Linsenberg

PÖRTSCHACH

Höhe: 446 m | Einwohner: 2670

Tourismus Information
Hauptstraße 156
9210 Pörtschach am Wörther See
Tel.: 04272/2354
Fax: 04272/3770
Internet: www.poertschach.at
E-Mail: info@poertschach.at

Allgemeines & Geschichte

Das auf einer Halbinsel am Nordufer des Wörther Sees gelegene elegante Seebad ist der zweitgrößte Ort am Wörther See. Er besitzt noch einige prunkvolle Villen, einen herrlichen Park und einen schönen Strand. Der aus dem Slowenischen kommende Name bedeutet »Leute, die am Bach wohnen«. Die ersten Touristen kamen 1853 mit der Eröffnung der Wörthersee-Schifffahrt nach Pörtschach; einen weiteren Aufschwung brachte die Eröffnung der Eisenbahn 1864. Die Entwicklung des Fremdenverkehrs war am Anfang eine Geschichte der Konkurrenz der einheimischen Familie Werzer und des Wiener Porzellanfabrikanten Wahliß, der hier in die Tourismuswirtschaft einstieg und ein Hotel errichtete. Ab 1870 zogen auch zahlreiche vornehme Familien hierher.

Prominente Gäste waren Gustav Mahler und Johannes Brahms. Letzterer verbrachte zwischen 1877–79 die Sommermonate in Pörtschach. Er hat hier zahlreiche Werke, darunter seine 2. Symphonie, die Pörtschacher Symphonie, geschrieben. Um 1900 war der Ort der mondänste »fashionable« Badekurort im Bereich des heutigen Österreichs.

Sehenswürdigkeiten

Sehenswert ist das auf der Halbinsel in einer Parkanlage gelegene Parkhotel, das einen prächtigen Blick auf den See und Maria Wörth bietet. Man kann herrliche Spaziergänge entlang des Seeufers unternehmen. Das ehemalige Schloss Seefels wird als Hotel genutzt. Beachtenswert sind die im Stil des Historismus bzw. der »Wörtherseearchitektur« erbauten prächtigen Villen, z. B. die Villa Seeblick, Hauptstr. 243 und die Villa Seewarte, Hauptstr. 241, aber auch andere Anwesen, die teilweise von dem Architekten Franz Baumgartner errichtet wurden. Man sollte einfach einmal durch den Ort bummeln und sich die Gebäude ansehen. An der Werzer Promenade in der Nähe der Dampferanlegestelle steht das Denkmal für den Kärntner Liederkomponisten Thomas Koschat.

Schloss und Ruine Leonstein

In dem aus der Renaissance (16. Jh.) stammenden, später aber umgebauten und erweiterten Schloss Leonstein, Hauptstraße 228, residierte einst der Pfleger der Burg Leonstein. Das Wappenfresko über dem Tor stammt von 1598. Schön ist der Hof mit den Arkaden und einem Brunnen mit Renaissancelöwen; aber auch das Denkmal zur Erinnerung an Johannes Brahms. Heute wird die Anlage als Hotel genützt. Anfang des 12. Jhs. wurde die Ruine Alt-Leonstein als Zwillingsburg errichtet und 1166 erstmals erwähnt. Sie ist eine der größten Burgruinen Österreichs und verfällt seit dem 17. Jh. Man sieht noch Reste des Bergfrieds, der nördlich gelegenen Vorburg, der Kapelle und der mächtigen Hauptburg. Die Anlage ist von einer gut erhaltenen Ringmauer mit Zinnen umfasst. Burg und Herrschaft gehörten ab dem 17. Jh. den Jesuiten und ab Anfang des 19. Jhs. den Benediktinern aus St. Paul. Sie ist auf einem Wanderweg gut zu erreichen.

Die **Pfarrkirche St. Johann Baptist** wurde 1787–94 als Nachfolgerin der 1328 erwähnten Kirche errichtet, 1904–06 von Victor Fuchs vergrößert und mit einer Fassade im Stil der Neorenaissance versehen – die einzige Kärntens! Sie besitzt eine historisierende Innenausstattung mit einem Hochaltar von Jacob Campidell (1919), an dem man die Barockfiguren der hll. Maria und Johannes sieht.

Feste & Brauchtum

Im Juni findet in Pörtschach, im August in Goritschach der Kirchtag statt. Im August gibt es die Marienschiffsprozession mit einem Fest der 1000 Lichter. Im Sommer findet in der Werzer Seearena die »Starnacht am Wörther See« mit Superstars aus der nationalen und internationalen Musikszene statt. Seit 1994 wird alljährlich der Internationale Johannes-Brahms-Wettbewerb veranstaltet. Im September feiert man das Erntedankfest.

Kuren

Luftkurort, Kneippkurort

Ausflugsziele

★ Schifffahrt am Wörther See

Besuch der anderen am See gelegenen Ort z. B. Reifnitz, Maria Wörth, Velden, Krumpendorf oder Klagenfurt

Golfanlage

Der Golfplatz zwischen Pörtschach und Moosburg vermittelt den Eindruck eines riesigen Naturparks. Feuchtbiotope, sanfte Hügeln und Teiche begleiten den Spieler auf seiner Runde durch die 18 Löcher.

Wandervorschläge

Hohe Gloriette, Karawankenblick und Katharinenquelle, Wanderung zur Ruine Leonstein

PREITENEGG

Höhe: 1078 m | Einwohner: 1130

Gemeindeamt, 9451 Preitenegg 5
Tel.: 04354/2311
Fax: 04354/2311-22
Internet: www.preitenegg.net
E-Mail: preitenegg@ktn.gde.at

Allgemeines & Geschichte

Preitenegg liegt in aussichtsreicher Lage an einem freien Wiesenhang als letzter Kärntner Ort an der Straße über den Packsattel (1169 m). Diese Verbindung ist schon von jeher stark frequentiert, heute ist die durch den Ort führende Straße jedoch durch die Autobahn entlastet. Von hier aus sind schöne Wanderungen ins Pack- und Stubalpengebiet, teilweise auf steirischem Boden (z. B. Hirschegger Alpen, Ameringkogel, Salzstiegelhaus), möglich. Der Lavanttaler Höhenweg Nr. 505 verläuft direkt durch den Ort.

Sehenswürdigkeiten

Die 1288 erwähnte Pfarrkirche St. Nikolaus ist ursprünglich eine romanische Chorturmkirche und besitzt einen Turm aus der Spätgotik. Die Ausstattung ist barock und stammt aus dem 18. Jh, z. B. der prächtige, chorfüllenden Hochaltar (um 1750), an dem man das Wappen der Grafen Schönborn sieht. Sehenswert sind auch die Schnitzfiguren von Heiligen am Altar, der Nebenaltar, die Kanzel sowie die großen Bilder (alles um 1750). Die Barockorgel stammt von 1720/30. Von der Decke hängt die Taube des hl. Geistes. Im Ort steht eine barocke Steinfigur des hl. Nikolaus, des weiteren ein Dorfbrunnen sowie eine Dorfkapelle. Durch den Wolfsberger Künstler Karl Schüßler wurde im Ort moderne Kunst mit bestehender Kultur verbunden. Besonders sehenswert sind die Bleiglasfenster bei der Aufbahrungshalle.

Ausflugsziele

Hebalm

Die Hebalm liegt in der Weststeiermark im Grenzgebiet zwischen Steiermark und Kärnten. Im Sommer ein herrliches Wandergebiet für die ganze Familie (auch Vogelstimmenwanderungen mit Führung sind möglich). Der Dom des Waldes auf der Hebalm ist ein in Europa einmaliges Land-Art-Projekt der bildenden Künstler Anne und Peter Knoll (Tel.: 03113/2242). Hier finden auch Konzerte statt. Im Winter stehen 9 Abfahrten mit einer Gesamtlänge von 11 km zur Verfügung (auch Nachtskifahren ist möglich). Information: Hebalm Malteser Tourismus KG, 8563 Ligist, Tel.: 03143/6030-0.

Wandervorschläge

Hebalm, Pack- und Stupalpengebiet

RADENTHEIN (Stadtgemeinde)

Höhe: 580–1000 m | Einwohner: 6620

Tourismusverband Radenthein/Döbriach
Hauptplatz 8, 9873 Döbriach
Tel.: 04246/7878, Fax: 04246/7878-16
Internet: www.doebriach.net
E-Mail: info@doebriach.net

Allgemeines & Geschichte

Das Ortsbild Radentheins wird vom großen Magnesitwerk beherrscht. Der Ort ist außer als Urlaubs- und Erholungsort daher auch als Industrie(Bergbau)standort bedeutsam. Seit 1930 ist er Marktgemeinde, seit 1995 Stadtgemeinde. Ort und Kirche wurden 1177 als Besitz des Klosters Millstatt erwähnt. Der Name wird mit »Gegend des Radeta« oder vom slowenischen »rad«, d. i. eine Gegend, die am Ende eines steilen und unangenehmen Weges liegt, erklärt. Ein Silberbergbau im 16. Jh. bestand nicht lange. Mitte des 18. Jhs. wurde im Gebiet des Rosennocks Eisenerz entdeckt und daraufhin ein Hochofen erbaut; 1781 kam noch ein Hammerwerk hinzu. 1890–1909 wurden oberhalb des Ortes Granatsteine abgebaut. Die Halbedelsteine wurden an Ort und Stelle bearbeitet, nach Böhmen gebracht, dort verkaufsfertig gemacht und dann als »Böhmische Granate« verkauft. Bevor der Granatabbau unrentabel wurde, entdeckte man auf der Millstätter Alpe Magnesit. Die Errichtung des Magnesitwerkes brachte wirtschaftlichen Aufschwung. Als Produkte werden feuerfeste Steine und Platten (Radex) für die Stahlindustrie zur Verwendung in Hochöfen hergestellt. Heute kommt über ein Drittel der österreichischen Magnesitausfuhr aus diesem Werk. In Radenthein wurde von Robert Scherer Heraklith – von Herakles/Herkules und lithos = Stein – erfunden; der beliebte Baustoff ist eine Holzfaserverbindung mit Magnesit und wurde 1908 patentiert.

Sehenswürdigkeiten

Die Pfarrkirche St. Nikolaus wurde im 17. Jh. auf romanischem Kern erbaut. Sie besitzt einen sehenswerten Altar (Ende des 15. Jh.), eine Sitzfigur St. Nikolaus (Ende 15. Jh.) und Seitenaltäre von Anfang des 18. Jhs. Die Kanzel stammt von etwa 1720.

Das Marterle bei Rangersdorf (links) **Gebiet um Preitenegg im Lavanttal** (rechts) **Badevergnügen am Millstätter See** (unten)

Ausflugsziele

Bäuerliche Architektur

In der Umgebung findet man für das Nockgebiet typische Ringhöfe mit zahlreichen einzelnen Gebäuden. Ein schönes Beispiel ist Dabor 5, Bauten verschiedener Art (auch Speicher u. Ä.) findet man in Kaning Nr. 2, Dorfstr. 34, 62 und 113, Bergweg 3, Koflachweg 15, Nockweg 14, Laufenberg 10 und 15, Mitterberg 15, Zödl 9, Ebene 1, Schwarzwald 38.

Döbriach

Der Ortsteil liegt am Ostende des Millstätter Sees und besitzt einen flachen Strand, schöne Campingplätze und Freibäder, außerdem rühmt er sich des feinsten Sandes des gesamten Millstätter Sees. Der Ort wurde urkundlich erstmals 1177 erwähnt. Sehenswert ist auch die Pfarrkirche St. Ägidius.

Kaning

Neben der spätgotischen Pfarrkirche St. Johannes sieht man im Ort schöne alte Bauernhäuser aus Holz und typische Troadkasten. Sehenswert sind z. B. Nr. 2, Bergweg Nr. 3 (mit einem Troadkasten von 1734), Dorfstraße Nr. 64 (mit einem Troadkastn von 1775), Nockweg Nr. 14 (mit einem Troadkastn von 1700) und Koflachweg Nr. 5 (mit einem aus dem 18. Jh. stammenden Troadkasten). Am Beginn des ★ **Kneipp- und Mühlenwanderweges** wurde von der Nationalparkverwaltung das **Museum im Türkhaus,** einem alten, typischen Nockhaus, eingerichtet. Man sieht eine Tondiaschau und eine Ausstellung über den Granatbergbau am Laufenberg, außerdem Sonderausstellungen des Museums für Volkskultur in Spittal.

Wandervorschläge

Erlacher Hütte, Großer Rosennock, Nassbodensee, Zunderwand, Rosennock, Mirnock, Mühlenwander- und Kneippweg, Döbriacher Panoramaweg

RANGERSDORF

Höhe: 860 m | Einwohner: 1810

Fremdenverkehrsamt, 9833 Rangersdorf 40
Tel.: 07823/25512, Fax: 04823/796
Internet: www.rangersdorf.at
E-Mail: rangersdorf@ktn.gde.at

Allgemeines & Geschichte

Rangersdorf liegt in einer schönen Berglandschaft an der Einmündung des Lamnitzgrabens in den Möllgraben. Die Gegend bietet prächtige Wandermöglichkeiten wie den Gippersee oder den Lamnitzwasserfall. Der Ort wurde wahrscheinlich von dem Kleriker Ruothar um 980 gegründet und vor 1039 in einem Tauschvertrag erstmals erwähnt. Früher fand hier ein bedeutender Bergbau statt.

Sehenswürdigkeiten

Pfarrkirche hl. Petrus und Paulus

Die spätgotische Kirche wurde erstmals Anfang des 11. Jhs. erbaut, die heutige Anlage stammt von Anfang des 16. Jhs. und besitzt an der Nordwand Reste von Fresken aus der Spätgotik. Die Einrichtung ist vorwiegend neubarock. Der Hochaltar wurde Anfang des 18. Jhs. erbaut und besitzt eine Schutzengelgruppe aus dem Rokoko. Die Konsolenfigur »Madonna auf der Mondsichel« entstand Anfang des 18. Jhs. Hier befand sich der älteste Flügelaltar Kärntens (1425); heute sieht man ihn im Diözesanmuseum in Klagenfurt.

Feste & Brauchtum

Am Palmsonntag ist Bauernmarkt, am 1. Mai eine Florianiprozession, außerdem findet eine Fronleichnamsprozession statt. Zur Sommersonnenwende findet das Fest Scheibenschlagen statt, im September ein Erntedankfest mit Bauernmarkt und an Silvester die Sauhaxenversteigerung.

Kuren

Eisen- und Schwefelquelle

Ausflugsziele

★ Marterle

Unterhalb des Laitenkogels liegt dieser Wallfahrtsort mit der kleinen Kirche und einem Gasthof. Sie ist die höchstgelegene Wallfahrtskirche Österreichs und ging aus einem Wetterkreuz hervor, das 1854 zu einer Kapelle erweitert und 1902 zu einer Kirche umgebaut wurde. Im Chor sieht man gemalte Architekturelemente, der Hochaltar stammt aus dem Neubarock. Der Aufstieg dauert ca. 3 Stunden, es führt aber auch ein Fahrweg hinauf.

Tressdorf

Hoch über dem Ort steht die Filialkirche St. Ulrich von 1516. Der heutige Bau stammt von Anfang des 18. Jhs. und besitzt einen hölzernen Dachreiter mit Zwiebelhelm. Die Kirche ist mit einer barocken Ausstattung aus dem 18. Jh. und schönen Skulpturen versehen. Bekannt ist der Ort vor allem durch die **»Tressdorfer Passion«**, ein Passionsspiel in der Karwoche, bei dem alle Dorfbewohner mitmachen und Spielort Tressdorf selbst ist. Der Bürgermeister von Rangersdorf trägt als »Jesus« das schwere Kreuz.

Lainach

Im Hotel Mölltalerhof wird der Besucher unter dem Namen »Zeitfabrik« museumsartig in die Zeitgeschichte vom Urknall bis in die Gegenwart eingeführt. Zu besichtigen sind auch eine Trachtenschau und ein Handwerksraum. Öffnungszeiten: April bis Oktober täglich 11–17 Uhr. Auskunft: Tel.: 04822/381.

Wandervorschläge

Gippersee, Rangersdorfer Alm, Hoher Leiterkopf, Wanderung zum Marterle

REICHENAU

Höhe: 1092 m | Einwohner: 2030

Gemeindeamt
9565 Reichenau 80
Tel.: 04275/218-0
Fax: 04275/218-10
Internet: www.ebene-reichenau.at
E-Mail: reichenau@ktn.gde.at

Allgemeines & Geschichte

Reichenau ist weit verzweigt, das Gemeindegebiet reicht von 1092 bis 1768 m Seehöhe. Die höchste Siedlung ist auf der Turracher Höhe, die sich die Bundesländer Kärnten und Steiermark teilen. Hier befinden sich alte Streusiedlungen aus der Zeit der bairischen Besiedlung. Die Häuser weisen den typischen Nockstil auf. Der Name Reichenau wurde urkundlich erstmals 1332 erwähnt. Die früher recht sumpfige Gegend wurde im Auftrag der Millstätter Benediktiner durch bairische Siedler gerodet. Der Name kommt nicht, wie man vermuten könnte, von einer reichen Au (= fruchtbares Tal), sondern ist wohl auf das Schmugglerwesen, das hier lange Zeit herrschte, zurückzuführen. Die Reichenauer hatten nämlich ein uraltes Privileg, das ihnen erlaubte, eine gewisse Menge Salz mautfrei aus Salzburg einzuführen; dafür mussten sie den Weg über die Turracher Höhe offen halten. Nur wurden eben größere Salzmengen als erlaubt aus den erzbischöflichen Salzbergwerken in Hallein geholt. Nach verschiedenem Auf und Ab und einer letzten Hochzeit in der napoleonischen Epoche hörte der Schmuggel Anfang des 19. Jhs. auf. Der höchstgelegene Bauernhof Kärntens, der Hochsinner, befindet sich übrigens hier in Saureggen.

Sehenswürdigkeiten

Die spätbarocke Pfarrkirche St. Martin wurde 1384 erstmals erwähnt, der heutige Bau stammt aus der Mitte des 18. Jhs. Sie besitzt ein Pyramidenspitzdach (19. Jh.), einen frühbarocken Hochaltar (19. Jh.), eine Rokokokanzel mit gemalten Evangelistenbildern und eine Kreuzigungsgruppe (18. Jh.).

Feste & Brauchtum

Am 15. August gibt es in St. Anna bei St. Lorenzen einen Wallfahrtsgottesdienst. An diesem Tag findet in St. Lorenzen auch das Ranggeln (Preisringen) statt. Bekannt ist das Mariensingen in St. Lorenzen. Christi Himmelfahrt wird gefeiert, indem man in der Kirche einen Auferstandenen hochzieht, dem zwei Engel mit brennender Kerze entgegenkommen.

Ausflugsziele

★ Heidi-Alm

Falkert. In dem Freigelände sind an die 80 Motive aus dem Zeichentrickfilm Heidi aufgebaut. Ein schönes Ausflugsziel für kleine Kinder mit freilaufenden Ziegen und der interessanten Heidi-Rutsche.
Information unter www.heidialm.at

★ Reptilienzoo Nockalm

Patergassen. Über 120 naturnah eingerichtete Terrarien mit lebenden Giftschlangen, Echsen, Vogelspinnen,... Informationen unter Tel.: 04275/23165 oder 0676/3861738, www.reptilienzoonockalm.at

St. Lorenzen

Hier findet man prächtige Bauernhöfe. Die gotische Pfarrkirche St. Laurentius steht inmitten des ummauerten Friedhofs und ist Kärntens höchstgelegene Pfarrkirche. Die Wallfahrtskirche St. Anna wird im Volksmund »Weiberberg« genannt, da Mädchen gerne dorthin Wallfahrten unternahmen, um einen Mann zu bekommen.

★ Turracher Höhe

Die Siedlung inmitten der Nockberge wurde um 1000 urkundlich erwähnt, auf die Passhöhe führt eine steile Straße. In der Nähe befindet sich der höchste der Nockberge, der 2441 m hohe Eisenhut. Auf der Turracher Höhe liegen drei Hochgebirgsseen, der Sage nach Freudentränen Gottes, die er vergoss, als er sah, was er Schönes geschaffen hatte. Hier ist auch die Landesgrenze Kärnten/Steiermark – der Ort Predlitz-Turrach (1260 m) liegt bereits in der Steiermark. Sehens- und besuchenswert sind die Pfarrkirche, das Mineralienmuseum »Zirbenhof« (Glanzstücke sind 800 kg schwere Riesenkristalle, kostbare Schmuckstücke, handgefertigte Tierfiguren aus Edelsteinen) sowie die Sommerrodelbahn Turracher Höhe. Man kann von hier aus herrliche Wanderungen, zum Teil unterstützt durch die Bergbahn, hinein ins herrliche Nockgebiet unternehmen.

★ Nockberge – Nockalmstraße

Eine der eigenartigsten Landschaften der Alpen sind die Nockberge, ein Berggebiet mit ganz besonderem Reiz. Sie sind eine der interessantesten Gebirgsformationen Europas. Auf Grund der geomorphologischen Ausprägung in Form der runden Berggipfel, der Nocken – die nicht umsonst den Namen der beliebten Süßspeise erhalten haben (so eine Definition des Namens) – weisen sie eine Faszination auf, der man sich nur schwer entziehen kann. Obwohl die Gipfel zwischen 2000 und 2400 m hoch sind, sind es in der Regel leichte Wandergipfel, die keine Probleme alpinistischer Art bereiten. Geringe Teile der Nockberge gehören zu Salzburg und zur Steiermark. Beispielsweise ist der Große Königstuhl ein Dreiländergipfel, an dem sich diese Länder treffen.

Nachdem Ende der siebziger Jahre geplant war, die Gegend des heutigen Nationalparks für den Wintersport zu erschließen, gab es in der Bevölkerung enormen Widerstand dagegen. Bei einer Volksabstimmung 1980 sprachen sich dann mit über 94 Prozent fast alle Kärntner gegen die Erschließung aus, 1987 wurde schließlich der Nationalpark eingerichtet, zunächst zwei Jahre auf Probe.

Die Gesamtfläche beträgt 184,3 km^2, davon entfallen 77,4 km^2 auf die Kernzone und 106,9 km^2 auf die Außenzone. Der höchste Berg des Nationalparks ist der Große Rosennock (2440 m), der höchste der Nockberge der Eisenhut (2441 m).

Die Häuser hier sind meist alte Gehöfte im typischen Nockbergestil: aus schwarz verbranntem Holz, die Räume zwischen den Balken sind weiß ausgekalkt. Die Balkone sind zumeist überreich mit Blumen geschmückt. Ein herrlicher Anblick.

Fährt man auf der Nockalmstraße, folgt eine Sehenswürdigkeit der anderen: Der **Windebensee** lädt ein zu einem Spaziergang auf einem alpinen Lehrweg. An der Grundalm gibt es die **Bergwaldinformation** und einen Wald- und Wasserlehrweg. An der Glockenhütte an der Schiestlscharte (2024 m) kann man eine Tonbildschau und ein **Relief der Nockberge** ansehen, einkehren und landwirtschaftliche Produkte kaufen; auch eine Wunschglocke ist vorhanden. Wer sie schlägt, darf sich etwas wünschen. Das **Karlbad** bietet eine urige Badeatmosphäre, leider aber nur für Hausgäste. Ansonsten kann man dort aber prima einkehren. Auch bei der Zechneralm kann man einkehren, außerdem ein kleines **Almwirtschaftsmuseum** und eine Videoschau ansehen. Bei der **Pfandlhütte** erfährt man viel über das Leben der Murmeltiere und am **Nockalmhof** wird Interessantes über den Eisenbergbau vermittelt. Der höchste Punkt der Straße ist die **Eisentalhöhe** (2042 m). Auskunft: Nationalparkverwaltung, 9565 Ebene Reichenau 22, Tel.: 04275/665, Fax: 7089, www.nationalparknockberge.at

Wandervorschläge

3-Seen-Wanderung, Kornock, Lattersteighöhe, Rinsennock, Schoberriegel, Hochsinner, Eisenhut, Falkert

An der Nockalmstraße (oben)
In der Kirche von Reichenfels ist eine bemerkenswerte Pelikanfigur zu sehen. (unten)

REICHENFELS IM LAVANTTAL (Marktgemeinde)

Höhe: 809 m | Einwohner: 2080

Tourismusbüro Reichenfels, Liftstraße 1
9463 Reichenfels, Tel.: 04359/2221-13
Fax: 04359/2221-24, Internet:
www.kaernten-im-netz.com/reichenfels.htm
E-Mail: reichenfels@ktn.gde.at

Allgemeines & Geschichte

Der Name dieses nördlichsten Ortes des Lavanttales und letzten Ortes vor der Grenze zur Steiermark erinnert an den einstigen Gold- und Silberreichtum. Der Ort entstand im Schutz der Burg und erhielt 1457 das Marktrecht. 1480 wurde er von den Türken zerstört. Bis 1759 gehörte er den Bamberger Bischöfen. Reichenfels ist Austragungsort zahlreicher Bike-Rennen, und auch für den »Normalradler« stehen markierte Strecken aller Schwierigkeitsgrade zur Verfügung.

Sehenswürdigkeiten

Die von der ehemaligen, bis zu 2 m hohen und mit Wehrerker versehenen Wehrmauer umgebene spätgotische Kirche St. Jakob major wurde 1285 erwähnt; sie besitzt spätromanische Mauerreste und einen ungewöhnlichen Turmabschluss mit einer Zwiebel. Sehenswert sind das Netzrippengewölbe, die mit einem gotischen Gitter versehene Sakramentsnische und die barocken Altäre. Der Hochaltar stammt aus dem 18. Jh. und ist mit schönen Skulpturen geschmückt. Bemerkenswert ist der goldgeschmückte Tabernakel, der mit einem Pelikan, der seine Jungen mit seinem Blut nährt, gekrönt ist. An der Hauptstraße steht die Mariensäule, die 1960 an Stelle der 1734 erbauten Pestsäule errichtet wurde. Bei der Burgruine sieht man noch Reste der mittelalterlichen Ummauerung und eines Wohnbaus.

Ausflugsziele

Mountainbike-Touren

Dem begeisterten Mountainbiker stehen beschilderte Touren aller Schwierigkeitsgrade von insgesamt 150 km Länge und von 100 bis 1000 Höhenmeter zur Verfügung. Auskunft: Tourismusbüro, Liftstraße 1, Tel.: 2221-13, Fax: 2221-24.

Quellenwanderwege

Entlang der Quellenwanderwege kann man auf den Spuren des Arztes und Naturforschers Paracelsus wandern, der schon vor fast 500 Jahren die Heilkraft der Oberlavanttaler Bründl und Quellen rühmte. Ein besonderes naturkundliches Kleinod ist das Wasser der Kölzer Quelle, das entlang eines Quellenwanderweges zu Tage tritt. Der Sauerbrunn besitzt Calcium- und Eisenanteile, die bei chronisch-entzündlichen Krankheiten helfen und die Abwehrkraft der Haut steigern.

Wandervorschläge

Petererhütte, Grünhütte, Feldalmhütte, Quellenwanderungen, Seniorenwanderungen

REISSECK

Höhe: 700 m | Einwohner: 2520

Gemeindeamt Reißeck, Unterkolbnitz 50
9815 Kolbnitz, Tel.: 04783/2050-73
Fax: 04783/2160, Internet: www.reisseck.at
E-Mail: reisseck@ktn.gde.at

Allgemeines & Geschichte

Die Gemeinde Reißeck liegt im Mölltal, am Fuße des Danielsberges. Im Norden wird sie von der Reißeckgruppe und im Süden von der Kreuzeckgruppe umrahmt. Die Gemeinde umfasst 17 Ortschaften und Ortsteile, wovon die größeren Kolbnitz, Penk und Teuchl sind. Die Geschichte des Mölltales ist bis ins 18. Jh. eng mit dem Bergbau verbunden. Bereits die Kelten besiedelten das Gebiet und schürften nach Gold, Silber und Eisen. 15 v. Chr. besetzten die Römer das Gebiet und hinterließen ihre Spuren, z. B. die Römerstraße und Überreste eines Herkulestempels auf dem Danielsberg. 1124 wurde der Hauptort der Gemeinde – Kolbnitz – zum ersten Mal urkundlich als – »Cholomunze« erwähnt. Der Name ist slawischen Ursprungs und leitet sich vermutlich von »Collmiza« ab, was »kleiner abgerundeter Berg« (Ameisenhaufen) bedeutet. Der Bau der Tauernautobahn im Jahre 1909 brachte dem Mölltal wirtschaftliche Vorteile. Als 1947 mit dem Bau des Winterspeicherkraftwerkes Reißeck-

Kreuzeck begonnen wurde, setzte sich der wirtschaftliche Aufschwung in der Gemeinde Reißeck fort.

Sehenswürdigkeiten

Kirche St. Jakobus d. Ä.

In Unterkolbnitz steht die barocke Kirche St. Jakobus d. Ä., die aus einer 1124 erwähnten gotischen Kirche erbaut wurde. Das Vesperbild an der rechten Triumphbogenwand wurde im 16. Jh., der mit schönen Skulpturen geschmückte Hochaltar und die Kanzel im 18. Jh. geschaffen. Interessant ist die Volksschule, hier wurde einem aus den 50-er Jahren des 20. Jhs. stammenden Bau 1993–96 eine geschwungene Front aus Naturholz vorgesetzt.
Das Speicherkraftwerk der Draukraftwerke hat mit einer Höhe von fast 1800 m das höchste Gefälle der Welt. Auf der Schattseite liegt die Erasmusquelle, die auch schon als »Bauchwehwasser« bezeichnet wurde und der Heilkraft zugeschrieben wird.

Ausflugsziele

★ Danielsberg

Auf dem frei stehenden Bergkegel im Mölltal stand zu römischen Zeiten ein Herkulestempel, davor befand sich hier eine heidnische Kultstätte; man fand auch kultisch begrabene Steinbeile aus der Jungsteinzeit. Heute befindet sich dort die kleine Kirche St. Georg (1516), die mit Römersteinen, darunter einer Bauinschrift des Herkulestempels, versehen ist. In der Apsis findet man Freskenreste aus dem 15. Jh., die Altäre stammen aus dem 18. Jh. (Schlüssel im Hotel Herkuleshof). Der Danielsberg wurde 1972 zum Landschaftsschutzgebiet erklärt. Von Kolbnitz aus kann man ihn auf einem schönen Naturlehrpfad erreichen. Von Penk aus wandert man auf dem 1. Österreichischen Jagdlehrpfad. Auf dem Berg steht das Hotel Herkuleshof. Am Südhang des Danielsberges findet man Trockenrasen mit einer reichen Flora, die von einer Vielzahl wärmeliebender Tiere bewohnt ist. Besonders erwähnenswert ist der Apollofalter, der hier sehr zahlreich vorkommt. 132 ha stehen unter Naturschutz. Der Berg bietet eine prächtige Aussicht ins Tal.

★ Reißeck

Eine der erlebnisreichsten Unternehmungen im Gebirge ist die Fahrt mit dem Schrägaufzug und der Bahn zur Endstation in der Reißeckgruppe – ein außergewöhnliches Erlebnis. Hier bieten sich verschiedene Bergtourenmöglichkeiten aller Schwierigkeitsgrade an, vom Spaziergang zu den Stauseen bis zur Besteigung der vielen Gipfel. Information: Reißeck Bergbahnen, Talstation, Tel.: 04783/2410.

★ Kreuzeck

Auf diese Gebirgsgruppe führt die nostalgische Kreuzeckbahn. Oben angekommen, kann man den Salzkofel erklimmen oder auf dem Waldgeisterpfad zu zwei bewirtschafteten Almhütten wandern. Information unter: 0664/9046681.

Teuchl

Durch einen wildromantischen Graben führt eine schmale Straße nach Teuchl. Hier wurde früher Goldbergbau betrieben, was an den aufgelassenen Stollen zu erkennen ist. Wer lieber wandert, benützt die »alte« Straße. Sehenswert ist die Pfarrkirche Hl. Dreifaltigkeit.

Wandervorschläge

Kreuzeck, Reißeck, Rieggenthörl, Rieggen Alm

RENNWEG AM KATSCHBERG

Höhe: 1142 m | Einwohner: 2030

Tourismusbüro Rennweg am Katschberg
9863 Rennweg 51
Tel.: 04734/330
Fax: 04734/330-5
Internet: www.rennweg-katschberg.at
E-Mail: rennweg-katschberg@ktn.gde.at

Allgemeines & Geschichte

Rennweg liegt im Katschtal südlich des Katschbergs an der Einmündung des Pöllatals. Die Gemeinde mit den 25 Ortschaften ist ein beliebtes Sport- und Erholungszentrum und ein guter Ausgangspunkt für Touren und um am nahen Katschberg Ski zu laufen (60 km Pisten). In der Umgebung findet man prächtige Wiesen und herrliche Wälder.

Naturfreunde lockt das »Tal der 1000 Orchideen«. Der Ort besitzt große, prächtige Häuser mit viel Blumenschmuck. Vom ehemaligen Gold- und Arsenbergbau zeugen aufgelassene Stollen bis hinauf auf 2400 m Höhe bei den Lanischseen. Im Pöllatal wurde vom 14. bis Ende 19./Anfang 20. Jhs. Gold, Silber, Kupfer und Arsen abgebaut. Arsen ist zwar als Gift bekannt, es wurde aber auch zur Textilfärbung, zur Glasfärbung, als Gerbmittel, zur Salbenerzeugung und zum »Aufputschen« alter Pferde verwendet. Zeitweise wurden bis zu 50 t Arsenik nach Venedig geliefert.

Sehenswürdigkeiten

St. Peter

In der Pfarrkirche St. Peter sieht man einen prächtigen Barockaltar. Interessant ist das Dorfmuseum in der alten Schule. Vorhanden sind Gebrauchsgegenstände aus dem Bergwerksleben, zur Heimatkunde und zum Künstler Josef Messner (1839–86). Auskunft: Tel.: 243.

Feste & Brauchtum

Tradition haben das Sonnwendfeuer mit dem Scheibenschlagen, das Sauschädelstehlen, das Palmbesentragen am Palmsonntag und das Ochsentragen an Fronleichnam. Im Juli gibt es eine Christophorusmesse mit Autoweihe, im August ein Blasmusikfest, im September einen Almkirchtag und im Winter zur Schlachtzeit das Sauschädelstehlen.

Ausflugsziele

★ Pöllatal

Kein PKW darf im Sommer in das Natur- und Landschaftsschutzgebiet Pöllatal – es ist die Tschu-Tschu-Bahn, die die Fahrgäste in einstündiger Fahrt von Rennweg zur Endstation ins Pöllatal bringt. Schöner Ausflug auch für Kinder. Im Tal der 1000 Orchideen, so wird das Pöllatal noch genannt, wird auch der Gold- und Arsenbergbau in einer Schauhütte wieder lebendig. Informationen unter: Tel.: 04734/3300.

★ Bergbahnen Katschberg

Soll es ein Zweitausender sein oder gar ein Dreitausender oder vielleicht eine Hochgebirgsseenwanderung? Die Berge und Seen warten nur darauf, von den Besuchern erkundet zu werden. Ein besonderes Ausflugserlebnis für die ganze Familie bietet die Sesselbahn mit der Fahrt auf das Aineck in 2200 m Seehöhe. Dem Wanderfreudigen eröffnet sich hier ein wundervolles Panorama. Informationen: Katschbergbahn GmbH, 9863 Katschberg 17, Tel.: 04734/83888. Im Winter ist der Katschberg ein traumhaftes Schigebiet.

Wandervorschläge

Kareck, Lanischseen, Lasörnsee, Sternspitze, Tal der 1000 Orchideen

ROSEGG (Marktgemeinde)

Höhe: 477 m | Einwohner: 1800

Marktgemeindeamt Rosegg, Schlossallee 2
9232 Rossegg, Tel.: 04274/2712
Fax: 04274/2712-24
Internet: www.roseggonline.at
E-Mail: rosegg@ktn.gde.at.

Allgemeines & Geschichte

Rosegg im Rosental liegt am Südufer der Drau in einer Flussschleife vor der beeindruckenden Gebirgskulisse der Karawanken und ist von bewaldeten Höhenzügen umgeben. Der Name kommt nicht von Rosen oder Rossen, sondern von »Ras«, was im Althochdeutschen »Landschaft am Fluss« bedeutete; der Name findet sich auch bei den Rittern von Rase (später Rasek), die hier beheimatet waren und diesen Namen übernahmen. Man fand prähistorische Siedlungsspuren, so beispielsweise in Frög das mit 600 Brandbestattungen zweitgrößte Gräberfeld aus der Hallstattzeit (750–400 v. Chr.) in Österreich. Die Funde befinden sich im Landesmuseum in Klagenfurt. Das Geschlecht der Ritter von Rase erbaute hier im Mittelalter drei Burgen, deren größte noch als Ruine Altrosegg im Tierpark erhalten ist. Rosegg wurde um 880 erwähnt, 1171 als Rasek. Da der Ort am Flussübergang eine strategisch bedeutende Lage besaß, war er auch immer heiß umkämpft. So wurde 1813 ein großer Teil der Pfarrkirche zerstört, und auch im Kärntner Abwehrkampf fanden um den Drauübergang zahlreiche Kämpfe statt. Die Markterhebung war 1930.

Alte Bauernhäuser in Rennweg (oben) **Blick auf die Fassade des Rosegger Schlosses** (links) **Die alten Häuser am Marktplatz in Sachsenburg besitzen bunte Fassaden.** (Mitte) **Der Wildpark in Rosegg ist der größte in Kärnten.** (rechts)

Sehenswürdigkeiten

Die 1069 erwähnte gotische Pfarrkirche St. Michael wurde in den Kämpfen 1813 von den Franzosen weitgehend zerstört, nur der Chor überstand; der Wiederaufbau fand 1819 statt. Die Kirche besitzt eine klassizistische Fassade, an der Außenwand einen Römerstein und Wappengrabsteine ab dem 16. Jh. Der Säulenhochaltar stammt aus dem 18. Jh., in seiner Mitte steht der Kirchenheilige. Aus dem Barock stammen die Kanzel und die Orgel. Beachtenswert ist ein Votivbild, das eine alte Ansicht des Ortes mitsamt Burg und Schloss zeigt. Beachten sollte man das Gemälde von J. F. Fromiller. Eine Rarität ist die Kalkschieferplatte links vom Altar, in die Noten, Texte und Bilder eingeätzt sind (16. Jh.). Es soll nur wenige solcher Platten geben.

★ Schloss Rosegg (Liechtenstein)

Das 1772 im »toskanischen Stil« erbaute, außen schlichte Gebäude ist seit 1831 im Besitz der Familie Liechtenstein und beherbergt das Wachsfigurenkabinett Madame Lucrezia mit berühmten Persönlichkeiten wie die früheren Schlossherren, Kaiserin »Sissi« oder Thomas Gottschalk. Öffnungszeiten: Mai bis Oktober 10–18 Uhr, Juli und August tgl. Mai, Juni, September, Oktober, Montag Ruhetag. Auskunft Tel.: 04274/3009. Zwischen Schloss und Wildpark befindet sich das größte Gartenlabyrinth Österreichs. Hier wachsen auf einer Fläche von 2400 m^2 über 3000 Hainbuchen, die eine Hecke von einem Kilometer Länge bilden. Daneben befindet sich im Sommer ein Maislabyrinth.

★ Wildpark Rosegg/Burgruine Altrosegg

Hier befindet sich der größte und artenreichste Wildpark Kärntens. Man sieht außer Rot-, Schwarz- und Alpenwild noch amerikanische Bisons, Berberaffen, Steinböcke, Wölfe, und es gibt einen Streichelzoo; insgesamt sind es rund 400 Tiere. Bei Kindern sehr beliebt sind der Streichelzoo und der große Spielplatz. Im Park steht auch die Ruine Altrosegg (569 m), der Rest der im 12. Jh. von den Rasern auf einem steilen Fels über der Drau erbauten Burg. Information: Tierpark Rosegg, Mühlbacherstr. 7, Tel.: 04274/52357.

Ausflugsziele

★ Frög

Hier liegt ein Grabhügelfeld, das als Fundort von Gegenständen aus der Hallstattzeit (750–400 v. Chr.) bekannt ist, insbesondere die Fröger Reiter, kleine Bleifiguren, die sich heute im Landesmuseum in Klagenfurt befinden, sind interessante Fundstücke. Ein sehenswertes Stück ist auch der vierrädrige Plattenwagen mit 12 Zugtieren, aber auch die Männer- und Frauenfiguren sind einzigartig. Einen guten Einblick in die Vergangenheit bekommt man im Urgeschichtszentrum, eine Art Freilichtmuseum.

Wandervorschläge

Naturlehrpfad, Geologischer Lehrpfad, Spaziergang durch das Labyrinth

RUDEN

Höhe: 460 m | Einwohner: 1600

Gemeindeamt Ruden, Obermitterdorf 30
9113 Ruden, Tel.: 04234/218, Fax: 04234/680
Internet: www.ruden.at
E-Mail: ruden@ktn.gde.at

Allgemeines & Geschichte

Der ruhige Ort liegt nördlich der Drau zu Füßen des Weißenegger Berges. In und um Ruden sind sehr schöne Wegkreuze und Materln zu bewundern, beispielsweise an der Straße nach Griffen der Pfeilerbildstock aus dem 19. Jh. oder der Kapellenbildstock vor dem Pfarrhof. Die Brücke über das Jauntal östlich von St. Nikolai ist 96 m hoch und die

höchste Eisenbahnbrücke Österreichs, von der Bungy Jumping möglich gemacht wird.

Sehenswürdigkeiten

Die 1511 erwähnte, spätgotische Pfarrkirche St. Maria Magdalena ist von der Friedhofsmauer umgeben. Sie besitzt einen mächtigen Turm, einen Hochaltar aus dem 18. Jh. mit barocken Statuen und einen spätgotischen Taufstein. Sehenswert sind die Skulptur der hl. Agnes (15. Jh.) und schöne Grabsteine.

Ausflugsziele

Die 1243 erwähnte, ausgedehnte Burgruine Weißenegg liegt auf einem bewaldeten Bergsporn über dem Griffener Tal. Die Herren von Weißenegg waren ein einflussreiches Geschlecht, das u. a. einen Erzbischof von Salzburg, einen Bischof von Passau und einen von Seckau stellte. Von der ehemals ausgedehnten Burganlage sieht man heute noch einen Rundturm in der Vorburg, mächtige Mauern und den turmartigen Palas. Das ehemalige Forsthaus der Burg ist heute der Gutshof Weissenegg, der Unterkünfte für Touristen bietet. Information: Gutsverwaltung Weissenegg, Tel.: 04234/214.

Bungy Jumping

Alles was Spaß macht, alles was die Nerven kitzelt, Bungy Jumping aus 96 m Höhe mit oder ohne einzutauchen. Informationen: Gerhard Grabner, Eis 81, 9113 Ruden, Tel.: 04234/222, www.bungy.at

Wandervorschlag

Lisnaberg

SACHSENBURG (Marktgemeinde)

Höhe: 552 m | Einwohner: 1440

Marktgemeindeamt Sachsenburg
Marktplatz 12, 9751 Sachsenburg
Tel.: 04769/2925-0
Fax: 04769/2925-20
Internet: www.sachsenburg.at
E-Mail: sachsenburg@ktn.gde.at

Allgemeines & Geschichte

Der 1213 erstmals erwähnte Markt liegt in verkehrsgünstiger Lage am rechten Ufer der Drau, die hier einen großen Bogen beschreibt. Östlich des Ortes liegt das weite Lurnfeld. Durch den Ort führte zu Zeiten der Römer eine Straße von Lienz (Aguntum) nach St. Peter in Holz (Teurnia). Die Gemeinde gehörte seit 1149 dem Erzbistum Salzburg. 1252 wurde sie durch den Grafen von Görz belagert. Die Sachsenburger Klause, eine strategisch bedeutende Engstelle des Flusses, war mit mächtigen Festungsanlagen gesichert, an denen sogar die Franzosen 1809 anfangs scheiterten. Nach dem Frieden von Schönbrunn schleiften die Franzosen 1813 die Anlagen vollständig.

Sehenswürdigkeiten

Der rechteckige Marktplatz ist von spätgotischen Häusern aus dem 15./16. Jh. umgeben. An der Draubrücke steht eine Wegkapelle aus dem 18. Jh.

Festungsanlage

Der Ort war eine wichtige Talsperre und einst ganz ummauert. Von der alten Festungsanlage sind noch geringe Teile der Ummauerung sowie ein Wehrturm bei der Kalvarienkapelle erhalten. Neben dem Haus zur Post sieht man einen alten Torturm.
In der spätgotischen **Pfarrkirche St. Margarethe** (1510) sieht man Kunstwerke aus der Gotik. Der 1677 geschaffene Hochaltar wurde 1720–30 mit Laub- und Bandelwerk verziert. Die Seitenaltäre stammen aus dem 18. Jh. Beachten sollte man auch die Skulptur des hl. Leonhard (um 1425), den Türklopfer aus der Spätgotik am Südportal und die Wappengrabplatten. Der spätgotische Taufstein ist mit einer Figur Johannes des Täufers verziert. Das Chorgestühl stammt von 1699.

Kalvarienberg

Auf den Kalvarienberg führen 10 kapellenartige Stationen zu der 1753 erbauten Kapelle. Man sieht eine mächtige Kreuzigungsgruppe vor einem gemalten Hintergrund. In der südwestlich liegenden Heiliggrabkapelle befindet sich ein lebensgroßer Leichnam Christi.

Ausflugsziele

Obergottesfeld

In Obergottesfeld werden heilkräftige Bäder gegen Gicht, Rheuma und Blutarmut verabreicht.

Wandervorschläge

Burgenwanderweg, Naturlehrpfad, Wanderung nach Rosenheim, Salzkofelhütte, Wallneralm

SCHIEFLING

Höhe: 570 m | Einwohner: 2270

Gemeindeamt Schiefling am See
9535 Schiefling am See 150
Tel.: 04274/2275, Fax: 04274/5151
Internet: www.schiefling.at
E-Mail: schiefling@ktn.gde.at

Allgemeines & Geschichte

Schiefling, »das versteckte Paradies«, wie sich die Gemeinde selbst nennt, liegt südlich vom Wörther See, eingebettet zwischen dem Kurort Velden und dem Keutschacher See. Das Gemeindegebiet, zu dem 14 Ortschaften gehören, erstreckt sich bis ins Rosental. Der Ortsteil Albersdorf wurde 1150 als Albenesdorf erwähnt, Schiefling tauchte 1256 erstmals als Schüflich in einer Schenkungsurkunde des Herzogs Ulrich III. an das Kloster Rein bei Graz auf. 1263 wurden von Ulrich eine Wiese und ein Acker sowie 4 Huben »uf dem Ecke iuxta Schueflich« dem Zisterzienserkloster in Viktring geschenkt. Im 13. Jh. saß in Albersdorf ein Amtmann des Herzogs. Zwischen 1814 und 1899 wurde im Turiawald Braunkohle abgebaut.

Sehenswürdigkeiten

Die Pfarrkirche St. Michael ist als Florianikapelle 1369 erstmals erwähnt worden. Anfang des 18. Jh. wurde das barocke Hauptschiff erbaut. Der neubarocke Hochaltar stammt von etwa 1850 und ist mit Skulpturen geschmückt. Der linke Seitenaltar wurde 1878 aus Kunststein errichtet. Der Florianaltar stammt aus dem Spätbarock. Der Kreuzweg wurde im Stil der Nazarener erbaut. Interessant ist die Aufbahrungshalle, die 1980 im Stil eines Karners errichtet wurde.

Feste & Brauchtum

Am vorletzten Samstag im August findet das Schieflinger Dorffest statt. Von Juni bis September gibt es alle 14 Tage donnerstags einen Bauernmarkt.

Ausflugsziele

Auen/Haus Heimdall/ Waldhaus am See

Haus Heimdall, Golfstraße 21, ist eine 1923–25 von Josef Hoffmann im spätsecessionistischen Stil erbaute Villa, wohl eines der bedeutendsten Werke dieser Epoche in Kärnten. Sie liegt auf einem waldumstandenen Plateau über dem See. Privat. Haus Nr. 22, das Waldhaus am See, ist das ehemalige Wohnhaus des Komponisten Alban Berg. Es wurde im alpinen Landhausstil erbaut und 1932 von dem Komponisten gekauft. Hier arbeitete er u. a. an der Oper »Lulu«.

Kathreinkogel

Dieser markante Berg südwestlich von Schiefling war vermutlich bereits seit dem 7. Jahrtausend v. Chr. besiedelt. Seit 1984 wurden beachtenswerte Ausgrabungen gemacht: ein römisches Kastell, eine frühchristliche Saalkirche und die gotische Kirche St. Katharina im Bereich einer legendären Ritterburg. Verschiedene Funde aus vorchristlicher Zeit sind in einem kleinen sehenswerten Museum ausgestellt. Informationen: Schiefling Information, Pyramidenkogelstraße 150, Tel.: 04274/227522.

Seen

Herrliche Naturidyllen sind der Penkensee und der Trattnigteich (mit kostenloser Bademöglichkeit). Der 5,3 ha große Penkensee wurde vor langer Zeit künstlich angelegt, ist heute aber natürlich eingewachsen. Seit 1970 ist er als Landschaftsschutzgebiet ausgewiesen.

Wandervorschläge

Kulturwanderung auf den Kathreinkogel

SEEBODEN (Marktgemeinde)

Höhe: 580 m | Einwohner: 6050

Marktgemeinde Seeboden
Hauptplatz 1
9871 Seeboden
Tel.: 04762/81255
Fax: 04762/82834
Internet: www.seeboden.at
E-Mail: seeboden@ktn.gde.at

Blick auf Sittersdorf (links) **Ein Sprung ins kühle Nass** (rechts) **Auf der Burg Sommeregg werden im Sommer Ritterspiele veranstaltet.** (unten)

Allgemeines & Geschichte

Der beliebte Badeort am Millstätter See besitzt eine Kneippkuranstalt und einen schönen Kurpark. In der früher »im Seeboden« genannten Gegend gab es 20 Ortschaften, die teilweise den Millstätter Benediktinermönchen, z. T. den Augustinern in Reichersberg/OÖ zinspflichtig waren. Daraus entwickelte sich die Herrschaft Sommeregg (um 1100), die dann von den Grafen von Ortenburg erworben wurde. Nachdem die einzelnen Orte um 1900 zusammengewachsen waren, nannten sie sich Gemeinde Seeboden.

Sehenswürdigkeiten

Die **Pfarrkirche Hl.-Herz-Jesu-Friedens- und Versöhnungskirche** wurde 1951/52 erbaut und ist damit ein relativ »junger« Bau. Im Gegensatz dazu feierte die Pfarrkirche Mariae Himmelfahrt in Lieseregg 1975 das 1000-jährige Jubiläum, denn im bayerischen Staatsarchiv ist eine Urkunde des Freisinger Bischofs Abraham verwahrt, in der anlässlich eines Tausches von der Kirche in Lisara, dem heutigen Lieseregg, die Rede ist. Nach mehrfachem Besitzerwechsel wurde der Ort Eigentum der St. Georgs-Ritter aus Millstatt, von denen auch der sehenswerte gotische Flügelaltar stammt.

Das **Parkschlössl** wurde 1895 erbaut. Es besitzt eine schön gearbeitete Holzveranda. Von den römischen Funden aus der Gegend steht vor dem Gemeindeamt eine marmorne Urne.

Das **Kärntner Fischereimuseum** sitzt in einem 400 Jahre alten Fischerhaus, einem Blockhaus mit Schindeln und Schopfdach. Dieses erste Fischereimuseum in Kärnten zeigt Gegenstände und Fotos zur Fischerei, Wasserrettung und zum Unterwassersport. Öffnungszeiten: Juni bis September tgl. 9–12 und 14–18 Uhr. Tel.: 81458.

Feste & Brauchtum

Bei der »Schweinshaxel-Versteigerung« in St. Wolfgang am Fratres werden von den Bauern gespendete Lebensmittel am Ostermontag geweiht und anschließend zu Gunsten der Kirche versteigert.

Kuren

Luftkurort

Ausflugsziele

Bonsaimuseum

Schlossau 44–46. Hier sieht man auf 3000 m^2 die größte Bonsaisammlung Österreichs. Öffnungszeiten: April, September, Oktober Dienstag bis Freitag 10–18 Uhr, Mai bis August täglich außer Sonn-, Feiertag 10–18 Uhr. Tel. 04762/81947.

St. Wolfgang am Fratres

Die Bergkirche, in der der hl. Wolfgang um Erntesegen gebeten wurde, stammt aus dem 15. Jh. (erste urkundliche Erwähnung 1177/78) und besitzt einen romanischen Turm mit Mauerschlitzen, einen gotischen Chor mit Maßwerkfenster und Strebepfeilern, ein barockes Langhaus und Rundbogenfenster. Der Hochaltar stammt von etwa 1670. Sehenswert sind auch die frühbarocken Seitenaltäre, das Votivbild (1735), die Kreuzwegbilder (Ende 17. Jh.), die eisenbeschlagene Sakristeitür und karolingische Ziersteine mit Bandwerk und Blattranken aus dem 9. Jh. Der herrliche Wolfgangaltar befindet sich heute im Diözesanmuseum in Klagenfurt. In der Bergkirche findet das seltsame Brauchtum der »Schweinshaxel-Versteigerung« statt.

★ Burg Sommeregg

Die Burgruine Sommeregg, ein beeindruckendes Bauwerk, wurde bereits um 1080 erwähnt, ein weiteres Mal 1237 als Sumereke. Sie ist renoviert und wird als Gaststätte und Museum genutzt. In der Burg vermittelt das Foltermuseum mit mehr als 70 originalgetreuen Exponaten Gruseln. Öffnungszeiten: Mai, Juni, September, Oktober täglich 10–18 Uhr, Juli, August 10–21 Uhr. Tel.: 81391.

Wandervorschläge

Seenwanderung, Tschiernock

SITTERSDORF

Höhe: 480 m | Einwohner: 2120

Gemeindeamt Sittersdorf, Miklauzhof 20
9133 Sittersdorf, Tel.: 04237/2020
Fax: 04237/2020-9
Internet: www.sittersdorf.at
E-Mail: gemeinde@sittersdorf.at

Allgemeines & Geschichte

Die kleine Sommerfrische liegt südlich des Klopeiner Sees und ist ein guter Ausgangspunkt für Bergtouren. Berühmt war der Sittersdorfer Wein: Selbst König Karl III. von Spanien soll mit diesem »Rötel« ein Magenleiden kuriert und ihn danach zeitlebens bevorzugt haben. Heute wird in Kärnten nur sehr spärlich Wein angebaut.

Sehenswürdigkeiten

Die 1154 erstmals erwähnte romanische und im Barock veränderte Pfarrkirche St. Helena liegt inmitten der Friedhofsmauer. Der mit Opfergangportalen versehene barocke Hochaltar und der nördliche Seitenaltar stammen aus dem 18. Jh. und sind mit Figuren geschmückt. Sehenswert ist auch der Barockaltar im südlichen Seitenschiff (18. Jh.), der eine Skulptur des toten Christus besitzt. Die übrigen Figuren in der Kirche sind aus dem 18. Jh. Die 14 Kreuzwegstationen wurden 1891 im Stil der Nazarener gemalt.

Ausflugsziele

Bäuerliche Architektur

Sehenswerte bäuerliche Anwesen in der Umgebung, teilweise auch im Stil der für das Jauntal typischen Keuschen, sind z. B. Sagerberg Nr. 11, Tihoja Nr. 4 oder Altendorf Nr. 26 und 34. Bemerkenswerte Wirtschaftsgebäude, Stadeln und Scheunen findet man bei Sittersdorf Nr. 9 und Blasnitzenberg Nr. 2. An den früher betriebenen Weinbau erinnern ein Weinkeller bei Haus Nr. 37 in Weinberg oder Haus Nr. 34 in Kristendorf, ein ehemaliges Weingärtnerhaus.

Sonnegg

Die 1267 erwähnte Burgruine und das Schloss der Fürsten Orsini-Rosenberg mit der Kapelle St. Johannes Baptist erreicht man über Gösselsdorf in einer Stunde. Im Zuge eines Erdbebens im 17. Jh. wurde das ehemalige Schloss zerstört und ist heute nur noch Ruine. Daraufhin wurde das Verwalterhaus zum »neuen« Schloss ausgebaut.

Pfannsdorf

Die im Süden liegende, von der Friedhofsmauer umgebene Pfarrkirche St. Philippus stammt im Kern aus der Romanik und besitzt einen mächtigen Turm mit romanischen Schallfenstern. Sie ist innen mit sehenswerten Wandmalereien aus der Zeit um 1370 verziert. Der Hochaltar stammt von 1778. Westlich der Kirche steht die Gruftkapelle (1812–17) der Fürsten Orsini-Rosenberg, die 1819–20 mit biedermeierlichen Glasbildern verziert wurde.

Sonnegger See

Die Tourismusgemeinde Sittersdorf liegt inmitten der so genannten »Jauntaler Seenplatte« mit dem Sonnegger See, Gösselsdorfer See, Turnersee, Kleinsee und Klopeiner See. Der Sonnegger See bietet mit Wasserrutsche und dem Beach Volleyball-Platz Vergnügen für Groß und Klein.

Wandervorschläge

Seenwanderungen

SPITTAL AN DER DRAU

(Stadtgemeinde)

Höhe: 560 m | Einwohner: 16.050

Tourismusbüro Spittal an der Drau
Burgplatz 1
9800 Spittal an der Drau
Tel.: 04762/5650-220
Fax: 04762/3237
Internet: www.spittal-drau.at
E-Mail: tourismusbuero@spittal-drau-at

Allgemeines & Geschichte

Der Ort liegt an der Einmündung der Lieser in die Drau im von hohen Bergen umstandenen Lurnfeld, einem der beiden historisch wichtigsten Landschaften Kärntens. Er ist ein bedeutender Verkehrsknotenpunkt, Hauptort Oberkärntens und ein beliebter Fremdenverkehrsort. In der Umgebung findet man zahlreiche Gebirgsgruppen, die herrliche Wandermöglichkeiten bieten. Dem Wassersport kann im Millstätter See gefrönt werden. Erste Siedlungen im Lurnfeld, westlich von Spittal, lassen sich bis in die Jungsteinzeit zurückdatieren. Hier bestand bereits zu Römerzeiten eine Brücke über die Lieser. Die erste Erwähnung als »Markt« fand 1242 statt; einige Jahre später, 1263, ist ein Turm vermerkt, der zum Schutz des Marktes diente. Schon in dieser Zeit hatte der Ort im Zentrum einen geschlossenen Straßenplatz, der vom heutigen Schloss Porcia bis zum »Unteren Tor« reichte.

Der Name lässt sich auf ein Hospital zurückführen, das 1191 von den Grafen von Ortenburg, Otto II. und Hermann I., für Pilger am rechten Lieserufer gegründet wurde. Im Frieden von Pusarnitz (1460) wurde der Ort Kaiser Friedrich III. zugesprochen. Jetzt entstand auch eine neue Grafschaft Ortenburg. Spittal wurde zum Hauptort Oberkärntens und löste Lienz ab. Die nächsten Jahre waren von Türken- und Ungarnkriegen überschattet, 1478 wurde der Ort niedergebrannt, danach von den Grafen Ortenburg und den Fürsten von Porcia wieder aufgebaut. Die Porcia hatten große Rechte, denn sie durften Münzen herausbringen, Ritter ernennen, Wappen und Lehen erteilen, Wochen- und Jahrmärkte abhalten und vieles mehr.

Der Bau des Schlosses Porcia wurde um 1530 von dem spanischen Generalschatzmeister Gabriel von Salamanca begonnen, in dessen Besitz die Grafschaft Ortenburg im Jahr 1524 gekommen war. Nach dem Aussterben der Grafen von Ortenburg-Salamanca wurde die Grafschaft Ortenburg von den Brüdern Widmann aus Venedig erworben. Diese verkauften sie 1662 an den Fürsten Johann Ferdinand Porcia. 1795–1813 durchzogen die Truppen Napoleons dreimal den Ort, und 1797 wurde Spittal fast vollständig abgebrannt. 1848 ist die Grafschaft Ortenburg aufgehoben worden. Die Porcia saßen bis 1918 in dem Schloss, dann verkauften sie ihren Besitz an Baron Klinger von Klingerstorff. Spittal war 1919 vorübergehend Sitz der Kärntner Landesregierung, als nach dem 1. Weltkrieg Teile Kärntens und auch die Hauptstadt Klagenfurt von den Jugoslawen bedroht waren. 1930 wurde Spittal zur Stadt erhoben.

Sehenswürdigkeiten

Der Hauptplatz stammt im Kern aus dem 16. Jh. und ist von alten Bürgerhäusern umstanden. Er bietet eine lebhafte städtische Atmosphäre. Auch in der nach Westen dem Hauptplatz folgenden Tiroler Straße und am Neuen Platz sieht man Häuser mit prächtigen bunten und reich geschmückten Fassaden.

★ Schloss Porcia

Burgplatz 1. Das Schloss Porcia, eines der schönsten Renaissance-Gebäude Österreichs, ist sicherlich die Hauptsehenswürdigkeit Spittals. Es ist heute u. a. Sitz des Museums für Volkskultur, Schauplatz berühmter Komödienspiele und des Internationalen Chorwettbewerbs sowie Schauplatz diverser Konzerte im Ortenburgerkeller. Im Schlosscafè kann sich der Besucher zwischendurch erholen und die sehr guten Mehlspeisen genießen. Das Schloss wurde ab 1533 nach Plänen italienischer Baumeister im Auftrag des Spaniers Gabriel von Salamanca erbaut. Das prunkvolle Hauptportal ist von Säulen umrahmt und besitzt einen barocken Aufsatz mit dem Wappen der Porcia, umgeben von Laubwerk und allegorischen Gestalten, die barocke Bekrönung stammt von dem St. Veiter Stuckateur K. Pittner (1702). Der Innenhof ist ein sehenswerter dreigeschossiger Arkadenhof mit reicher skulpturaler Ausstattung, der an Florentiner Palazzi erinnert. Hier sieht man auch eingemauerte römische Steine. Das Museum für Volkskultur ermöglicht es dem Besucher, Alltagskultur von damals zu begreifen. Hier sieht man u. a. hölzerne Maschinen, eine alte Schule, altes Spielzeug, Bauernstuben, Almhütten u. v. m. 1995 wurde das Museum mit dem »European Museum of the year award – special commendation« ausgezeichnet. Öffnungszeiten: 15. Mai bis 15. Oktober täglich 9–18 Uhr; sonst 13–16 Uhr. Auskunft Tel.: 2890.

Rathaus

Burgplatz 5, gegenüber dem Schloss. Das 3-geschossige Rathaus (Khevenhüller-Stadtschloss), ein Renaissancebau, war das frühere Vizedomgebäude und wurde 1537 von Christoph Khevenhüller und Elisabeth Mannsdorf erbaut. Es besitzt ein mächtiges Renaissanceportal und im 2. Stock Fresken aus dem 16. Jh. Hier wurde 1538 Hans Khevenhüller geboren, der einer der bedeutendsten Diplomaten Europas werden sollte und in den Orden des »Goldenen Vlieses« aufgenommen wurde.

Die Eisernen
OPTIK SCHIFFER
BANK

Städtisches Flair in Spittal/Drau (oben) **Wappen über dem Schloss Porcia** (links) **Der sehenswerte Arkadenhof des Schlosses in Spittal/Drau** (rechts)

Pfarrkirche Maria Verkündigung

Die 1191 erwähnte Pfarrkirche Maria Verkündigung war ursprünglich romanisch; der heutige dreischiffige Bau besteht aus Teilen des 13. bis 16. Jhs.; innen ist er modern bzw. neugotisch. Der Turm ist von 1896. Innen sieht man 2 Steinreliefs (1418), eine Steingusspietà (Anfang 15. Jh.) und an der Außenmauer zahlreiche Wappengrabsteine (16. Jh.). Das Vesperbild wurde um 1420 geschaffen. In der Kirche sollen Gabriel von Salamanca, Finanzminister von Kaiser Ferdinand I., und seine erste Frau Elisabeth von Eberstein ihre letzte Ruhe gefunden haben. Auch die »Ortenburger-Steinreliefs« aus dem 14. Jh. und der Portalstein mit dem Wappen der Salamanca-Ortenburg zeugen von der Vergangenheit der Stadt.

Der eigentliche Ursprung der Stadt ist das 1191 erwähnte **Spittl an der Lieser** (16. Jh.). Der mit einer klassizistischen Fassade versehene Renaissancebau wurde gleichzeitig mit Schloss Porcia unter Gabriel von Salamanca errichtet. Hier im Spital fanden Bedürftige und Durchreisende Unterkunft, dann diente es als Lieserkaserne und seit dem Umbau 1998 als Fachhochschule.

Feste & Brauchtum

★ **Komödienspiele** im Schloss Porcia finden seit 1961 statt. Außerdem gibt es den Internationalen Chorwettbewerb.

Ausflugsziele

★ Goldeck Bergbahnen

Von der Stadt auf den Berg gelangt man erlebnisreich, schnell und unproblematisch mit der Goldeck-Seilbahn. Herrlicher Ausblick, herrliche Wandermöglichkeiten. Informationen: Tel.: 04762/2864.

★ Molzbichl

Durch archäologische Ausgrabungen in Molzbichl konnte die älteste Klosterkirche Kärntens aus der 2. Hälfte des 8. Jhs. nachgewiesen werden. Von den marmornen Chorschranken des Altarraumes wurden eine Fülle von reliefverzierten Teilen entdeckt. Diese karolingerzeitlichen Flechtwerksteine stellen einen bedeutenden vorromanischen Fund dar. Nach dem Niedergang des Klosters boten die abgetragenen Ruinen Platz für einen Friedhof im 9./10. Jh. Die Schmuckstücke aus den Gräbern, wie Scheibenfibeln, Schläfenringe, Mondsichelohrgehänge u. a. bilden einen weiteren wesentlichen Teil der Ausstellung. Nach der Besichtigung des **Frühmittelalter-Museums Carantana** und des Grabungsgeländes erreicht man die **Pfarrkirche St. Tiburtius.** Zu ihrer Ausstattung gehören Reliefplatten von Chorschranken und Ambo und schließlich als Höhepunkt der im barocken Altartisch entdeckte Inschriftstein, der den Namen des hl. Nonnosus und den Hinweis auf die 533 erfolgte Reliquienbeisetzung enthält. Öffnungszeiten des Museums: Mai bis September Sonntag bis Freitag 10–12 Uhr und 13–17 Uhr, Tel.: 04767/666.

Schloss Rothenturn

Der Rote Turm ist der älteste Teil des Schlosses und stammt vermutlich aus dem 11. Jh., der Rest aus dem 17. Jh. Sehenswert sind das Renaissanceportal und das historisierende Hauptportal (1882). Die Schlosskapelle ist der hl. Barbara gewidmet (17. Jh.), Fresken und Altar stammen aus dem 18. Jh. Das Schloss befindet sich in Privatbesitz, im Sommer finden jedoch Ausstellungen und Konzerte statt.

Wandervorschläge

Kulturwanderung durch Spittal, Schlossruine Ortenburg, Goldeck, Egelsee

STALL IM MÖLLTAL

Höhe: 840 m | Einwohner: 1870

Gemeindeamt Stall, 9832 Stall 6
Tel.: 04823/8100, Fax: 04823/8100-7
E-Mail: stall@ktn.gde.at

Allgemeines & Geschichte

Eingebettet im Gebirgsmassiv der Hohen Tauern liegt in der Mitte des Mölltales die Feriengemeinde Stall. Angler werden sich am Fischreichtum der Möll erfreuen. Die 957 erstmals erwähnte Gemeinde, der vielleicht älteste Ort im Mölltal, gehörte bis 1803 zu Salzburg. 1197 wurde eine Burg erwähnt, die in den Kämpfen zwischen den Görzer Grafen und den Salzburger Erzbischöfen zerstört wurde.

Sehenswürdigkeiten

Pfarrkirche St. Georg

Die bereits 959 genannte Pfarrkirche St. Georg stammt aus der Spätgotik. Im Chor sieht man Malereien aus dem 15. Jh. und ein barockes Kreuzgratgewölbe. Außerdem gibt es in den Vierpässen des Sternrippengewölbes Halbfiguren von Heiligen zu sehen. Die Spitzbogenfenster besitzen noch ihr ursprüngliches Maßwerk. Die Orgelempore stammt aus der Gotik, die Brüstung ist eine typische Barockarbeit. Der Hochaltar wurde 1847 von Josef Stauder aus Innichen geschaffen. Die übrige Einrichtung stammt teilweise aus dem Barock.

Ausflugsziele

Ruine Wildegg

Hoch über dem Ort Stall liegt die Ruine Wildegg. Sie geht in das 10. Jh. zurück und besitzt Bauteile von der Gotik bis zur Renaissance. Hier saßen Ministerialen des Erzbistums Salzburg. Seit 1731 verfällt die Anlage.

Gössnitz See

Badespaß und Wassersport mitten in einer Bergregion. Ein Geheimtipp für Surfer, weil der See über den nötigen »Pfiff« verfügt.

Dichterstube in der Fercher von Steinwand Gedächtnisschule

Unter dem Künstlernamen »Fercher von Steinwand« machte sich Johann Kleinfercher aus Stall (geb. 1828) als Anthropologe weltweit einen ausgezeichneten Namen. Auf Initiative einiger örtlicher Kulturförderer wurde in der nach ihm benannten Volksschule ein Dichterzimmer (Büste, Werke, Schreibtisch, Bilder ...) eingerichtet. Dort sollen periodische Dichterlesungen abgehalten werden.

Wandervorschläge

Fürstalpe, Staller Hochalm Wölla, Hochkreuz, Törlkopf

ST. ANDRÄ IM LAVANTTAL

(Stadtgemeinde)

Höhe: 430–2082 m | Einwohner: 10720

Tourismusinformation der Stadtgemeinde St. Andrä, 9433 St. Andrä 210
Tel.: 04358/2710-20, Fax: 04358/2710-66
Internet: www.st-andrae.at oder www.gackern.com
E-Mail: gemeinde@st-andrae.at

Allgemeines & Geschichte

Der Ort mit den beherrschenden Kirchen liegt im breiten, von der Sau- und der Koralpe eingeschlossenen Lavanttal auf einem zum Fluss hin abfallenden Plateau. Die Gegend wird wegen ihrer Fruchtbarkeit auch als das »Paradies Kärntens« bezeichnet. Schön für Spaziergänger und Wanderer sind die vielen wunderschönen Bildstöcke und Wegkreuze in der Umgebung. Feinschmecker wird interessieren, dass hier Spargel auf fernwärmebeheizten Spargelfeldern wachsen, die von Mitte April bis Anfang Juni in Aktionswochen verkostet werden können. St. Andrä gehört zu den ältesten Orten des Landes; vielleicht war die strategisch günstige Lage auf einer Terrasse oberhalb der Lavant maßgebend für die Errichtung eines karolingischen Königshofes. 860 wurde die Gegend von Ludwig dem Deutschen dem Salzburger Erzbischof geschenkt. Die ehemalige Bischofstadt wurde 960 erstmals erwähnt, 1234 als Markt und 1289 als Stadt genannt. 1225 wurde von Erzbischof Eberhard III. ein Augustinerchorherrenstift und 1228 das Bistum Lavant gegründet, das hier seinen Sitz hatte. Die Fürstbischöfe von Lavant, denen auch Gebiete in der südlichen Steiermark gehörten, verlegten 1859 ihren Sitz ins heute slowenische Marburg (Maribor). Ihr in Kärnten gelegener Herrschaftsbereich kam zum Bistum Gurk.

Sehenswürdigkeiten

Um den Hauptplatz stehen Häuser in geschlossener Verbauung, die teilweise in das 16. Jh. zurückgehen.

Ehemaliger Bischofsitz (Jesuitenkolleg)
Hauptstraße 1. Der mächtige Bau wurde Ende des 17. Jhs. errichtet, die Fassade etwa 100 Jahre später. Er besitzt ein mächtiges Rokokoportal. Zu sehen sind auch Römersteine. Heute Altersheim.

Salzburger Pfleghof
Am südlichen Ortsausgang beim einstigen Stadttor steht der ehemalige Salzburger Pfleghof. Über dem Portal sieht man das Wappen des Salzburger Bischofs Graf Schrattenbach.

Ummauerung
Von der ehemaligen Ummauerung sind, insbesondere im Süden, noch Reste mit Schießscharten, ein Rundturm und ein Stadttor erhalten. In der Durchfahrt des Stadttors sieht man Römersteine.

Ehemalige Dom- und Pfarrkirche St. Andreas
Die Anfänge der gotischen und im Barock veränderten Pfarrkirche St. Andreas (1415) gehen in das 9. Jh. zurück, sie wurde vielleicht schon unter Bischof Modestus gegründet. Die dreischiffige Basilika wurde 977 erwähnt. Sie besitzt im Mittelschiff ein Kreuzrippengewölbe aus der Gotik und in den Seitenschiffen ein Kreuzgratgewölbe aus dem Barock. Die Inneneinrichtung stammt zu großen Teilen aus der Neugotik. Der 1902 im gotischen Stil errichtete Hochaltar ist mit zahlreichen Schnitzfiguren geschmückt. Das Chorgestühl ist von 1761. In einem Raum neben dem Turm und einer Kapelle sieht man Reste von Fresken (15. Jh./16. Jh.). Bewegend ist die große Pietà aus dem 18. Jh.; sehenswert sind auch die vielen Grabsteine der Bischöfe, wovon insbesondere die von Bischof Laurenz Liechtenberger mit einem Porträt (1446) und von Leonhard von Kollnitz (1517) mit einem Ritterbild hervorstechen.

★ Wallfahrtskirche Maria Loreto (Jesuitenkirche)
Die zweitürmige Barockkirche am nördlichen Ortsende wurde 1683–87 erbaut und gehörte einem Dominikanerinnenkloster, das 1792 aufgelöst wurde. Seit 1859 gehört sie den Jesuiten. Die hohen Türme stammen von 1730. Sie besitzt eine sehenswerte Innenausstattung aus der Zeit des Barock. Die Abschlusswand des Chores wurde 1793 mit der Illusionsmalerei bemalt, die den Hintergrund für den Hochaltar mit der plastischen Kreuzigungsgruppe von 1691 bildet. Die Altarblätter und die Bilder der Altäre stammen von dem Schweizer Maler Paul Deschwanden. An den Chorwänden sieht man Fresken mit Szenen aus dem Alten Testament. Die Nachbildung der Schwarzen Madonna von Loreto/Italien in der Gnadenkapelle links des Eingangs ist das Ziel vieler Wallfahrer. Das prächtige Marmorgrabmal wurde für den Erbauer Bischof Reichsgraf Stadion 1704 errichtet.

Stiftsgebäude/Kloster St. Loreto
Nördlich der Kirche Maria Loreto. Das 1665 gegründete Dominikanerinnenkloster gehört seit 1859 den Jesuiten, die darin eine Schule unterhalten.

Feste & Brauchtum

Bereits Tradition hat das Zeigen von Krippen aus der ganzen Welt in der Adventszeit, was das »leuchtende« St. Andrä zur »Krippenstadt« werden lässt. Dazu kommt ein umfangreiches Adventsprogramm, von Nikoloumzügen bis zu Adventskonzerten. Auch im Fasching ist was los – die hiesigen Faschingssitzungen sind weit bekannt. Das 10-tägige **★ Geflügelfest »Gackern«** im August ist seit dem Jahr 2000 eine beliebte Veranstaltung, die mit Gaumen- und Sinnenfreuden lockt. Auskunft: www.gackern.com

Ausflugsziele

Freizeitanlage St. Andräer-See
Im Lavanttal gibt es keine natürlichen stehenden Gewässer, und auch dieser See wur-

In St. Andrä findet das beliebte »Gackern«-Fest statt. (links) **Die »Schwarze Madonna« in der Kirche Maria Loreto ist das Ziel vieler Wallfahrer.** (Mitte) **Die Pfarrkirche von Tiffen** (rechts) **Geheimnisvoller Blick über den Ossiacher See** (unten)

de durch Ausbaggerung künstlich errichtet. Er ist 3 ha groß und bis zu 3,5 m tief. Badefreuden für alle Wasserratten und Sonnenhungrigen.

Maria Rojach

Der Ort liegt am Westfuß der Koralpe. Die 1314 erstmals genannte gotische Pfarrkirche Mariä Himmelfahrt wurde im Barock umgebaut; sie ist noch teilweise von der Wehrmauer umgeben, in der Nordostecke ist noch ein runder Wehrturm erhalten. In der Kirche steht ein hervorragender geschnitzter Flügelaltar (1528), der vielleicht aus der Werkstätte des Allgäuer Schnitzers Jörg Lederer stammt. Er zeigt Darstellungen nach dem Marienleben Dürers. Sehenswert sind auch die Freskenreste ab dem 14. Jh., darunter einen Feiertagschristus. Der den Chor füllende Hochaltar wurde 1703 errichtet und ist mit lebensgroßen Figuren geschmückt, auch die übrigen Altäre sind sehenswert. Beachten sollte man das Votivbild von 1819 an der linken Wand, das die Abwehr der Türken mit Steingeschossen, Büchsen und vor allem der Hilfe Marias zum Thema hat.

St. Ulrich an der Goding (Koralpe)

Die gotische Pfarrkirche St. Ulrich (1513) wurde im Barock umgebaut. Sie besitzt Schlusssteine mit Reliefs und im Chor Reste von Fresken aus dem 15. Jh. Der moderne Altar (1986) ist mit alten Figuren geschmückt. Beeindruckend ist das große, hängende Kruzifix aus dem 18. Jh. Im Ort befindet sich das Museum **Lavanttaler Heimathaus** (Heimatmuseum Dieser), das Exponate aus der bäuerlichen Kultur zeigt. Man sieht Lavanttaler Keramik, Trachten und bäuerliches Gebrauchsgut. Interessant ist auch der Heilkräutergarten. Geöffnet nach Voranmeldung. Tel.: 04355/2547. Von hier aus kann man auf die Koralpe und zur Godinger Hütte gelangen.

Godinger Urwald

Hier sieht man auf 1700 m Höhe den schönen Fluder-Wasserfall, einen im Urzustand belassenen Wald mit einer 300 Jahre alte Tanne und viele seltene Pflanzen wie z. B. die Sturzbachgemswurz.

Wandervorschläge

Ruine Reisberg/Schloss Thürn, Kneipp-Wanderweg, Große Saualpe, Koralpen Speikkogel, St. Andräer Talwanderweg, Godinger Wanderweg, Rundwanderweg Lamm, Rundwanderweg Pölling

STEINDORF AM OSSIACHER SEE

Höhe: 504 m | Einwohner: 3580

Gemeindeamt Steindorf
10.-Oktober-Str. 1, 9551 Bodensdorf
Tel.: 04243/8383-0
Fax: 04243/8383-30
Internet: www.steindorf.at
E-Mail: info@steindorf.at

Allgemeines & Geschichte

Steindorf ist ein netter Badeort mit ländlichem Charakter am Nordostende des Ossiacher Sees. Der Ort wurde 1263 erstmals urkundlich erwähnt. Der Sage nach hieß er früher Schöndorf, wurde aber wegen des frevelhaften Lebens der Bewohner von einem Unwetter unter einer Erd- und Steinschicht begraben. Die Ortschaft, die sich die Überlebenden dann auf den Trümmern erbauten, nannten sie Steindorf. Zur Gemeinde gehören unter anderem die Ortsteile Bodensdorf und Tiffen. Steindorf gilt als Eldorado für Angler.

Sehenswürdigkeiten

Steinhaus

Ein bemerkenswertes modernes Wohnhaus ist das von Prof. Günter Domenig errichtete »Steinhaus«, Uferweg Nr. 31. Es ist wie wild durcheinander liegende Felsblöcke gestaltet und erinnert an frühere Begegnungen des bekannten Architekten mit der Natur – und erregte bei seinem Bau landesweites Aufsehen! Beton, Kalkstein, Stahl und Glas sind die verwendeten Materialien. Informationen: Büro Steinhaus: Tel.: 04243/2075.

Ausflugsziele

★ Gerlitzen Alpenstraße ab Bodensdorf

Die Gerlitzen Alpenstraße führt auf 1800 m Seehöhe. Über einen schönen Wanderweg

gelangt man anschließend auf den Gipfel der Gerlitzen. Sternwarte auf dem Gipfel, Panoramablick über Kärnten.

★ **Drau- und Ossiacher See Schifffahrt**
Von Bodensdorf aus zum Stift Ossiach, zur Burg Landskron, zur Adlerwarte, zum Affengehege, zur Kanzelbahn, zum Tiebel-Naturschutzgebiet in Steindorf, vorbei an zahlreichen Stränden und den 10 Seeorten.

★ **Pfarrkirche hl. Jakobus/Tiffen**
Im 11. Jh. erstmals genannt, wird sie seit dem 13. Jh. als Pfarrkirche bezeichnet. Sie zeigt sich im Äußeren als romanischer Bau aus dem 12. Jh. mit breitem Langhaus und einem kräftigen Chorturm. In der Barockzeit wurde diesem ein Chor angebaut. Dem späten 15. Jh. entstammen die Reste einer ursprünglich mächtigen Wehranlage. Nur wenig später entstand das an der Langhausnordwand befindliche Ölbergfresko. Ein besonderer Zauber geht von dem zweischiffigen Innenraum mit dem kunstvoll komponierten Sternrippengewölbe aus. An den Gewölbeflächen sind Aposteln und Heilige, am vorderen Pfeiler die Gestalten einer Kreuzigungsgruppe aufgemalt.
Weitere sehenswerte Malereien sind die hll. Barbara und Helena, eine Königsanbetung sowie die Darstellung des Auferstandenen. Der Hochaltar ist mit dem Jakobusschild im Schrein und der geschnitzten Dreifaltigkeitsgruppe im Aufsatz ausgestattet. Ein bedeutender spätgotischer Jakobusaltar aus dieser Kirche befindet sich im Kärntner Landesmuseum Klagenfurt.

Wandervorschlag
Gerlitzen

STEINFELD AN DER DRAU
(Marktgemeinde)
Höhe: 616 m | Einwohner: 2290

Marktgemeinde Steinfeld
Hauptplatz 1
9754 Steinfeld
Tel.: 04717/301, Fax: 04717/301-3
Internet: www.steinfeld.at
E-Mail: steinfeld@ktn.gde.at

Allgemeines & Geschichte
Der Sommerfrischeort liegt auf dem Schuttfeld des Gragrabens (Rotensteinertal) am Fuß der Kreuzeckgruppe. Er wurde 1267 erstmals erwähnt, und ab Ende des 15. Jhs. gab es hier einen regen Bergbaubetrieb nach Gold und Silber. Ab dem 16. Jh. bis in die Zeit der Kaiserin Maria Theresia saß hier ein Berggericht, bis es im 18. Jh. nach Klagenfurt verlegt wurde. Die Gruben waren um 1750 ausgebeutet, und nur die Verhüttung von Eisenerz fand im Ort noch bis ins 19. Jh. statt. Zahlreiche Einwohner waren protestantisch und mussten zur Zeit der Gegenreformation auswandern.

Sehenswürdigkeiten
Man sieht alte Bürgerhäuser mit schönen Fassaden und Portalen. Aus der Bergwerkszeit ist eine Bergwerksiedlung mit Knappenhäusern erhalten geblieben. Dolomitenstraße 5 ist das ehemalige Berggerichtshaus. Seine Stuckverzierungen stammen von etwa 1780, das Rundbogenportal von etwa 1550. In der Singerhofstr. 2 liegt der Singerhof von etwa 1550. Hier saß der Gewerke und Verweser der Fugger, Georg Singer. Er war ab 1552 Oberstbergmeister der innerösterreichischen Lande. Die Umfassungsmauer besitzt Schießscharten und 2 Ecktürme. Ein bemerkenswerter moderner Bau mit einer eindrucksvollen Fassade ist das 1965–69 erbaute Gemeindezentrum am Hauptplatz.
Am westlichen Ortsende liegt erhöht die gotische Filialkirche St. Johannes aus dem 14. Jh., die 1998 in ihrer barocken Farbgestaltung restauriert wurde. Inmitten des 1766 errichteten Hochaltars befindet sich eine Strahlenkranzmadonna, um sie herum weitere Figuren. Die Kanzel stammt von Ende des 18. Jhs. Im Langhaus sieht man zahlreiche Konsolfiguren, die um 1750 geschnitzt wurden.

Schloss Neustein
Am östlichen Ortsende steht das Schloss Neustein (Flattachhof) von etwa 1550. Es ist ein zweistöckiges Gebäude aus der Renaissance und besitzt Rundtürme mit Schlüsselscharten. Neben der Einfahrt steht eine kleine Kapelle. Im Zuge der Renovierung vor ca. 10 Jahren wurde eine Sonnenuhr freigelegt,

die zuerst übermalt war. Heute ein Seminarheim für Wochenendseminare.

Feste & Brauchtum

Im August feiert man ein Dorffest. In unregelmäßigen Abständen wird an Fasching ein Maskentanz aufgeführt.

Ausflugsziele

Gerlamoos

Versteckt im Wald etwas außerhalb des Ortes liegt die romanische ★ **Filialkirche St. Georg,** die für ihre Fresken berühmt ist. Sie ist außen mit Fresken aus dem 14. Jh., innen mit bedeutenden Freskenresten (um 1470) geschmückt, deren Schöpfer unter dem Namen »Meister von Gerlamoos« in die Kunstgeschichte einging, bis man erkannte, dass die Bilder von Thomas von Villach stammen. Diese ca. 1470–1480 entstandene Bilderfolge erstreckt sich in drei Streifen über die gesamte Nordwand des Langhauses und zeigt Szenen des Drachenkampfes, Szenen aus dem Leben und Martyrium des Heiligen, Szenen des Marienlebens und Darstellungen der Passionsszenen. Den Schlüssel zur sehenswerten Kirche erhält der Interessierte bei Familie Klocker, Gerlamoos 15.

Rottenstein

Auf steilem Hang liegt die 1142 erwähnte Burgruine. Sie gehörte nacheinander den Grafen von Görz, den Habsburgern und Gabriel von Salamanca-Ortenburg. Seit dem 16. Jh. verfällt sie. Erhalten sind Reste des Bergfrieds und des Palas.

Wandervorschläge

Ehrfeldschlucht, Bienenwanderweg Steinfeld

STEUERBERG

Höhe: 780 m | Einwohner: 1690

Gemeindeamt Steuerberg
Steuerberg 40
9560 Feldkirchen
Tel.: 04271/2221-0
Fax: 04271/2221-33
Internet: www.steuerberg.at
E-Mail: steuerberg@ktn.gde.at

Allgemeines & Geschichte

Steuerberg liegt im westlichen Teil der Wimitzer Berge in der Nähe des idyllischen Goggausees. Der Ort wurde 1169 als Styrberch erwähnt. Der Name des Ortsteiles Rennweg erinnert daran, dass früher ein alter Handelsweg verlief, der von Italien über Feldkirchen weiter ins Murtal führte. Wegen seiner fantastischen Fernsicht erhielt der Ort den Namen »Kleine Kärntner Kanzel«.

Sehenswürdigkeiten

Die 1216 erwähnte romanische Pfarrkirche St. Petrus und Paulus steht erhöht am südlichen Ortsrand und ist von der Friedhofsmauer umgeben. Der Chor stammt aus der Gotik (15. Jh.), das interessante, spitzbogige Westportal von 1490. Der chorfüllende Säulen-Hochaltar wurde Ende des 18. Jhs. im Rokokostil geschaffen und ist mit schönen Figuren geschmückt. Die Madonna im linken Seitenaltar stammt von etwa 1500. Die ausdrucksstarke Kreuzigungsgruppe mit Maria und Johannes wurde um 1520 geschaffen. Das etwa 1520 gemalte Fastentuch befindet sich heute im Diözesanmuseum. Dort kann man es nur während der Karwoche bewundern.

Die Ruine Steuerberg (Marbauerschloss) aus dem 12. Jh. am Eingang des Tales der engen Gurk steht auf einem bewaldeten Felskegel. Sie wurde als Besitz des Freien von Tovernich genannt. Heute sieht man noch Reste der Kapelle aus dem 12. und 14. Jh. und Reste des Palas.

Ausflugsziele

Bösensteiner Wasserfall

Die dunklen Gneisflächen des Wasserfalls stehen in auffallendem Kontrast zum vieltönigen Grün des Laubwaldes. Von Niederwinklern aus (Gasthof Prodinger) über einen bezeichneten Weg in 5 Minuten erreichbar.

Goggausee

Idyllisch gelegen mit Wassertemperaturen bis zu 25 Grad, unverbaute Uferflächen, neu angelegte terrassenförmige Liegewiese.

Wandervorschläge

Homberg, Wanderung zur Ruine Steuerberg, Kräuterwanderung, Rundwanderweg Kersch-dorf-Hart

Das Stift St. Georgen mit sehenswerten Arkaden, daneben befindet sich die Stiftskirche. (oben) **Die Burg Hochosterwitz wurde niemals eingenommen.** (links) **Eine der seltenen Totenleuchten – hier in Steuerberg** (rechts)

ST. GEORGEN AM LÄNGSEE

Höhe: 562 m | Einwohner: 3550

Gemeindeamt St. Georgen am Längsee
Gemeindestraße 1, 9314 Launsdorf
Tel.: 04213/4100, Fax: 04213/4100-23
Internet: www.stgeorgen-laengsee.at
E-Mail: st-georgen-lgs@ktn.gde.at

Allgemeines & Geschichte

Der Ort liegt am Ufer des idyllischen Längsees. Hier wurde kurz nach 1000 von der Gräfin Wichpurch aus dem bairischen Aribonengeschlecht das Kloster als ältestes Frauenstift Kärntens gegründet. Sie war mit Graf Otwin von Sonnenburg aus dem Pustertal verheiratet. Die erste Äbtissin war Hiltipurch, die Tochter Wichpurchs, beide sind auch in der Stiftskirche begraben. 1782 wurde das Kloster unter Kaiser Joseph II. aufgehoben und 1788 verkauft.

Sehenswürdigkeiten

Das **Schloss** war früher ein adeligen Töchtern vorbehaltenes Benediktinerinnenstift. Es ist eine große quadratische Anlage mit einer schönen Südfassade und einem Innenhof mit bemerkenswerten Arkaden. Von der mittelalterlichen Anlage ist kaum noch etwas erhalten; der älteste Teil ist heute der von 1564 stammende Nordwesttrakt. Das meiste, was man heute sieht, wurde 1654–58 von Peter Franz Carlone erbaut; beachtenswert sind insbesondere die im 18. Jh. um einen Stock erhöhten doppelgeschossigen Renaissancearkaden. In der Anlage befinden sich heute ein Seminarzentrum, das Schlosshotel und ein Café.

★ Pfarr- und ehemalige Stiftskirche St. Georgen

Die Pfarr- und ehemalige Stiftskirche St. Georgen steht in dem großen Hof der Anlage. Sie wurde überwiegend im 14. Jh. erbaut und ab 1698 barockisiert. Die Kirche erweckt mit ihren roten marmorierten Scheinsäulen einen lichten, freundlichen Eindruck. Die sehenswerte Einrichtung wurde großteils nach 1698 im Barock geschaffen. Die 5 Altäre und die Kanzel stammen aus dem 17. Jh. und sind reich mit Figuren geschmückt; insbesondere der als hohe, geschlossene Schauwand konzipierte Hochaltar mit dem Mittelbild des effektvoll geschilderten Drachenkampfes. Der Altar von 1706 bietet mit seinen überlebensgroßen Figuren ein prächtiges Bild. Sehenswert ist auch das bunt gefasste Renaissanceepitaph der 1591 gestorbenen Äbtissin Afra von Staudach.

Garten

Zur Gestaltung des Klostergartens hat man sich alle Mühe gegeben. Man findet eine Kräuterspirale, ein Feuchtbiotop, einen Kinderdschungel, einen Aussichtspunkt mit schönem Blick auf den See und vieles mehr.

Feste & Brauchtum

Im September findet das ★ **Backhendlfest** statt.

Ausflugsziele

★ Längsee

Der Längsee ist der wohl unverbauteste Badesee Kärntens, an dessen Ufer lediglich 2 Strandbäder liegen. Er ist 75 ha groß und bis zu 21 m tief. Er ist der Überrest eines einst noch viel größeren Sees. Wegen seines Fischreichtums wird er von Fischern geschätzt. Für Vögel ist er bei ihrem Zug in den Süden ein beliebter Rastplatz. Der See liegt in einem 396 ha großen Landschaftsschutzgebiet. Er ist ein beliebter Badesee und im Winter wird er intensiv zum Eislaufsport genutzt.

★ Burg Hochosterwitz

Launsdorf. Auf einem 160 m hohen Kreidefelsen liegt die Burg Hochosterwitz, eine der mächtigsten Anlagen ihrer Art und sicherlich die berühmteste Burg Kärntens. Die Burg wurde 860 erstmals erwähnt (als Burg um 1150) und war bis um 1150 im Besitz des Erzbistums Salzburg, dann bis 1478 als Lehen der Landesfürsten im Besitz der Herren von Osterwitz. Die Bezeichnung Hochosterwitz tauchte erstmals im 17. Jh. auf. Ab 1541 war sie an Christoph Khevenhüller verpfändet. Georg Freiherr von Khevenhüller (1534–1587), Landeshauptmann von Kärnten und Geheimer Rat von Erzherzog Karl von Innerösterreich, kaufte sie 1571 – dem Geschlecht gehört sie noch heute. Er ließ Hochosterwitz wegen der drohenden Türkengefahr 1570–1586 mitsamt der 14 Tore ausbauen – »zum Nutzen des Staates, auf

eigene Kosten« – und gab ihr eine Waffenkammer. Die Burg wurde im Laufe ihrer Geschichte niemals eingenommen. Man kann zur Besichtigung entweder den 620 m langen Burgweg durch die 14 Tore hinaufgehen oder mit der wagemutig in den Fels gebohrten Bahn hinauf fahren und später hinab marschieren. An den Burgtoren steht eine Beschreibung über das jeweilige Bauwerk. Oben findet man einen schönen Burghof mit Kastanienbäumen, unter denen man die Köstlichkeiten genießen kann, die das Burgrestaurant im Palas anbietet. In der Nordecke des Hofes befindet sich ein 13 m tiefer Ziehbrunnen. In der Nordwest-Ecke sieht man eine alte Zisterne. Außerdem befinden sich verschiedene Römersteine in der Anlage. Interessant ist das kleine Museum mit den alten Bildern, Waffen und Rüstungen, darunter die eines 2,25 m großen ehemaligen Burgkommandanten.
Auskunft Tel.: 04213/2507, Öffnungszeiten: Karwoche bis Oktober: täglich 8.30–18 Uhr.

Rottenstein

Die reizvolle Schlossanlage über dem See mit Park, Badehaus, der Schlosskapelle St. Karl Borromäus und der Familiengruft wurde um 1870 im Stil des Historismus erbaut. Der Park wurde im englischen Stil angelegt.

Wandervorschläge

Wanderung auf die Burg Hochosterwitz, Umrundung des Sees, Wald-Erlebnis-Pfad

ST. GEORGEN IM LAVANTTAL

Höhe: 374–2100 m | Einwohner: 2190

Gemeindeamt St. Georgen
Dorfplatz 10
9423 St. Georgen im Lavanttal
Tel.: 04357/2133, Fax: 04357/2133-9
Internet: www.st-georgen-lav.at oder www.sankt-georgen.at
E-Mail: st-georgen-lavanttal@ktn.gde.at

Allgemeines & Geschichte

Der Ort ist die jüngste Gemeinde im Lavanttal und liegt am Fuß der Koralpe unterhalb der Ruine Steinberg. Er war der Sommersitz der Bischöfe von Lavant. Mit dem Projekt »Kraftquelle St. Georgen im Lavanttal« möchte die Gemeinde ihren Gästen »Seelenwellness« bieten – also einen intelligenten, sanften und nachhaltigen Tourismus.

Sehenswürdigkeiten

Die romanische Kirche St. Georg wurde 1184 erwähnt und im Barock verändert. Der mächtige Ostturm stammt noch aus der romanischen Bauperiode. Der Hochaltar wurde 1729 geschaffen und ist mit schönen Skulpturen geschmückt. Die Fresken stammen aus der Gotik. Der Karner wurde in der Spätromanik erbaut und besitzt ein Kegeldach und einen barocken Zwiebelhelm. Heute ist er zur Fatimakapelle umgestaltet. Die Kalvarienbergkapelle stammt von 1851.

Feste & Brauchtum

Kreuzwegsingen am Gründonnerstag, Fuß-Wallfahrt nach Maria Osterwitz im Juni, Apfelfest im September/Oktober

Ausflugsziele

Bäuerliche Kultur auf Schritt und Tritt

Nette Ausflugsziele sind Wanderungen zur »Duller-Mühle«, wo auch eingekehrt werden kann, zum römischen Steinbruch-Spitzelofen oder zur »Brechel- und Dörrkeusche«.
In Steinberg-Oberhaus steht auf steilem Felsen am Abhang der Koralpe die 1214 erstmals erwähnte **Ruine Steinberg.** Sie stammt aus der Romanik und wurde in der Gotik und im 16. Jh. verändert. Ab 1498 war die Burg die Sommerresidenz der Bischöfe von Salzburg, später von Lavant. Seit dem 18. Jh. verfällt die Anlage. Der Zugang erfolgt über eine 20 m lange, gedeckte Holzbrücke. Man sieht noch den romanischen Palas und die Kapelle. Gegenüber befindet sich der Schlossbauer, das ehemalige Wirtschaftsgebäude der Burg.

Wandervorschläge

Kulturwanderwege, Mostwanderwege, Almwandern in der Erholungsregion Steinberg-Brandl-Pontnig

ST. JAKOB IM ROSENTAL

(Marktgemeinde)

Höhe: 500 m | Einwohner: 4470

Marktgemeinde St. Jakob im Rosental
9184 St. Jakob im Rosental 60
Tel.: 04253/2295
Fax: 04253/2295-5
Internet: www.st-jakob-ros.at
E-Mail: st.jakob-ros@ktn.gde.at

Allgemeines & Geschichte

Der Ort liegt zwischen der Drau und der eindrucksvollen Bergkette der Karawanken, der Grenze zu Slowenien, und ist ein guter Ausgangspunkt für Wanderungen im Rosental sowie für Touren in den westlichen Karawanken. Zu St. Jakob gehören 21 Ortsteile. Der Ort wurde 1136 erstmals erwähnt. Im 17. und 18. Jh. befand sich hier ein Stahlhammerwerk, das um 1850 aufgelassen wurde.

Sehenswürdigkeiten

Die Kirche St. Jakob wurde bei einem Brand 1972 bis auf den Chor zerstört. Im Hochaltar sieht man die aus der Spätgotik stammende Figur des hl. Jakob (1656). Der mächtige Pfarrhof war früher der Sommersitz der Äbte von Ossiach. Er wurde im 16. Jh. in einer Stilmischung Renaissance-Barock erbaut. Das Portal stammt von 1726. Am Dorfplatz steht ein Denkmal zur Volksabstimmung.

Ausflugsziele

Erlebniswald Drachenstein

Schöner Ausflug für kleine Kinder in die Welt der Fantasietiere. Ausgangspunkt Sporthotel »Der Alpenhof« in Rosenbach.

Themenwanderweg Ritter von Rase

In der Nähe des Drauradweges führt dieser ebenfalls für Kinder interessante Weg auf den Spuren der Ritter. Ausgangspunkt: Gasthaus Kuhn in Schlatten.

★ Pfarr- u. Wallfahrtskirche Maria Elend

Der Ursprung der Wallfahrtskirche (Hauptwallfahrtstag ist der 15. August) wird mit der Legende von der hl. Hemma, die zu einer höher gelegenen Waldkapelle gepilgert sein soll, in Verbindung gebracht. Die dreischiffige mächtige Hallenkirche entstammt der Spätgotik, erhielt im 17. Jh. am Turm einen Zwiebelhelm und einen offenen Kapellenanbau, in den man die eigens dafür geschaffene Skulptur der Schutzmantelmadonna stellte. Der Innenraum wurde barock verändert, das ursprünglich gotische Chorgewölbe im 18. Jh. mit Stuck und Malerei versehen. Das zentrale Gewölbebild mit Wiedergabe einer Madonnenerscheinung entstand 1731. Der Hochaltar stammt von Ende des 18. Jhs. und ist eine Spende von Wien als Dank für die Befreiung von den Türken. Nach einer Sage soll die hiesige Gnadenmutter bei der Entscheidungsschlacht am 12. September 1683 den christlichen Truppen erschienen sein, die daraufhin siegten. Aus Dankbarkeit stiftete die Familie den Altar. Darum sieht man auch unter der gotischen Gnadenstatue einer thronenden Madonna mit Kind aus dem 15. Jh. Erinnerungen an die Türken (Köpfe, Köcher mit Pfeilen, türkische Säbel). Das Gnadenbild stammt von etwa 1450. In der Kirche stehen zudem mehrere Seitenaltäre aus dem 17. und 18. Jh. Von größter Bedeutung ist der in die Apsis des südlichen Seitenschiffes gestellte spätgotische Flügelaltar (um 1520 aus der »Jüngeren Villacher Werkstatt«). In seinem Schrein steht die graziös posierende Madonna mit Kind, begleitet von Rochus und Sebastian. An den Flügelinnenseiten sind im Übereinander zwei Reliefs mit je einer Dreiergruppe von Heiligen angebracht. Die Werktagsseite zeigt vier Passionsszenen und die vier Evangelisten.

Wandervorschläge

Maria Elender Alm, Kahlkogel, Rosenkogel

ST. KANZIAN AM KLOPEINER SEE

Höhe: 446 m | Einwohner: 4300

Tourismusverband Klopeiner See-Turner See
Schulstraße 10, 9122 St. Kanzian
Tel.: 04239/2222, Fax: 04239/3065
Internet: www.klopeinersee.com
E-Mail: klopeinersee@aon.at

Allgemeines & Geschichte

Zu der Gemeinde am Klopeiner See gehören 37 kleine Ortsteile, die verstreut um diesen wärmsten Badesee Österreichs liegen. Der

Detail aus dem wunderschönen Flügelaltar der Pfarr- und Wallfahrtskirche Maria Elend (links) Der Karner in Stein im Jauntal wurde von Kiki Kogelnik ausgemalt. (rechts) Der Klopeiner See ist der wärmste See Österreichs. (unten)

Turnersee, der fast ebenso warm wird, ist in bewaldete Höhen eingebettet. Er hieß noch vor dem Zweiten Weltkrieg nach seinem Besitzer Zablatnig-See und erhielt seinen jetzigen Namen erst nach dem Erwerb durch den Wolfsberger Turnverein. Heute ist die Gegend ein beliebtes Urlaubsgebiet für Badegäste, für Familien mit Kindern und für Leute, die es gern haben, wenn im Urlaub »etwas los« ist; auch zum Wandern, Bergsteigen, Golfen oder Rad fahren gibt es viele Möglichkeiten. Wegen der klimatisch günstigen Lage war die Gegend bereits in prähistorischer Zeit besiedelt; so stieß man bei Ausgrabungen auf der 676 m hohen Gracarca auf 20 gestaffelte Siedlungsterrassen von der Hallstatt- bis zur Römerzeit. Auch bei der nahe gelegenen St. Georgs-Kirche auf dem Georgibergl fand man Wallanlagen aus vorgeschichtlichen Zeiten.

Sehenswürdigkeiten

Pfarrkirche St. Kanzian

Die Pfarrkirche St. Kanzian wurde 1106 erstmals erwähnt und ist die Urpfarre des Jauntals, der heutige Bau wurde aber 1849–60 im Stil des Historismus auf dem alten Gebäude neu errichtet. Ältester Teil ist der aus der Romanik stammende Chorturm mit dem gotischen Chor. An der Westfassade befinden sich Rundfenster und ein Rundbogenportal. Alle 3 Schiffe sind kreuzgewölbt. Das Mittelschiff ist mit Wandmalereien geschmückt. Am linken Seitenaltar sieht man ein spätgotisches lebensgroßes Kruzifix (um 1510/20), im nördlichen Seitenschiff sehenswerte Glasmalereien (16. Jh.).

Kirche St. Gregor

In der Kirche St. Gregor steht ein prächtiger Flügelaltar mit einem Hochrelief von 1517 aus einer Villacher Werkstatt. Die Predella stammt von Urban Görtschacher.

★ Keltenmuseum Gracarca

St. Kanzian, Römerweg 11. Die Gracarca ist ein Mittelgebirgsstock am südöstlichen Ufer des Klopeiner Sees mit einem Dreiseenblick im Westen und dem Georgibergl im Osten. Hier werden Fundstücke aus keltischer Zeit gezeigt, die über die Besiedlung um den Klopeiner See von der Kupferzeit bis ins frühe Mittelalter unterrichten. Das Museum befindet sich in Unterburg; ab hier kann man auf einem Wanderweg das Ausgrabungsgelände besichtigen. Hier waren schon in der Bronzezeit vor 4000 Jahren Menschen ansässig, und in der Hallstattzeit gab es ein kompliziertes Bewässerungssystem. Interessant ist das besterhaltene Grab eines Karantanenführers am Südhang der Gracarca. Öffnungszeiten: Ende Mai bis Juni und September täglich 15–18 Uhr, Juli bis August täglich 9–12 und 13–17 Uhr.

Ausflugsziele

Wasserhofen

Die 1580 erwähnte Filialkirche St. Maria Magdalena ist ein sehenswerter spätgotischer Rundbau mit Zwiebelturm und hölzerner Vorlaube. Die Flachdecke ist mit Schablonenmalerei verziert. Der Hochaltar stammt von Ende des 18. Jhs. Das zweigeschossige Schloss am südlichen Ufer der Drau stammt aus dem 16. Jh. Es besitzt einen quadratischen Innenhof mit Renaissancearkaden und war anfangs ein Wirtschaftshof des Klosters Eberndorf, musste aber zur Bezahlung der Türkensteuer 1529 an die Ungnad von Sonnegg verkauft werden. 1661 wurde es vom Kloster wieder zurückgekauft.

Grabelsdorf

Hier befand sich in der Eisenzeit eine große Siedlung, die insbesondere zur Keltenzeit wegen ihrer Eisenverarbeitung aufblühte. Durch die Anlage führt heute ein Lehrpfad. In der Nähe fand man auch ein reich ausgestattetes Grab aus der frühen Hallstattzeit, insgesamt hat man 20 Siedlungsanlagen von der Hallstatt- bis zur Römerzeit nachgewiesen.

Kutschenfahrten

Ab Anfang Mai gibt es Kutschen- und Planwagenfahrten rund um den Klopeiner See und Turnersee. Geboten werden Nostalgiekutschen mit Lagerfeuer oder Buschenschankbesuch. Kühnsdorf-West 34, Tel.: 04232/89379.

★ Märchenpark

Gasthof zur Hüttn, Schreckendorf 7. Das »Wunderland am Klopeiner See« ist das ideale Ausflugsziel für Kinder: Hier werden Märchenfiguren gezeigt, die Geschichte dazu kann man sich über ein Tonband erzählen

lassen. Mit großem Kinderspielplatz, Streichelzoo und Erfrischungsstation. Öffnungszeiten: Mitte April bis Oktober, täglich 10–20 Uhr. Tel.: 04239/2408.

★ Stein im Jauntal

Auf einem steilen Bergkegel steht inmitten einer ehemaligen Burganlage die 1238 erwähnte Pfarrkirche St. Laurentius, eine ehemalige Wehrkirche. Hier hat nach der Legende die Kärntner Heilige, die selige Hildegard von Stein, gelebt. Sie soll von ihrem jähzornigen Gatten aus Eifersucht wegen unterstellter Untreue von einem Fenster gestürzt, von Engeln aber aufgefangen worden sein. Die Magd, die mit Geschichten über die angebliche Untreue ihrer Herrin den Gatten belog, wurde zu Stein verwandelt. Hildegards Sohn Albuin wurde Bischof von Brixen. Von der aus der Zeit der Romanik und Gotik stammenden Anlage sind noch bis zu 2,5 m dicke Mauern übrig, außerdem die Krypta mit Freskenresten aus dem 13./14. Jh., in der im Mittelalter das Grab der Hildegard verehrt wurde. Der neubarocke Hochaltar stammt aus dem 19. Jh., interessanter ist jedoch der ältere Hildegardaltar, der in Form einer Skulpturengruppe die szenische Darstellung der Brotüberreichung durch Hildegard von Bingen an einen Bettler enthält. Neben der Kirche steht noch der romanische Rundkarner, der 1996 im Innern durch die Kärntner Künstlerin Kiki Kogelnik mit Motiven zum Totentanz ausgestaltet wurde. Zu ihm hin führen alte Bildstöcke mit Kreuzweginterpretationen, die von 14 zeitgenössischen Kärntner Künstlern bis zum Jahr 1991 geschaffen wurden. Als Brauchtum wird hier am Sonntag vor oder nach dem Agatha-Tag, dem Todestag der hl. Hildegard am 5. Feber, das Striezelwerfen veranstaltet. Hierbei wirft man die geweihten Agathastriezel (Brötchen, die eine wundertätige Wirkung besitzen sollen) von der ehemaligen Burgmeierei in die Menge.

Motorradmuseum in Unterburg

Am Ausblick 6, Tel.: 2390. Öffnungszeiten: Ostern bis Oktober nach Voranmeldung. Motorradverleih.

★ Vogelparadies St. Primus

Größter privater Vogelpark mit über 1000 Vogelarten. Tel.: 04239/2707.

Wildgatter Klopeiner See

Erreichbar über die Wanderwege 4 und 10. Eintritt frei, ganzjährig geöffnet. Fütterungsmöglichkeit und Streichelzoo.

Wandervorschläge

Gracarca, Wanderungen entlang des Völkermarkter Stausees

ST. MARGARETEN IM ROSENTAL

Höhe: 607 m | Einwohner: 1130

Gemeindeamt St. Margareten
9173 St. Margareten im Rosental 9
Tel.: 04226/218, Fax: 04226/218-20
Internet. www.st-margareten.at
E-Mail: st-margareten@ktn.gde.at

Allgemeines & Geschichte

St. Margareten liegt im Rosental östlich von Ferlach am Fuß der Karawanken auf einer bewaldeten Terrasse. Gäste, die Ruhe und ein mildes Klima suchen, sind hier gut aufgehoben. Der Ort war einst ein Zentrum der Fassbinder. Ein letzter Höhepunkt des Gewerbes war in den dreißiger Jahren des 20. Jhs., als Margarine und Marmeladenfabriken große Mengen bestellten. Mit dem Aufkommen der Kunststoffe hörte dies jedoch auf.

Sehenswürdigkeiten

Die Pfarrkirche St. Margareten besitzt noch den mächtigen Turm aus der mittelalterlichen Anlage mit Schießscharten. Das Spitzportal ist reich profiliert. Am Sakramentshäuschen sieht man im Gitter schön geschmiedete Rosen. Der barocke Hochaltar stammt von etwa 1750–60 und ist ebenso wie die Seitenaltäre mit schönen Schnitzfiguren verziert. Die Kanzel entstand etwa 1750. Das Kirchengebäude wurde 1975 restauriert, 2002 neu ausgemalt und mit erneuerten Kirchenbänken versehen. Die geschmackvolle Restaurierung vermittelt dem Besucher einen sehr harmonischen Eindruck.

Ausflugsziele

Geologischer Rundwanderweg

Im Gebiet um St. Margareten gibt es einige geologische Besonderheiten zu entdecken, beispielsweise den Eiskeller auf der Matzen/Hintergupf, den Kohlenmeiler und Holzkohle am Boden, die Erdfälle zwischen Wolfsgupf und Karnitza/Hintergupf, den Moränenwall und das Toteisloch oder auch den Gletscherschliff am Gupf.

Hutl-Mühle
Schaumahlen und Besichtigung der einzigen noch in Betrieb stehenden Wassermühle des Rosentales. Informationen und Führungen nach telefonischer Vereinbarung mit Valentin Korenjak, Dobrowa 3, Tel.: 04226/302.

Wandervorschläge

Geologischer Rundwanderweg, Hochobir, Kleinobir

STOCKENBOI

Höhe: 522–2218 m | Einwohner: 1740

Gemeindeamt Stockenboi
Kirchplatz 2
9713 Zlan, Tel.: 04761/214
Fax: 04761/214-15
Internet: www.stockenboi.at
E-Mail: stockenboi@ktn.gde.at

Allgemeines & Geschichte

Der Ort in den Gailtaler Alpen liegt eingebettet zwischen den Berggipfeln des Goldecks, der Latschurgruppe und dem Spitzegel mit dem Golz in einem tief eingeschnittenen Bergtal und erstreckt sich vom Drautal bis an das Ostufer des Weißensees. Bekannte Ortsteile sind Zlan und Gassen. Der Ort wurde 1322 und 1434 urkundlich erwähnt und gehörte früher den Ortenburgern. Ab dem 13. Jh. wurde von Georg von Ortenburg eine Glasindustrie gegründet, deren Produkte noch im 19. Jh. bis nach Hamburg, Mainz und Moskau geliefert wurden. Im Stockenboier Graben wurde ab dem 14. Jh. bis in die 2. Hälfte des 18. Jhs. Erz geschürft, man fand Blei, Zink, Quecksilber, Eisenerz, und am Goldeck wurde nach Gold und Silber gesucht. Hier befand sich der neben Hüttenberg bedeutendste Hochofen und die Produkte wurden bis Venedig exportiert. Im nahen Tscherniheim befand sich das älteste Glasbläserdorf Kärntens, woran noch eine kleine Kapelle erinnert. Als 1781 das Toleranzpatent erlassen wurde, bekannten sich die Bewohner des Tales zum evangelischen Glauben; es entstand eine Toleranzgemeinde.

Sehenswürdigkeiten

Die Pfarrkirche St. Nikolaus steht etwas erhöht inmitten der Friedhofsmauer. Sie wurde 1499 erstmals erwähnt und war 1752–1780 eine Missionsstation der Serviten. Der einst gotische Bau wurde später barockisiert und besitzt einen hölzernen Dachreiter. Die monumentale Kreuzigungsgruppe an der Südwand stammt aus dem Spätbarock. Der Triumphbogen wurde in der späten Gotik erbaut. Der Hochaltar ist von 1730 und weist neugotische Elemente auf. Er ist von schönen Barockskulpturen umgeben. Der Seitenaltar stammt von Ende des 17. Jhs. Die Kanzel ist mit Evangelistenbildern geschmückt und wurde in der 2. Hälfte des 18. Jhs. erbaut.

Ausflugsziele

★ Weißensee-Schifffahrt
Ein Ausflug zum Weißensee, dem höchstgelegenen Badesee der Alpen, ist ein Erlebnis für die ganze Familie. Information: Adolf Müller, Mösel 2, 9714 Stockenboi, Tel.: 04761/242.

★ Goldeck Panoramastraße
Die Goldeck Panoramastraße in Zlan-Stockenboi zählt mit ihrer herrlichen Aussicht auf die umliegenden Berge und Täler zu Kärntens schönsten Ausflugsstraßen. Information: Mauthaus in Zlan, Tel: 04761/296.

Wandervorschläge

Weißensee Ostufer, Seelehrpfad, Themenwanderweg »Auf den Spuren des Waldglases«, Farchtner See

ST. PAUL IM LAVANTTAL

(Marktgemeinde)
Höhe: 400 m | Einwohner: 3680

Marktgemeinde St. Paul i. Lav., Hauptstr. 10
9470 St. Paul i. Lav.
Tel.: 04357/2017
Fax: 04357/2017-30
Internet: www.sanktpaul.at
E-Mail: st-paul-lavanttal@ktn.gde.at

Stift St. Paul im Lavanttal (oben linke Seite) **Detail aus dem »romanischen« Südportal: das Dreikönigsrelief im Tympanon** (unten linke Seite) **Stifterfresko aus der Hand des Thomas von Villach** (rechts)

Allgemeines & Geschichte

Der reizvoll im unteren Lavanttal am Ausgang des Granitzbachtales liegende Ort wird gerne für einen gemütlichen Sommeraufenthalt besucht. Das milde Klima in der Umgebung bietet beste Voraussetzungen zum Obstanbau. Das Obst wird in großen Mengen zu Most verarbeitet, der im Herbst verkostet werden kann. Sehenswert sind u. a. die 3 Wallfahrtskirchen auf den Hügeln der Umgebung. 1091 wandelte Graf Engelbert I. von Spanheim die Burg Lavant und die von seinen Eltern gegründete St.-Pauls-Kirche in ein Stift um; die ersten Mönche holte Engelbert II. aus dem bedeutenden Kloster Hirsau im Schwarzwald. 1367 brannte ein Großteil des Klosters ab, danach wurde es im gotischen Stil wieder neu aufgebaut. 1476 verbrannten die Türken den Ort, konnten das Kloster jedoch nicht einnehmen. 1515–30 stürzte der Abt Ulrich von Pfinzing das Kloster in große Schulden, von denen es sich erst 100 Jahre später wieder erholte. 1787 mussten die Mönche im Zuge der Reform das Kloster verlassen, aber bereits 1809 zogen wieder Benediktiner ein, die aus St. Blasien im Schwarzwald kamen. Ihr dortiges Kloster war aufgelöst worden, und Kaiser Franz wies ihnen diesen Standort zu. Auf ihrer Reise brachten sie die sterblichen Überreste mehrerer Habsburger mit, die einst in St. Blasien begraben waren und die unter dem Hochaltar von St. Paul nun ihre letzte Ruhe fanden. 1940–45 wurde das Kloster erneut aufgehoben.

In St. Paul entstand schon früh eine eigene Lateinschule, die einen guten Ruf weit über die Landesgrenzen hatte. Auch Paracelsus war Schüler des Klosters gewesen. Heute noch ist das Stift von Benediktinern bewohnt; es dient als Gymnasium und Internat. Hier ging u. a. der Komponist Hugo Wolf (1860–1903) zur Schule. Der Ort bildete sich um den Meierhof des Klosters und wurde bereits 1184 als Brugga mit einem Markt (forum) erstmals erwähnt.

Sehenswürdigkeiten

★ Benediktinerstifts- und Pfarrkirche

Im Jahre 1091 gegründet, erfolgte der Bau der heutigen Pauluskirche erst in den Jahren 1159–1192 (Vollendung Anfang des 13. Jhs.). Nach Jahren der Misswirtschaft kam es erst unter Abt Hieronymus Marchstaller (1616–1638) zu einer Blüte des Stiftes sowie zu einem großzügigen Ausbau (1782 Aufhebung des Klosters, ab 1809 Wiederbesiedlung). Die dreischiffige romanische Pfeilerbasilika mit der monumentalen Doppelturmfassade liegt auf dem höchsten Punkt eines Hügels und wird von drei Seiten von den Klostergebäuden umgeben. Das »romanische« Südportal wurde erst zu Anfang des 16. Jhs. aus Teilen des alten Lettners zusammengefügt und im Tympanon mit dem Dreikönigsrelief versehen. Das Trichterportal (ca. 1260) der Westfassade zeigt im Tympanon die Reliefwiedergabe des thronenden Christus Pantokrator. Der basilikal gestaffelte Innenraum ist mit zahlreichen Gewölbemalereien versehen. Das bekannte Stifterfresko aus der Hand des Thomas von Villach entstand 1493 (mit Selbstporträt des Künstlers). Die äußerst qualitätvolle Altarausstattung ist barock. Der Hochaltar stammt von 1705 und ist reich ornamentiert. Aufwändiger gestaltet als dieser sind jedoch die beiden Seitenaltäre von ca. 1775. Die Kanzel wird Michael Zill zugeschrieben. Zum Bestand der Kirche zählt ein reiches Repertoire an Grabsteinen, beispielsweise im Querschiff das Wandgrabmal des Abtes Ulrich Pfinzig oder der Spanheimergrabstein im nordöstlichen Querhaus. Hier sind außer dem Stifterpaar noch 5 Herzöge aus dem Geschlecht begraben. Außerdem ruhen in der Gruft unter dem kreuzrippengewölbten Chor noch einige Habsburger aus dem 13. und 14. Jh., die erst in St. Blasien begraben waren und die die Mönche bei ihrem Umzug mitgebracht haben. Sie sind durch Wappen bezeichnet. Die gotische Kapelle – nach dem Stifter Rabensteiner benannt – hat 1985 eine Umgestaltung durch zeitgenössische Künstler erfahren.

★ Benediktinerstift u. Stiftssammlung

Die ehemaligen Repräsentationsräume im Westtrakt des Stiftes dienen heute als Areal des Stiftsmuseums, das in seiner Bedeutung zu einen der wertvollsten privaten Sammlungen Österreichs zu zählen ist (»Schatzhaus Kärntens«). Drei Säle sind mit bemerkenswerten Kassettendecken um 1620 ausgestattet. Auf einer Gesamtfläche von fast 3000 m² wird ein reicher Kunstobjektbestand vom 12. bis ins 18. Jh. gezeigt: Malerei, Skulpturen, textile Kunst, Kunsthandwerk (Monstranzen, »Adelheidkreuz«), Grafiken, Holzschnitte, Kupferstiche und eine umfangreiche Münzsammlung. Die alte Stiftsbibliothek wird ins Jahr 1683 datiert und weist einen großen Bestand an Büchern, Druckwerken, Handschriften und Fragmenten auf (das älteste Buch Österreichs aus dem 5. Jh., das erste Druckwerk Gutenbergs von ca. 1450, zahlreiche Minnesang-Fragmente, eine Kapitularien- und Volksrechtsammlung aus dem 9. Jh. und den berühmten Ramseypsalter aus dem 13. Jh.). Der heutige Schauraum der Bibliothek ist mit einer Deckenmalerei (1683) ausgestattet. Dargestellt sind die Tierkreiszeichen, die Jahreszeiten und die Himmelswinde. Öffnungszeiten: Mai bis Oktober: Führungen 9–17 Uhr. Tel.: 2019-22.

Lavanttaler Obstbau-Museum

Die Sammlung im Zogglhof dokumentiert die Entwicklung des Obstbaues im Lavanttal vom 18. Jh. bis zum frühen 20. Jh. Sie zeigt die Arbeit der Obstbauern, die jahrhundertelang das kulturelle und landschaftliche Bild des Lavanttales mitgeprägt haben. Seit 1997 gibt es im Zogglhof auch die Galerie der Mostbarkeiten. Jährlich im Mai findet die Mostbarkeitsmesse statt.

Feste & Brauchtum

Der St. Pauler Kultursommer bietet von Pfingsten bis August Festmessen, Konzerte und Ausstellungen. Seit rund 5 Jahrzehnten ist der Kirchtag im Sommer ein großer Anziehungspunkt.

Ausflugsziele

Johannesberg

Die 1091 erwähnte und in der Gotik erbaute Kirche St. Johannes am Johannesberg von 1375 wurde im Barock verändert; sie ist eine Doppelkirche mit Ober- und Unterkirche. Zur Oberkirche, der Hauptkirche, gelangt man über eine doppelarmige, zweiläufige und überdachte Außentreppe. Der Hochaltar wurde 1698 geschaffen und ist mit schönen Figuren geschmückt. Am südöstlichen Eingang sieht man 2 Fresken von Suitbert Lobisser (1929), von ihm ist auch das Holzrelief. Von hier aus hat man einen schönen Ausblick ins Tal.

Ruine Rabenstein

Unterhaus. Die Ruine auf einem weithin sichtbaren und allein stehenden Felsen 300 m über St. Paul und der Kasbauerstein (841 m) bieten schöne Aussichtspunkte. Für eine Wanderung sollte man 3 Stunden einplanen. Die zwischen 1096 und 1105 genannte Burg wurde zum Schutz von St. Paul errichtet. Da aber die Burgherren häufig Streit mit den Stiftsherren hatten, kaufte schließlich Abt Hieronymus Marchstaller 1629 die Burg, die zu einem Renaissanceschloss umgebaut worden war. Er ließ auch die Kapelle barockisieren. 1636 brannte sie ab. Erhalten sind bis zu 3 Stockwerke hohe Reste des Bergfrieds, des Wehrturms und der romanischen Kapelle. Südlich der Ruine steht der ehemalige Meierhof mit einem Walmdach. An seiner Rückseite ist ein verkehrt herum eingemauerter Wappenstein zu sehen.

Wandervorschläge

Kulturwanderwege, Lavanttaler Höhenweg, Mostwanderweg, Geologischer Lehrpfad

STRASSBURG (Stadtgemeinde)

Höhe: 650 m | Einwohner: 2340

Stadtgemeindeamt Straßburg, Hauptplatz 1
9341 Straßburg, Tel.: 04266/2236
Fax: 04266/2395
Internet: www.strassburg.at
E-Mail: strassburg@ktn.gde.at

Allgemeines & Geschichte

Die einstige Bischofsstadt ist Luftkurort, liegt umgeben von waldreichen Höhen etwas östlich von Gurk und besitzt ein nettes Stadtbild mit noch einigen alten Bauten. 898 schenkte Arnulf von Kärnten beinahe das gesamte Gurktal einem Vorfahren der hl. Hemma. Hemma selbst stiftete große Teile an das Gurker Kloster. Die Stadt entstand Anfang des 13. Jhs., nach Errichtung der Burg 1147

Blick von Lieding auf die Straßburg (oben) **Schloss Pöckstein in Zwischenwässern** (links) **Viernischen-Bildstock bei St. Stefan im Gailtal** (rechts)

war der Ort Sitz der Gurker Bischöfe. Das Stadtrecht wurde 1380 verliehen, erst als der Bischofsitz im 18. Jh. nach Pöckstein-Zwischenwässern verlegt wurde, schwand die Bedeutung der Stadt.

Sehenswürdigkeiten

Straßburg ist noch teilweise von Resten der Stadtmauer umgeben und besitzt einen netten Hauptplatz, der von alten Bürgerhäusern umgeben ist. Die Häusern stammen im Kern aus dem 15.–17. Jh. Der Stadtbrunnen am Hauptplatz wurde 1987 von Hans Muhr errichtet. In die Stadtmauer ist eine Reliefbüste von Bischof Walther (1200–13) über einer Löwenfigur eingelassen, vielleicht ist es eine Überarbeitung einer römischen Plastik.

★ Pfarrkirche St. Nikolaus

Über einem Kapellenbau des 12. Jhs. wurde um 1260 eine Kirche errichtet. Unter Bischof Schallermann und Sonnberg wurde sie schließlich bis ca. 1500 zur prachtvollen dreischiffigen gotischen Kirche umgebaut. Im 17. Jh. wurden die Seitenschiffe zu Kapellenreihen umgewandelt und mit Altären von überwiegend einheitlichem Aufbau ausgestattet. Auffallend ist, dass deren Altarbilder sich hauptsächlich an Vorbildern der italienischen Renaissance und des Manierismus orientieren. Der Hochaltar von 1747 zeigt das monumentale Bild des über stürmischer See emporschwebenden hl. Nikolaus. Es wurde um 1750 von Fromiller geschaffen. Auf dem Schalldeckel der 1772 von Georg Hittinger geschaffenen Kanzel, einer der schönsten Kärntens, sieht man eine Plastik des Elias, der in einem von Pferden gezogenen Wagen gen Himmel fährt. Prachtvoll ist auch der Orgelprospekt von 1743.

Heilig-Geist-Spitalkirche/Spital

Die runde Heilig-Geist-Spitalkirche steht am westlichen Ortsausgang. Die im 13.–16. Jh. erbaute frühgotische Kuppelkirche besitzt einen interessant gestalteten Dachreiter aus dem Spätbarock und Stuckaturen im Chor. Die schönen Fresken sind von 1330. Am 1720 errichteten Hochaltar sieht man einen prächtigen Tabernakel. Das Spital wurde 1337 erstmals genannt und dient jetzt als Schule. Das im Kern aus dem 14. Jh. stammende Gebäude wurde im Barock umgebaut.

★ Schloss Straßburg

Die Straßburg, eine der schönsten und größten Wehranlagen Österreichs, wurde von Roman I., dem 3. Gurker Bischof und Erbauer des Doms, 1147 errichtet und später mehrfach erweitert, so dass sie sich allmählich in ein repräsentatives Schloss (prächtige zweigeschossige Arkaden im gesamten Innenhof) entwickelte. Hier war jahrhundertelang der Regierungssitz der Gurker Bischöfe. 1767 richtete ein Erdbeben schwere Schäden an. Danach erbauten die Bischöfe in Zwischenwässern ein Schloss, in das sie 1780 übersiedelten, so dass der Straßburger Bau, der 51 Bischöfen als Sitz diente, leer stand. Brände, Erdbeben und Vernachlässigungen beschleunigten im Laufe des 19. Jhs. den Verfall, dem mit größerer Effizienz erst in der zweiten Hälfte des 20. Jhs. begegnet wurde.
Heute ist die Straßburg wieder ein glanzvolles Herzeigeobjekt, in dem sowohl ständige Museen als auch Sonderausstellungen und kulturelle Veranstaltungen eine äußerst repräsentable Heimat gefunden haben. Das volkskundliche Museum erzählt vom Leben der Bauern, von ihrem Alltag, ihren Bräuchen und ihren bescheidenen Mahlzeiten. Das zweite ständige Museum im Schloss ist der Jagd gewidmet.
Öffnungszeiten: Mitte Mai bis Oktober: täglich 9–17 Uhr. Tel.: 2375 oder 2236-13.

Feste & Brauchtum

Traditionsreiche Märkte sind der Schwarzfreitagmarkt und der Nikolomarkt.

Ausflugsziele

★ Lieding

Die gotische **Pfarrkirche St. Margareta** wurde möglicherweise gemeinsam mit einem Kloster gegründet, 1131 zur Pfarrkirche erhoben, reich ausgestattet und 1330 dem Kollegiatskapitel von Straßburg unterstellt. Von einer Vorgängerkirche haben sich die Langhauswände und das romanische Stufenportal mit dem Tympanonrelief (hl. Margareta entsteigt dem Drachen) erhalten. Über der dreischiffigen Krypta wurde der reich ausgestattete Chor mit Kreuzrippengewölbe, Spitzbogenarkadenfries und bedeutenden

Glasmalereien von 1340/50 (mit Szenen aus der Legende der hll. Katharina und Margareta sowie Heilige) errichtet. Der Hochaltar von Johann Georg Hittinger, konzipiert um 1771, zeigt die Madonnenstatue. Die beiden Seitenaltäre sind mit Bildern von der Geburt Christi und der Präsentation des Allerheiligsten ausgestattet. Sehenswert sind die Heiligen- und Engelsstatuen über den Langhauswänden sowie die reich mit Rokokoornamentik ausgestattete Kanzel. Kirche, Karner und Pfarrhaus bilden eine malerische Gruppe.

Zwischenwässern

Das bischöfliche Schloss Pöckstein ist der wohl bedeutendste klassizistische Bau Kärntens und wurde 1778–82 von Johann Georg Hagenauer aus Salzburg anstelle eines Hammerwerkes und eines Herrenhauses erbaut. Er entstand, nachdem die Gurker Residenz durch das Erdbeben 1767 schwer beschädigt wurde, unter Fürstbischof Franz Anton von Auersperg. Innen sieht man ein in Weiß stuckiertes Treppenhaus. Reizvoll sind auch die Kapelle und die Wandbemalung in den Wohn- und Repräsentationsräumen des Bischofs. Der Schlosspark weist Stilelemente des Rokoko und des Klassizismus auf. Verwendung heute: Bischöfliche Forstverwaltung des Bistums Gurk.

Wandervorschlag

Höhenwanderung bis nach Hochrindl

ST. STEFAN IM GAILTAL

Höhe: 500–1050 m | Einwohner: 1780

Gemeinde St. Stefan im Gailtal
Schmölzing 7
9623 St. Stefan/Gail, Tel.: 04283/2120
Fax: 04283/2120-24
Internet: www.st.stefan-gailtal.at
E-Mail: st.stefan-gailtal@ktn.gde.at

Allgemeines & Geschichte

Der in den Bergen liegende Erholungsort befindet sich auf einer südseitigen Terrasse nördlich der Gail. Hier gibt es eine Querverbindung über die 1100 m hohe Windische Höhe ins Drautal nach Paternion. Die Umgebung bietet sich für herrliche Wanderungen verschiedener Schwierigkeitsgrade an. In der Nähe des Schlosses Bodendorf machte man Funde aus der Latène-Zeit.

Sehenswürdigkeiten

Die dreischiffige spätgotische **Pfarrkirche St. Stephan** soll bereits 800 oder 893 geweiht worden sein. Außen an der Westwand ist ein lebensgroßer Steinkopf angebracht, der vielleicht aus dieser Erbauungszeit stammt. Im Schiff und im Chor sieht man Netzrippengewölbe. Im Chorgewölbe befinden sich Fresken aus der Gotik (Ende 15. Jh.) und dem Barock. Der mächtige Hochaltar (um 1730) besitzt ein Relief aus der Spätgotik, am linken Seitenaltar sieht man eine Madonnenfigur von etwa 1500. Auch die übrigen Skulpturen in der Kirche sind sehenswert. Die Kanzel wurde im 18. Jh. errichtet, ebenso die Orgel, die bemalte Flügel besitzt. In der Südkapelle sind ein mächtiger Säulenaltar (um 1780) und Grabsteine der Herren von Aichelburg zu finden. Südlich der Kirche steht ein schöner Bildstock von 1525. Der »Armesünderkreuz« genannte Viernischenbildstock ist einer der bedeutendsten und schönsten in Kärnten und besitzt Fresken, die vermutlich von Urban Görtschacher gemalt wurden.

Schloss Greifenstein

Nördlich der Kirche steht das 1556 von den Herren von Aichelburg erbaute Schloss Greifenstein. Der mächtige, dreigeschossige Bau besitzt Erkertürmchen. Gegenüber liegt das Anwesen Zossenegg. Privatbesitz.

Feste & Brauchtum

An Pfingsten gibt es den Kirchtag mit ★ **Kufenstechen** und Lindentanz. Auch das Dreikönigssingen wird gepflegt. Kirchenkonzerte in der Kirche »Maria im Graben«

Ausflugsziele

Ruine Aichelburg

Südlich von St. Stefan auf einem Hügel. Um 1500 belehnte Kaiser Maximilian seinen Vertrauten Christoph Viertaler mit der Aichelburg. Seine Nachkommen nannten sich Grafen von Aichelburg. Nach einem Brand wurde die Burg 1516 neu erbaut. Man sieht noch Reste der Ummauerung und der Türme.

Vorderberg

Sehenswert sind die Pfarrkirche St. Peter und Paul sowie die spätgotische **Filial- und Wallfahrtskirche Maria im Graben.** Letztere steht in romantischer Lage an einem Wildbach; man erreicht sie, wenn man in Richtung Werbutzalm fährt. Sehenswert sind die Fresken an der Südwand des Langhauses und am Triumphbogen (15. Jh.). Die Einrichtung ist teilweise barock, der Hochaltar stammt von Ende des 17. Jhs. Die Kirche besitzt viele Skulpturen. Beachten sollte man insbesondere die große geschnitzte Rosenkranzmaria mit den Engeln um sie herum (17. Jh.), sie soll die größte in Kärnten sein.

Erlebnis-Naturbad Vorderberg: Eine Oase der Ruhe und Erholung sowohl für Einheimische als auch für Gäste. Geöffnet von Mai bis September.

Wandervorschläge

Koutschitz-Alm, Dolinza-Alm,
Windische Höhe, Wasserlehrpfade

ST. URBAN

Höhe: 800 m | Einwohner: 1440

Tourismusbüro St. Urban/Urbansee
St. Urban 14
9560 Feldkirchen
Tel.: 04277/8311
Fax: 04277/8560
Internet: www.sturban.at
E-Mail: tourismus@sturban.at

Allgemeines & Geschichte

St. Urban ist Badeort und Wintersportplatz zugleich. Es liegt, umgeben von Wäldern und Höhenzügen, am reizvollen ★ **Urbansee** nordöstlich von Feldkirchen am Südhang der Wimitzer Berge. Der See erreicht Wassertemperaturen bis zu 27 °C und besitzt sauberes Badewasser in Trinkwasserqualität. Die Uferzone ist unverbaut. Man kann sich am Wassertrampolin, an der Wasserrutsche und am Spielplatz vergnügen.

Sehenswürdigkeiten

Die 1164 erwähnte Pfarrkirche St. Urban wurde Anfang des 16. Jhs. in der Gotik auf romanischen Mauern erbaut. Chor und Turm stammen aus dem 14. Jh. Der Turm ist mit Pilastern bemalt. West- und Südportal sind profiliert. Das Südportal besitzt einen Vorbau und ist mit der Zahl 1524 versehen. Links und rechts vom Eingang befindet sich je ein Römerkopf. Im Turm, an den Chorwänden und am Triumphbogen sieht man umfangreiche Freskenreste aus dem 15. Jh. Der mächtige, mit Laub- und Bandlwerk und marmorierten Säulen geschmückte Hochaltar sowie die Seitenaltäre stammen von etwa 1740. Die Altäre und die Kanzel sind in kräftigem Schwarz-Gold gehalten. Die große Empore ist marmoriert. In der Kirche sind viele Skulpturen zu sehen. Das Mesnerhaus neben der Pfarrkirche ist ein alter Blockbau mit weiß gekalkten Fugen. Von ihm aus führt eine mit Holzschindeln gedeckte Brücke zur Kirche. Der barocke Pfarrhof wurde unter Bischof Salm errichtet. Interessant ist der fälschlicherweise »Franzosenstein« genannte Grenzstein von 1572 beim Gemeindeamt.

Ausflugsziele

Simonhöhe

Im Sommer ein herrliches Wandergebiet, im Winter pures Skivergnügen für Groß und Klein. Informationen: St. Urbaner Schilift GmbH, St. Urban 14, Tel.: 04277/831170.

Bach

In Bach nördlich des Urbansees steht das 1433 erwähnte und im 15.–16. Jh. erbaute spätgotische Schloss. Es wurde 1433 im Besitz der Familie Mordax erwähnt, danach gehörte es u. a. den Familien Hungersbach, Seenuhs, Goess und Clementschitsch. Der Renaissancebau besitzt 2 an den Ecken vorspringende quadratische Türme und ein Schindeldach. Im Sommer finden dort diverse Kulturveranstaltungen wie Schlosshofsingen, Gitarrenkonzerte und Theateraufführungen statt.

Kleingradenegg

In der Kirchenmauer der kleinen Kirche ist der »Heiratsstein« eingemauert. Es durfte nur heiraten, wer alle 10 Finger gleichzeitig in die Löcher stecken konnte.

Wandervorschläge

Simonhöhe, Hocheck

Brunnen in der ehemaligen Herzogstadt St. Veit (oben links) **Im Schloss Tanzenberg befindet sich heute ein Gymnasium.** (oben rechts) **Die Pfarrkirche St. Urban, im Vordergrund das alte Mesnerhaus** (links) **Der idyllische Urbansee** (rechts)

ST. VEIT AN DER GLAN

(Stadtgemeinde)
Höhe: 476 m | Einwohner: 12.840

Stadtgemeinde St. Veit
Hauptplatz 1, 9300 St. Veit
Tel.: 04212/5555-668
Fax: 04212/5555-666
Internet: www.stveit.carinthia.at
E-Mail: city@stveit.carinthia.at

Allgemeines & Geschichte

St. Veit, die alte Herzogstadt und einstiges Zentrum Kärntens, liegt etwa 20 km nördlich des Wörther Sees in einer fruchtbaren und von bewaldeten Hügeln umschlossenen Talebene am Ende des Glantales. Heute noch besitzt die Stadt eine sehenswerte, teilweise von der ehemaligen Mauer umgebene Altstadt mit zahlreichen alten Gebäuden und manch malerischen Ecken. Der Ort wurde 1131 erstmals genannt, 1199 als Markt und 1224 als Stadt bezeichnet. Spätestens 1170 kam er an die Spanheimer. Unter Bernhard von Spanheim (1202–1256), ein Schwiegersohn König Ottokar Przemysls, wurde die Stadt Landeshauptstadt. Sie blieb es bis 1518, als der strategisch ungünstiger gelegene Ort diese Funktion an das zentraler liegende Klagenfurt abgeben musste, wurde aber 1676 noch als »kaiserliche Hauptstadt« bezeichnet und war bis 1918 »kaiserlich privilegierte Stadt«. An Bernhards Hof, der in Prachtentfaltung dem seines Schwiegervaters wohl kaum nachstand, weilte auch der Minnesänger Walther von der Vogelweide. Bernhard gründete auch die herzogliche Münze, die bis 1725 bestand. In ihr wurde um 1220 die erste Münze mit deutscher Inschrift geprägt. Auch nachdem St. Veit die Funktion als Landeshauptstadt verloren hatte, blieb es wirtschaftlich bedeutend. Zum früheren Wohlstand trugen u. a. die Lage an der Handelsstraße von Triest und Venedig nach Wien und das der Stadt verliehene Stapelrecht auf Eisen (1399–1781) bei. Außerdem hatte die Stadt das Niederlagsrecht für das Hüttenberger Eisen. In St. Veit lebten auch reiche Gewerkenfamilien (prächtige Bürgerhäuser). Ein wirtschaftlicher Niedergang kam, als Kaiser Joseph II. die Eisenhandelsprivilegien aufhob; erst mit der Eisenbahn 1869 setzte wieder ein wirtschaftlicher Aufschwung ein. Heute ist St. Veit eine beliebte »Einkaufsstadt«, darüber hinaus auch »Blumenstadt«. Nationale und internationale floristische Auszeichnungen haben St. Veit weit über die Grenzen Kärntens hinaus bekannt gemacht.

Sehenswürdigkeiten

Rund um den lang gestreckten (200 m lang, 30 m breit) ★ **Hauptplatz** stehen stattliche, meist dreigeschossige Patrizierhäuser mit schönen Stuckfassaden und Arkadenhöfen. Beispielsweise das einst spätgotische Rathaus, welches aus dem 15. Jh. stammt. 1754 zauberte der landschaftliche Stuckateur Marx Josef Pittner nach einem Entwurf von Johann Pacher an die Hauswand die prächtige spätbarocke Fassade und schuf damit ein Meisterwerk. Am Hauptplatz findet man auch die Pestsäule von Angelo di Putti, die nach der Abwehr der Pest 1715 in Auftrag gegeben wurde. Des weiteren den Schüsselbrunnen, dessen breite Steinschale römisch ist. Der in der Mitte der Schale stehende bronzene Bergmann ist mit Feingefühl meisterhaft geformt. Am südwestlichen Platzende befindet sich der Walther von der Vogelweide-Brunnen mit der Bronzefigur des Minnesängers, der einige Zeit in St. Veit lebte. Außer am Hauptplatz sollte man auch durch die übrigen Gassen der Innenstadt bummeln. Man wird so manches sehenswerte Gebäude mit interessanten Baudetails wie Hauszeichen oder Portale entdecken.

★ Verkehrsmuseum – Stadtmuseum
In zwei Stockwerken wird man durch die abwechslungsreiche Epoche der Fortbewegung auf Schiene und Straße geführt (zahlreiche Exponate wie Pferdeeisenbahn, Motorräder, Autos bis zu Lokomotiven; Modelleisenbahnanlage, Video-Schau...). Das Stadtmuseum zeigt Exponate aus der Geschichte St. Veits, weiters beherbergt das Stadtmuseum das Münzkabinett, eine der größten und umfangreichsten Schützenscheibensammlungen Österreichs und Exponate zur Geschichte der traditionellen bürgerlichen Trabantengarde St. Veit/Glan.

★ Stadtpfarrkirche St. Veit und Heiligste Dreifaltigkeit

Diese im 11. Jh. erstmals genannte Kirche präsentiert sich heute mit einem breiten, von Strebepfeilern gestützten Langhaus, dem gotischen Chor und einem mächtigen Chorturm. Das Gewändeportal mit der Darstellung des Lamm Gottes stammt aus der Romanik. Der im 14. und 15. Jh. eingewölbte Innenraum enthält im Mittelschiffgewölbe zarte Malereien und an die Chornordwand übertragene gotische Freskenbilder. Der Marienaltar, die Kanzel und der Kreuzaltar werden dem St. Veiter Altarbauer und Bildhauer Johann Pacher zugeschrieben. Südlich der Kirche steht der zweigeschossige, kreisrunde Karner aus der Romanik (13. Jh.) mit einem spätgotischen Kruzifix, der seit 1930 als Kriegergedächtnisstätte dient. Die Ausmalung im Gewölbe stammt von Suitbert Lobisser.

Klosterkirche Unsere Liebe Frau

Zwischen 1323–26 wurde von dem aus Tirol stammenden Ritter Konrad von Aufenstein und seiner Frau ein Klarissinnenkloster gestiftet. In der Kirche befindet sich eine wertvolle Barockorgel von 1731 mit originellem Orgelgehäuse.

Ummauerung

Die 1228 erwähnte, im 15. Jh. erbaute 10 m hohe Stadtmauer ist noch in einer Länge von etwa 1000 m erhalten – nur nicht immer zugänglich, da in Privatgelände gelegen. Der ehemalige Stadtgraben wird fast ganz als Grünzone genutzt.

Schloss Kölnhof

Kölnhofallee 17. Das 1378 erwähnte Schloss wurde 1778 im Stil des Frühklassizismus von Johann Georg Hagenauer umgebaut. Es befindet sich heute in Privatbesitz mit zahnärztlicher Praxis.

Renaissanceschloss Weyer

Wehrerstraße. Die wehrhafte Anlage, ein ehemaliges Wasserschloss, wurde Anfang des 16. Jhs. errichtet. Um einen Innenhof gruppieren sich die Flügel mit den Türmen; Zugang verschafft ein Torturm, der einst eine Zugbrücke besaß. Das Schloss war im Besitz einer 1550 hier ansässigen Familie Rülko, von der Rainer Maria Rilke seine Kärntner Ahnen ableitete. Heute eine Tierklinik.

Feste & Brauchtum

Die Fronleichnamsprozession wird unter Beteiligung einer Goldhaubengruppe und der um 1600 gegründeten Trabantengarde in prächtigen Uniformen abgehalten. Seit 1362 gibt es Ende September bis Anfang Oktober den bekannten ★ **St. Veiter Wiesenmarkt,** ein großer Vieh- und Krämermarkt. Am Vorabend vom Nikolaustag, dem 6. Dezember, findet der Bartl-Umzug, ein Furcht erregender Krampuslauf, statt.

Ausflugsziele

Hörzendorf

Sehenswert ist die Pfarrkirche St. Georg mit dem barocken Hochaltar. Die schönen Skulpturen werden teilweise Johann Pacher zugeschrieben. Der ★ **Hörzendorfer See** liegt in einem 444 ha großen Landschaftsschutzgebiet. Da er im Sommer sehr warm wird, ist er ein beliebtes Badegewässer, im Winter wird er zum Eislaufen genutzt. In der Nähe liegt der Tanzenberger Teich.

Karlsberg

Die romantische Burgruine liegt auf einem 700 m hohen Berg und wurde um 1160 erbaut. Die Karlsberger waren seit 1245 Marschälle von Kärnten. 1368 kam die Burg an die Habsburger. Man sieht noch Reste des Bergfrieds, eines Vorwerkturms und der Kapelle. Westlich der Ruine steht das zweigeschossige Schloss aus dem 17. Jh., welches sich im Besitz der Familie Graf Goess befindet.

St. Donat

Die romanische Pfarrkirche St. Donat wurde 1154 erstmals erwähnt und im Barock verändert. Der Hochaltar von 1749 aus der Pacher-Werkstatt in St. Veit besitzt eine hübsche Madonnenfigur von etwa 1500. Die Kanzel ist von 1723. Sehenswert sind die verschiedenen Grabsteine aus dem 17. und 18. Jh. An der Kirche und der Friedhofswand sieht man viele Römersteine (2.–4. Jh.). Sehenswert ist insbesondere die weibliche Figur mit dem in Falten herabfallenden Gewand, aber auch die Darstellung des Schreibers, des Knechts, der Dienerin mit Spiegel oder der maskenartige Kopf mit dem aufgerissenen Maul, daher auch »Froschmaul« genannt.

Tanzenberg

Das im 16. Jh. für die Herren von Keutschach erbaute stattliche Renaissanceschloss ist das mächtigste seiner Art in Kärnten, es enthält noch Teile der mittelalterlichen Burg. Es gehört zu den bedeutendsten Renaissanceschlössern Österreichs und besitzt einen sehenswerten Arkadenhof. Der schöne Brunnen von 1563 wurde nach Friesach auf den Hauptplatz versetzt. Im 19. Jh. kaufte der Orden der Olivetaner das Schloss und erbaute anstelle des Rittersaals 1898 eine Kirche im Stil der Neoromanik mit einer an italienische Einflüsse erinnernden Fassade. Im Zuge der Sanierung der Kirche wurden die Wände des Chores und die Seitenapsiden von Valentin Oman bemalt (1986/87). Heute wird in der Anlage ein Gymnasium betrieben.

Wandervorschläge

Ladinger Spitze, Ruine Taggenbrunn, Kneippwanderweg, Muraunberg-Wanderwege, Wanderung um den Hörzendorfer See, Ulrichsberg

TECHELSBERG AM WÖRTHER SEE

Höhe: 440 m | Einwohner: 2060

Gemeindeamt Techelsberg am Wörther See
St. Martin 32, 9210 Techelsberg am Wörther See
Tel.: 04272/6211, Fax: 04272/6211-20
E-Mail: techelsberg@ktn.gde.at

Allgemeines & Geschichte

Die Gemeinde Techelsberg befindet sich am Nordufer des Wörther Sees. Die Nachbargemeinden sind im Norden die Stadtgemeinde Feldkirchen in Kärnten und die Marktgemeinde Moosburg, im Osten die Gemeinde Pörtschach am Wörther See, im Süden die Gemeinden Maria Wörth und Schiefling am See, im Westen die Marktgemeinde Velden am Wörther See. Techelsberg ist für seine Holzschnitzer bekannt, aber auch für sein bodenständiges Leben und die alten Traditionen. Der Gast genießt Natur pur, ob Rad fahren, wandern, baden... Techelsberg liegt zwar am bekannten Wörther See, jedoch ist es nach wie vor ein Geheimtipp geblieben.

Sehenswürdigkeiten

Die romanische Dorfkirche St. Martin von Anfang des 13. Jhs. (1319 erwähnt) besitzt einen gotischen Chor. In der Vorhalle steht ein gemauerter Opfertisch mit einem kleinen Stall für die als Opfer gebrachten lebenden Tiere (Hühner, Gänse etc.). Die Einrichtung stammt größtenteils aus dem Barock. Im Langhaus sieht man ein Deckenfresko (um 1750). Der reich geschmückte Hochaltar (Anfang des 18. Jhs.) besitzt 2 spätgotische Schnitzfiguren. Die Deckenmalereien im Langhaus wurden im 18. Jh. von Anton Zoller geschaffen. Es wurden aber auch mittelalterliche Wandmalereien am Triumphbogen und Seccoarbeiten aus dem Barock freigelegt. Das Christophorusfresko an der südlichen Außenwand stammt aus dem 19. Jh. In der Kirche war 1466–1500 der Kanoniker Jakob Unrest aus Maria Saal als Pfarrer eingesetzt. Er wurde durch seine Chronik, in der er auch die Gräuel der Türkeneinfälle schilderte, bekannt.
Südwestlich der Kirche steht das Mesnerhaus, Nr. 3. Es ist im typischen »Stöcklstil« erbaut und besitzt ein Walmdach. Der romanische Karner besitzt eine schöne Apsis. In der Nähe des Friedhofs findet man das spätgotische Tschachounigkreuz mit Fresken aus der Zeit um 1480. Mit 8 m Höhe (davon etwa die Hälfte Kegeldach mit Schindeln) ist es der größte Bildstock, der damals in Kärnten errichtet wurde.

Ausflugsziele

Forstsee

Nur 2 km Luftlinie nördlich vom Wörther See, aber ca. 200 m höher, liegt zwischen Pörtschach und Velden versteckt in einem Wald der idyllische Forstsee bei Saag. Kein Camping, aber ein kleines Buffet für das leibliche Wohl. Für Naturisten.

Schaukraftwerk Forstsee

Direkt am Wörther See zwischen Pörtschach und Velden gelegen, kann man im Schaukraftwerk Forstsee Einblicke in die Stromgewinnung erhalten.
Öffnungszeiten: Anfang Mai bis Ende September täglich von 10 bis 18 Uhr, Informationen: Kärntner ElektrizitätsAG in Klagenfurt, Fr. Pipp, Tel.: 0463/525-1429.

Das Casino in Velden (oben) **Bekannt als Filmkulisse: »Ein Schloss am Wörther See«** (links) **Altes Bauernhaus mit Blumenschmuck im Gegendtal** (rechts)

Besuch der Buschenschenken
Viele Buschenschenken wie Dollenz in Tibitsch, Grünanger in Töpriach oder der Hutzehof in Arndorf laden hungrige und durstige Gäste zum Verweilen ein.

Wandervorschläge

Hoher Gallin, Taubenbühl, Wanderung rund um den Forstsee

TREBESING

Höhe: 750 m | Einwohner: 1260

Touristikverein Trebesing, 9852 Trebesing 19
Tel.: 04732/3000, Internet: www.babydorf.at
E-Mail: office@babydorf.at

Allgemeines & Geschichte

Trebesing ist Europas erstes Babydorf, wo sich viele Betriebe auf Babys und Kleinkinder spezialisiert und ihr Angebot darauf ausgerichtet haben. Der Ort besitzt eine Quelle mit einem eisenhaltigen Säuerling (Königsquell). Die Gemeinde, im Liesertal zwischen Gmünd und Spittal gelegen, zählt zu den ältesten protestantischen Pfarrgemeinden Kärntens. Schon zwischen 1600 und 1785 versammelten sich die Evangelischen Oberkärntens – damals noch verbotenerweise – im Schloss Mallenthein auf der Radl. Erst das Toleranzpatent Kaiser Josephs II. von 1781 ermöglichte die offizielle Errichtung einer Pfarrgemeinde, deren Kirche im Jahr 1842 eingeweiht wurde. Bis dorthin hatte sich die Gemeinde in einem so genannten Toleranzbethaus versammelt.

Sehenswürdigkeiten

Evangelische Georgskirche Altersberg
Die romanische Kirche am Friedhof in Altersberg ist eines der ältesten Gotteshäuser in Oberkärnten und in seiner romanischen Bauform das älteste Gotteshaus im Dekanat Gmünd. Im Jahr 1065 wird von »Mons Alpigeris«, das heißt Altersberg, eine Urkunde ausgefertigt, wo auch die Kirche erwähnt wird. Um 1780 wurde sie als armselig bezeichnet und aufgelassen. Seit 1807 ist sie im Besitz der Familie Burgstaller/Suppan. Um 1985 wurde die Kirche unter Denkmalschutz gestellt und 1995/96 aufwändig restauriert.

Ausflugsziele

★ Märchenwandermeile
Ein lohnender Halb- oder auch Ganztagesausflug mit vielen tollen Attraktionen für die ganze Familie (Märchentraktor Taca-Tuca, Drachenbrücke mit 175 m Spannweite, Märchenstationen, Spielplätze, Hexe...). Die gesamte Meile ist mit dem Kinderwagen befahrbar.
Informationen: Märchenwandermeile Touristik GmbH, Trebesing 15, Tel.: 04732/3000.

Radl
Der Ort war im 17. Jh. Hauptstützpunkt des Geheimprotestantismus. Schloss Mallenthein ist ein viergeschossiger blockhafter Bau aus dem 16. Jh.; früher saßen hier Gewerken. Radl 2 ist eine Hochofenanlage des bereits im Mittelalter bestehenden Bergbaus. Die Anlage mit den zwei Schachtöfen diente vermutlich der Kupferverhüttung und stammt von etwa 1750. Im Radlbachgraben steht die Ruine eines alten Ofens mit einem hohen Schornstein.

Wandervorschlag

Märchenwandermeile

TREFFEN (Marktgemeinde)

Höhe: 545 m | Einwohner: 4280

Tourismusinformation der MG Treffen
Ossiacher-See-Str. 7, 9520 Sattendorf
Tel.: 04248/2336, Fax: 04248/2336-5
Internet:
www.tiscover.com/treffen-sattendorf
E-Mail: office@treffen-tourismus.at

Allgemeines & Geschichte

An dieser Stelle im fruchtbaren Treffener Tal unweit des Ossiacher Sees, in einer etwa 25 km langen Talfurche, siedelten schon Kelten und Römer; in der Zeit Karls des Großen lag hier ein karolingischer Königshof. Der Ort wurde 860 als curtis ad Trebinam genannt. Das bayerische Stift Ötting (Altötting) bekam 878 von dem Karolinger Karlmann den Hof Treffen geschenkt, danach kam er an das Bistum Passau. 1007 war er im Besitz von Kaiser Heinrich II. Das Gegendtal wurde von Kaiser Heinrich III. den Eppensteinern verliehen; sie verlegten 1065 den Verwaltungssitz

auf die Burg Treffen. Die Grafen von Treffen, Nachkommen schwäbischer Adeliger, gab es zwischen 1096 und 1182. 1368 wurde die Herrschaft Treffen an Rudolf von Liechtenstein übertragen, bei diesem Geschlecht verblieb sie bis 1552. In der Zeit ihres Verbots war die Gegend ein Zufluchtsort geheimer Protestanten.

Sehenswürdigkeiten

Schloss Treffen

Nachdem die Ende des 15. Jhs. erbaute Burg Treffen 1690 durch ein Erdbeben zerstört wurde, haben die Eigentümer, die Grotta von Grottenegg, 1691 den 3-geschossigen, prunkvollen Bau im Stil norditalienischer Paläste errichtet. Im Inneren befinden sich Gemälde, in zwei Sälen herrliche Stuckdecken sowie eine Kupferstichsammlung. Befindet sich in Privatbesitz und ist nicht zu besichtigen.

Die **Pfarrkirche St. Maximilian** liegt innerhalb des ehemaligen Friedhofs. Sie ist ein wuchtiger romanischer Bau mit gotischem Chor und einem wuchtigen romanisch-gotischen Turm. Auch im Barock fanden Veränderungen statt. 1696 wurde sie nach einem Erdbebenschaden wieder aufgebaut. Sehenswert sind in der Vorhalle zahlreiche Grabsteine und Römersteine, die Krypta unterhalb des Kapellenanbaus, das bemerkenswerte Ölbergfresko und der Wappenfries an der Kapelle sowie an der Decke des Langhauses die Originalbemalung von 1700 (Himmelfahrt und Krönung Mariens, 4 Evangelisten). Der frühklassizistische Altar wurde wie die übrige Einrichtung im 19. Jh. errichtet. Die Altäre sind mit sehenswerten Bildern ausgestattet. In der Kirche wird alljährlich an Weihnachten eine von Elli Riehl geschaffene Krippe aufgebaut.

Ausflugsziele

★ Gerlitzen Kanzelbahn

Mit der Panoramakanzelbahn und der Gipfelbahn gelangt man in 30 Minuten über die einzigartige Seenlandschaft rund um Villach auf nahezu 2000 Höhenmeter. Unvergesslicher Panoramarundblick. Die Gerlitzen ist ein Paradies für Skifahrer, Snowboarder, Drachenflieger, Paragleiter – und natürlich für Wanderer. Man findet dort auch das **Alpen- und Bergbauernmuseum Pöllinger Hütte** (1630 m). Dieses von einer Agrargemeinschaft getragene Museum zeigt Exponate aus dem Alm- und Bergbauernleben. Was für Botaniker interessant ist: Im Jänner und Feber blüht an einer Wand an der Südseite die Frühlings-Lichtblume, eine erst 1911 entdeckte botanische Kostbarkeit, die einzigartig im Ostalpenraum und als »rosarotes Lichtmärchen« mit der Wulfenia gleichzusetzen ist. Informationen: Gerlitzen-Kanzelbahn-Touristik GesmbH, Annenheim, Tel.: 04248/2722. Die Gerlitzen kann man auch über die Gerlitzenstraße erreichen. Informationen: Tourismusinformation Sattendorf, Tel.: 04248/23360.

★ Bergbahnen Verditz

Verditz, das leicht erreichbare Familienparadies in den Kärntner Nockbergen, lädt mit seinen vielfältigen Fun-, Sport- und Wanderangeboten zum Entspannen und Loslassen ein. Der idyllische Schwarzsee, ein geheimnisvoller Bergsee, ist auch für Kinder ein Erlebnis. Abwechslungsreichen Familienspaß erlebt man mit der **Sommerrodelbahn Verditz** und dem Funpark am Gelände der Talstation. Informationen: Gerlitzen-Kanzelbahn-Touristik GesmbH, Annenheim, Tel.: 04248/272.

★ Elli-Riehl-Puppenwelt

Zu sehen sind ca. 700 hinreißende Puppen, die mit unübertrefflicher Lebendigkeit Szenen aus dem ländlichen Leben darstellen. Informationen: Familie Thomas Berger, 9541 Einöde-Winklern, Tel.: 04248/2395.

★ Pilz-Wald-Naturwunderwelt

Ein Bewunderungsstreifzug führt durch die Pilz- und Tierwelt zu allen Jahreszeiten. In einen Fantasy-Wald bei Nacht – in eine Kristallgalaxie mit Millionen Facetten – in Waldteufelchens Kinderschule. Erlebte Wissenschaft zum Angreifen, besonders für Kinder. Informationen: Pilzmuseum, 9541 Einöde-Winklern, Tel.: 04248/26 66.

Wandervorschläge

Bereich Verditz mit Palnock, Rindernock, Mirnock und Schwarzsee, Wanderung zur Burg Treffen (Ruine), Gerlitzen, Seepromenade Ossiacher See

VELDEN AM WÖRTHER SEE

(Marktgemeinde)
Höhe: 453 m | Einwohner: 8550

Veldener Tourismusgesellschaft
Villacherstraße 19
9220 Velden am Wörther See
Tel.: 04274/2103
Fax: 04274/2103-50
Internet: www.velden.at
E-Mail: info@velden.at

Allgemeines & Geschichte

Velden ist der meistbesuchte Ort am Wörther See und umschließt halbkreisförmig die windgeschützte Westbucht des Sees. Mit seinen vielen alten Villen, Hotels und gepflegten Parkanlagen erweckt er eine vornehme Atmosphäre. In Velden waren bekannte Künstler wie Franz Werfel und Marika Rökk zu Gast.
Der Ort wurde 1150 urkundlich erwähnt. Die Gegend reizte bereits 1590 Bartholomäus Khevenhüller, sich hier ein Lustschloss zu erbauen. Es war das erste an diesem so beliebten See. Einen gewaltigen Aufschwung nahm der Ort, nachdem 1864 die Eisenbahnlinie errichtet wurde. 1865 erbaute man das erste Strandbad. 1881 zerstörte ein Brand einen großen Teil des Ortes, so dass die heutigen eleganten Bauten im Stil der »Wörthersee-Architektur« alle aus der Zeit danach stammen. Hier lebte der bedeutendste Architekt dieser Epoche, Franz Baumgartner (1876–1946), der in der Gegend 68 Bauwerke geschaffen hat. Nach dem Ersten Weltkrieg war Velden der gesellschaftliche Mittelpunkt Österreichs, zumal viele prominente Persönlichkeiten hier Urlaub machten. Daran hat sich auch nichts geändert. Besonders beliebt ist heute das Spielcasino, das einzige in Kärnten.

Sehenswürdigkeiten

★ Schloss Velden

Das von einem Park umgebene ehemals drei-, heute jedoch zweigeschossige Renaissanceschloss in der Nähe der Schiffsanlegestelle wurde in den Jahren 1590–1603 von Bartholomäus Khevenhüller, Freiherr von Aichelberg, errichtet. 1920 wurde das Schloss großteils umgebaut, renoviert und als Schlosshotel adaptiert; bekannt vor allem als Filmkulisse für »Ein Schloss am Wörthersee«. Bis 1990 als Hotel betrieben, kam es danach zur Schließung. Im Jahre 2006 soll es als »5-Sterne-Deluxe-Betrieb« wieder seine Pforten öffnen.

★ Hotel- und Villenbauten – Wörthersee-Architektur

Im Ort sieht man noch zahlreiche alte Hotel- und Villenbauten, teilweise im Stil des Historismus, teilweise im Jugendstil oder im Stil des Fin de siècle, der so genannten Wörtherseearchitektur. Sehenswert ist die Gegend um den Bereich Karawankenplatz/Rosentaler Straße bzw. nördlich des Karawankenplatzes und Bahnhofstraße. Man sollte einfach einmal ziellos durch den Ort schlendern und die alten Prachtbauten, viele von Franz Baumgartner, auf sich wirken lassen. Beachten sollte man Golfstr. 30 (späthistoristische Fassade), Karawankenplatz 1 (Mößlacherhaus, Franz Baumgartner 1909/10), 2 (Jugendstilvilla Kointsch, 1909 von Franz Baumgartner), 3 (Hotel Carinthia, Franz Baumgartner) und 6 (Apotheke, Ende 19. Jh.), Rosentaler Str. 10 (1925), 12 (1930), 14 (1925), Seecorso 2 (1870) und Seecorso 30. Selbst die von Baumgartner 1926 erbaute Feuerwache, Bäckerteichstraße 1, ist sehenswert.

★ Casino Velden

Das 1950 eröffnete Spielcasino wurde 1989 als Gesamtkunstwerk von den Architekten Hubert und Michael Prachensky aus Innsbruck und dem Veldener Johannes Wickenburg geschaffen. Es besitzt eine reiche künstlerische Ausgestaltung mit vielen Kunstobjekten und einer gehobenen Gastronomie. Spielbetrieb täglich ab 12 Uhr, Livegame ab 15 Uhr.
Informationen: Casino Velden, Am Corso 17, Tel.: 04274/20 64.

Kuren

Heilklima

Ausflugsziele

★ Wörther See Erlebnis Schifffahrt

Es werden jedes Jahr rund 300.000 Urlauber mit bestem Service und kulinarischen Genüssen an Bord der Schiffe verwöhnt. Anlegestellen: Klagenfurt-See, Krumpendorf,

Sekirn, Reifnitz, Maria Wörth, Pörtschach Landspitz und Werzer, Dellach, Weißes Rössl, Auen und Velden. Informationen: Wörther See Schifffahrt, Friedelstrand 3, Tel.: 0463/21155.

★ Santa Lucia

Schifffahrtsunternehmen, welches von Velden nach Maria Wörth und retour verkehrt. Mit Musik und Reisebegleitung. Informationen: Schifffahrt Velden GmbH, Keutschacherstraße 71, Tel.: 0664/1369191.

★ Klangwelle

Eine Wasser-, Licht- und Lasershow am Wörther See in Velden. In den Sommermonaten Mittwoch, Freitag und Sonntag um 22 Uhr. Informationen: Veldener Tourismusgesellschaft mbH, Tel.: 04274/2103-0.

Köstenberg – Golfplatz

Auf einem Sonnenplateau in 700 m Seehöhe über dem Wörther See gelegen, gehört die Anlage zu den anspruchsvollen Plätzen. Beeindruckende Naturkulisse. Informationen: Golfclub Wörther See/Velden, Oberdorf 70, Köstenberg, Tel.: 04274/7045.

Wandervorschläge

Großer Sternberg, Wanderung durch die Römerschlucht, Seenwanderungen

VILLACH (Stadtgemeinde)

Höhe: 499 m | Einwohner: 57.500

Tourismusinformation Villach
Rathausplatz 1
9500 Villach, Tel.: 04242/205-2900
Fax: 04242/205-2999, Internet: www.villach.at
E-Mail: villach.tourismus@villach.at

Allgemeines & Geschichte

Die zweitgrößte Stadt Kärntens liegt in einem Becken im breiten Drautal in der Nähe des Dreiländerecks Österreich/Italien/Slowenien. Der Fluss vereinigt sich hier mit der von Süden kommenden Gail. Manchmal wird sie auch als die »heimliche Hauptstadt Kärntens« bezeichnet. Die prachtvolle Umgebung und die Gebirgsumrahmung suchen ihresgleichen: im Westen liegt die Villacher Alpe, im Süden die Bergkette der Karawanken vor den Bergzacken der Julischen Alpen. Schon früh gab es hier einen regen Verkehr von Süd nach Nord, was der Stadt zu ihrer Bedeutung verhalf. Auch für die Gesundheit ist gesorgt: In Warmbad Villach gibt es warme Thermalquellen.

Die ersten Besiedlungen im Villacher Raum gab es bereits in der Jungsteinzeit. Zur Römerzeit befanden sich hier eine Brücke (pons) und ein Bilachinum genanntes Lager sowie der Ort Santicum. 878 wurde der Name Pons Uillah erstmals genannt. 976 verlieh Kaiser Otto II. den wichtigen Drauübergang an den Kärntner Herzog Heinrich I., der im Hof in »Filac« residierte. 979 wurde der Hof von Kaiser Otto II. dem untreuen Kärntner Herzog genommen und an Bischof Albuin von Brixen verliehen. 1007 kam die Siedlung durch Kaiser Heinrich II. an das neu gegründete Bistum Bamberg. 1060 wurde Villach als Markt, 1240 als Stadt genannt.

Im 13. Jh. verlegten die Bamberger die Verwaltung Kärntens nach Villach, damals erhielt die Stadt auch eine eigene Münzprägestätte. Ab 1526 breitete sich in Villach die Reformation aus, ab 1593 die Gegenreformation.

1348, 1572 und 1690 erlitt die Stadt schwere Schäden durch Erdbeben. Insbesondere das erstgenannte am 25. Jänner war eine der größten Naturkatastrophen im Alpenraum. Dabei wurde eine Fläche von 7 km^2 unter 30 Mio. m^3 Schutt begraben, die Stadt Villach und zahlreiche andere Orte am Nordfuß der Karawanken zerstört. Da Villach an einer wichtigen Nord-Süd-Verbindung lag, wurde es schnell reich und bedeutend. Das 15. und 16. Jh. brachte eine Blütezeit für die Stadt, nun waren Bergbau, Eisenindustrie und Bleigewinnung zusammen mit Handel und Gewerbe wichtige Zweige. Reiche Geschlechter wie die Fugger und die Höchstetter ließen sich in Villach nieder. Später erlitt die Stadt schwere Schäden durch Brände, Erdbeben und Kriege.

Maria Theresia kaufte den Ort 1759 den Bamberger Bischöfen ab. 1809–13 befand sich Villach zusammen mit dem restlichen Oberkärnten unter französischer Herrschaft und gehörte zu den Illyrischen Provinzen. 1813 gab es schwere Kämpfe zwischen den

Österreichern und den Franzosen. Nach dem 1. Weltkrieg war Villach wie Teile Südkärntens von jugoslawischen Truppen besetzt. Im 2. Weltkrieg war Villach nach Wiener Neustadt die am stärksten bombardierte Stadt Österreichs und verlor einen Großteil ihrer alten Bauten.
Zu den bedeutendsten Persönlichkeiten Villachs gehörte Wilhelm von Hohenheim aus der Schweiz. Er war hier von 1502 bis 1534 Stadtphysikus. Sein berühmterer Sohn Paracelsus kehrte später immer wieder gerne hierher zurück und bezeichnete Kärnten als »mein Vaterland«. Er lebte auch in den Volkserzählungen als eine Art Faust, als Scharlatan und Alchemist, der Gold machen konnte, weiter. Ein bekannter Besucher war Kaiser Karl V., der auf der Flucht vor Moritz von Sachsen 1552 in Villach einige Wochen im Haus des Patriziers Neumann lebte. Berühmte Maler waren Friedrich von Villach (1. Hälfte des 15. Jhs.), Thomas von Villach (2. Hälfte des 15. Jhs.), Urban Görtschacher (1. Viertel 16. Jh.) und im 19. Jh. die Brüder Josef und Ludwig Willroider.

Sehenswürdigkeiten

Die Stadt schmiegt sich an beide Seiten der Drau, über die eine Brücke führt. Sie bietet einen schönen Blick auf die alten Häuser und die Uferzeile. Der schönere Altstadtteil liegt südlich des Flusses. Durch die Stadt führt der mit Renaissancehäusern umstandene ★ **Hauptplatz,** von der Draubrücke bis zur höher gelegenen Stadtpfarrkirche St. Jakob. Mit seinen zahlreichen Geschäften und Lokalen ist er das Zentrum der Erlebnis- und Einkaufsstadt Villach. Sehenswert ist der Paracelsushof, der sich in der Seilergasse, einer Nebengasse des Hauptplatzes, befindet. Im Arkadenhof zeigen zwei Steinmedaillons den berühmten Arzt und Forscher Paracelsus und dessen Vater Wilhelm von Hohenheim, der 1505 bis 1534 Stadtarzt in Villach war. Eines der schönsten Häuser Villachs ist wohl das ehemalige »Khevenhüllerhaus am Platz« (Hauptplatz Nr. 26), in dem sich heute ein Romantikhotel befindet. Der Rathausplatz ist ein freier multifunktionaler Veranstaltungsplatz. Er hat sich sowohl für diverse Veranstaltungen wie das Villacher Stadtfest oder das Straßenkunstfestival und den Christkindlmarkt als beliebter Veranstaltungsort etabliert. In der 10.-Oktober-Straße und der Peraustraße findet man prächtige Villenbauten um 1900 im Stil des späten Historismus und des Jugendstils.

★ Stadthauptpfarrkirche St. Jakob d. Ä.
Der erste, aus dem 11. Jh. stammende Bau fiel während des Erdbebens 1348 in sich zusammen und machte damit einen Neubau erforderlich. Im Äußeren zeigt sich die Kirche mit hohem gotischen Chor, einem von Strebepfeilern gestützten Langhaus mit gotischen Kapellenanbauten aus dem 15. Jh. und dem kampanileartig im Westen vorstellten hohen Turm. Das Innere bietet einen der am großzügigsten gestalteten dreischiffigen Hallenräume der Spätgotik in Kärnten. Der prachtvolle Hochaltar stammt von 1784/85; in den Altaraufbau aus frei stehenden Säulen mit Volutenkrone ist der spätgotische Kruzifixus eingespannt. Die Steinkanzel stammt noch aus evangelischer Zeit. Von den Kapellen sei die Leiningerkapelle mit spätgotischem Taufstein und Chorgestühl sowie mit gotischen Heiligenstatuen genannt. Eine schöne Aussicht genießt man vom Stadtpfarrturm aus: Man hat einen wunderbaren Blick auf die Stadt Villach und eine prächtige Fernsicht von den Hohen Tauern bis zu den Julischen Alpen.

★ Pfarr- und Wallfahrtskirche Heiligkreuz (Perau)
Die Gründungslegende der Kirche besagt, dass es rings um die Mauerstelle des ehemaligen Regatschnigghofes zur wunderbaren Ausformung eines Christuskorpus gekommen sei. Der Wunsch nach dem Bau einer Wallfahrtskirche wurde immer dringlicher und vor allem durch den ehemaligen Abt des Stiftes Griffen, Augustin Pichler, vorangetrieben. Ihm ist es zu verdanken, dass hier einer der repräsentativsten barocken Kirchenbauten Kärntens entstand. Die hohe künstlerische Qualität zeigt sich im Äußeren vor allem an der Westfassade, im Inneren an der Altarausstattung (Hauptaltar mit expressiven Kruzifixus, Seitenaltäre mit ausdrucksvollen Bildern) und der Kanzel. Die modernen Deckenbilder wurden 1959–1961 von

Der Villacher Kirchtag wird groß gefeiert (oben) **Blick vom Stadtpfarrturm Villach auf die Heiligenkreuzkirche** (links) **Burg Landskron** (rechts)

In der Einkaufsstadt Villach (rechte Seite)

Weißbriachgasse

Fritz Fröhlich geschaffen; reizvolle Rokokomalereien schmücken die Wände und Decken der Gnadenkapelle, die erst 1774 errichtet wurde.

★ Stadtmuseum

In der Widmanngasse, die nach einer der vielen reichen Kaufmannsfamilien der Handelsstadt Villach benannt wurde, befindet sich unter anderem auch das Stadtmuseum. Von der ersten Besiedelung in der Jungsteinzeit bis zur Gegenwart ist die Geschichte der Draustadt zu bestaunen. Immer wieder besonders spannend sind die jährlichen Sonderausstellungen. Informationen: Museum Villach, Tel.: 04242/205-3500.

★ Kärntner Relief

Ein Muss für alle Freunde von Modellen und landschaftlichen Darstellungen ist das Relief von Kärnten (das ganze Land im Großmodell im Maßstab 1:10 000, dreidimensional auf 183 m^2) im Schillerpark. Informationen: Museum Villach, Tel.: 04242/205-3500.

Villacher Fahrzeugmuseum

Im Stadtzentrum, direkt an der Drau, befindet sich das erste Oldtimermuseum der 50er-Jahre (Autos, Roller, Motorräder, Mofas u. Ä. An die 200 Exponate der Jahrgänge 1927–1977. Informationen: Rudolf Pirker Draupromenade 12, Tel.: 04242/25530.

Feste & Brauchtum

Der ★ **Villacher Kirchtag** wird u. a. mit einem großen Trachtenumzug ab dem 1. Samstag im August eine Woche lang mit zahlreichen Brauchtumsveranstaltungen gefeiert. Auch von den Besuchern kommen immer mehr in Tracht. Große Veranstaltungen sind der ausgiebig gefeierte ★ **Fasching** und der bereits traditionsreiche Perchtenumzug. Mehr als 700 Perchten treiben hierbei Anfang Advent ihr Unwesen. Sie erschrecken die Leute – nicht nur kleine Kinder – mit einem zotteligen Fell, furchterregenden Zähnen und Glocken, die einen schaurigen Lärm erzeugen. Die ★ **Festspiele Carinthischer Sommer** in Ossiach und Villach bieten alles, was das Herz des Klassikfreundes begehrt.

Kuren

Warmbad Villach

Ausflugsziele

Drauschifffahrt

Zwischen Villach und dem Raum Faaker See verkehrt das Schiff MS »Landskron«, das schöne Panoramafahrten mit Blick auf interessante Sehenswürdigkeiten wie Schloss Wernberg, die Ruine Landskron, Kirchen und natürlich die Bergwelt bietet. Dauer der Rundfahrt: 2 Stunden, Informationen: Firma Nageler Schifffahrt & Restaurant GmbH, Tel.: 04242/58071.

★ Maria Gail

Die ursprünglich romanische **Pfarr- und Wallfahrtskirche zu Unserer Lieben Frau** an der Gail wurde in der Gotik umgestaltet. Als Dokument der Romanik hat sich an der nördlichen Langhauswand ein Freskenzyklus vom Ende des 13. Jhs. mit Darstellungen aus der Passion Christi, dem Marienleben, des Jüngsten Gerichtes usw. erhalten. Vor diesem Freskenzyklus ist ein spätgotischer Flügelaltar aufgestellt. Er enthält in seinem Schrein die Statuengruppe der Marienkrönung. Die Flügelinnenseiten zeigen die Geburt Christi, die Anbetung der Könige, Pfingsten und den Marientod, die Flügelaußenseiten drei weitere marianische Szenen und die Auferstehung Christi. Die weitere Ausstattung entstammt dem Barock: der Hochaltar mit dem Relief der Skulptur der Schutzmantelmadonna im Schrein, die beiden Seitenaltäre und die Kanzel mit szenischen Reliefs aus der Mitte des 18. Jhs.

★ Landskron

Südlich des Ossiacher Sees liegt die **Ruine Landskron,** ein ehemaliges Renaissanceschloss. Die erste Anlage wurde 1351 von Albrecht II. erbaut und 1542 von dem Landeshauptmann Christoph Khevenhüller vom Kaiser mit der Verpflichtung, die Feste wieder aufzubauen, erworben; im Besitz dieser Familie war die Burg dann auch lange Zeit. Christoph ließ die durch einen Brand beschädigte Anlage zu einem luxuriösen Schloss umbauen. Verwunderlich ist dabei der Bau der Befestigungsanlagen, die eigentlich eher ins Mittelalter gepasst hätten – vielleicht wollte man sich dadurch vor den herumziehenden türkischen Räuberhorden schützen. 1361 war Kaiser Karl V. auf der

Burg zu Gast. Die Khevenhüller waren wie viele ihrer Standesgenossen Protestanten und Christophs Sohn Bartlmä richtete im Schloss sogar eine Druckerei ein, in der 16.000 evangelische Bibeln produziert wurden. Sein Sohn Hans musste auf Grund des Generalmandats Ferdinands II. 1628 das Land verlassen. Danach verfiel das Schloss, bis es 1812 durch einen Blitzschlag sogar abbrannte. 1912 musste der noch stehende Turm gesprengt werden, da die Einsturzgefahr zu groß war. Seit 1952 fanden Erhaltungsmaßnahmen statt.

Heute sieht man noch Reste der ausgedehnten Anlage mit einer Vorburg auf einem steil abfallenden Bergvorsprung, zinnengekrönte Mauern, einen mehrgeschossigen Turm und eine Kapelle. Man hat eine weite Aussicht, außerdem kann man eine **Adlerwarte** besuchen, bei der eine 40-minütige Vorstellung verschiedener Greifvögel zu sehen ist. Auskunft: Cafe-Restaurant Burg Landskron, Tel.: 04242/41563.

Ein bleibendes Erlebnis, insbesondere für Kinder, ist auch der Besuch des ★ **Affenberges.** Hier sieht man Japanmakaken in freier Natur. Informationen: Affenberg Landskron, Schlossbergweg 18, Tel.:04242/430375.

★ Villacher Alpenstraße

16,5 km grandiosen Überblick über Kärntens Vielfalt bietet die Villacher Alpenstraße mit ihren einladenden Aussichtsparkplätzen. Informationen: Mauthaus Möltschach, Tel.: 04242/55309.

Der **Villacher Alpengarten** wurde 1973 eröffnet. Hier werden über 900 verschiedene Arten von Alpenblumen auf einer Fläche von ca. 10.000 m² gepflegt und anhand von Schautafeln genau erklärt. So bietet sich für Jung und Alt ein umfangreicher und interessanter Überblick über die Flora der Südalpen.

★ Warmbad Villach-Erlebnistherme

Die bis zu 30 °C warmen Quellen (radonhaltige Akratotherme, Mineralthermen) werden gegen Rheuma, Ischias, Gicht, allgemeine Altersbeschwerden, Lähmungen und Nervenleiden angewendet. Die Quellen waren schon zur Römerzeit bekannt, Paracelsus schätzte sie, und Napoleon wollte hier gar einen großen Kurort schaffen. Das »Warmbad« wurde bereits 1445 als »burgfriede bey dem warmbade« bezeichnet und ist heute Österreichs südlichste Therme. Der eigentliche Aufstieg begann 1826 mit dem Bau einer Thermenhalle. Aus 5 Quellen sprudeln heute 40 Mio. Liter warmes Wasser. Die Erlebnistherme Warmbad-Villach bietet im Sommer und im Winter Attraktionen für Groß und Klein. Im Sommer locken das Außenbecken und die großzügige Liegewiese. Im Winter ruht man in der Wellnessinsel, entspannt im Whirlpool oder in der Sauna. Informationen: Erlebnistherme Warmbad-Villach, Tel.: 04242/3002-750.

Wandervorschläge

Altstadtwanderung, Kulturwanderung, Villacher Alpe, Dobratsch (Hausberg)

VÖLKERMARKT

(Stadtgemeinde)

Höhe: 461 m | Einwohner: 11.370

Stadtgemeindeamt Völkermarkt
Hauptplatz 1
9100 Völkermarkt
Tel.: 04232/2571
Fax: 04232/2571-28
Internet: www.stadtgemeinde-voelkermarkt.at
E-Mail: voelkermarkt@ktn.gde.at

Allgemeines & Geschichte

Völkermarkt liegt in landschaftlich reizvoller Lage auf einer steilen keilförmigen Terrasse aus der Eiszeit oberhalb der zu einem 21 km langen See aufgestauten Drau. Die Stadt wurde um 1090 von Graf Engelbert I. von Spanheim gegründet und 1105 als »forum judeorum« und »Volchimercatus« = »Markt des Volko« erstmalig genannt. Volko stammte aus Rheinfranken; außerdem waren auch Wallonen an der Stadtgründung beteiligt. 1147 fiel die Stadt an das Stift St. Paul im Lavanttal. Sie erhielt 1252 Stadtrechte. Völkermarkt war eine der ältesten Judengemeinden Kärntens, und ab 1261 war hier auch eine bedeutende Münze tätig. Der Salzburger Erzbischof Eberhard gründete 1231 ein Kollegiatsstift für 12 Kanoniker und einen Propst, das 1248 nach St. Magdalena

Der Propsteihof mit Kirche in Tainach (oben) **Ruine Haimburg** (links) **Häuserfassaden in der »Abstimmungsstadt« Völkermarkt** (rechts)

verlegt wurde. 1308 vernichtete ein Brand die Stadt bis auf 3 Häuser. 1405 erhielt der Ort das Stapelrecht für Lavanttaler Eisen, 1443 das Weinniederlagsrecht, was mit zu seinem Reichtum beitrug. Die Stadt stand wohl hoch in der Gunst Kaiser Friedrichs III., denn er schenkte ihr 1453 die Burg, residierte hier 1470 zeitweise und erweiterte 1479 das aus dem Jahr 1405 stammende Eisenhandelsprivileg. Der Kaiser hielt sich mehrmals in der Stadt auf und berief 1470 einen großen Landtag der Länder Kärnten, Steiermark und Krain hierher ein. Ende des 15. Jhs. wurden starke Befestigungen gegen die türkische Gefahr gebaut. Jahrhundertelang war Völkermarkt das wirtschaftliche Zentrum des Kärntner Unterlandes, außerdem Grenzstadt. Die Lage an einer alten West-Ost-Handelsstraße und der Straße, die von Norden vom Hüttenberger Eisenrevier kam, trugen zur Blüte der Stadt bei. Dazu kamen einige Privilegien wie Mittwochsmarkt und Weinstapelrecht.

Doch auch Völkermarkt hatte mit vielen Plagen fertig zu werden; mit Erdbeben, Pest und Franzoseneinfällen.

Völkermarkt wurde in der Zeit nach dem 1. Weltkrieg ein Zentrum des Kärntner Abwehrkampfes; vom 30. November 1918 bis 2. Mai 1919 war es von jugoslawischen Truppen besetzt, wobei es zu blutigen Kämpfen kam (»Blutsonntag« am 3. Mai 1919). Zur Erinnerung an die Volksabstimmung erhielt die Stadt den Ehrennamen »Stadt der Volksabstimmung«.

Sehenswürdigkeiten

Das Zentrum der Stadt bildet der lang gestreckte ★ **Hauptplatz**; die ihn umgebenden schönen Bürgerhäuser besitzen Lauben und stammen im Kern aus dem 16. Jh., ihre Fassaden aber aus dem Biedermeier. Sehenswert ist beispielsweise das blau gestrichene und mit Stuckaturen geschmückte Zechnerhaus. Am Hauptplatz steht die Pestsäule mit der Dreifaltigkeit. Sie erinnert an das letzte Pestjahr 1715, als 194 Menschen an der Seuche starben. Am unteren Ende des Platzes finden wir ein Denkmal zur Erinnerung an den Krieg und die Volksabstimmung des Jahres 1920. Am nördlichen Ende steht die ehemalige Neue Burg, heute das Neue Rathaus. In dem Gebäude stecken auch die Reste der Mitte des 13. Jhs. erbauten Herzogsburg. Hier hielt sich Friedrich III. gerne auf und schenkte sie 1453 den Bürgern der Stadt. 1470 hielt er hier einen großen Landtag ab, bei dem die Landstände von Kärnten, Steiermark und Krain sowie hohe geistliche Würdenträger des Reiches versammelt waren. Das dreigeschossige Gebäude besitzt heute eine klassizistische Fassade von etwa 1840.

Sehenswert ist auch die Münzgasse mit den Gebäuden Nr. 1 und 2. Hier wurde in der Regierungszeit Herzog Bernhards (1202–1256) eine Münzstätte errichtet, in der Münzen nach »Friesacher Art« geschlagen wurden. Münzen aus Völkermarkt wurden bereits 1268 in einem Vertrag erwähnt, das letzte Mal 1338. An Gebäude Nr. 15 befindet sich eine Gedenktafel hierzu.

In der Kirchgasse findet man einen geschlossenen Bestand an Häusern mit Biedermeier- und Barockfassaden; es sind teilweise aus dem 16. Jh. stammende Kanonikerhäuser. Die Kapitelhäuser dienten dem Propst und den 12 Chorherren als Wohnungen.

Ehemaliges Augustinerkloster

Hier sitzt heute die Bezirkshauptmannschaft. Das Kloster wurde von den Augustiner-Eremiten um 1262 zusammen mit einer Kirche erbaut und war das älteste Augustinerkloster Österreichs. Es wurde bedeutend als Sitz des Provinzpriors für Bayern, Böhmen und Österreich. 1808 wurde das hiesige Kollegium aus Nachwuchsmangel aufgelöst.

Stadtbefestigung

Die Stadt ist noch teilweise von der etwa 1250 erbauten Ringmauer umgeben, so vor allem die Böschungsmauern im Westen; im Norden beim Rot-Kreuz-Platz sind Mauerreste und beim Rathaus ein mächtiger Geschützturm aus dem 16. Jh. erhalten. Er besitzt querliegende Schießscharten. In die Außenwand ist der Renaissancegrabstein des Karl von Ungnad in Ritterrüstung (gest. 1598) eingemauert. Die Haupttore bildeten das Klagenfurter und das Griffner Tor; beide wurden 1864 abgetragen. Im Norden gab es

kein Tor, die Stadt war durch Wall und Graben geschützt. Vom ehemaligen Griffner Tor sind nur noch wenige Mauerreste vorhanden, so über dem Torbogen des Gasthofes Zum Kronprinzen ein reliefierter Mauerstein (bez. 1503).

★ Stadtmuseum Völkermarkt

Faschingsgasse 1, neben dem Rathaus. Das Museum in dem denkmalgeschützten, barocken Bürgerhaus ist die größte museale Einrichtung Südkärntens. Außer einer Dokumentation des Kärntner Abwehrkampfes 1918–20 und der Volksabstimmung findet man eine volkskundliche Sammlung aus Völkermarkt und der Umgebung: Stadt- und Landesgeschichte; keltische, römische und frühchristliche Funde; gotische, romanische und barocke Kunstschätze; Volkskunde und sakrales Brauchtum; Bauernmöbel und Bürgertrachten, Relief des Bezirkes Völkermarkt. Öffnungszeiten: Mai bis Oktober und nach telefonischer Anfrage unter 04232/2571-39.

Die **★ Stadtpfarrkirche St. Maria Magdalena** wurde zwischen 1240 und 1247 errichtet und ist überaus reich ausgestattet. Von den mehrfachen Veränderungen der Fassade war jene von 1844 im Sinne der Neugotik die eingreifendste. Der bildstockartige Vorbau um das Portal enthält in der einen Nische ein spätgotisches Ölbergrelief, in der anderen eine barocke Kreuzigungsgruppe. Die Kirche ist mit zahlreichen gotischen Wandmalereien aus dem 15. Jh. geschmückt. Neben zarten Figuren- und Rankenmalereien sieht man eine Schutzmantelmadonna, einen Marienzyklus, eine Christophorusdarstellung und das Gemälde mit der Wiedergabe des Stifters Propst Conradus und des Jesuskindes. Der Hochaltar ist barock und weist einen schönen Figurenbestand auf. Dies gilt auch für die Kanzel (Evangelistenstatuen von Michael Zill), den Herz-Jesu-Altar und den 14 Nothelferaltar. Den Höhepunkt der Altarbaukunst dieser Kirche stellt jedoch der um 1730 entstandene Rosenkranzaltar dar, dessen Mittelnische die Madonnen-Statue beherbergt und von einem Medaillonkranz mit gemalten Rosenkranzgeheimnissen umgeben wird. Die Kirche besitzt eine große Zahl von sehenswerten Grabplatten. Vor dem Hauptportal steht eine gotische Lichtsäule, die 1477 von den Schustern und Lederern gestiftet wurde.

Die **★ Pfarrkirche St. Ruprecht** wird in ihrer Fassadengestaltung mit Rundbogen- und Spitzbogenfriesen, der Fensterrose und den spitzbogigen Blendfenstern von der Neugotik und der Neuromanik bestimmt. Entgegen dem äußeren Anschein handelt es sich jedoch um die älteste im 12. Jh. genannte Kirche und ursprüngliche Propsteikirche von Völkermarkt. Der im 18. Jh. eingewölbte Innenraum birgt eine durchaus qualitätvolle Ausstattung des Barock. Dazu zählt der aus der ehemaligen Augustinerkirche stammende Hochaltar, der mit der Reliefschnitzerei und dem Baldachin einen prachtvollen Rahmen für den expressiven Kruzifixus der späten Gotik bildet. Von den Seitenaltären beeindruckt vor allem der Marienaltar, der in der Mittelnische die Madonnenstatue im Strahlenkranz enthält, außen begleitet von den Statuen Joachim und Anna. Die Kanzel mit kostbaren Reliefschnitzereien am Korb enthält Rundbogenbilder der Evangelistengestalten.

Bei der Kalvarienbergkapelle (1779) auf dem Kreuzbergl hat man eine schöne Aussicht. Zur Kirche führen sehenswerte Kreuzwegstationen mit modernen Bildern.

Sonstige Sehenswürdigkeiten

Der im Süden der Stadt gelegene Bürgerlustpark bietet einen schönen Blick über den Völkermarkter Stausee und das Jauntal bis hin zur Bergkette der Karawanken. Der Park wurde in der 2. Hälfte des 19. Jhs. angelegt und erhielt seinen Namen von den zahlreichen Turn- und Sängerfesten, die in ihm stattfanden. Ein bemerkenswerter moderner Bau ist der Industriepark, Alfred-Mosel-Str. 1, im Stadtteil Dürremoos. Er wurde 1994/95 von Günther Domenig errichtet.

Feste & Brauchtum

Gefeiert wird der 10.-Oktober-Tag zur Volksabstimmung. Am Vorabend des Nikolaustages findet der Nikolomarkt statt.

Ausflugsziele

Haimburg

Die **Pfarrkirche von Haimburg**, 1272 erstmals erwähnt, präsentiert sich im Äußeren als vorwiegend gotischer Bau. Das Innere wird vom netzrippengewölbten Langhaussaal und dem sternrippengewölbten Chor bestimmt, wobei dieser reich mit qualitätvollen gotischen Deckenmalereien ausgestattet ist (Blatt- und Blütenranken, Kirchenväter, Evangelistensymbole, Christus und Maria und eine große Anzahl musizierender Engel). Der barocke Hochaltar mit dem Bild des Marientodes stammt von 1673. Das Fastentuch von 1504 zählt zu den schönsten Kärntens und ist nach dem in Gurk das zweitälteste. Die 1103 als Huneburch (Hunnenburg) erwähnte **Ruine Haimburg** auf einem isolierten Felshügel im Süden des Ortes war einst Sitz der Heunburger, einem bedeutenden Kärntner Geschlecht. Nach mehrmaligem Besitzerwechsel verfiel die Burg ab dem 18. Jh. zusehends. Im Jahre 1990 kam es zur Revitalisierung der Burg durch den Verein »Rettet die Heunburg«. Seit 1995 finden dort Theateraufführungen statt. In Haimburg betreibt der Maler Edwin Wiegele eine Galerie.

Burgen und Schlösser

In und um Völkermarkt gibt es zahlreiche Burgen bzw. Schlösser, die sich jedoch zum Großteil in Privatbesitz befinden und nicht zu besichtigen sind: Schloss Frankenstein (Rahmschüsselhof), Schloss Neudenstein, Schloss Töllerberg, Schloss Thalenstein, Schlossruine Höhenbergen, Trixer Burgruinen und Burgruine Waisenberg. Letztere wurde für kulturelle Veranstaltungen (Konzerte und Kinderfeste) der Öffentlichkeit zugänglich gemacht.

Tainach

Tainach war ab dem 16. Jh. die Residenz der Pröpste von Völkermarkt; das Ortsbild wird daher vom Propsteihof und der dahinterliegenden Kirche beherrscht. Die Propsteikirche Mariä Himmelfahrt und hl. Valentin liegt in beherrschender Lage am Hang des Tainachberges. Sie stammt von Anfang des 15. Jhs., wurde aber nach dem Brand von 1853 erneuert. Der schwarzmarmorne Hochaltar von 1777 ist mit weißen Figuren geschmückt. Die anderen Altäre und die Kanzel stammen von Ende des 18. Jhs. und sind mit Bildern und Figuren versehen. 1695 und 1707 wurden die sehenswerten Porträtgrabsteine gefertigt. In der Kirche sieht man einen Römerstein mit einem Relief »Europa mit dem Stier«. Der mächtige, lang gestreckte Propsteihof ist zum Tal hin viergeschossig erbaut und besitzt einen kleinen Arkadenhof. Heute befindet sich dort das katholische Bildungshaus Sodalitas als eine Stätte der Begegnung zwischen slowenisch- und deutschsprachigen Kärntnerinnen und Kärntnern.

Völkermarkter Stausee

Der südlich der Stadt liegende Stausee entstand zwischen 1989 und 1991 und ist der drittgrößte See Kärntens; er ist 21 km lang und bis zu 1,5 km breit. Seine Tiefe beträgt bis zu 21 m. Er ist durch das Aufstauen der Drau bei Edling entstanden. Das Krafthaus mit Wehranlage ist das erste ferngesteuerte Laufkraftwerk Österreichs. Mit 800.000 m^3 Erde und Gestein von der Autobahnumfahrung hat man ein 18 ha großes Flachwasserbiotop geschaffen, das seit 1994 unter Naturschutz steht. Der Stausee ist ein bei Vögeln beliebter Platz und zum Vogelschutzgebiet erklärt worden. Auch einen Bootsanlegeplatz gibt es und wer keines hat, kann sich beim Bootsverleih Fritzi gleich neben der Stauseebrücke eines leihen.

Wandervorschläge

Völkermarkter Stadtwaldweg, Watzelsdorfer Naturwanderung, Haimburger Brauchtumswanderung, Lilienberg- und Stauseeuferwanderung, Jauntal-Rundblickwanderung auf den Weinberg, Tiererlebniswanderung Greuth, Trixner Schlösser- und Burgenwanderung

WEISSENSEE

Höhe: 930 m (Techendorf) | Einwohner: 790

Weißensee Information
Techendorf 78
9762 Weißensee
Tel.: 04713/22200
Fax: 04713/222044
Internet: www.weissensee.com
E-Mail: info@weissensee.com

Am schönen Weißensee hat man leicht lachen. (oben) **Das türkisfarbene Wasser des Weißensees ist ein schöner Kontrast zu den umliegenden Wäldern.** (unten)

Allgemeines & Geschichte

Der am Ufer des Weißensees gelegene Hauptort Techendorf ist ein beliebtes Ziel für Urlaube in allen Jahreszeiten, der sich insbesondere für Familienferien anbietet. Im Sommer ist die Gemeinde Weißensee ein beliebtes Bade- und Wandergebiet. Im Winter lautet die Philosophie der Region »sanfter Wintertourismus«. Eissport aller Art auf der mit 6,5 km^2 größten beständig zugefrorenen Natureisfläche Europas. Langlaufeldorado mit rund 70 km Loipennetz im schneesicheren Hochtal. Skifahren im Familienskigebiet, wo nicht hektische Betriebsamkeit, sondern genussvolles Dahingleiten auf familienfreundlichen Abfahrten das Geschehen bestimmen. Techendorf besitzt noch Häuser im alten Kärntner Stil. Zur Gemeinde gehören einige verstreut liegende Ortsteile. Nach dem Toleranzedikt bekannten sich viele Einwohner zur protestantischen Kirche.

Sehenswürdigkeiten

Die ev. Kirche wurde 1900–03 im Stil der Neugotik erbaut, Vorbild war die Kirche in Weißbriach. Der sehenswerte Schnitzaltar entstand wie die Kanzel 1904. Das ehemalige ev. Bethaus wurde 1783 erbaut und dient heute als Gemeindeamt.

Alte Mühle

Die Alte Mühle in Unternaggl wurde von der Gemeinde renoviert und vor dem Verfall gerettet. Im Sommer ist die Mühle durch einen Wanderweg erreichbar, im Winter führt eine Langlaufloipe vorbei. Mühlenbesichtigungen und Schaumahlen sind bei den Mühlenfesten im Frühjahr/Herbst auf Wunsch möglich.

Ausflugsziele

Gatschach

Die Pfarrkirche St. Martin in Gatschach ist ein spätgotischer Langbau mit quadratischem Chor und weist einen Rokokoaltar mit einer spätgotischen Statuette der hl. Barbara auf.

Bergbauernmuseum

Immer interessant ist ein Besuch im Bergbauernmuseum Gnoppitz. Tel.: 04712/82095 Öffnungszeiten: Mai–Oktober tgl. 10–16 Uhr.

★ Weißensee

Der etwa 11,5 km lange, bis zu 928 m breite und bis zu 99 m tiefe Weißensee ist Kärntens höchstgelegener See und der viertgrößte des Landes. Er kann bis zu 25 °C warm werden. Die Schmalstelle bei Techendorf ist 120 m breit und von einer Brücke überspannt. Der See liegt in herrlicher Gebirgsumrahmung in einer tektonisch vorgezeichneten, von Gewässern und den Gletschern der Eiszeiten ausgeräumten Talfurche der Gailtaler Alpen abseits der Hauptstraßen und weist, insbesondere am Ostufer, ein teilweise unverbautes Ufer auf. Der Mittagsgraben, ein großer Schwemmkegel, engt den See auf rund 100 m ein. Während am Westufer breite Wiesenflächen liegen, besitzt das Ostufer mit seinen schroffen, felsigen Hängen einen fast fjordähnlichen Charakter. Hier findet man auch die tiefste Stelle des Sees. Besonders reizvoll ist das herrliche Tiefblau des Sees, auch die prächtigen weißen und gelben Seerosen an den Ufern geben ein reizvolles Bild ab. Außer Motorboot fahren kann man hier alle Arten von Wassersport einschließlich Tauchen ausüben. Die Gegend um den See wurde zum Landschaftsschutzgebiet erklärt, mit 7648 ha ist es das größte in Kärnten.

★ Weißensee-Schifffahrt

Die modernen Schiffe stellen eine ideale Wanderhilfe und eine ausgezeichnete Möglichkeit dar, die einmalige Berg-Seelandschaft zu erleben. Rundfahrt, Gruppen- und Chartertarife auf Anfrage. Information: Hans Winkler, Techendorf 51, Tel.: 04713/2267.

★ Weißensee-Bergbahn

Die Vierersesselbahn ermöglicht einen bequemen Ein- und Ausstieg. Nach 12 Minuten Fahrzeit erreicht man die Naggler-Alm mit dem Drachsel-Bildstöckl und dem EU-Denkmal »Wegweiser für Morgen«. Die Naggler-Alm mit herrlichem Rundblick auf die umliegende Bergwelt ist Ausgangspunkt für viele Wanderungen und Bergtouren; hier ist auch der offizielle Abflugpunkt für Para- und Hängegleiter. Information: Weißensee-Bergbahn, Techendorf, Tel.: 04713/2269.

Wandervorschläge

Alm hinterm Brunn, Naggler Alm, Laka, Feuchtwiesen-Wanderweg, Märchenuferweg »Poesie am See«, Themenwege »Auf den Spuren des Waldglases« und »Von Fischen und Fischern«

Die »steinerne Jungfrau« von Weitensfeld (oben) Relief von Georg Khevenhüller mit seinen beiden Frauen am Nordtor des Schlosses Wernberg (unten)

WEISSENSTEIN

Höhe: 552 m | Einwohner: 3110

Gemeindeamt Weißenstein
Dorfstraße 10
9721 Weißenstein
Tel.: 04245/2385
Fax: 04245/2385-29
Internet: www.weissenstein.at
E-Mail: weissenstein@ktn.gde.at

Allgemeines & Geschichte

Eingebettet zwischen den Ausläufern der Gailtaler Alpen im Süden und den sonnigen Hängen des Mirnockstockes im Norden befindet sich das Gemeindegebiet von Weißenstein, welches 1085 erstmals als Wizzenstein, 1396 als Weizzenstain genannt wurde. Auf sanften Abhängen haben sich schmucke, verträumte Orte entwickelt. Schloss Kellerberg, ein alter Kärntner Adelssitz, beherrscht das breite Tal, welches die Drau durchfließt. Die Ruinen der Burg Kellerberg und des Heidenschlosses nördlich von Weißenstein sowie alte Bauernhöfe auf dem Talboden erzählen von längst vergangenen Zeiten. Mit dem Gemeindegesetz von 1849 wurde Weißenstein politische Gemeinde.

Sehenswürdigkeiten

Die in beherrschender Lage am Berghang liegende **Pfarrkirche zum hl. Leonhard** wurde 1149 erstmals erwähnt und in der Gotik umgestaltet. 1974 wurden an der nördlichen Außenwand des Chores Fresken aus dem 14. Jh. freigelegt. Der Hochaltar stammt von 1679/80, die Seitenaltäre sind mit Säulen geschmückt. Der Taufstein von 1715 ist mit einem geschnitzten Deckel versehen.

Schloss Kellerberg

Der heutige Bau steht auf dem alten Platz des Schlosses Alt-Kellerberg und stammt aus dem 15. Jh. Im Inneren des Schlosses sind sehenswert: die schönen Stuckdecken, die Einrichtung des Schlosses mit Spätrenaissance- und Barockmöbeln, der geschmackvolle Kachelofen mit bemalten Bildern aus dem 17. Jh. , Jahrhundertreliefs von Prinz Eugen und dem Sultan Solimann sowie eine bemerkenswerte Sammlung von Zinnkrügen und Zinngeschirr.

Ausflugsziele

Weißensteiner Wassernixen

Sie bieten am Drauradweg im Sommer jede Menge Informationen zum Thema Wasser. An fünf verschiedenen Wohlfühlplätzen haben Gäste die Gelegenheit, sich zu entspannen, neue Energien zu sammeln oder auch nur die wunderschöne Flora und Fauna entlang der Drau zu genießen.

Skulpturenstraße

Von Gummern über das Krastal bis zum Ossiacher See. An 13 Standorten stellen die Krastaler Künstler ihre Exponate aus, die auch käuflich erworben werden können. Die Skulpturen werden direkt in Krastal im Künstleratelier hergestellt. Besucher sind herzlich eingeladen, den Künstlern »über die Schulter zu schauen«.

Naturschwimmbad Puch

Wunderschön angelegte Naturbadeteiche laden zum Erholen und Urlaub machen ein. Geöffnet Mai bis September, ganztägig warme Küche.

Dorfmuseum Puch

Das Museum bildet als Schwerpunkt eine volkskundliche Sammlung von land- und forstwirtschaftlichen Geräten, Haushaltsgegenständen sowie eine original eingerichtete »schwarze Kuchl« (offener Herd). Man erhält Einblick in die bäuerliche Lebensform und Arbeitstechnik von damals.

Wandervorschläge

Wanderung zur Burgruine Weißenstein, Wanderweg von Töplitsch über die Kadutschen nach Bad Bleiberg und zurück, Wanderung von Weißenstein über Ederboden auf den Amberg

WEITENSFELD IM GURKTAL

(Marktgemeinde)

Höhe: 700 m | Einwohner: 2470

Marktgemeinde Weitensfeld im Gurktal
9344 Weitensfeld 202
Tel.: 04265/242
Fax: 04265/7452
Internet: www.weitensfeld.com
www.weitensfeldimgurktal.at
E-Mail: weitensfeld@ktn.gde.at

Allgemeines & Geschichte

Weitensfeld liegt in schöner Lage im Gurktal. Der Name kommt nicht von einem »weiten Feld«, sondern von einem »Feld des Witin«. Er tauchte 1043 in den Urkunden auf, als hier eine Kirche geweiht wurde. Die Babenberger schenkten das Gebiet 1202 dem Domstift Gurk. Es lag aber auf steirischem Gebiet, und da der Bischof lieber auf seinem eigenen Gebiet einen Markt haben wollte, bat er König Philipp von Schwaben, den Ort mitsamt dem Marktrecht verlegen zu dürfen, was dieser auch erlaubte (zwischen 1202–08). Der alte Ort wurde fortan Altenmarkt genannt, der neue nur 4 km entfernt angelegt. 1203 wurde Weitensfeld Markt. Im 15. Jh. kam es zu Türkeneinfällen; als Erinnerung daran stehen in Weitensfeld und Zweinitz die Türkenbrunnen. 1567 wütete die Pest, sie soll auch der Ursprung des Kranzlreitens sein. Der Sage nach sollen nämlich alle Menschen bis auf das Burgfräulein von Thurnhof (bei Zweinitz) und drei Weitensfelder Jünglinge gestorben sein. Das Mädchen forderte die drei Bürgersöhne, die um ihre Hand anhielten, zu einem Wettlauf auf. Dem Sieger reichte sie die Hand zum Lebensbund. Das ★ **Kranzlreiten** findet alljährlich zu Pfingsten statt. Dieses Ereignis lockt natürlich viele Urlauber an. Darüber hinaus wird der Fremdenverkehr vor allem auch durch die Karl-May-Festspiele angekurbelt.

Sehenswürdigkeiten

Der Hauptplatz ist von 2-stöckigen bürgerlichen Häusern umstanden. Im Ort steht der Türkenbrunnen mit einer Tattermannfigur. Auf der Säule des anderen Brunnens steht seit 1977 eine steinerne Jungfrau, die der jeweilige Gewinner des Kranzlreitens küsst.

Die 1285 erstmals genannte Pfarrkirche St. Johannes Ev. war früher eine wehrhafte Anlage, die im ummauerten Kirchhof lag. Der Chor stammt aus der 1. Hälfte des 14. Jhs., das Langhaus wurde im 16. Jh. teilweise neu errichtet. Sehenswert sind die Fresken von Anfang des 15. Jhs., mit denen der Chor und die Südkapelle geschmückt sind. Der Säulenhochaltar wurde um 1750 geschaffen. Die prächtige Rokokokanzel von 1761 ist reich mit Figuren und Malereien geschmückt.

Weitere sehenswerte Kirchen in und um Weitensfeld sind die Pfarrkirche von Altenmarkt mit Schutzmantelmadonna und Christophorusfresko, die Pfarrkirche von Zammelsberg, die dem hl. Georg geweiht ist, die Kirche in Zweinitz mit wertvollen Fresken sowie die Filialkirchen St. Andrä, Wullroß und St. Magdalena. Die Kirche St. Magdalena besitzt das älteste Glasgemälde Österreichs – um 1170 entstanden – die so genannte Magdalenenscheibe. Das Original befindet sich nach einem Diebstahlversuch heute im Diözesanmuseum in Klagenfurt. In der Kirche, also vor Ort, findet man eine Kopie.

Feste & Brauchtum

★ **Kranzlreiten** zu Pfingsten, in Zweinitz am Ostersonntag das Kugelschlagen, Dichterlesungen am Zammelsberg im August, Karl-May-Festspiele im Sommer

Ausflugsziele

★ Karl-May-Festspiele

In der Naturarena Weitensfeld finden im Sommer alljährlich die Karl-May-Festspiele statt. Die Tribüne hat 2200 Sitzplätze mit freier Platzwahl. Angeschlossen ist eine Westernstadt mit Saloon, Bar, Musik, Western Shop, Museum, Kapelle, Schauschmiede und Indianerlager. Abenteuer pur für Groß und Klein! Informationen: Karl May Festspiele GmbH, Weitensfeld 202, Tel.: 02742/73177.

Zweinitz

Die 1169 erwähnte romanische Pfarrkirche St. Egydius besitzt schöne Fresken aus dem 14. und 15. Jh. Da die Kirche bis 1781 dem Gurker Domkapitel unterstand, wurde sie von hervorragenden Künstlern ausgestaltet, die auch in Gurk tätig waren. Sehenswert sind das romanische Stufenportal mit Flechtband und das Christophorusfresko. Auch innen sieht man zahlreiche, noch gut erhaltene Fresken ab Ende des 14. Jhs., die vom Gurker Dom inspiriert sind. Westlich des Ortes liegt Schloss Thurnhof, welches sich in Privatbesitz befindet.

Wandervorschläge

Zammelsberg, Rundwanderweg Weitensfeld – St. Andrä – Zweinitz – Weitensfeld, Kirchenwanderweg

WERNBERG

Höhe: 550 m | Einwohner: 4840

Gemeindeamt Wernberg
Bundesstraße 11
9241 Wernberg
Tel.: 04252/3000
Fax: 04252/3000-41
Internet: www.wernberg.gv.at
E-Mail: wernberg@ktn.gde.at

Allgemeines & Geschichte

Der Erholungsort Wernberg mit weitverstreuten Ortsteilen ist inmitten weiter Wälder gelegen, zwischen Berg (Ossiacher Tauern) und Seen (Ossiacher See, Magdalenensee, Silbersee, Grünsee). Der Ort wurde erstmals als Werdenburch 1227 erwähnt, als Herzog Bernhard von Spanheim eine Trutzburg gegen den Villacher Ortsherrn, den Bischof von Bamberg, errichten wollte. Heute beherbergt der historische Kern von Wernberg ein weit über die Grenzen hinaus bekanntes Missionskloster, dessen Tore für Gäste aus aller Welt immer weit offen stehen.

Sehenswürdigkeiten

★ Schloss Wernberg

Das Kloster der größten weiblichen Ordensgemeinschaft Kärntens befindet sich in den Räumen eines ehemaligen Schlosses, das 1227 erstmals urkundlich erwähnt und von Herzog Bernhard von Spanheim erbaut wurde. Georg Freiherr von Khevenhüller, der auch die Burg Hochosterwitz erbaute, ließ das Schloss in seine heutige Gestalt umbauen. Nach mehrmaligen Besitzerwechseln verkam das Schloss, bis es 1935 von den Missionsschwestern vom Kostbaren Blut gekauft und samt Kirche renoviert wurde. Das Schloss ist nur von außen zu besichtigen, die Kirche ist frei zugänglich. Der dreiflügelige Renaissancebau ist von 4 mächtigen Ecktürmen begrenzt, nach Süden liegt der in Terrassen abfallende Park. Die Anlage besitzt einen schönen Arkadenhof mit einem alten Brunnen (1575). Besonders schön ist das Nordtor, das mit diamantförmigen Quadern gemauert und mit Reliefs des Georg Khevenhüller und seinen beiden Frauen geschmückt ist. Die Schlosskirche zum Kostbaren Blut ist mit einer wunderbaren Deckenmalerei des J. F. Fromiller ausgestattet (auf Wolken schwebende Heiligengestalten mit der Wiedergabe der Madonna Immaculata).
Heute beherbergt Schloss Wernberg das sehr aktive Kloster Wernberg der Mariannhiller Missionsschwestern vom kostbaren Blut. Dieses bietet neben Seelsorge, Feiern und Ausflügen auch eine etwas andere Form von Urlaub, nämlich den ganzheitlichen Urlaub in der Kloster-Pension.

Ausflugsziele

Damtschach

Das heutige Erscheinungsbild des 1511 erbauten Schlosses am westlichen Ortsrand ist eine Schöpfung des 17. Jhs. Besonders erwähnenswert ist der Garten. Er ist denkmalgeschützt und wurde 1824 im englischen Stil angelegt. Heute finden auf Schloss Damtschach zahlreiche Ausstellungen und Kulturveranstaltungen in der Galerie des Schlosses und auch im Park statt.

Sternberg

Die im Kern romanische Pfarrkirche St. Georg steht auf dem Gipfel eines markanten Hügels mit sehr guter Aussicht. Trotz zahlreicher Um- und Zubauten im Barock vermittelt die Kirche auch heute noch den Eindruck einer gotischen Wehrkirchenanlage. Einst standen hier ein heidnischer Tempel und Denkmäler des antiken Lebens. Manche dieser Denkmäler haben in den Kirchenmauern ihren Platz gefunden. Ein besonderes Juwel besitzt die Kirche in der Statue des hl. Georg, die vermutlich aus dem alten Flügelaltar um 1500 stammen dürfte. Ein weiteres bedeutendes Zeugnis sakraler Kunst in Kärnten ist das Fastentuch der Kirche von 1629.

Erlebnisbad Wernberg

Gemeindebad in Föderlach mit 8000 m^2 Wasserfläche und einer 65 m langen Wasserrutsche, Sprungtürme, Beachvolleyball-Platz, Boccia-Bahn, Buffet.
Informationen: Erlebnisbad Wernberg, Badweg 1, Duel, Tel.: 04252/2290.

Wandervorschlag

Wanderung zur Ruine Eichelburg

Symbol des Nationalparks Hohe Tauern (links) **Der Mautturm in Winklern** (rechts)

Die Stadt Wolfsberg mit der Marien(Pest)säule (Mitte) **Zeuge der Vergangenheit des Eisenglimmerbergbaus in Waldenstein** (unten links) **Schloss Waldenstein** (unten rechts)

WINKLERN (Marktgemeinde)

Höhe: 967 m | Einwohner: 1130

Tourismusbüro Winklern
9841 Winklern 9
Tel.: 04822/227-20
Fax: 04822/227-19
Internet: www.winklern.at
E-Mail: tourismus@winklern.at

Allgemeines & Geschichte

Der netter Marktort ist von jeher das Zentrum des oberen Mölltales und liegt an einem schon in alten Zeiten bedeutenden Treffpunkt wichtiger Verkehrsverbindungen; ab hier führten schon zu Römerzeiten Saumpfade über die Tauern nach Juvavum (Salzburg) und über den Iselsberg nach Aguntum (Lienz). 1325 wurde eine wichtige Zollstation errichtet. Sie bestand bis 1822, dann wurde sie auf den Iselsberg verlegt. Sie gehörte zuerst den Grafen von Görz, nach dem Pusarnitzer Frieden (1460) den Habsburgern. Zur Zeit des Goldbergbaus im obersten Mölltal im 17. Jh. erlebte der Ort seine große Blüte. Winklern ist Klimabündnisgemeinde und Gewinner des Energy-Globe 2000.

Sehenswürdigkeiten

Die über eine Steintreppe erreichbare Pfarrkirche St. Lorenz wurde 1115 als Filiale von Stall erwähnt. Der heutige Bau stammt aus dem 15./16. Jh. Der gotische Turm besitzt spitzbogige Schallfenster und einen spitzgiebeligen Helm. Das 1515 erbaute, spitzbogige Südportal ist reich geschmückt. Unter dem Chor liegt eine kleine Krypta. Das Christophorusfresko an der Südwand und das Fresko »Jüngstes Gericht« an der Ostwand des Langhauses stammen von 1519. Die Einrichtung wurde 1898–1906 im Stil der Neugotik geschaffen.

Mautturm Winklern

Der mittelalterliche Wachtturm (Mautturm) aus Bruchstein wurde als Wohn-, Wehr- und Mautturm von den Görzer Grafen im 14. Jh. aus starken Bruchsteinen errichtet. Diente er früher der Sicherung der bedeutenden Wirtschaftswege vom Süden über die Tauern nach Salzburg, so wird er heute zum neuen Portal in den Nationalpark Hohe Tauern. In der Turmstube angekommen, erfährt man die Geschichte des Tauernwurms, eines glückbringenden Drachens, bevor eine Treppe in das Innere des Turms bis zu seinem Schatz hinabführt. Informationen zur Besichtigung: Tel.: 04822-20790 oder 04822/227-20

Feste & Brauchtum

Im August findet in der Kirche eine Kräuterweihe statt, außerdem wird in diesem Monat das Dorffest gefeiert.

Ausflugsziele

Penzelberg

Die Penzelberger Kirche liegt oberhalb der Ortschaft Winklern in 1375 m Seehöhe. Laut urkundlichen Hinweisen gehört der Penzelberg zu den ältesten besiedelten Gebieten im oberen Mölltal. Bereits vor dem 10. Jahrhundert soll dort ein Gotteshaus gestanden haben. Der heutige Kirchenbau ist laut Inschrift am Triumphbogen und über der Empore »1765« errichtet worden und ein Beispiel reizvoller dörflicher Barockkultur. Der Penzelberg ist Ausgangspunkt für Wanderungen auf die Winklerner Alm.

★ Kulturlandschaftsweg Winklern

Er führt die Nationalpark-BesucherInnen auf bequemen Wegen in eine herrliche Kulturlandschaft und am Möllfluss entlang. Da sich der Lehrweg großer Beliebtheit erfreut, wurde er im Jahr 1999 um einen Erlebnisbereich mit Schaumühlen und einen Spielplatz zum Thema »Kraft des Wassers« erweitert.

Wandervorschläge

Winklerner Alm, Kulturlandschaftsweg, Rundwanderung Burgstall – Rühlsteig – Reintal – Winklern.

WOLFSBERG (Stadtgemeinde)

Höhe: 461 m | Einwohner: 25.300

Tourismusbüro Wolfsberg, Getreidemarkt 3
9400 Wolfsberg, Tel.: 04352/3340
Fax: 04352/537277
Internet: www.wolfsberg.at
E-Mail: tourismusbuero@wolfsberg.at

Allgemeines & Geschichte

Die Bezirkshauptstadt Wolfsberg ist der Hauptort des fruchtbaren (Obstanbau) La-

vanttales und liegt an einem Ausläufer der Koralpe zu beiden Seiten der Lavant. Die Gemeindefläche reicht vom Kamm der Saualpe bis zum Kamm der Koralpe. Die erste urkundliche Erwähnung als »Wolfsperch« geht in das Jahr 1007 zurück. In der 1. Hälfte des 11. Jhs. kam die Stadt zum Bistum Bamberg, wo sie bis 1758 verblieb, als sie von den Habsburgern gekauft wurde. Von Bischof Werntho (1328–35) wurde Wolfsberg zum Verwaltungszentrum für die gesamten bambergischen Besitzungen in Kärnten gemacht, als der Stellvertreter des Bischofs, der Vizedom, nach Wolfsberg übersiedelte. 1331 wurde das Stadtrecht verliehen. Im 13. und 14. Jh. war die Stadt eine bedeutende Weinhandelszentrale. Doch die Verarbeitung des aus dem oberen Lavanttal stammenden Eisens spielte eine immer größer werdende Rolle, außerdem wurden Erz und andere Bergbauprodukte wie Bleiweiß gehandelt. Zur Zeit der Türken- und Ungarneinfälle 1475–80 war die Stadt so schwer befestigt, dass sie von diesen Horden nicht eingenommen werden konnte. Im 16. Jh. war der Höhepunkt des Eisengewerbes, dann erfolgte ein wirtschaftlicher Abstieg. Im 17. und 18. Jh. gab es große Brände, außerdem wütete die Pest in der Stadt. Ab dem 18. Jh. wurde die Industrie mit Eisenhämmern und Handelsunternehmen wieder bedeutender. Heute ist die Stadtgemeinde Wolfsberg auch Zentrum eines Kulturraumes, der besonders viel zu bieten hat. Vor allem bekannte Künstlerpersönlichkeiten wie Christine Lavant, Suitbert Lobisser und Gerhart Eller haben dazu beigetragen, den Ruf einer Kulturstadt Wolfsberg weit über die Landesgrenzen hinaus zu festigen.

Sehenswürdigkeiten

Der Ort liegt zwar rechts und links der Lavant, die sehenswerte Altstadt zieht sich jedoch vom linken Ufer aus zum Schloss hoch. Das Zentrum weist noch eine schöne, geschlossene Bebauung auf. Die Sporergasse auf der anderen Seite der Lavant ist Fußgängerzone und von vielen Geschäften und Lokalen belebt. Die an historischen Zeugnissen, an Baudenkmälern und anderen Sehenswürdigkeiten so reiche ★ **Altstadt** von Wolfsberg präsentiert sich im Bereich Rathausplatz – Hoher Platz von ihrer schönsten Seite. Das Neue Rathaus ist nicht nur Sitz der Stadtverwaltung, sondern auch eines der schönsten Gebäude der Stadt. Der mehrgeschossige Bau, der einen Uhrturm trägt, wurde in den letzten Jahren mehrfach umgebaut und erweitert. Die alten Bürgerhäuser am Hohen Platz stammen vorwiegend aus dem 16. und 17. Jh. Sehenswert sind die spätgotischen Portale, Renaissancefenster und die romantischen Laubengänge. In der Mitte des Hohen Platzes erhebt sich die fünf Meter hohe Marien(Pest)säule, die bis zum heutigen Tag an die Schrecken der Pestzeit erinnert. Von der Befestigungsanlage, die Wolfsberg einst umgab, sind in der Altstadt noch Teile der Stadtmauer, der mittelalterliche Reckturm und das ehemalige Landgericht erhalten.

★ **Stadtpfarrkirche St. Markus**
Bereits an dem prachtvollen, dreifach gestuften Gewändeportal aus der Mitte des 13. Jhs. wird der spätromanische Ursprung der Kirche deutlich. Einflüsse der Gotik werden durch den Anbau der Siebenscherzenskapelle und den Chor dokumentiert, der Turm trägt einen barocken Zwiebelhelm, und die Fassade zeigt neuromanische Veränderungen des 19. Jhs. Diese stilistische Bandbreite ist auch im Inneren anzutreffen. Ein markantes Einzeldokument der Romanik stellt das Steinrelief mit dem Markuslöwen und dem Haupt des Evangelisten dar. Die Ausstattung wird vom Hochaltar bestimmt, der mit einem sehenswerten Gemälde des hl. Markus (von Kremser Schmidt) ausgestattet ist. Weitere sehenswerte Altäre sind in der Marien- und Kunigundkapelle zu finden. An den Innen- und Außenwänden der Kirche sind zahlreiche Grabsteinreliefs angebracht.

Oberhalb der Kirche am Markusplatz steht die spätgotische ★ **St. Anna- bzw. Bäckerkapelle,** die Zunftkapelle der Bäcker. Sie zeichnet sich vor allem durch einen wunderschönen spätgotischen Flügelaltar aus. In der Mittelnische steht die Statue der gekrönten Madonna mit Kind. Die Innenseiten der Schreinflügel beinhalten im Relief die Wiedergaben der hll. Georg, Wolfgang, Florian und Korbinian, die Außenseiten der Schreinflügel vier gemalte Szenen aus dem Marienleben, die Standflügel vier weibliche Heilige, die Predella Christus inmitten der Apostel. Weitere sehenswerte Kirchen sind die Dreifaltigkeitskirche mit einem qualitätvollen Bestand an Barockaltären, die Kreuzkapelle (heute Kriegergedächtniskapelle) und die Kapuzinerkirche.

Nach wie vor ist das ★ **Schloss Wolfsberg,** hoch über den Dächern der Stadt gelegen, ein weithin sichtbares Zeichen für die Geschichtsträchtigkeit der Stadt. Das Schloss (einst eine Burg), das seit dem 11. Jh. im Besitz des Bistums Bamberg war, wurde 1846 an den Grafen Hugo Henckel von Donnersmarck verkauft, der das Gebäude im englisch-gotischen »Tudor«-Stil erneuern ließ. Auch der weitläufige Schlosspark wurde im englischen Stil errichtet und ist eine der großen Leistungen des Historismus im Gartenbau. Das Schloss, das sich heute im Besitz der Kärntner Montanindustrie GmbH befindet, wird seit den 90-er Jahren verstärkt als Kultur- und Ausstellungszentrum genützt. Führungen sind nach telefonischer Voranmeldung möglich. Informationen: Kärntner Montanindustrie GesmbH, Schloss Wolfsberg, Tel.: 04352/2365.

Schloss Bayerhofen

Bayerhofenstraße 2–6. Das 1566 erbaute Renaissance-Schloss liegt am rechten Ufer der Lavant und ging aus einem 986 und 1239 erwähnten Bau hervor; damit ist es wohl das älteste Gebäude der Umgebung. Einst war es eine protestantische Hochburg. Da es außerhalb der Stadtmauer lag, besaß es eine eigene Wehranlage.

Das ★ **Lavanttaler Heimatmuseum** ist ein Museum der ganz besonderen Art. Der Besucher kann anhand unzähliger Ausstellungsstücke die Geschichte des Bezirkes nachvollziehen und nacherleben (Gerätschaften aus Wirtschaft, Industrie und Landwirtschaft, Trachten sowie eine Mineralien- und Fossiliensammlung; Schwerpunkte: die agrarhistorische Sammlung sowie die Exponate über die Eisenerzeugung und -verarbeitung). Informationen: Lavanttaler Heimatmuseum Tanglstraße 1, Tel.: 04352/54357.

Feste & Brauchtum

Es gibt ein umfangreiches Osterbrauchtum, bei dem die Ratscherbuben an Karfreitag und -samstag mit ihren Ratschen die Kirchenglocken ersetzen. Im Juni findet der Schönsonntagmarkt und im Oktober der Kolomonimarkt statt. Beliebt sind auch die Jazztage.

Kuren

In Gräbern-Prebl wird bei katarrhischen Erkrankungen und Nierenleiden Natronsäuerling angewandt.

Ausflugsziele

Schloss Waldenstein, das sich an einem schattigen Hang des Waldensteiner Grabens erhebt, wurde in der ersten Hälfte des 12. Jhs. erbaut, im Laufe der Jahre weiter ausgebaut und ständig erneuert. Das bauliche Gesamtensemble spiegelt noch heute das Bild einer stolzen, äußerst wehrfähigen Burg wider, die im Hinblick auf die Anforderungen einer neuen Zeit immer mehr den Charakter eines geräumigen Schlosses angenommen hat. Auf Schloss Waldenstein vertonte im Jahre 1835 der Wolfsberger Josef Ritter von Rainer-Harbach ein Gedicht, welches 1911 offiziell zum »Kärntner Heimatlied« erklärt wurde.

In und um Wolfsberg gibt es noch weitere Schlösser bzw. Burgen zu erwähnen, die jedoch privat und nicht zu besichtigen sind: Schloss Thürn, Weissenau und auch Reideben.

Gräbern

Die Kirche von Gräbern zählt zu den ältesten Gotteshäusern des Lavanttales. Kaum jemand kann sich dem besonderen Reiz der kleinen Bergkirche entziehen. Sie wurde der Legende nach von der hl. Hemma von Gurk gegründet, nachdem ihr Gatte Wilhelm von Zeltschach um 980 hier auf der Heimreise von einer Pilgerfahrt gestorben sein soll. Deshalb heißt die Kirche im Volksmund auch »Zum St. Wilhelm« nach diesem niemals heilig gesprochenen, trotzdem aber verehrten Grafen. Um die Kirche stehen die angeblich von der hl. Hemma gepflanzten »1000-jährigen Linden«.

Prebl

Der »Preblauer Sauerbrunn« ist ein kohlensäurehaltiges Mineralwasser, das bereits von Paracelsus (1492–1541) als »mit trefflichen arzneiischen Kräften begabet« gelobt wurde. Der Sage nach entstand es nach einem folgenschweren Ereignis. Früher soll nämlich Wein aus dem Brunnen geflossen sein, der allerdings, wenn man ihn abfüllte und mit nach Hause nahm, zu Wasser wurde. So standen die Bauern sonntags um den Brunnen herum, um den Wein zu genießen. Eines Tages kam ein armer Bettler und bat, ihm doch auch etwas von dem Wein zu geben. Aber die Bauern lachten nur und meinten, er wäre den Wein nicht wert. Da rief er: »Weil ihr so hartherzig seid, soll nie mehr Wein aus dem Brunnen fließen. Ja, nicht einmal mehr Wasser, sondern der Brunnen soll ein Sauerbrunnen werden!«

Wandervorschläge

Leidenberg, Koralpe, Großer Speikkogel, Saualpe

ZELL

Höhe: 950 m | Einwohner: 700

Gemeindeamt Zell-Pfarre
Zell Pfarre 75
9170 Zell, Tel.: 04227/7210
Fax: 04227/7210-4
E-Mail: zell@ktn.gde.at

Allgemeines & Geschichte

In den Karawanken zwischen dem Waidischbachtal und dem Zelltal liegt der gleichnamige Ort Zell, umgeben von den schroffen Bergabstürzen der beeindruckenden Koschuta und inmitten von tiefen Schluchten und weiten Wäldern. Die Dörfer hier in dem weiten Hochtal sind fast von der übrigen Welt abgeschnitten und garantieren einen erholsamen Urlaub (sanfter Tourismus).

Sehenswürdigkeiten

Pfarrkirche St. Ulrich

Die 1364 erwähnte, aus dem 16. Jh. stammende spätgotische Kirche ist vom Friedhof umgeben. Der gotische Taufstein, zwei Altäre und die Kanzel stammen aus dem Rokoko. Es wurden Reste von Fresken freigelegt. Der Marienaltar und die Kanzel stammen von 1752. Neben der alten wurde 1965 eine neue Kirche erbaut. In Zell und den dazugehörigen Ortsteilen sieht man viele Kapellen, Bildstöcke bzw. auch Kreuze: Ulrichskapelle, Peinnerkreuz oder Marschey-Kreuz, Jugkreuz, ein kapellenartiger Bildstock von etwa 1900, Lukankreuz, Doujakkreuz, Hotz-Kreuz…

Feste & Brauchtum

Beim Florianisingen vom 3. zum 4. Mai gehen die jungen Burschen von Haus zu Haus und singen; dafür erhalten sie Schmalz, Eier und Rosinenbrot.

Ausflugsziele

Bäuerliche Architektur

Für das Gebiet der Karawanken sind Streu- oder Haufenhöfe typisch. Sie bestehen aus einem schmalen Wohnhaus, um das zahlreiche andere Gebäude herum stehen können. Sehenswert sind Zell-Schaida Nr. 6, 7, 20, 22, Zell-Freibach Nr. 12, Zell-Oberwinkel Nr. 14, Zell Pfarre Nr. 30. Außerdem kann man noch schöne Nebengebäude wie Blockspeicher, Mühlen oder Sägen entdecken, so z. B. Zell-Mitterwinkel Nr. 5, 6, 14 oder Zell-Oberwinkel Nr. 4 und 20. Eine alte Säge steht in Zell-Oberwinkel Nr. 21. Es ist ein im 19. Jh. im Stil eines Venezianergatters errichtete Anlage.

Freibacher Stausee

Hier kann man Baden, Fischen und Windsurfen. In der Koschuta befindet sich eine Künstlerwerkstätte des Malers Bernd Svetnik.

Wandervorschläge

Hainschwanderweg, Hainschsattel, Hochobir, Koschutahaus

Anhang

Allgemeines & Praktisches

AUSKUNFTSSTELLEN

Deutschland

Österreich Information
Postfach 1231, D-82024 Taufkirchen
Tel.: 089/66670100, Fax 66670200
E-Mail: oewmuc@mail.isar.net

Schweiz

Österreich Werbung
Zweierstr. 146
CH-8036 Zürich
Tel.: 01/4511551, Fax 45111 80
E-Mail: oewzrh@access.ch

Österreich

Kärnten Werbung
Casinoplatz 1., 9220-Velden
Tel.: 0463/3000
Fax 04274/52100-50
Internet: www.kaernten.at
E-Mail: info@kaernten.at

Urlaubsinformation Großglockner-Mölltal
9822 Mallnitz
Tel.: 04784/290, Fax 635
Internet: www.moelltal.at
E-Mail: info@moelltal.at

Ferienregion Mölltal
9821 Obervellach
Tel.: 04782/2510, Fax 2505
Internet: www.moelltal.at
E-Mail: info@moelltal.at

Naturarena Kärnten
9620 Hermagor, Hauptstraße 14
Tel.: 04282/3131, Fax 3131-31
Internet: www.naturarena.at
E-Mail: office@carnica.com

Regionalverband Lavanttal
Minoritenplatz 1, 9400 Wolfsberg
Tel.: 04352/2878, Fax 2878-9
Internet: www.tiscover.com/lavanttal
E-Mail: lavanttal@carinthia.com

Carnica-Region Rosental
9170 Ferlach
Sponheimer Platz 1
Tel.: 04227/5119, Fax 4970
Internet: www.carnica-rosental.at
E-Mail: info@carnica-rosental.at

Tourismusverband Südkärnten
9141 Eberndorf
Stift Eberndorf
Tel.: 04236/3177, Fax 3177-4
Internet: www.ferienmosaik.at
www.suedkaernten.info
E-Mail: suedkärnten@carinthia.com
info@suedkarnten.at.

Millstätter See Tourismus GmbH
9872 Millstatt, Marktplatz 14
Tel.: 04766/3700, Fax 3700-8
Internet: millstatt-see.co.at
E-Mail: info@millstatt-see.co.at

Wörthersee Tourismus GmbH
9210 Pörtschach, Hauptstr. 160
Tel.: 04272/4488, Fax 4488-19
Internet: www.woerthersee.com
E-Mail: woerthersee@carinthia.com

Ferienregion Lieser-/Maltatal
9853 Gmünd, Hauptpaltz 20
Tel.: 04732/2222, Fax 3978
Internet: www.familiental.com
E-Mail: info@familiental.com

AUTOFAHREN

Höchstgeschwindigkeiten

PKW	
auf Autobahnen	130 km/h
auf Landstraßen	100 km/h
in Ortsgebieten	50 km/h
PKW mit Anhänger über 750 kg	
auf Autobahnen	100 km/h
auf Landstraßen	80 km/h

Die Blutalkoholgrenze beträgt 0,5 ‰. Auf Vorder- und Rücksitzen besteht Gurtpflicht. Kinder unter zwölf Jahren dürfen nicht auf den Vordersitzen sitzen. Pflicht sind ein Nationalitätenkennzeichen für ausländische Fahrzeuge, Verbandskasten und ein Warndreieck. In manchen Städten ist Parken in Kurzparkzonen gebührenpflichtig, diese Parkzonen werden immer nur am Beginn der jeweiligen Zone angezeigt und gelten solange, bis man auf das Zeichen »Ende der Kurzparkzone« trifft. Die Parkscheine erhält man an in regelmäßigen Abständen aufgestellten Automaten. Das Parken ohne Parkschein wird als Hinterziehung von Abgaben geahndet.

Im Winter können Schneeketten auf Pässen zur Pflicht gemacht werden; sie sind nur erlaubt, wenn sie der so genannten Ö-Norm entsprechen. Vom ADAC erhält man unter Tel.: 0180/5101112 Auskunft über den aktuellen Straßenzustand.

In Österreich ist das Befahren der Autobahnen mautpflichtig. Die Vignette, auch »Pickerl« genannt, gibt es in drei Ausfertigungen. Das für zwei volle Kalendermonate geltende Pickerl kostet 21,80 Euro, das Pickerl für 10 Tage (gilt immer von Freitag bis zum darauffolgenden Sonntag) 7,60 Euro und die Jahresvignette kostet 72,60 Euro. Erhältlich ist sie in Deutschland beim ADAC, ansonsten an der Grenze, bei Automobilclubs, an Tankstellen in der Nähe der Grenzen oder in Trafiken.

Verkehrsmeldungen werden zu jeder halben Stunde nach den Nachrichtensendungen vom Rundfunksender Ö3 veröffentlicht, aktuelle Behinderungen werden eingeblendet.

Telefonisch kann man sich auch beim ÖAMTC in Wien informieren: Tel.: 01/17520.

FEIERTAGE

Feiertage merkt man vor allem an geschlossenen Läden. Um vor unliebsamen Überraschungen geschützt zu sein, hier die Termine: 1. Jänner (Neujahr), 6. Jänner (Heilige Drei Könige), Ostermontag, 1. Mai, Christi Himmelfahrt, Pfingstmontag, Fronleichnam, 15. August (Maria Himmelfahrt), 26. Oktober (Nationalfeiertag), 1. November (Allerheiligen), 8. Dezember (Maria Empfängnis) – an diesem Tag allerdings halten immer mehr Geschäfte offen. 25. und 26. Dezember (Weihnachten), 31. Dezember (meistens am Nachmittag geschlossen.

GELD

Gesetzliches Zahlungsmittel in Österreich ist der Euro, so dass es für Besucher aus Deutschland weder Umstellungsschwierigkeiten noch Rechenprobleme gibt. Zum Schweizer Franken beträgt das Wechselkursverhältnis etwa 1 Euro = 1,54 sfr.
Außerdem kann man mit Scheckkarte oder mit Kreditkarten bezahlen. Mit der Euroscheckkarte kann an Bankomaten, erkennbar am blau-roten Maestro-Zeichen, Geld abgehoben werden. EC-Karten werden im Prinzip in Hotels und Läden überall akzeptiert.

KLIMA

Das Klima in Kärnten ist ein so genanntes gemäßigtes Klima, das von atlantischen Einflüssen von Nordwesten, von kontinentalen Einflüssen aus dem Osten und insbesondere von mediterranen Einflüssen aus dem Süden geprägt wird.

Da sich Kärnten als einziges Bundesland Österreichs vollständig auf der Südseite des Alpenhauptkammes befindet, werden die rauen Tiefs aus dem Nordwesten von den Bergen abgehalten. Das schlägt sich auch in der Statistik nieder: In Kärnten gibt es die meisten Sonnenstunden Österreichs – durchschnittlich 2000 Stunden im Jahr. Die Tiefs in Kärnten kommen als so genannte Adriatiefs meistens von Süden. Sie stauen sich ebenfalls vor dem Alpenhauptkamm, allerdings von der Südseite her, und können länger anhaltende Niederschläge bringen.

In Kärnten gibt es warme und bewölkungsarme Sommer, der Herbst zeichnet sich durch ein mildes Klima aus. Der Winter hingegen ist relativ streng. Die durchschnittliche Lufttemperatur in dieser Jahreszeit liegt zwischen –

2,5 bis – 6,5 °C. Selten sind verregnete Sommer, im Juli und August ist häufig mit Gewitterregen zu rechnen. Vor Wanderungen und vor Bergtouren sollte man sich immer im Radio den aktuellen Wetterbericht des Landessenders anhören.

Telefonischer Wetterbericht: *0463/41443 und 1588*

KINDER

Kärnten ist ein kinderfreundliches Land. Man merkt es daran, dass es fast überall Spielplätze und ähnliche Einrichtungen gibt. Viele Hotels und Gastbetriebe sind für Familien mit Kindern eingerichtet. Außerdem gibt es die so genannten »Babyhotels«. Vor allem im Lieser- und im Maltatal haben sich schon vor Jahren Betriebe zusammengeschlossen, um Eltern mit Kleinkindern erholsame Ferien zu ermöglichen.

Gebietsverband Lieser- und Maltatal
9853 Gmünd, Tel.: 04732/2222 oder 219714 und Gästeinformation 9852 Trebesing, Tel.: 04732/3000.

Auch andere Gemeinden bieten Extras wie Kinderbetreuung, Babysittingservice und Kinderprogramm an.
Ideal ist ein Urlaub in einer Ferienwohnung, wo die Kleinen genügend Platz zum Herumtollen haben; noch besser für Kinder sind aber Ferien auf einem Bauernhof. Hier können sie sich nicht nur frei bewegen und allerlei Neues entdecken, sondern auch mit Tieren und der Natur in Kontakt kommen.

KRANKHEIT

Krank sein im Urlaub möchte niemand. Passiert es aber doch, sollte man gewappnet sein. Hierzu benötigt man die Europäische Krankenversicherungskarte EHIC, die man auf formlosen Antrag bei seiner Krankenkasse erhält. Sie gilt für alle Notfälle und richtet sich nach dem Recht des Gastlandes. Im Krankheitsfall genügt es, die Karte beim Arzt oder im Krankenhaus vorzulegen, dazu sollte man den Personalausweis oder den Reisepass dabeihaben.
Kärnten gehört zu den Ländern, in denen es Zecken gibt, die FSME (Frühsommer-Meningoenzephalitis) übertragen. Hiergegen kann man sich durch Impfung schützen. Nicht impfen kann man sich gegen die ebenfalls von Zecken übertragene Lyme-Borreliose. So ist es auf jeden Fall ratsam, nach einem Zeckenbiss die Stelle zu beobachten und bei einer Rötung einen Arzt zu Rate zu ziehen.

KONSULATE

Deutschland
9020 Klagenfurt, Mießtalerstr. 14
Tel.: 0463/5616-0

Schweiz
Botschaft, 1030 Wien, Prinz-Eugen-Str. 7
Tel.: 02227/7845210 und
Schweizerische Konsulatagentur
9100 Völkermarkt, Tel.: 04232/2527

KUREN

In Kärnten werden an vielen Orten Kuren für verschiedene Arten von Krankheiten ermöglicht.

Akrato- und Mineraltherme
(Bad Bleiberg ob Villach, Bad Kleinkirchheim, Warmbad Villach)

Quellen (Bad St. Leonhard im Lavanttal, Bad Eisenkappel-Vellach, St. Lorenzen im Lesachtal, Trebesing, Weißenbach)

Heilbäder (Agathenhof bei Friesach, Bad Kleinkirchheim, Lainach bei Rangersdorf, Bad St. Leonhard, Bleiberg bei Villach, Klagenfurt, Kötschach, Obergottesfeld bei Sachsenburg, Obervellach, Reißkofelbad bei Reisach, St. Daniel bei Kötschach, St. Lorenzen im Lesachtal, Treffen, Vellach bei Eisenkappel, Warmbad Villach, Weißbriach, Weißenbach bei Wolfsberg)

Heilklima (Kötschach-Mauthen, Mallnitz, Millstatt, Obervellach, Velden, Weißensee)

Luftkurorte (Dellach im Drautal, Fresach, Seeboden, Weißbriach, Weißensee)

Kneippkuren (Althofen, Bad Eisenkappel, Bad Kleinkirchheim, Kötschach-Mauthen, Maria Wörth-Dellach, Micheldorf-Friesach, Pörtschach, Reisach im Gailtal, St. Daniel im Gailtal, Weißbriach)

Sonstige Kuren (Althofen – Peloide: Heilmoor, Heilschlamm, Heilerde; St. Lorenzen im Gailtal – Sulfatgewässer)

NOTFALL

Internationale Notrufnummer	112
Polizei	133
Feuerwehr	122
Rettung	144
Bergrettung	140
Flugrettung	1777
Vergiftungszentrale	01/4064343-0
Pannenhilfe:	
ARBÖ	123
ÖAMTC	120
Reiseruf:	
ARBÖ	01/782528
ÖAMTC-Euro-Notruf	01/921304
ADAC-Notrufstation/Wien	0222/9856966
ADAC Deutschland (Fahrzeugschaden)	089/222222
ADAC Deutschland (Krankheit)	089/767676
ADAC Straßenzustand	0180/5101112
Verkehrsmeldungen (ÖAMTC)	01/17520

NATIONALPARKS UND SONSTIGE SCHUTZGEBIETE

Kärnten besitzt 75 Landschaftsschutzgebiete und 35 Naturschutzgebiete, außerdem die beiden Nationalparks Hohe Tauern und Nockberge.

Öffnungszeiten

Die Öffnungszeiten sind nicht einheitlich, man kann aber damit rechnen, dass Läden unter der Woche von 9 bis 18 Uhr, an Samstagen bis 13 Uhr geöffnet sind. Manche große Supermärkte haben aber auch bis 19.30 Uhr geöffnet. In Kurgebieten und Touristenzentren haben Geschäfte auch samstags und sonntags geöffnet. Banken schließen nachmittags früher und haben samstags nicht geöffnet. Postämter sind montags bis freitags von 8–12 und 14–18 Uhr offen, samstags nur teilweise.

PANORAMA-/MAUTSTRASSEN

Es gibt in Kärnten einige herrliche Panoramastraßen, für deren Befahrung allerdings Maut zu entrichten ist: Großglockner-Hochalpenstaße (48 km), Malta-Hochalmstraße (18 km), Nockalmstraße (34 km), Villacher Alpenstraße (17 km), Gerlitzen-Alpenstraße (12 km), Gerlitzengipfelstraße (10 km), Goldeckpanoramastraße (15 km), Wöllaner Alpenstraße (12 km), Koschutastraße (4 km), und Petzen-Höhenstraße (12 km).

REISEZEIT

Die Hauptreisezeit in Kärnten ist natürlich der Sommer. Wer die aufblühende Natur erleben will, kommt im Frühling oder im Frühsommer; allerdings sind zu dieser Zeit noch keine Touren im Hochgebirge möglich. Die Zeit um Pfingsten ist wegen der Ferien sehr beliebt. Die Seen sind um diese Zeit für Badeferien noch ein wenig zu kalt.

Die Hauptsaison beginnt Ende Juni und dauert bis Mitte September. Hier wird ausgiebig in den Seen mit Trinkwasserqualität geplantscht. Für Bergwanderer die schönste Zeit sind der Spätsommer und der Herbst (September bis Mitte Oktober), wenn es nicht mehr so heiß ist, keine Gewittergefahr mehr besteht, die Luft klar und somit beste Fernsicht gewährleistet ist. Die Saison für Winterurlauber beginnt ab der Weihnachtszeit. Beliebte Zeiten für den Winterurlaub sind die Ferien zwischen Weihnachten und dem 6. Jänner und die Wochen um Ostern.

SEEN

Kärnten heißt auch das »Land der tausend Seen«, wovon etwa 200 Badeseen sind. Der größte natürliche See ist der im Klagenfurter Becken gelegene Wörther See, die »Riviera Österreichs«. Die nächstgrößeren sind der Millstätter See – er ist mit 141 Metern auch der tiefste – der Ossiacher See und der Weißensee. Die wärmsten Badeseen sind der Klopeiner See und der Pressegger See. Die Badeseen sind in der Regel sehr sauber. Seit überall Kanalisationsanlagen gebaut wurden, haben sie Trinkwasserqualität. Die Kärntner bekamen dafür sogar den Umweltpreis »Tourism for Tomorrow Award«.
In den letzten Jahrzehnten entstanden auch viele Stausee, teilweise im Gebirge, teilweise entlang der Drau; große Stauseen gibt es

speziell in Unterkärnten. Sie dienen der Energiegewinnung. Im südöstlichen Kärnten liegen sie in einer wald- und wiesenreichen Hügellandschaft zwischen den Ausläufern des Alpenhauptkammes und den Karawanken.

SCHIFFFAHRT

Schiffsverkehr findet auf den folgenden Seen statt: Wörther See, Ossiacher See, Millstätter See, Weißensee, außerdem auf der Drau zwischen Villach und dem Faaker See.

SPORT

Angeln

Kärnten weist sehr saubere und nur gering mit Schadstoffen belastete Fischgewässer auf, da es strenge Vorschriften bezüglich der Abwasserentsorgung gibt. Voraussetzung zum Angeln ist eine amtliche Fischerkarte und die Erlaubnis des Gewässerinhabers. Tages- und Wochenkarten sind bei den Verkehrsvereinen erhältlich.

Baden

Zahlreiche Seen mit warmem und sauberem Wasser laden die badefreudigen Urlauber ein, sich an warmen Tagen ein wenig abzukühlen. Darüber hinaus gibt es viele Frei-, Erlebnis- und Hallenbäder.

Flugsport

Von zahlreichen Kärntner Bergen aus ist Drachen- oder Gleitschirmfliegen möglich. Auskunft zum Flugsport erhält man bei:

Kärntner Flugschule
9520 Annenheim, Tel.: 04248/3400

Flugschule Wolfsberg
Tel.: 04352/52248 bzw. 0664/1319309

Österreichischer Aero-Club
Prinz-Eugen-Str. 12, A 1040 Wien
Tel.: 01/651128-29

Interessenten für Ballonfahrten
wenden sich an den
Ersten Kärntner Ballonfahrerverein
9500 Villach, Kiesweg 17
Tel.: 04242/21551

Flusswandern/Rafting

Flusswandern ist möglich auf Drau, Gail, Gurk, Lieser, Malta, Möll.

Auskunft:
Österreichischer Paddelsportverband
A-1090 Wien IX, Berggasse 16

Golf

Golfplätze gibt es in Bad Kleinkirchheim, Berg im Drautal, Dellach am Wörther See, Dellach im Drautal, Klagenfurt-Seltenheim, am Klopeiner See, Moosburg, Pörtschach, Tangern (Millstätter See), Velden-Köstenberg und Wolfsberg-Hattendorf.

Auskunft:
Österreichischer Golfverband
1040 Wien, Prinz-Eugen-Str. 12

Rad fahren

Kärnten bietet sich auch zum Rad fahren an, speziell die Täler der Gail, Möll und Drau sowie die weiten Landschaften Unterkärntens sind dafür gut geeignet. Zwischendurch kann man in den vielen Buschenschenken bzw. Jausenstationen Rast machen und Kärntner Köstlichkeiten genießen. **Beliebte Radreviere:** der Karnische Radweg R3 (90 km) zwischen Kötschach-Mauthen und Villach, der Drauradweg R1 zwischen Sillian und Völkermarkt mit über 250 Kilometern oder der Glocknerradweg R8, eine über 60 km lange Strecke von Mörtschach bis ins Lurnfeld. Weiters sind auch die Nockberge, das Rosental sowie das Lavanttal mit den Mostradelwegen sehr gefragt. Der 54 km lange Lavantradweg führt von Reichenfels bis Lavamünd.

Reiten

In ganz Kärnten findet man Reitclubs und Reitställe. Richtige »Reiterdörfer« sind z. B. Sappl am Millstätter See und Faak am See. Auch mehrtägige Trekkingtouren – z. B. durch die Hohen Tauern auf den Spuren der Säumer – werden angeboten. In manchen Orten finden auch Feste mit oder zu Ehren von Pferden, z. B. das Gailtaler Kufenstechen in Feistritz an der Gail oder das Kranzlreiten in Weitensfeld, statt.

Segeln und Surfen
darf man am Faaker See, Feld(Brenn)see, Millstätter See, Ossiacher See, Stausee Gössnitz, Weißensee und Wörther See.

Auskunft:
Österreichischer Segel-Verband
A-1040 Wien IV, Prinz-Eugen-Str. 12

Sommerrodelbahnen
Sommerrodelbahnen findet man in Afritz/Verditz, Eberndorf/Klopeiner See, Finkenstein/Faaker See, Hochrindl, Moosburg, Ossiach und auf der Turracher Höhe.

Sommerski
Sommerskimöglichkeit besteht am Mölltaler Gletscher.

Tennis & Squash
Außer freien Plätzen bzw. Vereinen bieten viele Hotels und Campingplätze eigene Spielmöglichkeiten an.

Wandern & Bergwandern
44.000 Kilometer Wanderwege soll es in Kärnten geben. Zählt man das Bergwandern und Bergsteigen dazu, ist Kärnten also das Wanderland par excellence. Meist bieten die Tourismusbüros auch geführte Wanderungen an, zum Teil auch als Themenwanderungen. Neben vielen schwierigen Touren gibt es selbstverständlich auch für nicht so durchtrainierte Urlauber zahlreiche Möglichkeiten, Natur pur zu genießen.

Wasserskilaufen
Konzessionierte Betriebe zum Wasserskilaufen gibt es am Millstätter See, Ossiacher See, Wörther See und Weißensee.

Wintersport
Kärnten ist natürlich nicht nur ein Sommerurlaubsland, sondern hat auch im Winter einiges zu bieten. Schließlich liegt die durchschnittliche Höhe der Schneedecke im Winter in den Skiregionen bei rund 120 cm und Skilauf ist von Mitte Dezember bis etwa Mitte April möglich.

In Kärnten gibt es rund 30 verschiedene Skigebiete, wobei Heiligenblut, der Katschberg, die Innerkrems, Bad Kleinkirchheim, die Turracher Höhe, die Gerlitzen, das Nassfeld sowie die Koralpe die beliebtesten sind. Der Mölltaler Gletscher ist ein Ganzjahresskigebiet.

SPIELBANKEN

Ein Casino gibt es in Velden am Wörther See.

TELEFON/AUSKÜNFTE

Auskunft:

national:	1611
international:	1612

Vorwahl:

Österreich:	0043
Deutschland:	0049
Schweiz:	0041
Niederlande:	0031

Die 0 vor der Ortsvorwahl entfällt dann. Will man von Telefonzellen aus telefonieren, sollte man beachten, dass sie oft für Telefonwertkarten ausgerüstet sind.

Wetterdienst

Regionalwetter	0900/91156681
Ostalpen	0900/91156682

Alpine Auskunft

DAV	089/294940
OeAV	0512/587828
Lawinenlage	0463/1588
Kärnten Hotline	463/3000
Straßenzustand (ÖAMTC)	01/1590

TIERE

Für Hunde und Katzen ist eine Tollwutschutzimpfung erforderlich. Sie muss mindestens 30 Tage und darf höchstens ein Jahr alt sein.

TIERPARKS

Tierparks und ähnliche Attraktionen findet man in Feld am See, Klagenfurt, Landskron, Patergassen, Rosegg und in St. Primus/Turnersee.

UNTERKUNFT

Man findet in Kärnten vom einfachen Zimmer auf dem Bauernhof über Ferienwohnungen, Frühstückspensionen und kleinen Hotels bis hin zu Luxushotels der höchsten Klasse Übernachtungsmöglichkeiten für jeden Geschmack und Geldbeutel. Außerdem jede Menge Campingplätze. Und natürlich gibt auch Hütten der Alpenvereine, Naturfreundehäuser und Jugendherbergen.

VORTEILSKARTEN

In Kärnten gibt es seit einigen Jahren die Kärnten Card. Hierbei zahlt man vorab einen bestimmten Betrag und kann dafür zahlreiche Attraktionen umsonst oder verbilligt besuchen. Zudem bieten viele Tourismusregionen speziell für ihre Gegend eigene Vorteilskarten. Auskunft dazu erhält man in jeder Touristeninformationszentrale.

Literatur

Dieter Buck: Die Nockberge. Klagenfurt, 1997.

Dieter Buck: Wege am Wasser. Kärntens schönste Spritztouren. Klagenfurt, 2001.

Dieter Buck: Erlebnisurlaub Kärnten. Ostfildern, 1998.

Dehio-Handbuch. Die Kunstdenkmäler Österreichs. Kärnten. Bearb. von Gabriele Russwurm-Biró. 3. Auflage. Wien, 2001.

Barbara und Wilhelm Deuer: Rund um den Wörther See. Klagenfurt, 1999.

Wilhelm Deuer: Jauntaler Kulturwanderungen. Klagenfurt, 2001.

Matthias Kapeller (Hrsg.): Kirchen, Klöster und Kultur. Begegnungsräume in Kärnten. Klagenfurt, 2001.

Werner Fantur: Kärnten im Mosaik der Erde. Klagenfurt, 1974.

Franz Glaser: Frühchristliche Denkmäler in Kärnten. Klagenfurt, 1996.

Robert Gratzer: Kärnten. Köln, 2000.

Robert Gratzer: Villacher Alpenstraße auf den Dobratsch. Klagenfurt, 1989.

Helmut Hartl, Hans Sampl, Ralf Unkart: Kleinode Kärntens. 2. A. Klagenfurt, 1993.

Dieter Jandl: Historischer Überblick Klagenfurt. Klagenfurt 2000.

Günter Lehofer: Kärntens schönste Wanderziele. Klagenfurt, 1996.

Michael Leischner, Alois Brandstetter: Burgen und Schlösser in Kärnten. Klagenfurt, 2000. Mit Begleitbroschüre.

Karl Lukan: Kärnten – Verborgenes, Seltsames, Unbekanntes. 2001.

Matthias Maierbrugger: Kurgemeinde Bad Kleinkirchheim. Klagenfurt, 1979.

Matthias Maierbrugger: Urlaub am Millstätter See. Klagenfurt, 3. A. 1981.

Matthias Maierbrugger: Turracherhöhe und Nockalmstraße. Klagenfurt, 1984.

Marianne Mehling (Hrsg.): Knaurs Kulturführer in Farbe. Kärnten. München, 1984.

Naturwissenschaftlicher Verein für Kärnten (Hrsg.): Nationalpark Nockberge. 2. A., Klagenfurt, 1992.

Ortsverzeichnis von Kärnten, Klagenfurt 1990.

Stadtgemeinde Radenthein (Hrsg.): Radenthein. Eine Chronik in 2 Teilen. Klagenfurt, 1996.

Evelyn Rupperti: Kärnten für Schlaue. Ausflugstipps & Wissenswertes für die ganze Familie, Klagenfurt 2003.

Hans Samitz: Kärntner Bildstöcke. Klagenfurt, 1978.

Statistik Austria, Bevölkerungsstatistik 2001.

Willy Schön: Ferlach und das Rosental. Ferlach, 1990.

Herbert Stejskal: Kärnten. Geschichte und Kultur in Bildern und Dokumente. Klagenfurt, 1999.

Straub, Lino, Kreitmayr: wasser.reich. Erlebnisreise auf den Spuren des Wassers in Kärnten, Klagenfurt 2004.

Eberhard Stüber, Norbert Winding: Erlebnis Nationalpark Hohe Tauern. Band Kärnten. Großkirchheim, 2. A. 1996.

Johann Tauschitz: Kärnten. Ein Kulturbegleiter. Klagenfurt, 1989.

Hans M. Tuschar: Karawanken. München, 1990.